# FINANCE

金融学专业应用型本科人才培养特色教材
JINRONGXUE ZHUANYE YINGYONGXING BENKE RENCAI PEIYANG TESE JIAOCAI

# 个人理财（第二版）
GEREN LICAI

主编◎罗瑞琼

中国金融出版社

丛书策划：王效端
责任编辑：王效端　王　君
责任校对：张志文
责任印制：陈晓川

**图书在版编目（CIP）数据**

个人理财/罗瑞琼主编. —2版. —北京：中国金融出版社，2020.6
金融学专业应用型本科人才培养特色教材
ISBN 978-7-5220-0602-4

Ⅰ.①个… Ⅱ.①罗… Ⅲ.①私人投资—高等学校—教材 Ⅳ.①F830.59

中国版本图书馆CIP数据核字（2020）第072376号

个人理财（第二版）
GEREN LICAI (DI-ER BAN)

出版
发行　中国金融出版社
社址　北京市丰台区益泽路2号
市场开发部　（010）66024766，63805472，63439533（传真）
网上书店　www.cfph.cn
　　　　　（010）66024766，63372837（传真）
读者服务部　（010）66070833，62568380
邮编　100071
经销　新华书店
印刷　保利达印务有限公司
尺寸　185毫米×260毫米
印张　21
字数　442千
版次　2020年6月第1版
印次　2022年12月第3次印刷
定价　45.00元
ISBN 978-7-5220-0602-4
如出现印装错误本社负责调换　联系电话（010）63263947
编辑部邮箱：jiaocaiyibu@126.com

# 总序言

在当今经济全球化和结构转型的大潮中，金融的核心地位更加凸显，国际一体化程度不断提高，金融创新不断加快。中国的金融改革开放更是异彩纷呈：对内，消除民营资本进入障碍，对外，拓宽资本跨境流动渠道，证券发行管理模式由核准制向注册制转变，以放开利率、汇率为核心的市场化改革不断推进，诸如产业金融、科技金融、民生金融、网络金融、农村金融等新的金融范畴不断涌现，金融理财、影子银行等兴旺发达。这使得金融机构的经营领域不断拓宽，企业及个人投融资的选择空间不断扩大，同时，各金融主体面临的风险种类和程度也不断扩大，金融对经济的促进作用及可能带来的冲击同步提高。金融改革创新浪潮对金融教育提出了新的需求，也要求高校培养出能紧紧把握和跟随时代脉动的实用型金融人才。

人才培养的核心在于教学建设，教学建设的核心在于课程建设，课程建设的核心在于教材建设。虽然改革开放以来我国的金融教育随着金融实践的发展也得到了长足进步，但仍然明显落后于现实需求。金融本科教材建设方面存在的突出问题有：缺乏统一、规范的建设框架，开设的课程及教材版本多种多样，教材内容各不一致；内容与金融现实存在脱节，有些从西方教材直接照搬过来，与中国的金融现实不对接，有些内容过时、陈旧。正是基于存在的问题和适应新形势下金融人才培养的需要，我院利用成为教育部金融学本科教育专业标准委员会成员的机会，力图从规范与发展教学内容的角度出发，对金融学本科专业课教材的建设，进行一次发展的尝试。

广东金融学院是原隶属于人民银行总行的行属院校，金融学专业是教育部的首批特色专业。长时期行业办学的经历，促成了学院的人才培养历来重视行业需求，突出强调金融的应用特征。同时，也造就了一支较为过硬的教师团队。鉴于国内金融学本科教材的使用现状，本系列教材只涉及金融专业课教材，包括：《商业银行经营学》《金融机构风险管理》《国际结算》《个人理财》和《公司理财》，都是发挥学院师资优势、涉及具体金融业务的核心专业课程。学院组织了一批具有深厚理论功底和丰富教学经验的中青年教师，联合区域内金融业界的高管人员及我院兼职研究生导师，编著了这套专业核心课程教材，希望对金融本科教学建设和应用型金融人才培养发挥一定的推动作用。

感谢为本套金融专业核心教材编著付出艰辛劳动的各位教师及金融业界同仁，感谢中国金融出版社对本套教材出版所给予的大力支持。

广东金融学院院长 陈磊

2013 年 12 月 31 日　广州

# 序

  随着我国经济的快速发展，一方面个人及家庭收入和财富呈较快增长的态势，另一方面人们的生活需求也日趋丰富和个性化，生活中各种不确定性也越来越多。对于个人而言，如何处理好消费、储蓄和投资的关系，直接影响到自身及其家庭当前和未来的生活质量。因此个人理财是摆在每个人、每个家庭面前不容忽视的重要话题。人们希望通过理财进一步提高生活品质，实现人生不同阶段的目标和梦想。

  在计划经济体制下，老百姓习惯于由国家负责子女教育、住房、医疗以及退休养老等；而如今，除了政府所提供的基本保障和基本服务外，老百姓不得不为孩子支付更多的教育费用，自行选择住房，承担昂贵的医疗费用，安排自己的养老生活。过去我国老百姓积累财富的方法非常简单，就是省钱、存钱，工资扣除日常开支后就全部存在银行里，存银行获取利息是最主要的投资途径；而如今，各类金融机构提供的投资产品数量繁多，种类琳琅满目：股票、基金、外汇、贵金属，还有各种名目的理财产品，这些投资产品让人眼花缭乱、无所适从。正因为如此，我国的老百姓比过去任何时候都更需要理财，更需要专业的理财服务。

  针对个人及家庭的理财服务萌芽于20世纪30年代的美国；20世纪60年代末期开始形成真正意义的理财概念，逐渐建立起理财资格认证制度；经过了20世纪70年代和80年代的发展，理财行业更为成熟规范，理财制度日臻完善。随着金融竞争的加剧，我国各类金融机构已经意识到发展个人金融业务的重要性，个人理财业务的宣传如火如荼，理财产品层出不穷，个人理财业务无疑正成为金融机构一个新的发展战略。

  但相对于发达国家和地区成熟的理财业，我国理财行业发展不过十余年，尚属起步阶段，存在很多不足。制约我国理财行业发展最大的因素是缺乏大量的专业理财师。个人理财的实质是能向个人及家庭提供个性化的金融服务，因此个人理财是一项知识性、技术性相当强的综合性业务，它对理财从业人员的职业素养要求很高，从业者不仅应具有广博的专业知识、娴熟的投资技能、丰富的理财经验，还必须恪守理财执业道德规范。

　　经济快速发展的今天，我国的个人和家庭迫切需要专业的理财规划服务，各类金融机构急需大量合格的理财师。因此，在我国理财行业发展过程中，进行个人理财规划的教育及培训极其重要。值得庆幸的是，我国针对个人理财相应的教育和培训已经广泛展开。中国金融理财标准委员会已经在我国引进CFP专业资格认证制度，该资格认证也是全球金融理财行业唯一被广泛认可的金融理财师认证标准。很多高校的经济类、金融类专业也已经开展个人理财课程教育，这为未来专业的理财人员储备打下了良好的基础。

　　《个人理财》首先是一本规范的教材，从教材结构来看，它基本参照CFP的知识体系进行编写，涵盖了理财人生涉及的各类规划。它内容全面、案例丰富、实用性强，非常适合作为高校学生的个人理财课程教材。同时，本书语言平实、简明易懂，也适合拟从事个人理财业务的金融从业人员作为起步基础教材使用，它同样适合对理财感兴趣的其他人士。

　　"九层之台，起于垒土；千里之行，始于足下。"我们要提升个人理财服务的层次，打造更多的理财专业人士，提高国民的理财意识和技能，首先应该重视个人理财知识的学习和积累。希望通过学习《个人理财》，能让更多的人实现梦想。

广东金融学院国际CFP项目中心执行主任

2014年2月

# 第二版前言

随着改革开放的不断深入，我国生产力得到了长足发展，人民生活水平迅速提高。虽然国民收入分配明显向个人倾斜，居民收入显著提高，但居民收入差距较大，个人财富相对集中；同时虽然可供居民选择的投资工具越来越丰富及多样化，但大多数人盲目投资，缺乏理财策略，迫切需要理财引导；另外，教育、住房、养老、医疗成为中国家庭的四大支出压力。这些都迫使个人或家庭未雨绸缪，更多地关注自己的财务状况，由此我国个人理财业的发展有着广阔市场前景。

对于我国金融机构而言，个人理财业务充分体现了"以客户为中心""以市场为导向"的现代经营理念。个人理财业务的发展过程，实质上也是金融机构围绕客户的金融需求进行金融创新的过程。通过综合性和个性化的个人理财服务，客户需求成为金融机构营销的核心。金融机构营销的职能转化为在合适的时间、合适的地点，通过合适的方式将合适的服务提供给合适的客户，既要确保盈利又要尽力满足客户的需求，使金融机构与客户建立起长期稳固的关系，增强自身的核心竞争力，推动形成"以客户为中心"的经营机制。

随着我国金融服务业的不断发展，理财产品日益丰富，国内个人理财服务需求快速增长，对理财规划师的需求迅速扩大，理财规划师已经成为金融机构人才培养计划的重点。伴随理财规划师的培训，各高校也纷纷设立理财专业或开设理财课程。为适合高校课堂教学使用，特编写本教材。本教材的特点如下：

第一，简洁精练。本书将广博、庞杂的理财知识和技能进行提炼，用有限的篇幅和简洁的语言加以概括和综合，重点介绍基本知识、基本方法和基本技巧。

第二，理论知识与案例有机结合。在行文中首先进行基本知识和基本理论介绍，然后对涉及理财操作的每个知识点加以举例说明，以便于案例教学和实验教学，帮助读者理解和灵活掌握理财方法。

第三，明晰易懂。本书注重最基本、最常用的理财知识和方法的介绍，力求讲解浅显，使没有相关基础知识的初学者也不觉得艰深，致力于为其将来进行理财操作打下知识基础。

本书共有十章内容：第一章主要介绍个人理财的概念、个人理财这个新兴行业的历史、发展和现状，以及理财规划师的执业资格；第二章主要介绍货币时间价值的理论知识；第三章介绍家庭资产负债表和收支表、预算表的内容及其编制方法，以及家庭财务分析的基本方法；第四章介绍投资规划的基础知识；第五章介绍教育投资规划的方法；第六章介绍了居住规划；第七章从个人风险管理的角度介绍了个人或家庭保险规划的方法；第八章详细介绍了退休规划；第九章主要介绍了个人所得税筹划的相应方法；第十章借助案例讲述了个人理财规划的流程、理财规划建议书的撰写等内容。

2014年《个人理财》第一版出版发行，作者为了适应新形势下的新需求，在保留原书基本框架与写作风格的基础上对本书进行了修订。本次修订主要体现：(1) 全面更新了数据及各类信息资料。第一版教材的数据和信息资料比较陈旧，不符合当前的理财现状，因此做了全面的更新。(2) 个人理财涉及的税收制度、职业道德规范等都有不同程度的变化，本书对这些变化进行了相应修订。(3) 对第一版中的错误或瑕疵进行了更正。

由于作者水平有限，时间仓促，书中难免存在一些差错和纰漏，欢迎同行专家和读者批评指正。

编者

2020年2月5日

# 目录

第一章 个人理财概述/1
 第一节 什么是个人理财/1
  一、个人理财的含义/1
  二、为什么需要个人理财/2
  三、个人理财的主要内容/4
 第二节 个人理财的起源与发展现状/5
  一、个人理财的起源及发展/5
  二、我国个人理财的现状及前景/6
 第三节 理财规划师执业资格认证/9
  一、国际金融理财师（CFP）资格认证制度介绍/9
  二、CFP的资格认证标准/11
  三、CFP的执业操作准则/13
  四、CFP的职业道德规范/15
  【案例1-1】/16
  【案例1-2】/17
  【案例1-3】/18
  【案例1-4】/18
  【案例1-5】/19
  【案例1-6】/19
  【案例1-7】/19
  【案例1-8】/20
  【本章小结】/20
  【重点概念】/20
  【思考与练习】/21

第二章 货币时间价值/22
 第一节 货币时间价值的本质/22
  一、什么是货币的时间价值/23
  二、怎样衡量货币时间价值/24
 第二节 理财规划计算的相关变量/25
  一、现值（PV）/26
  二、终值（FV）/26
  三、年金（A或PMT）/26
 第三节 理财规划的计算工具与方法/27
  一、现值（PV）和终值（FV）/28
  二、现值（PV）和年金（A或PMT）/32
  三、终值（FV）和年金（A或PMT）/36
  四、EXCEL工具的扩展应用/40
  【案例2-1】/22
  【案例2-2】/24
  【案例2-3】/25
  【案例2-4】/25
  【案例2-5】/28
  【案例2-6】/32
  【案例2-7】/36
  【案例2-8】/40
  【案例2-9】/41
  【本章小结】/42
  【重点概念】/43
  【思考与练习】/43

第三章 家庭财务报表编制及分析/45
 第一节 家庭财务报表的编制特点/45
  一、家庭财务报表的重要性/45
  二、家庭财务报表编制的特点/45
  三、家庭财务报表编制的基本原则/46
 第二节 家庭资产负债表的编制/48
  一、家庭资产负债表的主要项目/48
  二、家庭资产负债表的编制方法/51
 第三节 家庭收支表的编制/54
  一、家庭收支表的主要项目/54

二、家庭收支表的编制/57
第四节　家庭预算表的编制/58
　　一、设定财务目标/58
　　二、收入与支出的预算/58
　　三、预算控制与差异分析/59
第五节　家庭财务分析/63
　　一、财务报表结构分析/63
　　二、财务比率分析/66
【案例3-1】/47
【案例3-2】/47
【案例3-3】/48
【案例3-4】/52
【案例3-5】/60
【案例3-6】/68
【案例3-7】/69
【本章小结】/73
【重点概念】/73
【思考与练习】/73

## 第四章　投资规划/75

第一节　投资与投资规划/75
　　一、投资/75
　　二、投资规划/76
第二节　投资工具概览/78
　　一、银行存款/78
　　二、银行或券商理财产品/79
　　三、债券/79
　　四、股票/79
　　五、证券投资基金/80
　　六、房地产/81
　　七、期货/82
　　八、外汇/83
　　九、黄金/83
　　十、艺术品/84
第三节　投资组合理论/85
　　一、投资收益和风险的衡量/85
　　二、投资组合原理/88
第四节　投资者的财务生命周期与风险特征/93
　　一、投资者财务生命周期的阶段划分/93

　　二、投资者家庭生命周期的特征/94
　　三、投资者的风险属性/95
第五节　资产配置策略/98
　　一、资产配置概述/98
　　二、资产配置的一般步骤/98
　　三、资产配置的影响因素/99
　　四、核心资产配置的方法/100
第六节　投资组合调整策略/115
　　一、买入并持有策略/115
　　二、固定投资组合策略/115
　　三、投资组合保险策略/116
　　四、定期定额投资策略/116
　　五、战术性资产配置策略/117
【案例4-1】/85
【案例4-2】/101
【案例4-3】/103
【案例4-4】/109
【案例4-5】/116
【本章小结】/117
【重点概念】/118
【思考与练习】/118

## 第五章　子女教育投资规划/121

第一节　子女教育投资规划的重要性/121
　　一、我国家庭的子女教育支出现状/122
　　二、子女教育投资规划的重要性/123
　　三、进行子女教育投资规划的重要原则/125
第二节　子女教育投资规划的流程与方法/127
　　一、子女教育投资规划的流程/127
　　二、教育投资规划的方法/128
第三节　子女教育金投资规划工具/131
　　一、子女教育金投资工具/131
　　二、子女教育金投资策略/134
　　三、教育金储备不足的应对策略/135
【案例5-1】/121
【案例5-2】/125
【案例5-3】/129
【本章小结】/136
【重点概念】/136
【思考与练习】/136

## 第六章 居住规划/138

### 第一节 居住规划的流程/138
- 一、居住规划的重要性/138
- 二、购房动机/139
- 三、居住规划的流程/140

### 第二节 租房与购房的决策/140
- 一、租房与购房的比较/140
- 二、租房与购房的决策方法/141

### 第三节 购房规划/146
- 一、购房规划的一般流程/146
- 二、购房规划的应用/148
- 三、购房的其他费用/152

### 第四节 住房贷款规划/153
- 一、住房贷款方式/153
- 二、住房贷款偿还方式/155
- 三、住房贷款期限的确定/158
- 四、提前还贷/159

【案例6-1】/142
【案例6-2】/144
【案例6-3】/147
【案例6-4】/148
【案例6-5】/149
【案例6-6】/150
【案例6-7】/154
【案例6-8】/155
【案例6-9】/156
【案例6-10】/159
【案例6-11】/160
【本章小结】/161
【重点概念】/161
【思考与练习】/161

## 第七章 保险规划/163

### 第一节 风险与风险管理/163
- 一、风险/163
- 二、风险管理/164

### 第二节 保险基础知识/166
- 一、保险的定义/166
- 二、保险的基本原则/167
- 三、保险合同及其主体/168
- 四、保险责任及责任的免除/169
- 五、保险期限和保险合同的效力/169
- 六、保险金额、免赔额、保险费以及豁免保费/170

### 第三节 个人或家庭的常见风险及相关保险品种/171
- 一、个人或家庭面临的常见风险/171
- 二、人身保险/172
- 三、财产保险/181
- 四、责任保险/182

### 第四节 保险规划技术/183
- 一、保险规划的作用/183
- 二、保险规划的流程/183
- 三、保险需求分析/184
- 四、保险需求的估算/188
- 五、保险规划可能存在的问题/195

### 第五节 保险规划案例分析/196
- 一、家庭相关信息/196
- 二、家庭风险分析及保障目标/196
- 三、保险需求估算/198
- 四、保险产品的选择/201

【案例7-1】/173
【案例7-2】/174
【案例7-3】/175
【案例7-4】/176
【案例7-5】/177
【案例7-6】/178
【案例7-7】/179
【案例7-8】/180
【案例7-9】/187
【案例7-10】/188
【案例7-11】/189
【案例7-12】/190
【本章小结】/203
【重点概念】/203
【思考与练习】/203

## 第八章 退休规划/205

### 第一节 退休规划概述/205
- 一、退休及退休规划的概念/205

二、退休规划的重要性/206
三、退休规划的影响因素/207
四、退休规划的风险/208
五、退休规划应遵循的重要原则/208

第二节 退休规划与养老保险/209
一、养老保险体系概述/209
二、中国的养老保险制度/212
三、企业年金计划/220

第三节 退休规划实务/223
一、退休规划流程/223
二、确定退休目标/225
三、估算退休后的支出/225
四、估算退休后的收入/226
五、估算退休金缺口（退休金净值）/226
六、制订退休规划/229
七、选择退休规划工具（退休收入计划）/229
八、执行规划/232
九、退休规划的反馈与调整/232

【案例8-1】/216
【案例8-2】/218
【案例8-3】/218
【案例8-4】/226
【本章小结】/232
【重点概念】/232
【思考与练习】/232

## 第九章 税务筹划/234

第一节 个人税务筹划的重要性/234
一、为什么要进行个人税务筹划/234
二、个人税务筹划应遵循的原则/235

第二节 个人所得税基础知识/236
一、纳税人/236
二、征税范围/238
三、计税依据/239
四、个人所得税的计算/241

第三节 税收筹划实务/255
一、税收筹划的方法/255
二、纳税人身份筹划/257
三、从征税范围角度筹划/261

四、从计税依据角度的筹划/262
五、税率筹划/265
六、税收优惠的利用/268
七、合理安排预缴税款/270

【案例9-1】/242
【案例9-2】/243
【案例9-3】/244
【案例9-4】/245
【案例9-5】/246
【案例9-6】/247
【案例9-7】/248
【案例9-8】/249
【案例9-9】/251
【案例9-10】/251
【案例9-11】/251
【案例9-12】/252
【案例9-13】/255
【案例9-14】/258
【案例9-15】/260
【案例9-16】/261
【案例9-17】/261
【案例9-18】/262
【案例9-19】/263
【案例9-20】/265
【案例9-21】/266
【案例9-22】/266
【案例9-23】/267
【案例9-24】/267
【案例9-25】/269
【本章小结】/271
【重点概念】/271
【思考与练习】/271

## 第十章 理财规划综合应用/273

第一节 个人理财规划流程/273
一、建立和界定与客户的关系/274
二、收集客户数据，分析客户的理财目标或期望/275
三、分析和评价客户的财务状况/277
四、整合个人理财规划策略，编制

　　　　个人理财规划建议书/278
　　五、协助客户实施理财规划方案/280
　　六、监控理财规划执行进度，并定期
　　　　修正理财规划方案/281
第二节　理财规划建议书的撰写/281
　　一、理财规划建议书的撰写要求/281
　　二、理财规划建议书的参考格式/282
第三节　理财规划综合案例分析/282
　　一、案例背景/282
　　二、个人/家庭理财规划问卷/283
　　三、理财规划建议书/287

【案例10-1】/278
【案例10-2】/279
【案例10-3】/280
【本章小结】/314
【重点概念】/314
【思考与练习】/315

**附录　资金时间价值系数表/316**

**参考文献/321**

# 第一章

# 个人理财概述

**【引子】**

在现代社会,理财是每个人、每个家庭必须了解的生存技能之一。它在一定程度上决定着个人或家庭的兴衰,维系着家庭的幸福。人生诸多生活目标的实现,均离不开"财"字。只有善于对家庭财务进行科学统筹、未雨绸缪,才能使我们的一生更容易实现财务安全、自主和自由。正如股神沃伦·巴菲特所言:诺亚并不是在已经下大雨的时候,才开始建造方舟的。

## 第一节 什么是个人理财

### 一、个人理财的含义

个人理财是目前非常热门的一个话题,各类金融机构目前纷纷为老百姓提供种类繁多、内涵丰富的各种理财活动:商业银行在提供理财服务,如光大银行的阳光理财;证券公司在提供理财服务,如集合理财;基金公司号称专家理财;保险公司提供分红险、万能险、投资连结险等集保障和投资功能于一体的理财产品。因此,人们谈到理财,想到的不是投资,就是赚钱。很多人认为炒股、买卖基金、购买保险等行为就是理财,理财的目的是赚钱,"投资理财赚大钱"的理财观念深入人心。

事实上,理财并不等同于投资。投资主要关注的是如何做到钱生钱的问题,其目的是实现收益的最大化;但理财不仅要考虑财富的积累,更要关注财富与生活目标之间的达成程度,讲究如何统筹安排一生的财务资源,从而完成人生不同阶段的生活目标。可见,理财不仅是为了赚钱,更不是单纯的投资活动。

个人理财涉及领域较宽,它以提高个人生活质量、规避风险、保障终身生活为目标。个人理财的服务对象是个人或家庭,它是帮助个人或家庭合理利用财务资源,实现人生目标的综合过程。它是由专业的金融理财人员提供的个性化金融服务:通过明确客户的理财目标,分析客户的财务现状,从而帮助客户制订出可行的理财方案。个人理财的核心是根据个人或家庭的资产状况与风险偏好采用科学的投资策略,进而实现人生不同阶段的各种经济目标,同时降低对未来财务状况的担忧。

作为国际金融理财标准委员会会员组织,国际金融理财标准委员会(中国)[①] 对个人理财的定义如下:个人理财是一种综合金融服务,是指专业理财人员通过收集客户家庭状况、财务状况和生涯目标等资料,明确客户的理财目标和风险属性,分析和评估客户财务状况,最终帮助客户制订出合理的理财方案并及时执行、监控和调整,最终满足客户人生不同阶段的财务需求,使其实现人生在财务上的自由、自主和自在。

从国际金融理财标准委员会(中国)对个人理财的定义,可以看出其包含以下四点含义:

1. 个人理财不是单个金融产品的推销活动,而是为客户提供综合金融服务。所谓综合金融服务是指为客户提供投资规划、住房规划、子女教育投资规划、退休规划、税务规划及遗产规划等涵盖一生的全方位服务。

2. 个人理财是专业理财人员为客户量身定做的一整套理财方案,而不是客户自己理财。专业理财人员可以使更多的公众受益,同时专业理财人员为客户理财时必须遵循规范的理财执业流程。

3. 个人理财是针对客户一生的长期规划,能满足客户人生不同阶段的各种理财需求,其目标是实现客户在财务上的自由和自主。

4. 个人理财不是一次性的产品服务,而是一个动态服务过程。

由此可见,个人理财并不局限于提供某种单一的金融产品,而是针对客户的综合需求进行有针对性的金融组合服务,是全方位、分层次、个性化和系统性的金融服务。

## 二、为什么需要个人理财

(一)个人理财规划是收支平衡的"调节器"

纵观人的一生,财富收支总是不一致的:有时候收入大于支出,有时候收入小于支出。如何让人一生的收入和支出保持平衡,需要进行科学的、专业的理财规划。

图1-1描绘了一条理财人生曲线。从理财角度出发,可以把人生分成三个阶段:从出生到工作称为教育期或者成长期,从开始工作到退休称为奋斗期或者工作期,退休以后到终老称为养老期。三个阶段贯穿了人的整个生命。

人一生的收支一般存在两个不平衡。一是时间的不平衡,一个人从出生甚至尚未出生开始,就已经产生支出了,并且支出始终贯穿整个人生,持续到终老,但是收入只有在中间的奋斗期或者工作期才有,这就出现了时间上的不平衡。因此一个人在工作期的收入应该尽量满足自己的养老需求以及下一代的成长期需求。第二个不平衡是

---

[①] 国际金融理财标准委员会(中国)(英文为FPSB China,简称标委会)是唯一取得国际金融理财标准委员会(Financial Planning Standards Board,FPSB)授权在中国大陆进行国际金融理财师CFP$^{TM}$认证和CFP$^{TM}$商标管理的机构。

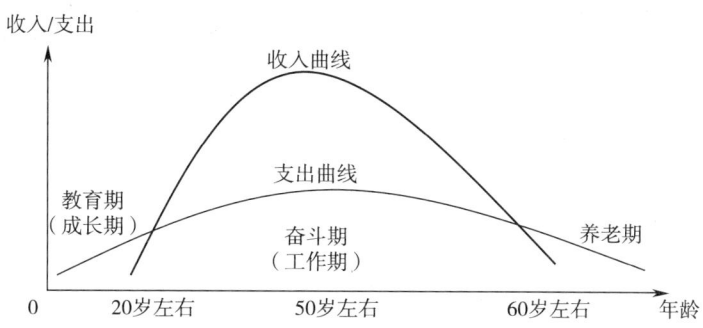

图 1-1 理财人生曲线

总量的不平衡,人一生的支出需要在奋斗期或工作期这一个阶段去积累,但收支总量并不一定能够平衡:在收入大于支出的最理想状况,不仅可以过着舒服的生活,甚至能留下一笔遗产;但收入恰好等于支出或者收入小于支出也很常见,如果收入总小于支出,则生活必然拮据艰辛。

因此,个人理财的核心是平衡现在和未来的收支,使人一生中的收入和支出基本平衡,不会因为某个时期缺乏收入而放弃理财目标。如果一个人在任何时期都有收入,而且在任何时候收入都能满足支出,那么就不需要去平衡收支间的差异。可是实际上,人的一生中大约只有一半的时间有赚取收入的能力。一个人在经济独立之前基本由父母抚养,是没有收入的;退休前则必须靠工作养活自己和家人;退休后如果不想依赖子女,又没有工作收入,那么如何度过漫长的养老期呢?如果能在奋斗期或工作期,将一部分收支结余进行积累性的长期投资,为未来的晚年生活累积丰厚的养老资金,则可以享受安逸的晚年生活。

(二)个人理财规划是实现财务安全的"防火墙"

每个人、每个家庭都有遇到财务风险的可能,保障财务安全是个人理财规划要解决的首要问题。

所谓财务安全,是指个人或家庭对自己的财务现状有充分的信心,现有的各类经济资源足以应对未来的财务支出和其他生活目标的实现,不会出现大的财务危机。如果不懂得利用科学的理财方式,提前做好应对风险的各种举措,则财务风险一旦发生,个人或家庭极有可能陷入财务困境。例如,一个主干家庭①,需要赡养老人、抚育年幼的孩子,如果家庭的经济支柱一旦身故,家庭收入中断或下降,将直接导致家庭其他成员的生活质量下降,孩子未来没有充足的教育资金,老人的赡养出现问题。对于这样的家庭,则必须时常审视其财务是否安全:一旦风险发生,是否有充足的财务资源或其他经济补偿。

对于个人和家庭来说,一般可以从以下角度衡量财务安全:是否有稳定且充足的收入、是否有充足的现金准备、是否有收益稳定的投资、负债水平是否合理、是否有

---

① 主干家庭是指由父母、有孩子的已婚子女三代人所组成的家庭。

充足的保险保障、是否享受社会保障、是否有额外的养老保障计划等。要实现财务安全，则应具备完善的理财规划。例如，通过现金规划，可确保必要的资产流动性，预防突发事件的现金需求；制订保险规划，将意外事件带来的经济损失降到最低限度，从而更好地规避风险，保障生活；提前进行退休规划，使得晚年能过上有尊严、自立的安逸生活等。

（三）个人理财规划是加快财务自由的"助推器"

财务自由是指个人或家庭的收入主要来源于主动投资而不是被动工作。财务自由主要体现在投资收入可以完全覆盖个人或家庭发生的各项支出，工作已经不再是养家糊口的唯一手段，个人从被迫工作的压力中解放出来。实现财务自由是个人理财规划的最高目标。

当个人不需要主动劳动，"被动收入"足以维持当前和未来的家庭支出，这时就意味着实现了财务自由。"被动收入"是不用主动付出劳动，靠投资或者其他方式就可以定期获得的收入。常见的"被动收入"来源可分为以下三类：来自投资获得的收入，如物业租金或有价证券的分红和利息收入；来自知识的增值获得的收入，如知识产权收入、网络被动收入[①]等；"不劳而获"收入，如获得巨额捐赠。对于大多数人而言，要实现财务自由，主要依赖投资收入，而要有足够多的投资收入，首要前提是要积累资本，增加个人财富。个人财富的增加可以通过节俭来实现，但财富的绝对增加则要通过收入的增加来实现。薪金类收入有限，投资则具有主动争取更高收益的特质，因此个人财富的快速积累主要依赖投资实现。根据理财目标及风险承受能力，选择合适的投资方案，合理配置各种投资品种，使投资带给个人或家庭的收入越来越多，并逐步成为个人或家庭收入的主要来源，最终达到财务自由。

### 三、个人理财的主要内容

具体而言，个人理财的主要内容包括以下七个方面：

1. 投资规划。投资规划是指专业人员为客户制订方案，或代替客户对其一生或某一特定阶段或某一特定事项的现金流在不同时间、不同投资对象上进行配置，以获取与风险相对应的最优收益的过程。投资规划是个人理财规划的一个重要组成部分，如何满足客户需要是制订投资规划的关键。科学合理的投资规划，既能够满足客户对流动性、风险承受能力的要求，又能带来较高的回报。

2. 教育投资规划。教育投资规划是指通过提前投资，为自己和家庭成员的教育提前积累足够的资金。它一般包括自身教育投资规划和子女教育投资规划。人们对受教育程度的要求越来越高，再加上教育费用持续上升，教育开支的比重变得越来越大，如何筹措足够的教育费用是大多数家庭面临的难题。应该及早对教育费用进行规划，通过合理的投资方式，确保将来有能力支付自身及其子女的教育费用，实现相应的教

---

① 通过网络实现被动收入，如因为兴趣爱好建立了一个博客，这个博客成为知名博客，访问量大增，建立者因网页上广告获得的额外收入。

育期望。

3. 居住规划。衣食住行是人生最基本的四大需要，其中"住"又是四大需要中时间最长、所需资金量最大的一项。由于房屋同时也具备投资价值，因此国内的消费者购买房屋主要有三大原因：自己居住、对外出租获取租金收益、投机获取资本利得。针对自住性质的居住规划主要包括租房、购房、换房与房贷规划等几个大的方面。居住规划是否合理直接影响个人或家庭的生活质量。

4. 保险规划。保险规划主要是分析人生中可能遇到的一些不确定的"纯粹风险"。"纯粹风险"是指只可能发生损失而不可能带来收益的风险，与既可能发生损失也可能带来收益的"投机风险"是相对应的概念。例如，疾病就是一种纯粹风险，它只会带来损失，不可能带来收益；而赌博就是一种投机风险，可能赚也可能赔。个人或家庭通常面临三类风险：一是人身风险，二是财产风险，三是责任风险。保险通常是规避、转嫁这些风险的有效方式。如何根据个人或家庭的客观情况，进行保险产品的科学设计、合理组合，投入较少的资金获得较高的风险保障是保险规划的核心内容。

5. 税务规划。税务规划是指纳税人通过筹资、投资、收入分配、组织形式、经营等事项的事先安排，在合法的前提下进行选择和策划，以税收负担最小化为目的的经济活动。依法纳税是公民的义务，但在合法的前提下进行一系列的安排以达到少纳税或者延迟纳税，有助于减轻个人的税务负担。税务规划对于高端客户来说非常重要。

6. 退休规划。正常情况下，每个人都会不可避免地遇到养老问题。由于寿命的延长、失业率的上升、人口结构的改变等诸多原因，个人养老问题显得越来越棘手。目前包括美国、欧洲、日本在内的发达国家和地区都遇到了严重的养老金危机，而我国面临的形势更为严峻。人到老年，获得收入的能力有所下降，所以有必要尽早进行退休规划，为将来安享晚年准备足够的资金。

7. 遗产规划。遗产税是进行遗产规划的一个重要动机，但节税并非遗产规划的唯一目标，例如，遗产规划中还包括遗产的分配、遗嘱的执行等内容。由于目前我国尚未开征遗产税，对这一领域关心的人还不多。通常遗产规划涉及很多专业的法律问题，理财规划师往往与律师一起提供相关的遗产规划服务。

## 第二节　个人理财的起源与发展现状

### 一、个人理财的起源及发展

个人理财起源于美国，20世纪30年代，保险营销人员提供了最早的个人理财规划服务。1929—1933年美国出现的银行挤兑危机和股市大灾荒，使人们普遍丧失了对银行和证券公司的信赖。此时严重的经济危机给人们未来生活带来了巨大的不确定性，保险公司提供的可以满足各种不同需求甚至为客户量身定制的保险产品逐渐进入人们的视野。与此同时，部分保险公司的销售代表为了更好地开展推销业务，开始为客户提供一些简单的个人生活规划和综合资产运用咨询。尽管这些保险销售代表的主要目的是推销保险产品，但却在客观上促进了个人理财的萌芽。

从20世纪60年代末到90年代，在发达国家特别是美国，个人理财发展为一个全新的金融服务业，并占据了个人金融服务领域第一的位置。这主要得益于经济的复苏和社会财富的积累，美国个人理财规划行业进入了成长阶段。社会、经济环境的变化使富裕的普通消费者无法凭借个人的知识和技能，运用各种财务资源来实现自己短期和长期的生活、财务目标。原因有以下几点。

1. 美国社会所推崇的超前消费观念，致使大多数人担忧缺乏足够的个人存款以应付日益增长的个人债务，从而保证财务安全和自主。他们迫切需要有能力根据其独有的生活方式、价值观、家庭状况、职业状况量身定制个人理财规划的专业人员。

2. 虽然政府提供了社会保障和公共福利政策，但消费者必须考虑如何通过自己在职期间的理财使得退休后仍能过上舒适的生活。这成为市场呼唤专业理财人员进行退休规划的主要原因之一。

3. 美国复杂的个人税收制度迫切需要称职的专业人员对人们生活中的所有税收问题进行合理的筹划。

4. 随着社会富裕程度的增加，富裕起来的群体不知如何处理资产的传承。特别是面对复杂的遗产、遗赠、信托及其税收法律法规，他们需要专业的理财人员进行遗产规划。

5. 跨国公司的并购、税收的非对称性、信息技术日新月异的发展、金融市场的全球化和自由化、金融工程化、金融资产的证券化，使消费者面对许多难以理解的金融产品和服务。因此消费者急需寻求称职、有良好职业道德、以追求客户利益最大化为己任的专业投资理财人员。

这些成为个人理财发展壮大的内在动因。从经济学角度看，个人理财行业的产生与发展是市场选择的结果。因为，个人理财规划作为一项专业服务只有满足了客户的特定需求并且能给客户创造价值，才能在激烈的市场竞争中生存下来。

## 二、我国个人理财的现状及前景

我国的个人理财业目前还处于起步阶段，但是从个人理财的需求和供给环境看，发展的潜力巨大。

从个人理财的需求方面看，随着中国的经济体制由计划经济转向市场经济，经济高速增长，居民收入水平进一步提高，与此同时，社会保障制度、住房制度、医疗制度、养老制度、教育体制等的改革相继推出，在上述各项领域的支出中个人或家庭承担的部分将不断加大。另外，传统的居民银行存款收益较低，甚至弥补不了物价的上涨。投资者逐渐开始寻求通过最优储蓄和其他投资工具的组合，使将来生活有所保障的同时扩大投资收益的来源。总之，经济的发展和各项体制的改革使人们更多地关注自己的财务状况，并作出妥当安排以确保将来生活的财务自由和财务尊严。但是，面对日益复杂的市场环境和法律法规体系，个人的专业知识往往难以应对，因此需要寻求专业理财规划人员提供服务。

从个人理财的供给方面看，随着中国金融体制的改革，资本市场中各类投资产品迅速推出。许多金融机构都将个人业务作为增强自身核心竞争力和扩大收入来源的关键，大力开发和推出与个人理财规划有关的个人理财业务。

我国加入世界贸易组织（WTO）之后，伴随着外资金融机构的进入和相关金融创新产品的引进，金融市场的竞争更加激烈。国内各家金融机构积极调整经营策略，把个人理财业务作为个人金融业务的战略重点。个人理财业务充分体现了"以客户为中心""以市场为导向"的现代经营理念。个人理财业务的发展过程，实质上也是金融机构围绕客户的金融需求进行金融创新的过程。通过综合性和个性化的个人理财服务，客户需求成为金融机构营销的核心。金融机构营销的职能转化为在合适的时间、合适的地点，通过合适的方式将合适的服务提供给合适的客户，既要确保盈利又要尽力满足客户的需求，使金融机构与客户建立起长期稳固的关系，增强自身的核心竞争力，推动形成"以客户为中心"的经营机制。因此，个人理财规划业务的创新和发展成为近年来我国金融机构完善服务功能的突破口，并且我国金融机构普遍将这种业务的创新视为在目前分业经营、分业监管体制下推动业务综合化发展的主要方向。个人理财规划业务的推广，可以促使银行、保险、证券等领域的相互交融，有助于金融机构资产、业务、收益及客户结构的优化。

随着改革改革开放的不断深入，我国生产力得到了长足发展，人民生活水平迅速提高。根据国家统计局提供的数据，2015 年我国全年人均可支配收入为 21 966 元，随后每年上涨 2 000 元左右，2018 年涨到了 28 228 元，四年里，我国全年人均可支配收入总共涨了 6 262 元；2015 年至 2018 年扣除价格因素，每年实际增长率分别为 7.4%、6.3%、6.5%、6.5%，平均涨幅 6.7%。

虽然居民财产呈持续增长态势，但在金融投资方面，我国家庭依然存在不少问题。经济日报社中国经济趋势研究院编制的《中国家庭财富调查报告 2019》提供了一系列关于家庭财富状况的数据。

1. 我国居民金融资产结构单一。随着资本市场发展，城乡居民投资渠道大大丰富，但从实际投资份额来看，我国居民金融资产结构依然单一，农村居民尤为如此。

调查报告显示，居民家庭的金融资产分布依然集中于现金、活期存款和定期存款，占比高达 88%，接近九成。在有数据可查的 35 个经济合作与发展组织（OECD）国家中，仅有 8 个国家的存款和现金占家庭金融资产比例超过了 50%，这一比重超过 60% 的国家只有 3 个国家；在社会福利和社会保障覆盖范围比较广的北欧国家中，瑞典、丹麦、芬兰和挪威的现金、活期存款和定期存款所占家庭金融资产比重分别为 19.34%、19.95%、31.14% 和 38.75%，均处于较低水平。单一的金融资产结构不利于居民家庭平衡资产风险，而且难以实现保值增值。

2. 从风险态度自评和风险承受能力来看，持风险厌恶态度的居民占多数。在家庭财富调查中，被访者对自身风险承受能力自我评分，0分表示风险承受能力最小，10分表示风险承受能力最大。统计结果表明，风险态度自评为0分的被访者达到32.81%，是所有评分值中比重最高的，表明几乎没有风险承受能力的群体占比最大；风险态度自评为6分及以上的被访者仅占6.78%；风险自评为3分及以下的风险厌恶者比重高达70.33%。

根据家庭所能承受投资本金损失程度来衡量家庭风险承受能力，同样显现出多数家庭是风险厌恶型。5.57%的家庭能够承受投资本金50%以上的亏损，8.66%的家庭能够承受本金20%至50%的亏损，21.01%的家庭能够承受本金10%以内的亏损，多达64.76%的家庭不能承受本金亏损，这说明超过六成家庭的投资行为属于极度风险厌恶型。同时，人均财富较高的城镇居民多数也属于风险厌恶型，不能承受本金亏损的城市家庭比例超过五成，达到了55.2%；农村家庭的这一比例更是高达83.88%。

3. 较高的预防性需求，推高了储蓄比例，降低了其他金融资产的投资份额。从调查结果来看，全国家庭储蓄的主要原因依次是："应付突发事件及医疗支出"占48.19%，"为养老做准备"占36.78%，"为子女教育做准备"占23.97%，"其他原因"占20.57%，"不愿承担投资风险"占13.82%。城乡家庭储蓄的主要原因先后位次基本一致。为医疗、养老和子女教育预防性储蓄成为储蓄的主要动因，这在一定程度上体现出，我国社会保障制度有待完善，以降低居民对预防性储蓄的需求。较高的预防性储蓄导致金融资产结构单一化，同时也不利于扩大国内消费需求。

4. 金融投资存在群体差异。调查结果显示，金融素养较低的家庭更可能面临较高的投资风险，因而选择远离金融投资。高收入、高学历群体通常具有较高金融素养，更为了解相关的金融知识、信息，加之其拥有较高收入和资产，可以在满足房产和预防性需求基础上投资金融资产，因而资产内容更加丰富，能够更加游刃有余地作出投资决策，并从中获取收益。

随着收入水平和学历提高，居民家庭金融资产的规模和结构呈现不同特征。随着收入水平提高，家庭人均现金、活期与定期存款有所增长，且增幅越来越大。人均可支配收入最高等分组家庭的人均现金、活期与定期存款分别是最低等分组家庭的4.64倍、3.86倍。值得注意的是，随着收入水平提高，居民活期与定期存款投资份额持续下降，而在储蓄型保险、国债、股票、基金、期货、借出款、其他金融资产、外币金融资产余额方面投资比重逐渐提高；随着学历水平提高，家庭持有活期与定期存款的比重也呈现持续下降趋势。

从上述调查结果可见，我国居民家庭金融资产配置结构单一，依然集中于现金、活期存款和定期存款，占比接近九成，虽然可供居民选择的投资工具越来越丰富及多样化，但大多数人依然缺乏投资策略，迫切需要理财引导；教育、住房、养老、医疗等依然是中国家庭支出的四大支出压力，这些方面的预防性需求是家庭储蓄的重要因素；大多数投资者属于风险厌恶型，害怕投资本金的损失。我国居民的理财意识并没有跟上财富增长的步伐，对于如何制定适合自身的财务目标，合理分配各种投资资产，如果缺少专业金融机构的理财建议，单靠个人常识和经验进行投资，要真正规避投资风险，实现资产的保值和增值难度相当大。可见我国个人理财行业发展有着广阔的市场前景。

## 第三节 理财规划师执业资格认证

### 一、国际金融理财师（CFP）资格认证制度介绍

（一）国际理财资格认证

国际上关于金融理财的资格认证有：合格财产管理专家（AAMS）、合格不动产策划师（AEP）、合格金融顾问（AFC）、合格税务顾问（ATA）、合格雇员利益专家（CEBS）、特许金融分析师（CFA）、国际金融理财师（CFP）、注册基金专家（CFS）、注册投资管理顾问（CIMC）、特许金融顾问（ChFC）、特许人寿保险商（CLU）、注册管理会计师（CMA）、特许共同基金顾问（CMFC）、注册公共会计师（CPA）、特许财产意外保险商（CPCU）、注册信托与金融顾问（CTFA）、特许财富管理师（CWM）、注册税务师（EA）、个人金融专家（PFS）、注册雇员利益顾问（REBC）、注册金融顾问（RFC）、注册金融策划师（RFP）、注册健康保险商（RHU）等。从国际范围的这些认证来看，只有少数资格认证是由监管当局强制指定的，而多数是由行业协会建立的执业认证标准，目的是通过行业自律的治理方式，形成对执业资格的共同制度约定，提高行业信誉和从业人员专业水平，实现行业自我管理。CFP便是其中的一种。从各国情况来看，金融理财正在成为一个新兴的行业，且一般采用行业自律或者政府管理与行业自律相结合的管理模式。在众多的金融理财专业认证中，CFP因为其完善的认证体系、严格的职业道德要求、标准的操作程序和注重本土化的认证原则，受到了金融理财界的广泛尊重和认可。2006年1月28日的《华尔街日报》将CFP金融理财认证称为黄金标准，将CFP持证人称为最受尊敬的金融理财专家。

针对中国金融理财服务缺乏专业资格认证的现状，中国金融理财标准委员会经过长达三年的调查研究，决定在中国引进国际CFP专业资格认证制度。CFP是Certified Financial Planner的首字母缩写，是指从事金融理财，达到国际CFP组织所规定的教育（Education）、考试（Examination）、从业经验（Experience）和职业道德（Ethics）标准（以下简称为"4E"标准），并取得资格认证的专业人士。

（二）CFP资格认证制度的发展沿革

CFP资格认证的起源可以追溯到1969年，当时美国金融咨询业的一些专业人员创立了首家金融理财的专业协会——国际金融理财协会（International Association for Financial Planning, IAFP），经过10余年的努力，1985年，美国金融理财学院（College for Financial Planning）和CFP学会（Institute of Certified Financial Planners, ICFP）共同设立了国际CFP标准和实践委员会（International Board of Standards and Practices for

Certified Financial Planners，IBCFP）。

1994年至今，IBCFP改名为美国CFP标准委员会（CFP Board of Standards）。它作为一个非营利性的水平资格管理机构，其目标是通过建立和维护金融理财领域的从业标准和职业道德准则，授权教育机构开展专业培训、组织统一的职业资格考试，向符合认证要求的专业人员颁发CFP资格证书等手段保障CFP向社会公众提供优质、安全和有效的理财服务。

CFP资格认证制度的国际化始于1990年的澳大利亚。1992年，美国CFP理事会又与日本签署了协议，并在此基础上，成立了国际CFP理事会（International CFP Council），为了进一步组织和推动全球范围的CFP资格认证事业的发展，2004年11月国际金融理财标准委员会（Financial Planning Standards Board，FPSB）正式成立。经过近三十年的发展，FPSB已在全球25个国家和地区建立了会员组织，截至2019年12月底，全球获得CFP资格认证的专业人士达181 360人[①]。

CFP资格认证制度之所以受到金融理财从业人员、金融机构和广大消费者的尊重，其重要原因就是，它对获得认证的从业者规定了严谨完善的培训体系、标准的操作程序和十分严格的职业道德规范。

（三）中国CFP资格认证制度的建立和发展

为适应中国公众生活水平的不断提高，满足金融机构对金融人才的迫切需求，提高金融理财从业人员的业务水平和道德水准，促进中国金融理财业迅速融入国际社会，在分享国际CFP组织各成员国或地区建立金融理财师认证制度的经验基础上，2004年9月1日中国金融教育发展基金会金融理财标准委员会（Financial Planning Standards Council of China，FPSCC，以下简称中国金融理财标准委员会）正式成立。FPSCC是在中国负责建立金融理财师制度、确立资格标准、组织资格考试、认证专业人才、规范职业道德、维护行业秩序的非政府、非营利性组织。

2005年4月，在国际CFP组织南非开普敦会议上，中国金融理财标准委员会代表详细介绍了中国金融理财市场的现状，以及中国加入国际CFP组织所做的各项准备工作，受到国际CFP组织及其成员组织的高度赞赏。国际CFP组织的董事局和理事会通过决议，一致同意中国金融理财标准委员会正式加入。

2005年4月2日，FPSCC发布《金融理财师资格认证考试手册》，为在中国大陆开展AFP/CFP资格认证考试奠定了制度基础。

2009年2月19日，中国金融理财标准委员会（FPSCC）进行机构调整，改称国际金融理财标准委员会（中国）。它由两部分组成，即国际金融理财标准委员会中国专家委员会（FPSB China Advisory Panel）和现代国际金融理财标准（上海）有限公司（FPSB China Ltd.）。国际金融理财标准委员会（中国）是唯一取得国际金融理财标准委员会授权在中国大陆进行国际金融理财师认证和商标管理的机构。

---

① 数据来自http://pro.fpsbchina.cn/。

国际金融理财标准委员会（中国）结合中国国情，采用多数 FPSB 成员的做法，在中国实施金融理财师两级认证制度，即金融理财师 AFP 资格认证制度和国际金融理财师 CFP 资格认证制度。AFP 商标为 AFP™、Associate Financial Planner™ 以及 AFP。AFP 资格认证是 CFP 资格认证的第一阶段，申请人取得 AFP 资格认证后才能参加 CFP 资格考试和认证。CFP 商标为 Cfp、Certified Financial Planner 及 CFP（如图 1 - 2 所示）。国际组织在批准中国实行两级认证体系时，明确指出 AFP 与 CFP 持照人数之间应当保持一定的差距；在实行多级认证制度的国家，AFP 和 CFP 持照人数之比大约为 10:1。与 CFP 资格认证一样，AFP 资格认证由 FPSB 统一签发。

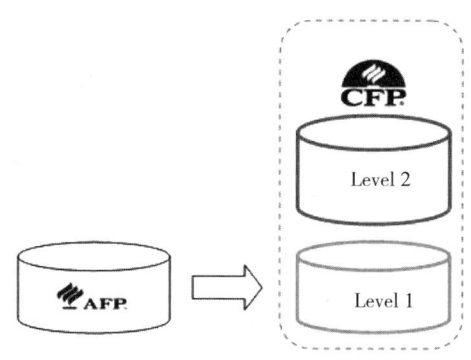

图 1 - 2　AFP 资格认证与 CFP 资格认证路径

## 二、CFP 的资格认证标准

金融理财师的工作就是应客户的个人理财需要，运用标准化的理财程序，合理安排客户的金融资产分布，设计合理可行的理财方案，帮助客户实现其人生不同阶段的理财目标。因此，要求从业者应具备经济、法律、保险、会计、统计、数学等学科的基础知识，并具备诸如金融、投资、保险、税务、社会保障、养老金及员工福利、资产传承等各个方面的专业知识及从业经验，还应严格遵守 CFP 的职业道德准则。

经过 20 年的不断探索和实践，美国 CFP 标准委员会建立完善了个人理财规划师职业认证的四大标准，简称为"4E"准则。国际金融理财标准委员会（中国）规定中国 CFP 的系列资格认证，由教育（Education）、考试（Examination）、从业经验（Experience）和职业道德（Ethics）四部分组成，即"4E"标准。整个认证体系有十分严谨的流程（如图 1 - 3 所示）。

（一）教育（Education）

作为认证申请人必须完成 FPSB 规定的核心金融理财课程及会员国或地区规定的本土化相关课程，掌握金融理财规划的理论和实际操作知识。这些课程包括的内容十分广泛，主要有金融理财原理、投资规划、保险规划、员工福利、退休规划和税务筹划等。

由于现实经济环境的不断变化，公众对个人理财规划的要求也处于不断的变化之中，因而从客观上要求金融理财师不断地丰富和发展自己的专业知识与职业技能。为了保证金融理财师的持续胜任能力，在获得金融理财师资格之后，他们每年必须获得一定的继续教育学分，并每两年申请一次重新注册，这样才能保留其金融理财师资格。

（二）考试（Examination）

申请人必须通过综合性的CFP系列认证考试以考察其对金融理财相关知识的实际应用能力。CFP考试除了考核申请人在教育培训阶段所学的理论知识之外，还要考察其运用所掌握的金融理财知识解决实际生活中复杂问题的能力。CFP系列认证考试涵盖了金融理财规划的各个方面，包括金融理财原理、投资规划、保险规划、员工福利、退休规划和税务筹划等。

（三）从业经验（Experience）

申请人申报的从业经验由有资质的专业人士进行验证。现代国际金融理财标准（上海）有限公司要求申请人需具备在下列机构从事金融理财或与金融理财相关的从业经验：金融机构、会计师事务所、律师事务所以及现代国际金融理财标准（上海）有限公司认定的其他机构。

（四）职业道德（Ethics）

作为认证的最后一步，申请人必须承诺遵守《金融理财师道德准则和专业责任》及《金融理财执业标准》。金融理财师必须揭示所有与其职业和业务行为相关的调查和诉讼等，承诺公平、勤勉和正直地为客户提供服务，做到客观并符合客户需求。金融理财师必须以书面形式向客户说明薪酬支付方式以及揭示利益冲突。

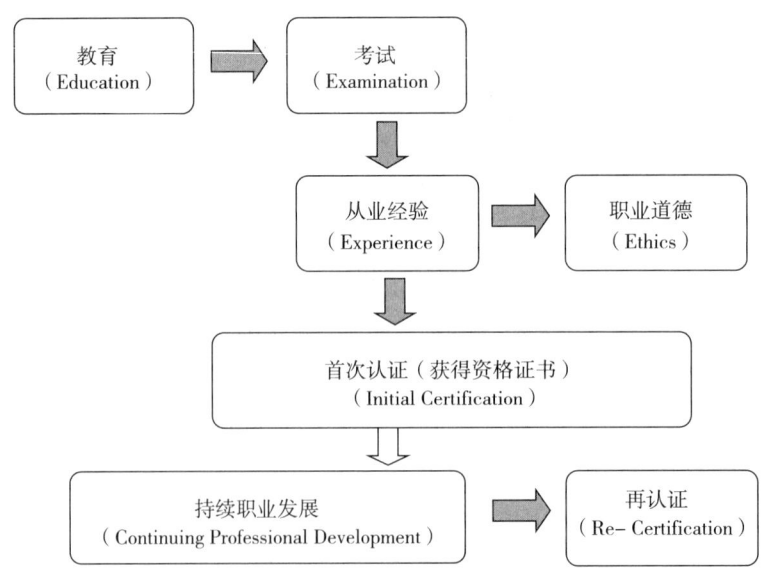

图1-3　CFP资格认证流程

## 三、CFP 的执业操作准则

FPSB 的各种认证标准保证了金融理财专业人士在向社会公众提供金融理财服务时能达到相应的道德准则、执业标准和全球竞争力要求，并且完全有能力提供金融理财相关服务。

FPSB 通过会员国或地区积极推进有关认证和再认证的标准并以服务公众为职责，树立了 CFP 系列认证的全球金融理财卓越标准。

在《金融理财执业标准》中，FPSB 规定了金融理财专业人士无论在何时、何地、何种背景、何种报酬方式下提供金融理财服务都应该达到的执业标准。《金融理财执业标准》中规定了金融理财专业人士在提供金融理财服务时应遵循的六大金融理财业务流程。

（一）建立和界定客户关系

建立并明确与客户的关系包括：

1. 确定金融理财师提供的服务类型；
2. 披露金融理财师重大利益冲突；
3. 列明提供此项金融理财服务所收取的费用项目和支付方式，以及金融理财师的报酬安排；
4. 确定金融理财师和客户的责任；
5. 确定理财服务的时间期限；
6. 提供任何明确或限制理财服务范围的任何必需信息。

（二）收集客户信息

金融理财师应当尽可能收集有关客户的价值取向、态度、风险承受能力、期望及时限要求等信息，并根据收集到的信息，与客户共同确定生活和财务的需求、目标，以及实现的先后顺序。金融理财师有责任帮助客户确立目标并正确认识需求，其服务范围必须清晰、准确、稳定和可度量。

金融理财师应当采取各种合法途径，获取关于客户收入来源、个人债务以及个人生活状况的相关信息和文件。这些信息可以通过客户直接获取，也可以通过客户访问、调查问卷、客户记录等其他途径获取。金融理财师应当使客户认识到，个人理财规划方案的合理性和可行性依赖于其所提供信息的完整和准确；不完整和不准确的信息对确定个人理财方案存在着潜在的风险。

金融理财师在无法获取相关且充足的信息和文件时，可以采取以下措施：（1）将自己与客户的合同服务范围控制在那些已经获取充足和相关信息的领域；（2）在将无法取得充足信息和文件的情形向客户通报后，决定解除与客户的合同。金融理财师应将限制服务范围导致的对个人理财方案和执行结果的负面影响，及时告知客户。

（三）分析和评估客户当前的财务状况

在完成个人理财规划方案之前，金融理财师应当评估客户的财务状况，并依照客户现有资源，对实现客户目标和需求的可能性进行预测。

金融理财师应当运用客户指定、双方共同确定或合理预期等方式，来分析和评估客户财务状况以及实现既定目标的可能性。这些预测应当包括以下两个方面：（1）有关个人状况的预测：包括退休年龄、平均寿命、收入需求、与个人相关的风险因素、时间期限、特殊时期的需求等；（2）有关经济环境的预测，包括通货膨胀率、税率、投资回报率等。

（四）制订并提交个人理财规划方案

在分析客户当前的财务状况之后，金融理财师应当考虑多方面的因素，开展专项研究或者咨询其他专业人员，考察各种可以合理实现客户目标和需求的备选方案，并评估它们的有效性。在考虑备选方案时，金融理财师应充分认识到法律、法规对其自身执业的限制和其专业能力的局限对备选方案的影响。

在考察了各种备选方案后，金融理财师应当制订专业的个人理财规划方案，以实现客户的既定目标。方案可以是一个单独的执行方案，也可以是若干个执行方案的组合。个人理财规划方案必须与以下事项保持一致，并会受其直接影响：（1）金融理财师所在机构和客户共同确定的合同关系，即双方责任、风险和费用；（2）金融理财师和客户共同确定的客户生活和财务的目标、需求及实现的先后顺序；（3）客户提供的相关数据；（4）有关个人或经济环境的预测；（5）金融理财师关于客户当前财务状况的分析和评估；（6）金融理财师提供的备选方案。

在个人理财规划方案制订后，金融理财师应将该方案与客户原有的理财规划方案进行比较，若发现原方案更优时，应当保持原方案不变。但这并不意味着，金融理财师不可以建议客户修正生活和财务的目标，并在此基础上重新制订个人理财规划方案。金融理财师在向客户展示其个人理财规划方案时，应当帮助客户理解当前的财务状况、各个备选方案的内容以及方案的有效性。在这个过程中，金融理财师应当避免将个人的观点作为事实来影响客户。

金融理财师应当告知客户在选择理财方案时需考虑下列因素：（1）关于未来个人状况和经济环境的假设；（2）方案中各项内容的相互依赖性；（3）方案的优势和劣势；（4）方案所面临的风险；（5）方案对时间的敏感性。金融理财师应告知客户，其个人状况或经济环境的变化可能会影响方案的实施结果。这些可能发生变化的因素包括法律法规、家庭状况、职业状况、投资业绩或客户的健康状况等。

在向客户提供方案时，若发现有未披露过的利益冲突，金融理财师必须立即披露这些利益冲突及其对方案的影响。金融理财师必须和客户就双方承担的义务达成一致，而这种义务是与他们在合同关系中所确定的责任、风险和费用分配相一致的。客户有接受金融理财师所提供方案的权利，也有委托金融理财师或他人执行该方案的权利。如果客户委托金融理财师执行该方案，则必须对执行方案所涉及的服务达成协议，并可适当修改双方事先约定的义务范围。

（五）实施金融理财规划方案

金融理财师的义务包括以下几个方面：（1）确定方案的执行计划和内容；（2）恰

当和正确地划分金融理财师与客户在方案执行过程中的责任；（3）在需要时，寻求其他相关专业人员的帮助，或向其他专业人员咨询；（4）协调其他相关专业人员的工作；（5）在授权范围内可与其他相关专业人员共享信息；（6）选择可靠的金融产品和服务。

在个人理财规划方案的执行过程中，金融理财师若发现存在利益冲突、报酬来源的多样性或与其他相关专业人员的利益关系，必须向客户披露。金融理财师为执行个人理财规划方案需将客户推荐给其他相关专业人员时，必须向客户说明原因和理由。

当金融理财师的授权仅限于个人理财规划方案的执行时，须以书面方式确定其所在机构与客户的合同关系。这种关系的内容和范围可以建立在其他专业人员所提供的信息、分析和建议的基础上。

在执行个人理财规划方案的过程中，金融理财师选择金融产品和服务的原则如下：（1）应选择与客户生活和财务的目标、需求及实现的先后顺序相一致的和合适的金融产品和服务；（2）应对提供给客户的产品和服务进行深入的调查和恰当的评估，在有效的信息基础上形成专业判断，帮助客户选择适当的金融产品和服务；（3）不同的金融理财师可以选择不同的金融产品和服务，但都应该能够合理地满足客户的需求，实现客户的目标及其先后顺序。

（六）监督客户金融理财状况

金融理财师应当针对市场和客户财务状况的变化，适时检查个人理财规划方案的适用性，并进行适当调整和修正。

### 四、CFP 的职业道德规范

为了规范金融理财师职业道德行为，提高金融理财师职业道德水准，维护金融理财师职业形象，FPSB China 参照国际金融理财标准委员会相关标准，制定了《金融理财师职业道德准则和专业责任》以及《金融理财师行为准则》。

《金融理财师职业道德准则和专业责任》提出了八大道德准则，规定金融理财师在金融界、实业界、政府、教育界及其他使用 CFP 商标或 AFP 商标的专业服务领域从事个人理财业务、金融相关服务时，应遵守本准则。

《金融理财师行为准则》则以翔实的规定严格规范金融理财师的职业操守，旨在为金融理财师的执业行为树立标准。

（一）准则一：客户至上

金融理财师应把客户利益放在第一位。客户至上是专业精神的标志，它要求金融理财师诚实行事，在向客户提供理财服务时恪守客户至上准则，把客户的合法利益放在首位。

1. 金融理财师在任何情况下都应将客户的利益置于首位。

2. 金融理财师应公平对待客户，应本着正直诚信和客观公正的态度为客户提供专业服务。

3. 金融理财师应想方设法、尽最大努力满足客户的要求。由于客观条件限制确实不能满足客户要求的，应委婉、礼貌地向客户说明情况，取得客户的谅解。

【案例1-1】

2019年1月24日，A银行接到了一笔棘手业务，客户王某持其祖母李某存单前来取款，存单开户日期为2009年，因时间太长而忘记密码导致无法取款，王某要求代其祖母办理密码挂失业务。按照银行制度要求，办理挂失业务需要存款人本人亲自办理相关手续，但由于存款人居住在距离县城十余公里的山区，加之年事已高，行动极为不便，不能亲自来到银行办理业务。银行的金融理财师周先生了解该情况后，积极与上级领导沟通并获批后，利用中午休息时间，驱车数十公里来到王某家中，按照相关制度规定取得了老人的书面授权，并于当天办妥了挂失手续，解决了客户的燃眉之急。老人一家对周先生这种上门服务的人性化做法感到非常满意，并送来了一面"为客户着想，让群众满意"的红色锦旗。金融理财师周先生牺牲休息时间，深入山区上门为客户提供人性化的延伸服务体现了他"客户至上"的理财理念。

（二）准则二：正直诚信

向客户提供理财服务时，应恪守正直诚信原则，金融理财师不得利用执业便利为自己谋取不正当利益。

1. 金融理财师不得利用虚假或误导性的宣传拓展业务。禁止金融理财师：

（1）用虚假或误导性的广告来夸大自身的胜任能力以及与其相关联的机构规模和业务范围等；

（2）借公共传媒抬高自己或夸大金融理财业务范围；

（3）假借标准委员会或者其他组织的名义发表个人观点，获得标准委员会或者其他组织授权的除外。

2. 在执业活动中，金融理财师不得有不诚实、欺诈、欺骗、不实表述等行为，也不能有意向客户、雇主、雇员、同行、政府部门、立法机构或者任何个人和组织呈递虚假或者误导性报告。

3. 金融理财师在处理客户金融资产或其他资产时，负有以下职责：

（1）在获得合法授权时，有义务依法在被授权的范围内，行使对客户金融资产和其他资产的保管权和处置权；

（2）及时与客户确认资产总额，并保留完整记录；

（3）及时向客户或客户指定的第三方转移金融资产；

（4）客户资产与个人和所在公司资产分别管理；

（5）客户资产统一管理的前提是能够为每一位客户单独提供详细、准确的会计记录；

(6) 谨慎、勤勉保管客户资产。

【案例 1-2】

某年 3 月,李先生到某银行办理存款业务。当时银行的工作人员告知大额存款的利率可以达到 7%。按照中国人民银行的规定,当时银行一年期存款利率仅为 3.5%,如此高的利率引发了李先生的疑虑,但银行人员以大额存款有利率优惠为由打消了李先生的疑惑。李先生表示,在办理业务时,该银行理财人员未对他本人做书面风险评估。签署协议之时,由于工作人员的遮掩他并不知道所签协议与某证券公司集合理财产品有关,事后,银行也并未将协议副本交给他,最后他只得到一张银行存款回执单。直到同年 10 月,李先生才得知其购买的是证券公司集合理财产品,购买时每份净值为 1.036 元,购买金额为 80 万元,被告知时已经亏损了 12 万元。理财人员在销售过程中隐瞒产品重要信息,夸大产品收益,刻意回避风险,不仅违反正直诚信原则,也涉嫌欺诈。

(三) 准则三:客观公正

金融理财师应诚实公平地提供服务,不受经济利益、关联关系和外界压力等影响;从客户利益出发,作出合理、谨慎的专业判断;公平合理地对待客户、委托人、合伙人和雇主,并公正、诚实地披露其在提供专业服务过程中遇到的利益冲突。

1. 向客户披露与拓展业务相关的信息,包括利益冲突、从业机构的变更、地址、电话号码、证明材料、资格证书、佣金安排、其他代理关系和金融理财师在这些代理关系中的代理范围及依法要求提供的其他信息。

2. 以书面形式披露专业服务相关的信息,书面披露的内容包括:

(1) 理财服务应用的相关理念及指导原则;

(2) 如客户需要,提供所在单位负责人和职员的简历,包括教育背景、工作经验、专业水平及相关证书和专长;

(3) 反映利益冲突的文件,应披露可能产生的佣金和介绍费及其来源;

(4) 金融理财师与第三方签订书面代理或者雇佣关系的合同。

3. 在合同关系确立之前,金融理财师应以书面形式披露可能对其客观性及独立性产生影响的各种关系;在不违反保密性条款的前提下,可以提供现在或之前客户的推荐信等证明材料,以证明其自身胜任能力。

4. 金融理财师与客户建立关系时,应向客户阐明交易风险,利益冲突及其他相关信息,以确保该交易对客户的公平性。若签约后、合同结束前出现利益冲突,应及时向客户及有关人员披露详细情况。

5. 金融理财师以代理人身份进行金融理财服务时,应当明确职权并有授权代理委托书。当金融理财师的资格证书或雇佣关系变更时,应及时告知其客户,双方另有约定的除外;金融理财师无论受雇于金融理财公司、投资公司,或作为机构服务的代理人，都应依据本准则的要求披露信息，并按照统一的标准服务。

> **【案例1-3】**
> 金融理财师王先生在为客户进行保险规划时，根据客户的具体情况打算为客户配置定期寿险。此时一家保险公司正在促销投资连结险，并承诺支付给推荐客户的金融理财师15%的佣金。王先生于是为客户配置了该投资连结险。在本案例中，理财师的个人利益与客户利益存在冲突，理财师没有从客户利益出发，损害了客户的利益，违反了客观公正原则。

（四）准则四：公平合理

金融理财师在为客户提供服务的过程中应思考全面，能够不偏不倚地处理可能存在的利益冲突。这要求金融理财师能控制主观情绪，抛弃个人偏见和感受，客观地为客户提供理财服务。

1. 平等地对待每一位客户，无论其年龄、性别和个人爱好有多大差异；
2. 公平地认识、评价不同产品的优劣。

> **【案例1-4】**
> 金融理财师李女士所在银行提供多种理财产品供客户选择。其中有一款理财产品来自李女士同学所在保险公司，李女士为其自己和家人购买了不少此款保险产品。李女士在为客户理财时，也格外喜欢推荐此款产品。金融理财师李女士自己偏好这种保险产品，并没有考虑此款产品是否适合这些客户，其理财行为违反了公平合理的原则。

（五）准则五：专业精神

金融理财师应具有职业的荣誉感，在提供服务时，应尊重和礼貌对待客户及其他金融理财师。应与同业者充分合作，共同维护和提高该行业的公众形象及服务质量；在与其他同业者及相关组织竞争时，应遵循公平合理的竞争原则开展业务。

金融理财师按照FPSB China制定的各项规范和准则的要求，使用CFP/AFP商标。

当金融理财师了解其他金融理财师违反本准则的规定时，应当立即通报FPSB China。当金融理财师有理由怀疑所在机构内部有人从事非法活动时，应收集证据并向直接主管报告。如果该金融理财师确信金融理财组织内存在非法活动，并尚未采取补救措施，应该及时向相应的监管机构，包括FPSB China报告。

金融理财师在其他相关行业从业时，应取得相关从业资格，或取得法律授权并注册。

金融理财师不得使用或威胁使用本准则的具体条款诋毁或恶意伤害同行。

金融理财师应遵守后续认证要求，包括继续教育、缴纳年费、定期签署和提交认证更新程序中所要求的金融理财师声明文件等。

## 【案例 1-5】

胡先生是某商业银行的客户经理,为了争取更多的客户、获取更多业绩,经常对客户说其他银行的理财师专业水平低、道德品质不可靠。胡先生为了业绩诋毁其他理财师的行为,违反了专业精神原则。

(六)准则六:专业胜任

金融理财师应参加 FPSB China 所要求的教育培训,具备相应的专业知识和经验,能够胜任所从事的金融理财业务,并在所能胜任的范围内为客户提供金融理财服务。在尚不具备胜任能力的领域,金融理财师应当聘请专家协助工作,或向专业人员咨询,或将客户介绍给其他相关组织。

## 【案例 1-6】

金融理财师陈先生并不熟悉保险领域的业务,在为单身妈妈李女士制订保险规划方案时,不切实际地为李女士年幼的孩子购买了大量的意外及教育方面的保险,忽略了作为家庭经济支柱的李女士在寿险方面的重大需求。某天李女士不幸意外身故,她的孩子只好和年迈且无任何收入来源的外婆一起生活,经济极其困窘。在本案例中,金融理财师陈先生并不熟悉保险规划,也没有向其他专业人士请教,或将客户推荐给其他专业人士,致使李女士逝世后她的家庭没有得到任何经济补偿,违背了专业胜任原则。

(七)准则七:保守秘密

金融理财师未经客户书面许可,不得向第三方透露任何有关客户的个人信息;对雇主和客户应遵循相同的保密标准。但金融理财师可在下述情况下使用客户信息:

1. 开立咨询或经纪人账户,为达成交易或为执行客户某项具体要求,以协议形式认可时;
2. 依法要求披露信息;
3. 针对失职指控,金融理财师进行申辩时;
4. 与客户之间产生民事纠纷需要披露时。

## 【案例 1-7】

某年中央电视台"3·15"晚会中曝光多家银行的内部员工向其他人出售客户个人信息,导致银行客户资金被盗,被盗金额最高达到 23 万余元。胡某,某股份制银行信用卡中心风险管理部贷款审核员,向他人出售个人信息 300 多份。曹某,某国有银行客户经理,仅他一人,通过中介向他人出售客户个人信息高达 2318 份。个人征信报告、银行卡信息本属该被严格保密的个人信息,在个别银行工作人员手中,却被以一份十元或几十元的低廉价格大肆兜售,这种行为不仅违反了保守秘密的基本原则,甚至已经触犯法律。

### (八) 恪尽职守

恪尽职守是指充分计划，并监督实施；按时、全面地为客户提供服务。

金融理财师为客户提供服务时应及时、周到、勤勉。金融理财师必须根据客户的具体情况提供并实施有针对性的理财建议。应对为客户推荐的理财产品进行深入调查。

金融理财师应对下属向客户提供的个人理财规划服务进行监督，对其触犯道德准则的行为应及时制止。

> 【案例 1-8】
>
> 胡先生是某商业银行的客户经理，为了争取更多的客户、获取更多业绩，经常对客户说其他银行的理财师专业水平低、道德品质不可靠。陈先生是胡先生的上级主管，他对胡先生诋毁同行的做法十分清楚，但既然增加了业绩，也没有客户对此提出异议，所以对于胡先生的行为置之不理，一直未予纠正。陈先生作为上级主管，未对下属触犯职业道德的行为予以制止，违反了恪尽职守的基本原则。

## 【本章小结】

个人理财是一种综合金融服务，是指专业理财人员通过收集客户家庭状况、财务状况和生涯目标等资料，明确客户的理财目标和风险属性，分析和评估客户财务状况，最终帮助客户制订出合理的理财方案并及时执行、监控和调整，最终满足客户人生不同阶段的财务需求，使其实现人生在财务上的自由、自主和自在。

个人理财主要包括投资规划、教育投资规划、居住规划、保险规划、税务规划、退休规划、遗产规划。

国际金融理财标准委员会（中国）规定中国 CFP 系列资格认证，由教育（Education）、考试（Examination）、从业经验（Experience）和职业道德（Ethics）四部分组成，即"4E"标准。

《金融理财执业标准》中规定了金融理财师在提供金融理财服务时应遵循的六大金融理财业务流程：(1) 建立和界定客户关系；(2) 收集客户信息；(3) 分析和评估客户当前的财务状况；(4) 制订并提交个人理财规划方案；(5) 实施金融理财规划方案；(6) 监督客户金融理财状况。

《金融理财师职业道德准则和专业责任》规定金融理财师必须遵守八大职业道德原则：(1) 客户至上；(2) 正直诚信；(3) 客观公正；(4) 公平合理；(5) 专业精神；(6) 专业胜任；(7) 保守秘密；(8) 恪尽职守。

## 【重点概念】

个人理财　金融理财师　财务安全　财务自由　"4E"标准　职业道德
客户至上　正直诚信　客观公正　公平合理　专业精神　专业胜任　保守秘密

恪尽职守

## 【思考与练习】

1. 什么是个人理财？个人理财与投资的区别是什么？
2. 个人理财包含哪些内容？
3. 试解释财务安全和财务自由。
4. 为什么人们需要个人理财？
5. 试解释《金融理财执业标准》中规定的金融理财业务流程。
6. 从国际个人理财行业的发展历史，你能得到什么启示？
7. 试分析我国个人理财行业发展前景。
8. CFP 资格认证制度中的"4E"标准具体指什么？
9. 职业道德对于金融理财师而言为什么十分重要？
10. 根据《金融理财师职业道德准则和专业责任》规定，金融理财师职业道德准则包括哪些内容？

# 第二章

# 货币时间价值

**【引子】**

"放在桌上的现金"(cash on the table)是西方经济学家常使用的隐喻,指人们常常错过获利的机会。之所以说错过了获利机会,是因为货币具有时间价值:当前所持有的一定量货币,应比未来等量货币具有更高的价值。货币时间价值是理财规划过程中经常使用的重要工具,是进行金融理财必须掌握的计算基础。

## 第一节 货币时间价值的本质

**【案例 2-1】**

### 西格资产理财公司的业务

1987年,罗莎女士赢得了一项总价值超过130万美元的大奖,分20年等额付清。在以后20年中,每年她都会收到65 000美元的分期付款。1993年,罗莎女士接到了位于佛罗里达州的西格资产理财公司的一位经纪人打来的电话,他称该公司愿立即付给她160 000美元以获得今后9年其博彩奖支票的一半款项(也就是说,以现在的160 000美元交换未来9年共292 500美元[32 500美元×9]的分期付款)。西格资产理财公司是一个奖金经纪公司,其主营业务就是通过跟踪类似罗莎女士这样的博彩大奖的获得者,公司可以获悉许多人会急于将他们获得奖项的一部分马上变现成一大笔钱,进而收购这种获得未来现金流的权利,再将这种权利转售给一些机构投资者。与此同时,西格资产理财公司已和汉考克共同生命保险公司谈好,将其领取罗莎女士一半奖金的权利以206 000美元的价格卖给了汉考克共同生命保险公司。如果罗莎女士答应公司的报价,公司就能马上赚取46 000美元。最终罗莎女士接受报价,交易达成。

问题:为何西格资产理财公司能安排这笔交易并立即获得46 000美元的利润呢?

要理解本案例，必须了解货币的时间价值。对于罗莎女士而言，未来9年每年的32 500美元相当于当前的160 000美元，而对于汉考克共同生命保险公司而言，它愿意以当前放弃206 000美元的代价，获得未来9年里每年稳定的32 500美元的现金流入。可见，相同额度的货币，在不同的时间点，其价值量是不相等的。

## 一、什么是货币的时间价值

货币时间价值是指货币经历一定时间的投资和再投资所增加的价值，也称资金的时间价值。从经济学观点来说，同量货币在不同时间的价值是不相等的，货币持有者假如放弃现在使用此货币的机会，就可以在将来换取按其所放弃时间的长短来计算的货币时间价值，也就是我们常说的今天的一元钱比未来的一元钱更值钱。

货币能够增值，首要的原因在于它是资本的一种形式，可以作为资本投放到企业的生产经营当中，经过一段时间的资本循环后，会产生利润。每完成一次循环，货币就增加一定数额，周转的次数越多，增值额就越大。因此，随着时间的延续，货币总量在循环和周转中按几何级数增长，使得货币具有时间价值。

然而，货币并非只有直接投入企业的生产经营才能实现增值。在现代市场经济中，由于金融市场的高度发达，任何货币持有人在什么时候都能很方便地将自己的货币投放到金融市场中，参与社会资本运营。比如，货币持有者可将货币存入银行，或在证券市场上购买证券，这样，虽然货币持有者本身不参与企业的生产经营，但他的货币进入了金融市场，参与了社会资本周转，从而间接地参与了企业的资本循环周转，因而同样会发生增值。

可见，货币时间价值产生的原因是：由于货币直接或间接地参与了社会资本周转，从而获得了价值增值。货币时间价值的实质就是货币周转使用后的增值额。

货币时间价值的体现在日常生活中比比皆是：

你在商业银行存了10 000元1年期定期存款，一年后，你拿到了10 250元，其中的250元就是货币时间价值带来的。

如果你买了一套100万元的住房，首付款30万元，剩余的70万元采用按揭贷款（假定公积金贷款年利率为3.87%），30年还清，按月等额还款下，每个月要还款3 290元，30年共还款118.44万元，比借款本金足足多了48.44万元。

李阳看中了丰田旗下的一部汽车，车价大约为20万元。经销商告诉李阳，他可以申请丰田金融公司的"5-1-5"贷款方案①，即首付50%后，可以在一年期末一次性偿还剩余的尾款10万元。而在贷款期内，他需要支付811元的月供就可以了。则李阳实际支付的金额为21.7732万元，17 732元即延迟付款部分的时间价值。

---

① 即首付50%后，申请者每月偿息，剩余欠款在一年后一次性清偿。这种方式比较适合能首付一半以上，并计划1年内还清款项的购车人。

## 二、怎样衡量货币时间价值

【案例 2-2】

### 罗莎和罗琳的投资回报

罗莎现在有一笔资金 10 000 元,如果采用银行的定期储蓄存款,期限为 3 年,年利率为 2%,那么,根据银行存款利息的计算规则,到期时罗莎所得的本息和是多少?

罗琳的这笔资金数额为 10 000 元,银行的 1 年期定期储蓄存款的利率为 2%。罗琳每年初都将上一年的本金和利息提出,然后再一起作为本金存入 1 年期的定期存款,一共进行了 3 年。那么罗琳在第 3 年末总共可以得到多少本金和利息呢?

银行的储蓄存款利率都是按照单利计算的。所谓单利,就是只计算本金在投资期限内的时间价值(利息),而不计算利息的利息。这是利息计算最简单的一种方法。

单利的计算方法:

$$本利和(单利) = 本金 \times (1 + 借贷期数 \times 单利利率)$$

3 年后,罗莎能够获得的本利和为

$$10\ 000 \times (1 + 3 \times 2\%) = 10\ 600(元)$$

但是对于投资者而言,不会有人把利息收入原封不动地放在钱包里,每一期收到的利息都是会进行再投资的。案例中,罗琳就是聪明的投资者,虽然银行采用单利的计息方式,但她巧妙地将本金和利息取出后在下一期作为本金进行投资。这就是复利的投资方式。

所谓复利,是指在每经过一个计息期后,都要将所获得的利息加入本金,以此为基础计算下期的利息,即以利生利,也就是俗称的"利滚利"。

复利的计算方法:

$$本利和(复利) = 本金 \times (1 + 复利利率)^{借贷期数}$$

3 年后,罗琳能够获得的本利和为

$$10\ 000 \times (1 + 2\%)^3 = 10\ 612(元)$$

可见,同样是 3 年的投资期限,罗琳的回报要高于罗莎的回报。

单利法计算简单,操作容易,也便于理解,因此银行的存款计息和到期一次还本付息的国债都采取单利计息的方式。但在投资中,却不能忽视利息的时间价值,而且随着投资时间的增长,复利体现的时间价值的效果就更明显了(见【案例 2-3】)。复利显然是更为科学的计算投资收益的方法。本书只考虑在复利的计算方法下进行相应的理财规划。

【案例 2-3】

单利和复利的投资效果

罗莎和罗琳各有资金 10 000 元，罗莎以单利的方式进行投资，而罗琳则以复利的方式进行投资。她们的年投资收益率均为 10%，在未来年份里，她们的财富有差别吗？

图 2-1 告诉我们，1 年后，她们的投资业绩没有差别，2 年后，罗琳的投资业绩略好于罗莎，但随着时间的推移，罗琳的财富增长速度越来越快，20 年后，罗莎的本利和是 3 万元，而罗琳的高达 6.7 万元，两人的财富水平有本质的差别。因此，精明的投资者又岂能忽视复利的作用呢？

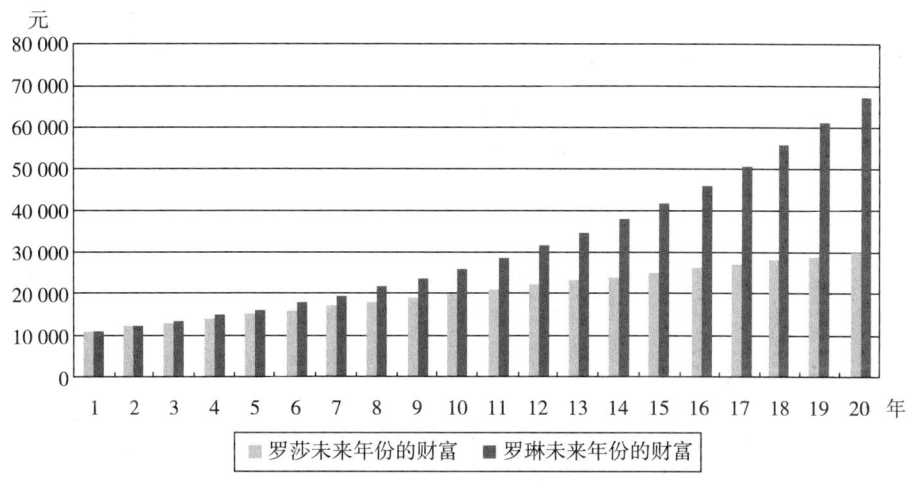

图 2-1 复利和单利的投资效果

## 第二节 理财规划计算的相关变量

【案例 2-4】

汽车金融公司还款方式非常灵活，与银行贷款相比，更加贴近人心。例如汽车金融公司提供的"智慧型还贷"就是一种颇受欢迎的方式。以售价为 11.78 万元的凯越汽车为例，如果采取标准型贷款，首付 3 成，贷款 3 年，每月还款金额为 2 585 元；如果采取智慧型贷款，首付 2.5 成，贷款 3 年，每月还款金额为 2 199 元，同时在最后一月支付尾款 2.314 万元。汽车金融公司销售部经理李小姐介绍，智慧型还贷方式可以降低每月还款压力，比较适合有年底双薪和奖金分红的消费者。

从【案例2-4】可见，8.246万元的车贷（11.78万元×0.7），在时间价值上相当于未来36个月，每月还款2 585元；而8.835万元的车贷（11.78万元×0.75），在时间价值上相当于未来36个月，每月还款2 199元，在最后一月还需支付尾款2.314万元。这也再次说明，不同时间点的等量资金价值是不相等的。

那么，如何计算货币资金在不同时间点的价值呢？这就需要我们理解三个变量，即现值、终值和年金的相互关系。

### 一、现值（PV）

现值，是指将来的货币资金折算到现在或起始日期的价值。

例如，王先生的孩子三年后要上大学，届时需要的大学四年学费约60 000元，如果按银行年利率2%计算，王先生现在要存入银行多少钱，才能保证将来孩子上学无忧？这就需要将四年后的学费60 000元折算成当前的价值，就是现值。

【案例2-4】中，客户需要在未来36个月，每月还款2 585元，是因为当前向汽车金融公司借了8.246万元的车贷，这里的8.246万元，就是现值。

现值变量的符号是PV（Present Value）。

### 二、终值（FV）

终值，是指货币资金折算到未来某一时间点的价值。

张先生最近购买彩票，中奖100 000元（PV），他想将这笔钱存入银行，以便将来退休时使用，张先生还有10年退休，如按年存款利率2%计算，10年后张先生退休时能得到多少钱（FV）？

【案例2-4】中，客户现在向汽车金融公司借了8.835万元的车贷（PV），除了需要在未来36个月中每月还款2 199元之外，最后还必须支付尾款2.314万元，本案例的最后尾款2.314万元就是终值。

终值变量的符号是FV（Future Value）。

### 三、年金（A 或 PMT）

年金是指一定时期内一系列相等金额的收付款项。一般使用公式或查表计算时，年金变量符号记为A，而用电子表格软件EXCEL计算时，年金变量符号记为PMT。

年金在日常生活中经常发生，如分期付款赊购、分期偿还贷款、发放养老金、支付租金、提取折旧等都属于年金收付形式。

【案例2-4】中，客户采用标准还贷方式，需要在未来36个月中每月等额还款2 585元，或客户采用智慧型还贷方式，每月等额还款2 199元，这些都是年金的体现。

按照收付的次数和支付的时间划分，年金可以分为普通年金、先付年金、递延年金和永续年金。

普通年金是指各期期末收付的年金。工资、偿还贷款、回收投资、折旧等属于普通年金。

如在未来3年内，每年年末收回投资100万元，其回收形式如图2-2所示，横线代表时间的延续，用数字标出各期的顺序号，竖线的位置表示回收的时刻，竖线下端数字表示回收的金额。

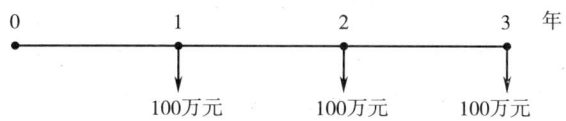

图2-2 普通年金

先付年金是指在每期期初支付的年金。现实中，租房户每个月在月初支付的房租、学生在学期开学支付的学费都是先付年金。

如在未来3年内，每年年初支付土地租金100万元，其支付形式如图2-3所示。

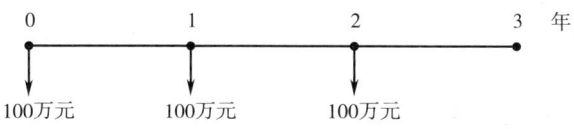

图2-3 先付年金

递延年金又称延期年金，是指第一次支付发生在第二期或第三期以后的年金。递延年金的支付形式如图2-4所示，从图中可以看出，前二期没有发生支付，第一次支付在第三期期末，连续支付三次。

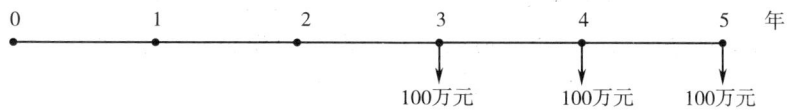

图2-4 递延年金

永续年金是指无限期的定额支付年金，永续年金没有终止的时间，也就没有终值。

## 第三节 理财规划的计算工具与方法

理财规划需要处理很多金融和财务数据，经常要计算货币的时间价值。在理解货币时间价值计算原理的基础上，利用货币时间价值系数表、EXCEL电子表格和金融计算器都能快速计算货币时间价值。本章结合案例，使用查表和EXCEL电子表格工具，探讨货币时间价值的计算方法。

# 一、现值（PV）和终值（FV）

## （一）现值（PV）和终值（FV）的计算原理

**【案例 2-5】**

**张先生的退休规划**

张先生最近购买彩票，中奖 100 000 元，他想将这笔钱存入银行，以便将来退休时使用，张先生还有 10 年退休，如按年存款利率 2% 计算，10 年后张先生退休时能得到多少钱？张先生 10 年后希望可以攒够 150 000 元，当前还差多少钱？

假定现有一笔资金 $PV$，投资收益率为 $i$，投资期数为 $n$ 期，则这笔资金 $n$ 期之后的终值（本利和）$FV$ 计算如下

第 1 年年末的终值 $FV = PV \times (1+i)$

第 2 年年末的终值 $FV = PV \times (1+i) + PV \times (1+i) \times i = PV \times (1+i)^2$

第 3 年年末的终值 $FV = PV \times (1+i)^2 + PV \times (1+i)^2 \times i = PV \times (1+i)^3$

……

第 $n$ 年年末的终值 $FV = PV(1+i)^n$

可见，现值和终值的关系如下。

已知现值，求复利终值：$FV = PV \times (1+i)^n$

已知终值，求复利现值：$PV = FV \times \dfrac{1}{(1+i)^n}$

张先生 10 年后可以获得：

$$FV = 100\,000 \times (1+2\%)^{10} = 121\,899(元)$$

张先生 10 年后希望可以攒够 150 000 元，当前需要准备资金额的计算如下：

$$PV = 150\,000 \times [1/(1+2\%)^{10}] = 123\,052(元)$$
$$123\,052 - 100\,000 = 23\,052(元)$$

## （二）查表法

货币时间价值系数表的第一行是利率 $i$，第一列是计息期数 $n$，相应的系数值在其纵横相交处。

已知现值，求复利终值，查复利终值系数表（见附表 1）：

$$FV = PV \times (F/P, i, n)$$

已知终值，求复利现值，查复利现值系数表（见附表 2）：

$$PV = FV \times (P/F, i, n)$$

张先生 10 年后可以获得：

$$FV = 100\,000 \times (F/P, 2\%, 10) = 100\,000 \times 1.219 = 121\,900（元）$$

张先生 10 年后希望可以攒够 150 000 元，当前需要准备资金额的计算如下：

$$PV = 150\,000 \times (P/F, 2\%, 10) = 150\,000 \times 0.820 = 123\,000 \text{（元）}$$
$$123\,000 - 100\,000 = 23\,000 \text{（元）}$$

### （三）EXCEL 电子表格法

为客户进行理财，往往会碰到很多数据的处理及计算，利用类似 EXCEL 的电子表格软件，可以帮助理财人员既快速又准确地处理各种数据。另外，受制于系数表的篇幅，并非所有的货币时间价值系数都能在系数表上找到，而电子表格软件却不存在以上问题。所以理财人员必须具备利用电子表格软件处理客户的各类数据的能力。由于 EXCEL 电子表格软件是常用软件，本节重点介绍使用 EXCEL 软件中的财务函数计算货币时间价值的方法。

> 使用 EXCEL 财务函数的方法：
> 步骤1：打开 EXCEL 电子表格
> 步骤2：菜单中选择【插入】项
> 步骤3：在【插入】项的下拉菜单选择【函数】
> 步骤4：在【函数】对话框的选取类别框选择【财务】
> 步骤5：在财务函数中选择需要求取的函数：
> ➢ FV 代表终值函数
> ➢ PV 代表现值函数
> ➢ PMT 代表年金函数
> ➢ NPER 代表期数函数
> ➢ RATE 代表利率函数

在 EXCEL 的 FV 函数对话框输入对应的数值，可知张先生 10 年后可以获得 121 899 元，输入方法如图 2 – 5 所示。输入时应注意数值符号，资金流入时数值符号为

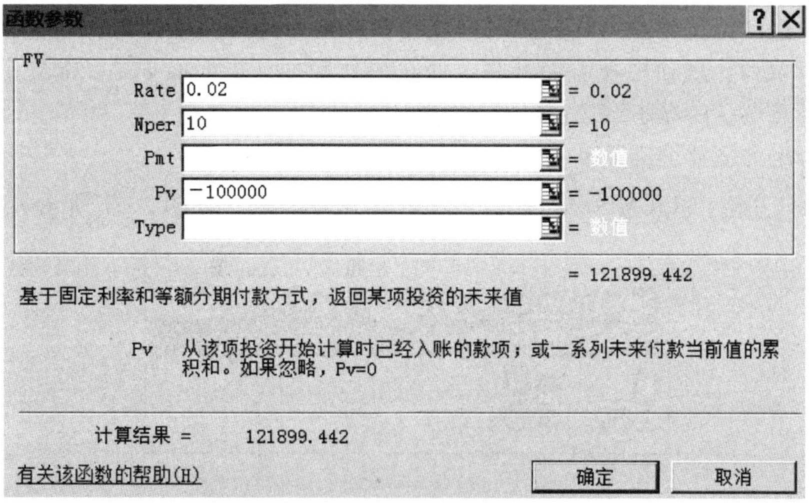

图 2 – 5　EXCEL 工具计算 FV

正,流出时为负。如张先生投资 100 000 元,是资金的流出,在 PV 输入 " -100 000",FV 的结果是 "121 899",表明是资金的流入。

也可以在 EXCEL 表格直接插入函数,即在表格中输入 =FV (0.02, 10, 0, -10 000, 0),得到终值为 121 899。

在 EXCEL 的 PV 函数对话框输入对应的数值,可知张先生 10 年后要获得 150 000 元(资金流入),则当前必须投入 123 052 元(资金流出),输入方法如图 2-6 所示。

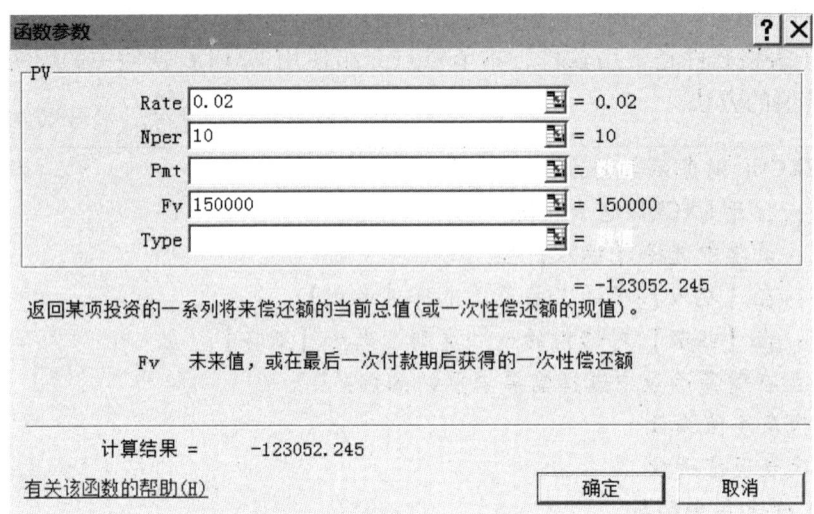

图 2-6 EXCEL 工具计算 PV

也可以在 EXCEL 表格直接插入函数,即在表格中输入 =PV (0.02, 10, 0, 150 000, 0),得到现值为 -123 052。

(四)金融计算器

为客户进行理财时也可以直接利用金融计算器处理相关理财计算,金融计算器可以直接进行单利、复利现金流等计算,而且操作简便。卡西欧 FC-200V 是市面上常用的金融计算器,所以本章以此计算器为例进行介绍。

利用金融计算器解决复利相关计算的方法如下:

**步骤 1**:开机,按 CMPD 键进入 "CMPD" 复利模式,如图 2-7 所示。

图 2-7 开机进入 "CMPD" 复利模式

**步骤 2**：根据题意设置并输入数据。

设置：支付 = End（期末）[计算器初始默认为 End 期末，若想更改为 Begin（期初），操作步骤为：移动光标到 Set 栏，按 EXE 键进入设置菜单，按 1 选择 Begin，如图 2-8 所示]。

图 2-8 选择支付期

计算器中的缩写对应的名称详见表 2-1。

表 2-1　　　　　　　　　　　　计算器中缩写对应的名称

| | |
|---|---|
| n | 期数 |
| I% | 利率 |
| PV | 现值 |
| PMT | 年金 |
| FV | 终值 |
| P/Y | 年度支付次数 |
| C/Y | 年度计息次数 |

注意资金流入时为正值，资金流出时为负值，负号计算器按 (−) 键输入，每输入 1 个数值按 EXE 键确定输入。

**步骤 3**：移动光标到需要计算栏，按 SOLVE 键计算，得出答案。

利用金融计算器解决本道例题，操作方法如下：

开机后根据题意设置并输入数据（见表 2-2），然后移动光标到"FV"栏，按 SOLVE 键计算，得出答案：10 年后张先生退休时能得到 121 899.442 元。

表 2-2　　　　　　　　　　　　金融计算器计算 FV

| | | |
|---|---|---|
| n | 期数（年份数） | 10 |
| I% | 利率（年利率） | 2 |
| PV | 现值（元） | −100 000 |
| PMT | 年金（元） | 0 |
| FV | 终值（元） | 所求 |
| P/Y | 年度支付次数 | 1 |
| C/Y | 年度计息次数 | 1 |

根据题意设置并输入数据（见表2-3），张先生10年后希望可以攒够150 000元，所示当前需要准备123 052.2元，所以当前还差123 052元 - 100 000元 = 23 052元。

表2-3　　　　　　　　　　　　金融计算器计算PV

| n | 期数（年份数） | 10 |
| --- | --- | --- |
| I% | 利率（年利率） | 2 |
| PV | 现值（元） | 所求 |
| PMT | 年金（元） | 0 |
| FV | 终值（元） | 150 000 |
| P/Y | 年度支付次数 | 1 |
| C/Y | 年度计息次数 | 1 |

## 二、现值（PV）和年金（A或PMT）

**【案例2-6】**

**罗莎的汽车贷款安排**

罗莎看上了一辆售价为11.78万元的汽车，罗莎只能支付4.78万元的首付款，其余款项向银行申请贷款（年利率8%），贷款期限为3年，按季度等额还款，罗莎每个季度末需要偿还多少汽车贷款？罗莎每个季度收支结余只有5 000元，请问她买得起多高价位的汽车？

（一）现值（PV）和年金（A或PMT）的计算原理

年金现值是指在未来一段时间内定期收取或给付的年金现金流折算成的现值之和。年金需要考虑是先付年金还是普通年金。

1. 普通年金现值系数

假定投资回报率为$i$，投资期数为$n$，现值和普通年金的关系如下：

$$PV = \frac{A}{1+i} + \frac{A}{(1+i)^2} + \frac{A}{(1+i)^3} + \cdots + \frac{A}{(1+i)^n} \quad (1)$$

等式两边同乘以$(1+i)$：

$$PV \cdot (1+i) = A + \frac{A}{1+i} + \frac{A}{(1+i)^2} + \frac{A}{(1+i)^3} + \cdots + \frac{A}{(1+i)^{n-1}} \quad (2)$$

（2）式 - （1）式，得到

$$PV \cdot (1+i) - PV = A - \frac{A}{(1+i)^n} \quad (3)$$

$$PV = A \times \frac{1-(1+i)^{-n}}{i} \quad (4)$$

（4）式中 $\frac{1-(1+i)^{-n}}{i}$ 是普通年金为1元、利率为 $i$、投资期为 $n$ 的普通年金现值系数。

2. 先付年金现值系数

假定投资回报率为 $i$，投资期数为 $n$，现值和先付年金的关系如下：

$$PV = A + \frac{A}{1+i} + \frac{A}{(1+i)^2} + \frac{A}{(1+i)^3} + \cdots + \frac{A}{(1+i)^{n-1}} \tag{5}$$

等式两边同除以 $(1+i)$：

$$\frac{PV}{1+i} = \frac{A}{1+i} + \frac{A}{(1+i)^2} + \frac{A}{(1+i)^3} + \cdots + \frac{A}{(1+i)^n} \tag{6}$$

（5）式 −（6）式，得到

$$PV - \frac{PV}{1+i} = A - \frac{A}{(1+i)^n} \tag{7}$$

$$PV = A \times \left[ \frac{1-(1+i)^{-(n-1)}}{i} + 1 \right] \tag{8}$$

（8）式中 $\frac{1-(1+i)^{-(n-1)}}{i} + 1$ 是先付年金为1元、利率为 $i$、投资期为 $n$ 的先付年金现值系数。

综上所述，假定投资回报率为 $i$，投资期数为 $n$，终值和年金的关系整理如下：

普通年金和现值公式：

$$PV = A \times \frac{1-(1+i)^{-n}}{i}$$

先付年金和现值公式：

$$PV = A \times \left[ \frac{1-(1+i)^{-(n-1)}}{i} + 1 \right]$$

罗莎在季度末还款可看成普通年金，年利率为8%，因此季度利率是2%（即 8%÷4），还款期数是12期（即3年×4）。根据公式，罗莎每季度应还款：

$$A = (11.78 - 4.78) \times \frac{2\%}{1-(1+2\%)^{-12}} = 6\,619(元)$$

如果罗莎每季度收支结余只有5 000元，她的最高贷款额计算如下：

$$PV = 5\,000 \times \frac{1-(1+2\%)^{-12}}{2\%} = 52\,877(元)$$

则她所购汽车总价不应超过 52 877 + 47 800 = 100 677（元）。

（二）查表法

使用查表法，已知普通年金，可以直接在普通年金现值系数表中查得现值，但进行先付年金和现值之间换算时，根据上述公式，可以在查普通年金现值系数时将查表参数 $n$ 减1期，即以 $n-1$ 作为查表参数，再将查表所得普通年金现值系数加1，即可得到先付年金现值系数。

已知普通年金，求现值，查普通年金现值系数表（见附表4）：
$$PV = A \times (P/A, i, n)$$
已知现值，求普通年金，查普通年金现值系数表（见附表4）：
$$A = PV \div (P/A, i, n)$$
已知先付年金，求现值，查普通年金现值系数表（见附表4）：
$$PV = A \times [(P/A, i, n-1) + 1]$$
已知现值，求先付年金，查普通年金现值系数表（见附表4）：
$$A = PV \div [(P/A, i, n-1) + 1]$$
查表可知，罗莎在季度末应还款：
$$A = 70\,000 \div 10.575 = 6\,619(元)$$
如果罗莎每季度收支结余只有5 000元，她最高贷款额计算如下：
$$PV = 5\,000 \times 10.575 = 52\,875(元)$$
则她所购汽车总价不应超过 52 875 + 47 800 = 100 675 （元）。

（三）EXCEL电子表格法

在EXCEL的PMT函数对话框输入对应的数值，罗莎当前借入70 000元（资金流入），未来12个季度中，每季度末应还款6 619元（资金流出），如图2-9所示。

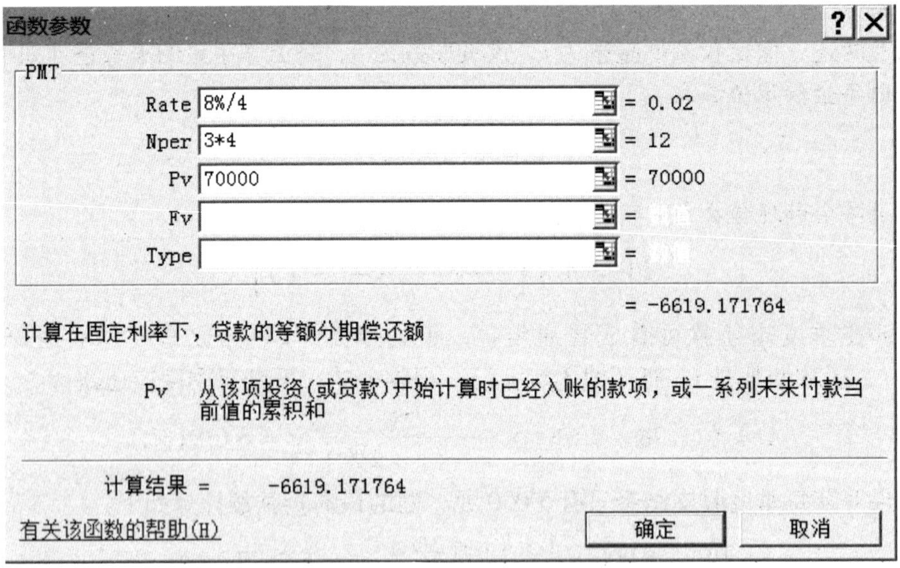

图2-9 EXCEL工具计算PMT

在涉及年金项目时，如果是普通年金，"Type"可不填或填入"0"，如果是先付年金，则在"Type"填入"1"。

也可以在EXCEL表格直接插入函数，即在表格中输入 = PMT（8%/4, 3*4, 70 000, 0, 0），得到年金为 -6 619。

在EXCEL的PV函数对话框输入对应的数值，可知罗莎如果每季度末能偿还

5 000元（资金流出），则可申请贷款52 877元（资金流入），输入方法如图2-10所示。

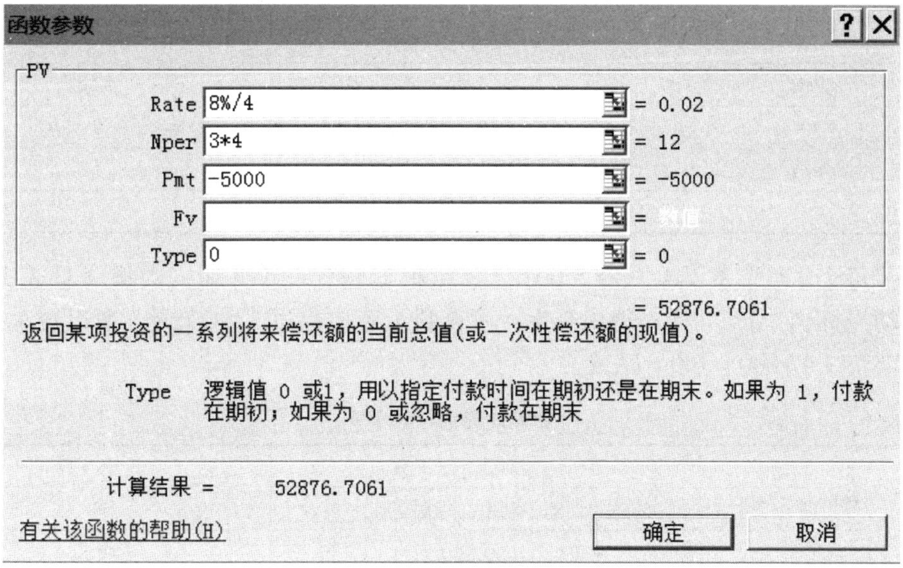

**图2-10　EXCEL工具计算PV**

也可以在EXCEL表格直接插入函数，在表格中输入=PV（8%/4，3*4，-5 000，0，0），得到现值为-52 877。

（四）金融计算器

利用金融计算器解决本道例题，操作方法如下：

开机后根据题意设置并输入数据（见表2-4），然后移动光标到"PMT"栏，按 SOLVE 键计算，得出答案罗莎每个季度末需要偿还汽车贷款为6 619.2元。

表2-4　　　　　　　　金融计算器计算PMT（方法1）

| | | |
|---|---|---|
| n | 期数（季度数） | 3×4=12 |
| I% | 利率（年利率） | 8 |
| PV | 现值（万元） | 11.78-4.78=7 |
| PMT | 年金（万元） | 所求 |
| FV | 终值（万元） | 0 |
| P/Y | 年度支付次数 | 4 |
| C/Y | 年度计息次数 | 4 |

因为此题是按季度等额还款，也可以按照如下进行按键操作（见表2-5）。然后移动光标到"PMT"栏，按 SOLVE 键计算，得出答案罗莎每个季度末需要偿还汽车贷款为6 619.2元。

表 2-5　　　　　　　　金融计算器计算 PMT（方法 2）

| | | |
|---|---|---|
| n | 期数（季度数） | 3×4=12 |
| I% | 利率（季度利率） | 8÷4=2 |
| PV | 现值（万元） | 11.78-4.78=7 |
| PMT | 年金（万元） | 所求 |
| FV | 终值（万元） | 0 |
| P/Y | 季度支付次数 | 1 |
| C/Y | 季度计息次数 | 1 |

罗莎每个季度收支结余只有 5 000 元，则根据题意设置并输入数据（见表 2-6）。然后移动光标到"PV"栏，得出答案：罗莎贷款不应超过 52 877 元。所以汽车价不应超过 52 877+47 800=100 677 元。

表 2-6　　　　　　　　　金融计算器计算 PV

| | | |
|---|---|---|
| n | 期数（季度数） | 3×4=12 |
| I% | 利率（年利率） | 8 |
| PV | 现值（元） | 所求 |
| PMT | 年金（元） | -5 000 |
| FV | 终值（元） | 0 |
| P/Y | 年度支付次数 | 4 |
| C/Y | 年度计息次数 | 4 |

### 三、终值（FV）和年金（A 或 PMT）

【案例 2-7】
　　罗莎计划让女儿 10 年后出国留学，并打算为女儿准备 150 万元的留学费用，为了准备此笔费用，罗莎考虑采用每年定期定额方式投资某收入型基金，该基金的年平均收益率约为 6%。罗莎想知道，每年投资多少钱，未来能攒够 150 万元留学费用。罗莎每年可结余 12 万元，如果全部结余资金都投入该基金，10 年后该基金账户有多少资金可用？

（一）终值（FV）和年金（A 或 PMT）的计算原理

年金终值是指未来一段时间内定期收取或给付的年金现金流折算成的终值之和。年金需要考虑是先付年金还是普通年金。

1. 普通年金终值系数

假定投资回报率为 $i$，投资期数为 $n$，终值和普通年金的关系如下：

$$FV = A + A \times (1+i) + A \times (1+i)^2 + \cdots + A \times (1+i)^{n-1} \tag{1}$$

等式两边同乘以（1+i）：
$$FV(1+i) = A \times (1+i) + A \times (1+i)^2 + \cdots + A \times (1+i)^n \quad (2)$$
（2）式 −（1）式，得到
$$FV(1+i) - FV = A \times (1+i)^n - A \quad (3)$$
$$FV = A \times \frac{(1+i)^n - 1}{i} \quad (4)$$

（4）式中 $\frac{(1+i)^n - 1}{i}$ 是普通年金为1元、利率为$i$、投资期数为$n$的普通年金终值系数。

2. 先付年金终值系数

假定投资回报率为$i$，投资期数为$n$，终值和先付年金的关系如下：
$$FV = A \times (1+i) + A \times (1+i)^2 + \cdots + A \times (1+i)^n \quad (1)$$
等式两边同乘以（1+i）：
$$FV(1+i) = A \times (1+i)^2 + A \times (1+i)^3 + \cdots + A \times (1+i)^{n+1} \quad (2)$$
（2）式 −（1）式，得到
$$FV(1+i) - FV = A \times (1+i)^{n+1} - A \times (1+i) \quad (3)$$
$$FV = A\left[\frac{(1+i)^{n+1} - 1}{i} - 1\right] \quad (4)$$

（4）式中 $\left[\frac{(1+i)^{n+1} - 1}{i} - 1\right]$ 是先付年金为1元、利率为$i$、投资期数为$n$的先付年金终值系数。

综上所述，假定投资回报率为$i$，投资期数为$n$，终值和年金的关系整理如下。

普通年金和终值公式：
$$FV = A \times \frac{(1+i)^n - 1}{i}$$

先付年金和终值公式：
$$FV = A \times \left[\frac{(1+i)^{n+1} - 1}{i} - 1\right]$$

罗莎在每年年末的基金定投可看成普通年金，根据公式，罗莎要在未来准备够150万元，则未来10年的每年年末应投资：
$$A = 150 \div \frac{(1+6\%)^{10} - 1}{6\%} = 11.38（万元）$$

如果罗莎每年年末投资12万元，则10年后，她的基金账户将有
$$FV = 12 \times \frac{(1+6\%)^{10} - 1}{6\%} = 158.17（万元）$$

(二) 查表法

使用查表法，已知普通年金，可以直接在普通年金终值系数表中查得终值，但在先付年金和终值之间进行换算时，根据上述公式，应在查普通年金终值系数时将查表

参数 $n$ 加 1 期，即以 $n+1$ 作为查表参数，再将查表所得普通年金终值系数减 1，即可得到先付年金终值系数。

已知普通年金，求终值，查普通年金终值系数表（见附表 3）：
$$FV = A \times (F/A, i, n)$$

已知终值，求普通年金，查普通年金终值系数表（见附表 3）：
$$A = FV \div (F/A, i, n)$$

已知先付年金，求终值，查普通年金终值系数表（见附表 3）：
$$FV = A \times [(F/A, i, n+1) - 1]$$

已知终值，求先付年金，查普通年金终值系数表（见附表 3）：
$$A = FV \div [(F/A, i, n+1) - 1]$$

查表可知，罗莎未来 10 年的每年年末应投资：
$$A = 150 \div 13.181 = 11.38(万元)$$

如果罗莎每年年末投资 12 万元，则 10 年后，她的基金账户将有
$$FV = 12 \times 13.181 = 158.172(万元)$$

（三）EXCEL 电子表格法

在 EXCEL 的 PMT 函数对话框输入对应的数值（如图 2-11 所示），则罗莎未来 10 年的每年年末应投资 11.38 万元（资金流出，所以数值符号为负号）。

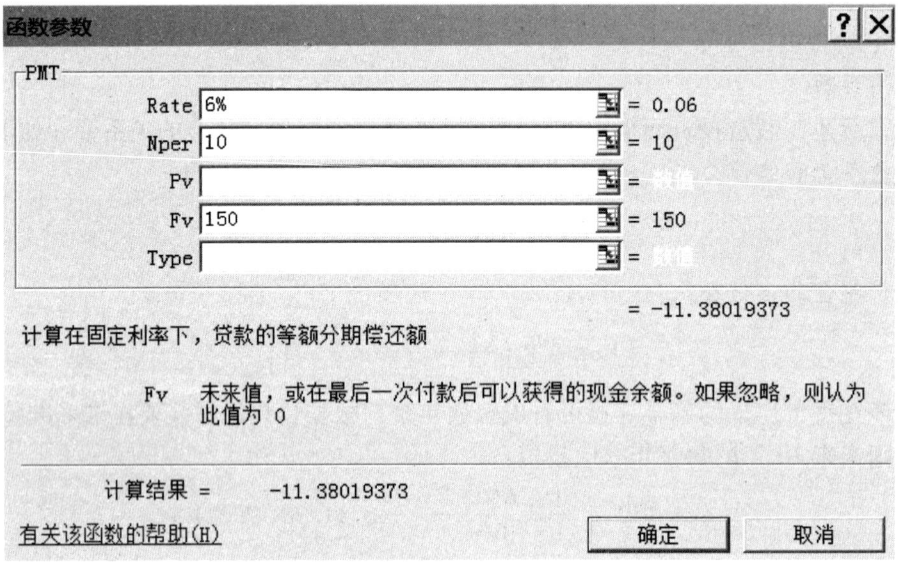

图 2-11　EXCEL 工具计算 PMT

在涉及年金项目时，如果是普通年金，"Type" 可不填或填入 "0"，如果是先付年金，则在 "Type" 填入 "1"。

也可以在 EXCEL 表格直接插入函数，即在表格中输入 = PMT（6%，10，0，150，0），得到年金为 -11.38 万元。

## 第二章 货币时间价值

在 EXCEL 的 FV 函数对话框输入对应的数值,可知罗莎如果每年年末能投资 12 万元(资金流出,输入方法如图 2-12 所示),则 10 年后,罗莎的资金账户有 158.17 万元可供使用(资金流入,所以数值符号为正号)。

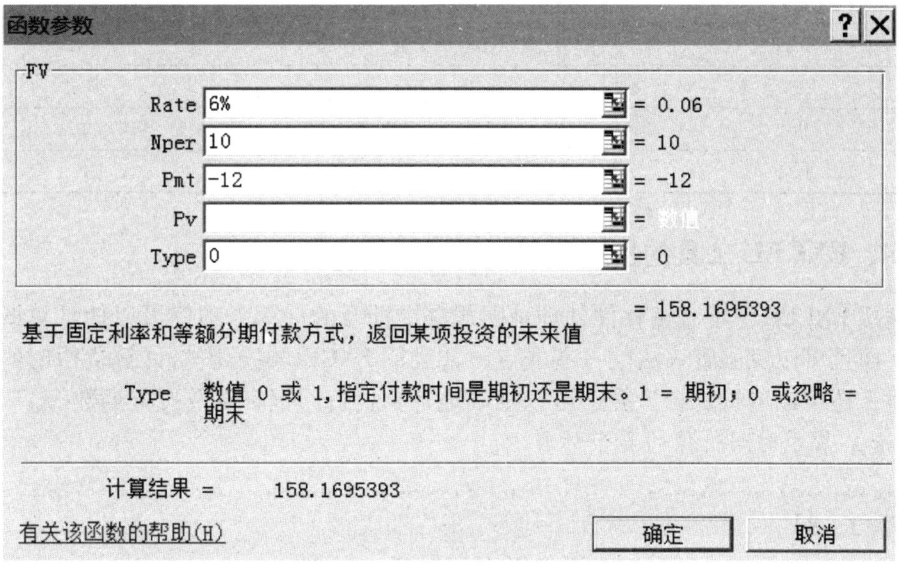

图 2-12 EXCEL 工具计算 FV

也可以在 EXCEL 表格直接插入函数,即在表格输入 = FV(6%,10,-12,0,0),得到终值为 158.17 万元。

(四)金融计算器

利用金融计算器解决本道例题,操作方法如下:

开机后根据题意设置并输入数据(见表 2-7)。然后移动光标到"PMT"栏,按 $\boxed{\text{SOLVE}}$ 键计算,得出答案:罗莎每年年末需投资 11.38 万元。

表 2-7　　　　　　　　　金融计算器计算 PMT

| n | 期数(年份数) | 10 |
|---|---|---|
| I% | 利率(年利率) | 6 |
| PV | 现值(万元) | 0 |
| PMT | 年金(万元) | 所求 |
| FV | 终值(万元) | 150 |
| P/Y | 年度支付次数 | 1 |
| C/Y | 年度计息次数 | 1 |

如果罗莎每年可结余 12 万元,则根据题意设置并输入数据(见表 2-8)。然后移动光标到"FV"栏,按 $\boxed{\text{SOLVE}}$ 键计算,得出答案:10 年后,她的基金账户将有 158.17 万元。

表 2-8　　　　　　　　金融计算器计算 FV

| n | 期数（年份数） | 10 |
|---|---|---|
| I% | 利率（年利率） | 6 |
| PV | 现值（万元） | 0 |
| PMT | 年金（万元） | -12 |
| FV | 终值（万元） | 所求 |
| P/Y | 年度支付次数 | 1 |
| C/Y | 年度计息次数 | 1 |

### 四、EXCEL 工具的扩展应用

利用 EXCEL 电子表格软件处理理财规划中涉及的计算，不仅可以使计算既快速又准确，而且可以克服查表法的一些弱点，如利用 EXCEL 电子表格计算货币时间价值各变量时，还可以进行复合计算，可以准确地计算投资回报率以及投资期数等。

（一）货币时间价值的复合计算

**【案例 2-8】**

**张先生的退休养老计划**

张先生现年 40 岁，他希望 60 岁退休时能积累 100 万元资金供退休养老使用。张先生的退休养老账户当前已有 20 万元，要想实现退休养老目标，未来 20 年的每年年末还要投资多少钱到退休养老账户？张先生的投资收益率为 5%。

EXCEL 计算方法如图 2-13 所示，未来要有 100 万元可用（资金流入），当前除

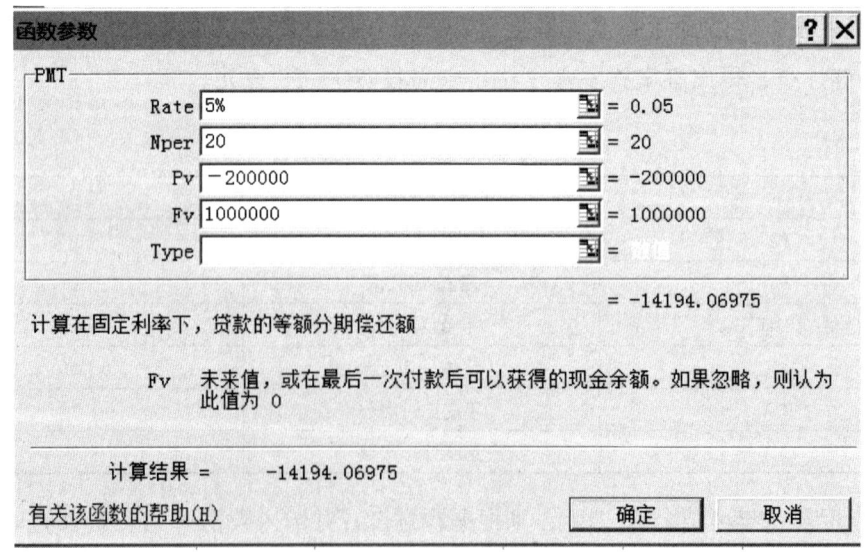

图 2-13　EXCEL 工具计算 PMT

了投入 20 万元（资金流出）之外，还需每年年末投资 1.42 万元（资金流出）。

也可以在 EXCEL 表格直接插入函数，即在表格中输入 = PMT（5%，20，-200 000，1 000 000，0），得到年金为 -14 194 元。

（二）计算回报率（RATE）

【案例 2-1】中，罗莎女士以 14.1% 的利率为代价提前获得 160 000 美元（如图 2-14 所示）。

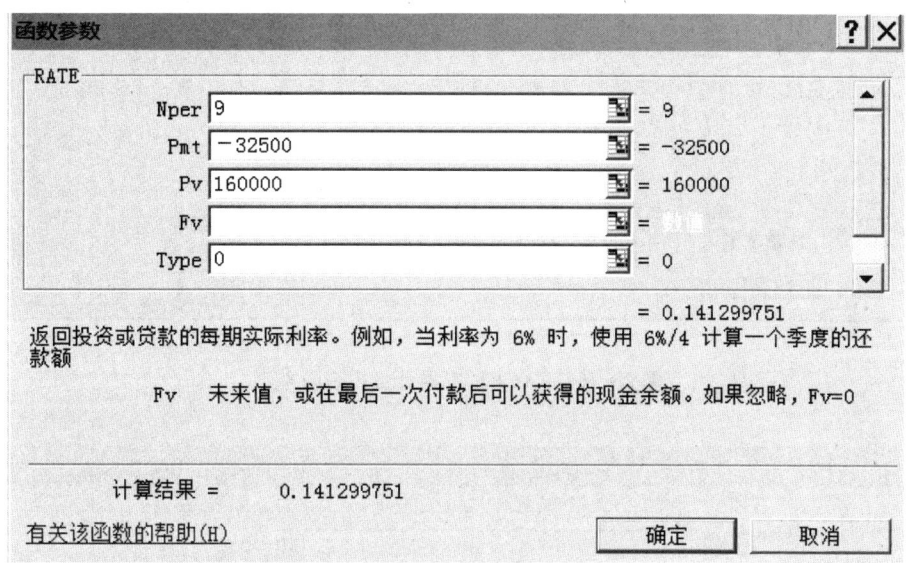

图 2-14　EXCEL 工具计算投资回报率

汉考克共同生命保险公司的投资收益率是 7.65%。

也可以在 EXCEL 表格直接插入函数，即在表格中输入 = RATE（9，32 500，-206 000，0，0），得到投资收益率为 7.65%（如图 2-15 所示）。

（三）计算投资期数（NPER）

【案例 2-9】

罗莎的百万富翁梦想

罗莎刚刚中了 10 万元的大奖，她期望通过投资的方式早日成为百万富翁。罗莎的年平均投资收益率约为 10%，她想知道几年后能让百万富翁的梦想实现。

从图 2-16 可见，罗莎要成为百万富翁，至少要 24 年。

也可以在 EXCEL 表格直接插入函数，即在表格中输入 = NPER（10%，0，-10，100，0），得到期数为 24.16。

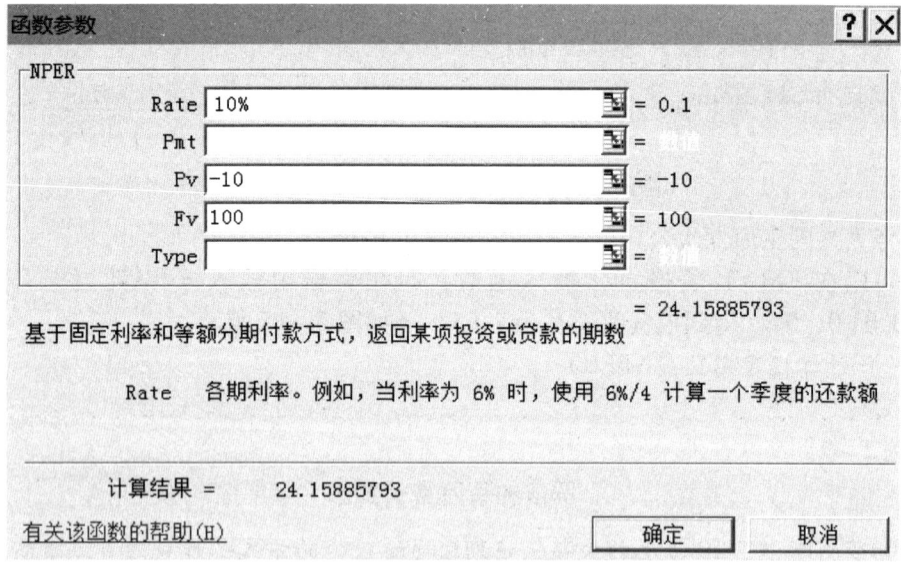

图 2-15 EXCEL 工具计算投资收益率

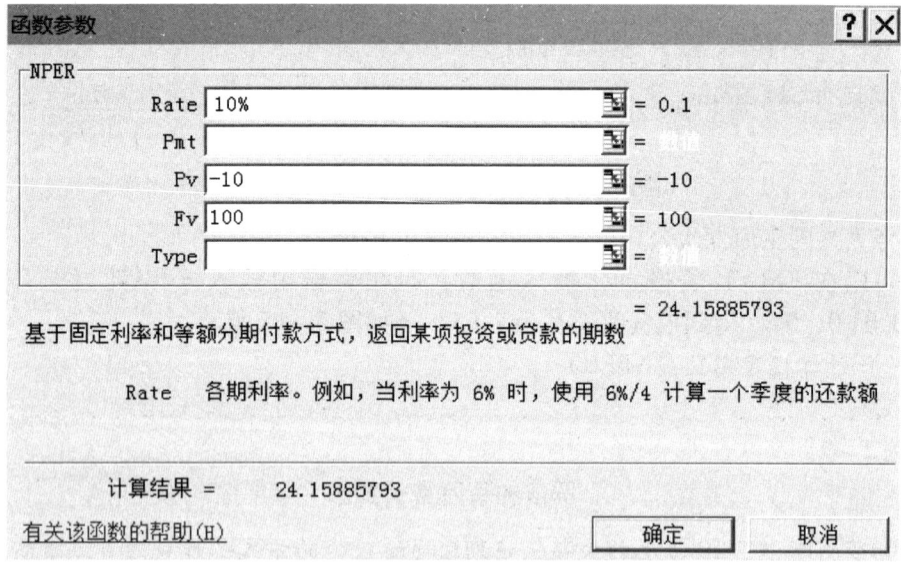

图 2-16 EXCEL 工具计算投资期数

## 【本章小结】

货币时间价值是理财规划的基础,理财规划中基本变量的计算,实际上就是对货币时间价值的计算,在方式上涉及单利和复利、现值和终值以及普通年金和预付年金等多种重要形式。

所谓货币的时间价值，是指货币随着时间的推移而发生的增值。货币的时间价值通常是按照复利的方式进行计算的。复利终值是指一定量的本金按照复利计算若干期后的本利和。复利现值是指在今后某一规定时间收到或支付的一笔款项，按一定折现率所计算的货币的当前价值。所谓年金是指在若干期内每隔相同间隔期收到或支付的相等的金额。

货币时间价值计算的常用工具有货币时间价值表、EXCEL 软件和金融计算器。

【重点概念】

货币时间价值　　复利　　现值　　终值　　年金

【思考与练习】

1. 小张于年初存了一笔为期一年的 10 万元定存，若银行利率为 12%，且每月复利一次，则年末小张可领回多少钱？

2. 如果现在利率为 6%，每半年复利一次，小明想在 5 年后领回 50 万元，则现在应该存入多少钱？

3. 小林未雨绸缪，每年年末存 5 000 元供日后养老用，如果这笔退休储蓄存款的收益率为 8%，每年复利一次，则 25 年后退休的小林一共积累了多少退休资金？如果每年年初存 5 000 元，则 25 年后退休的小林可以积累多少退休资金？

4. 小陈最近买了一台 60 万元的新车，首付款为 20 万元，贷款为 40 万元，分 3 年按月等额摊还，年利率为 12%，则小陈每个月月末要偿还多少的汽车贷款金额？

5. 王老先生的宝贝孙子将出国读书，他为孙子安排了一笔信托资金，总金额为 100 万元，每年年初提取一笔等额资金资助孙子在国外的生活及学习，10 年提取完毕。该信托投资的年收益率约为 6%，请问王老先生的孙子每年可获得多少留学资助？

6. 如果小黄想在 20 年后退休，希望届时能积累 300 万元的养老基金。假设投资收益率为 10%，小黄每年年末投资多少钱可以实现养老目标？如果小黄每年年初存入这笔资金，则又应投资多少钱？

7. 李先生拟出租一所住房，期限为 5 年，每年年初可获得 5 万元的租金收入。现李先生急需资金，他想一次性收取 5 年租金。李先生的投资收益率约为 8%，如果一次性收取房租，则收取多少租金合适？

8. 王女士 3 年前向银行申请了一笔住房抵押贷款，分 10 年按月等额偿还，每月月末还款本利和共 5 000 元。银行贷款年利率为 6%，王女士现在还有多少住房贷款尚未偿还？

9. 小美计划 4 年后到欧洲旅行，打算届时存够 10 万元旅游基金。如果有只基金能提供 12% 的年收益率（实际年利率），则小美每个月要存多少钱才能达成这个旅游愿望？

10. 小明与小慧这对夫妻相当重视理财，因此在小孩一出生的时候就定期定额地进行投资，这笔钱可以用来作为小孩的教育基金。假设他们每年存6 000元，投资收益率为12%，18年后当小孩要上大学时，这笔教育基金的总额有多少？

11. 王先生现有50万元进行投资，年投资收益率约为8%。王先生想知道多少年后将成为百万富翁（即本金翻番需要多少年）？

12. 小李现年25岁，刚刚硕士毕业。他希望30岁之前能成为百万富翁（即有100万元资金）。他预期每年年末能结余5万元进行投资。要实现他的百万富翁梦想，他每年至少应保持多高的投资收益率？

# 第三章

# 家庭财务报表编制及分析

**【引子】**

古语道，知己知彼，百战不殆。要想制订出合理的家庭理财规划方案，必须厘清家庭资产负债和收入支出状况，要想使理财规划得到切实有效的执行，必须做好日常记账和预算控制，这些都是家庭财务管理工作内容。因此，家庭财务报表编制及分析是家庭理财的首要工作。

## 第一节 家庭财务报表的编制特点

### 一、家庭财务报表的重要性

理财规划标准流程主要包括以下六个步骤：建立客户关系；收集客户信息；分析客户财务状况；制订理财方案；执行理财方案；持续进行理财服务。理财规划标准流程的第二步涉及家庭财务信息的收集、整理，是制订理财方案非常关键的一步。理财规划标准流程的第三步是对客户现行财务状况进行分析，主要包括客户家庭资产负债分析、客户家庭收支分析以及财务比率分析等方面。可见，客户家庭财务报表的编制及财务分析在理财规划中举足轻重，是进行理财目标规划不可逾越的重要步骤。

家庭财务报表是用以反映家庭财务状况和财富增减变动的会计报表。通过编制财务报表，能全面反映家庭在一定时期内的经济收入、支出以及结余情况；能对家庭中各项经济收支进行分类反映，起到鼓励人们积极计划家庭收支的作用；同时也能使家庭人员本着先收后支、量入为出的原则，合理地安排开支，节省费用。因此，无论是对从事个人理财规划的专业人士来说，还是对家庭和个人而言，家庭财务报表对于理财和现金流管理都有着巨大的作用。

### 二、家庭财务报表编制的特点

最基本的家庭财务报表主要有资产负债表和收支表。资产负债表用以记录家庭在某一特定日期（如月末、季末、年末）的全部资产、负债和净资产状况，收支表用以反映家庭在某一特定时段（如月、季、年）的收入、支出和储蓄情况。家庭财务报表的编制基本参照已经发展相当完善的企业会计和财务报表，是对家庭的经济活动进行记录、核算和管理，两者在原理和方法上基本相同。但是家庭财务报表又有其特点。

1. 信息不必对外公开。企业财务工作的主要目的是向投资者、债权人、经营管理者及政府部门提供企业的财务信息，这些信息要定期向社会公开。而家庭财务工作的主要目的是便于家庭财务管理，其所反映的信息一般供主要家庭成员了解，不需要对外公开。当然，在需要外部人提供涉及财务问题的帮助时，要向理财师、保险顾问、税务顾问、律师、贷款人等提供。

2. 不受准则、制度约束。正是由于家庭财务不需要定期对外报告信息，所以也就不受严格的会计准则或国家会计、财务制度的约束，可以根据自己的需要来编制财务报表。

3. 不要求计提资产减值准备。在企业财务管理中，为审慎计量企业资产，按准则要求，必须对各项资产计提资产减值准备，作为对应资产项目的备抵科目列入资产负债表。家庭财务管理中没有严格要求对主要资产项目（如住宅、汽车、股票、债券等）是否计提资产减值准备，可视家庭需要和当时的经济环境而定，谨慎的家庭可在金融市场和房地产市场风险较高时计提。

4. 不必计提折旧。企业要按照规定对固定资产计提折旧。对家庭而言，虽然住宅、汽车等也有折旧问题，但一般情况下并不把折旧列入资产负债表。

5. 两表不必严格对应。家庭的资产负债表和收支表不要求严格对应，例如自用住宅的增值、自用汽车的减值不需要列入收支表。

6. 不进行收入、支出的资本化。家庭的财务管理倾向于处理现金，而不是处理将来会有的收入和支出，因此，几乎不进行收入或费用的资本化，比如将学业投资视为一项生活开支，而不计因此增加的人力资本，再比如购买住房的支出也不摊销到未来。

### 三、家庭财务报表编制的基本原则

（一）借贷相等原则

家庭财务报表编制虽然不需要像企业那样通过编制规范的会计分录来进行详细的账务处理，但在编制财务报表时也必须遵从会计复式记账法的基本要求，即"有借必有贷，借贷必相等"。借贷双方反映的内容详见表3-1。

表3-1　　　　　　　　　　借方和贷方（家庭）

| 会计科目 | 借方（左） | 贷方（右） |
| --- | --- | --- |
| 资产 | 增加 | 减少 |
| 负债 | 减少 | 增加 |
| 净值 | 减少 | 增加 |
| 收入 | 减少 | 增加 |
| 支出 | 增加 | 减少 |

## 【案例 3-1】

### 李先生的经济活动记账

李先生出售 10 万元的股票,用来支付保障型保费 3 万元,提前还清房屋贷款 6 万元,还清本年度利息 1 万元。李先生的以上经济活动记账如下。

出售股票 10 万元,资产减少,记贷方;现金增加 10 万元,资产增加,记借方。支付保障型保费 3 万元,支出增加,记借方;还清房屋贷款 6 万元,负债减少,记借方;还清本年度利息 1 万元,费用增加,记借方;现金减少 10 万元,资产减少,记贷方(见表 3-2)。

表 3-2　　　　　　　　　李先生经济活动记账

| 借方(左) | 贷方(右) |
| --- | --- |
|  | 股票 10 万元 |
| 现金 10 万元 |  |
| 保障型保费 3 万元 |  |
| 利息费用 1 万元 |  |
| 房屋贷款 6 万元 |  |
|  | 现金 10 万元 |

(二)流量与存量相对应原则

家庭的收入与支出是流量,显示一段时间现金收支的变化;家庭的资产与负债是存量,显示某个结算时点资产与负债的状况(通常以月末、季末或年末为结算日)。存量的变化是流量变化的结果,二者存在严格的对应关系,具体表现如下。

期初存量 + 本期流入 − 本期流出 = 期末存量

期初净资产 + 本期收入 − 本期支出 + 资产价值增减额 = 期末净资产

## 【案例 3-2】

### 王先生的资产情况

2019 年初,王先生有银行存款 3 万元、股票 15 万元、价值 50 万元的房屋一套。2019 年王先生的工作收入 10 万元、利息及股息收入 5 000 元、生活支出 6 万元。2019 年末其股票价格跌至 12 万元,房屋价格涨至 60 万元。请问 2019 年末王先生有多少净资产?

**案例分析:**

期初净资产有银行存款 3 万元、股票 15 万元、房屋 50 万元,共计 68 万元。2019 年收入为工作收入 10 万元、利息及股息收入 5 000 元,共 10.5 万元;2019 年支出 6 万元;本期净流入为 4.5 万元。2019 年股票减值 3 万元,房屋升值 10 万元,因此 2019 年资产价值增加额是 7 万元。因此,李先生 2019 年的期末净资产为 79.5 万元(68 + 4.5 + 7)。

(三)收付实现制原则

在会计核算中,根据对经济流量记载方式的不同,分为权责发生制和收付实现制。

权责发生制又称应计制,即只要有经济流量发生,不论是否有现款收付,都要及时记账,交付货物或劳务时未收到现款就记"应收款",收到货物或劳务时支付现款就记"应付款"。收付实现制又称现金制,即有现金流入或流出时才记账。

在企业会计核算中,为了准确地记载经济活动和达到资产负债表与损益表的严格对应,一般都使用权责发生制。而家庭核算并不要求两表严格对应,也不对任何经济活动都作记载,所以,为简便起见,家庭财务管理中一般使用收付实现制,比如刷卡消费时不记支出,偿还信用卡款项时才记支出。这样也便于将期初与期末的现金相对照,查看有无漏记、错记之处。

(四) 市场价值度量原则

在整理资产和负债的过程中,需对每项资产和负债的价值进行记录,也就是必须评估它们的价值。非现金资产的价值会随着市场状况的变化而变化,所以,在进行财务核算时必须注意到资产的成本价值与市场价值的差别,成本价值通常以购入时所支付的现金额来计算,市场价值以结算时点资产的市场价格或按市场行情评估的价值计算。评估价值是一件非常容易产生争议的事情。但对家庭来说,本文认为市场价值的意义更为重大。例如股票,其价格波动非常频繁,一旦购买,成本价格对家庭财富而言已经不重要了,人们更关心的是股票的最新价格,它的价格变动直接影响着家庭的财富水平,因此应以最新的价格,即市场价值入账。再如购买房屋,一般企业以成本入账,因为购买住房的支出需要摊销到未来,但对于个人而言,不涉及摊销成本,而且房屋价值量较大,对个人的影响也比较大,使用市场价值去衡量,更能真实地反映家庭的财富水平。例如某房屋10年前购买时是20万元,但近年来房价涨幅巨大,该房屋当前价值已达100万元。如果以成本价20万元入账,显然不能正确反映房主的财富水平。

某些资产市场交易小,或具有唯一性,很难找到市场价值,此时可以以成本价值或其他价值来衡量。

【案例3-3】

### 王小姐的个人财务报表记账

王小姐曾以每股20元的价格购入某股票2 000股,价值共计4万元,但该股票的市价现已跌为每股10元。另外,王小姐年初购买了住房,购买价为100万元,王小姐从房屋中介了解到,该区域同类型房屋近期涨价喜人,以达到130万元。如果王小姐编制个人财务报表,按市场价值入账,则股票应记值为2万元,房屋应记值为130万元。

## 第二节 家庭资产负债表的编制

### 一、家庭资产负债表的主要项目

家庭资产负债表是对一个家庭在某一时刻的财务状况的反映。资产负债表显示家庭所管理的经济资源，以及所承担的一切债务。

（一）家庭资产

家庭资产多种多样，不可能在报表中一一详细列出，一般做法是将它们进行大体分类，并且主要反映有价值的特别是可以管理或将来可以规划的资产。家庭资产大致分为三类：生息资产、自用资产和奢侈资产。

1. 生息资产。生息资产是指现金及能够带来收益的投资资产。生息资产是理财规划最核心的项目，是实现家庭理财目标的重要资金来源。

根据资产流动性的不同，生息资产又可以分为现金类资产、金融类投资资产，以及实物投资资产。

现金类资产主要是指现金及现金等价物，这是家庭资产中流动性最强的资产，主要包括现金、银行活期和定期存款（1年以内）、货币市场基金、即将到期的债券等。现金类资产安全、流动性较强，但收益低。一般家庭持有现金类资产的目的是满足家庭日常支出、预防突发事件以及满足投机性需求。

金融类投资资产是指能够带来一定收益的金融资产，主要包括长期存款、债券、股票、基金、保单现金价值、信托、金融衍生工具、银行及券商理财产品、纸黄金、外汇等资产。

实物投资资产有邮票、艺术品、投资性房地产、贵金属（如实物黄金、白银）等。持有实物投资资产的目的同样是为了获取收益，但投资的流动性（即变现的难易程度）相对较低。

2. 自用资产。自用资产是日常生活中要使用的资产，包括自住房屋、汽车、家具、运动器材、家电、衣物等。它们的主要功能是满足当前消费，这是进行家庭理财规划、实现生活目标的基础和前提，只是由于它们不产生收入，也很难变现，所以不是理财规划考虑的主要方面。除了自用住房，其他个人自用财物往往在投入使用之后，其市场价值就会大大降低。因此，并非所有自用资产都必须在报表中列出，例如个人使用的锅碗瓢盆、普通衣物等，本身价值量不高，使用过后，其市价更是近乎为零，因而不必在自用资产中一一列出。

3. 奢侈资产。奢侈资产供个人使用但不是家庭必需资产。奢侈资产与自用资产的主要区别在于，变卖时奢侈资产的价值高，比如珠宝首饰、别墅、收藏品等。持有奢侈资产的目的并非单纯为了使用，更多的是提升生活质量、凸显自我身价或使心理更具满足感。

如果个人奢侈资产总价值较低，可以列入自用资产，例如一般人会有戒指或项链类首饰，但总价值不过万元左右，则可以把这类珠宝首饰归入自用资产。但如果有一套别墅，价值上百万元，则列入奢侈资产比较合适。

（二）家庭负债

家庭负债包括全部家庭成员欠非家庭成员的所有债务。在资产负债表中，一般将其划分为流动负债和长期负债两大类。

流动负债一般是指一个月以内到期的负债，也包括当月要支付的长期负债，比如信用卡透支、应付的水费、电费、煤气费以及应付租金、税金、保险金、当期应支付的长期贷款等。

长期负债是指一个月以后到期的或多年内每月都要支付（摊还）的负债，如房屋贷款、汽车贷款、消费贷款、助学贷款、投资贷款等。

### （三）净资产

净资产是指家庭实际拥有的财富。它等于家庭资产减去家庭负债。如果个人净资产小于零，则意味着家庭面临资不抵债的状况。一般来说，净资产会随人的不同阶段而发生变化。例如，在学生时期，其个人净资产会很少；在工作几年之后，会有一定的积蓄，个人净资产便会有较大的提高；在结婚生子之后，可能已经购买了住房和汽车，银行存款也有进一步的提高，个人净资产会再上一个台阶；退休后净资产则开始减少，人们会将资产变现以支持养老消费，比如，变现金融资产用于养老、将大房子换成小房子以置换出一定的现金，甚至卖掉一些自用资产。在进行长期的理财规划时，个人净资产是个十分重要的数据。如果确定将积累财富作为理财的一个目标，那么跟踪个人净资产数据是一个很好的分析方法（见表3-3）。

表3-3　　　　　　　　　　　家庭资产负债科目

| 资产科目 | | | 金额 | 负债科目 | | 金额 |
|---|---|---|---|---|---|---|
| 生息资产 | 现金类资产 | 现金 | | 流动负债 | 信用卡透支 | |
| | | 活期存款 | | | 应付水电费 | |
| | | 货币市场基金 | | | 应付煤气费 | |
| | | 短期存款（1年以内） | | | 应付租金 | |
| | | 其他短期投资 | | | 税金 | |
| | 金融类投资资产 | 长期存款（1年以上） | | | 保险金 | |
| | | 债券 | | | 当期应偿还的长期贷款 | |
| | | 股票 | | | 其他流动负债 | |
| | | 基金 | | 长期负债 | 房屋贷款 | |
| | | 信托 | | | 汽车贷款 | |
| | | 保单现金价值 | | | 消费贷款 | |
| | | 金融衍生工具 | | | 助学贷款 | |
| | | 银行理财产品 | | | 投资贷款 | |
| | | 券商理财产品 | | | 其他长期负债 | |
| | | 纸黄金 | | 负债总计 | | |
| | | 外汇 | | | | |
| | | 其他金融资产 | | | | |
| | 实物投资资产 | 邮票 | | | | |
| | | 艺术品 | | | | |
| | | 投资性房地产 | | | | |
| | | 贵金属 | | | | |
| | | 其他实物投资 | | | | |

续表

| 资产科目 | | 金额 | 负债科目 | 金额 |
|---|---|---|---|---|
| 自用资产 | 房屋 | | | |
| | 汽车 | | | |
| | 家具 | | | |
| | 家电 | | | |
| | 运动器材 | | | |
| | 衣物 | | | |
| | 其他自用资产 | | | |
| 奢侈资产 | 珠宝首饰 | | | |
| | 别墅 | | | |
| | 收藏品 | | | |
| | 其他奢侈资产 | | | |
| 资产总计 | | | 净资产（资产－负债） | |

## 二、家庭资产负债表的编制方法

（一）主要资产负债项目的金额计算

资产负债表编制方法详见表3－4。

表3－4　　　　　　　　　资产负债表编制方法列表

| 资产 | | 负债 | |
|---|---|---|---|
| 项目 | 金额 | 项目 | 金额 |
| 现金 | 期末盘点余额 | 信用卡 | 签单/对账单累加 |
| 存款 | 期末存单、存折余额 | 各类贷款 | 账单期末本金余额 |
| 债券 | 持有张数×期末市价 | | |
| 股票 | 持有股数×期末股价 | | |
| 基金 | 持有份数×期末净值 | | |
| 保险资产 | 保单份数×对应的现金价值 | | |
| 房地产 | 最近市场报价 | | |
| 汽车 | 同类二手车行情报价 | | |

（二）各项资产负债的计价方式

个人财务中通常采用的计价方式共有三种：成本价值、市场价值和重置价值。以成本价值计价就是按最初购买的价格计算，一般需要计提折旧。市场价值计价就是按在公平、宽松和从容的交易中别人愿意为这项资产支付的价格计算。重置价值计价就是按在新的条件下重新购买这一资产的价格计算。一般首先考虑市场价值计价，如果难以找到市场价值，则可以考虑成本价值或重置价值。

生息资产在市场上交易频繁，很容易得到市场报价，因此一般按市场价值计价，如果要更精确，可扣除变现的交易费用（一般为市场价值的1%~5%）。

自用资产一般也按市场价值计价，例如自住房屋或自用汽车，目前自住房和二手车的交易比较普遍，在市场上很容易找到类似的住房和汽车报价。但对于难以找到同类资产报价的自用资产，例如位于乡下偏僻的住房，则可以考虑采用成本价值计价。

对于处于成熟、完善市场的奢侈资产，如别墅、珠宝首饰，很容易找到市场价值，则应该按照市场价值计价。对于收藏品，如果有权威机构的认定，则按权威机构的评估值计价，但有些收藏品由于特殊且单一，市场评估价格差距较大，因而比较适合采用成本价保守计价。

负债应该按照所欠金额的当前价值来计价。

（三）资产负债表的编制依据

如果是第一次制作家庭资产负债表，那么要先对所有的资产负债凭证进行仔细整理，清点自用资产并评估价值，以市价记账，以后做报表的重点就在于处理资产与负债的变动额。

1. 现金由所有家庭成员期末手持现金额加总得到。

2. 存款额通过加总所有存折、存单、银行卡余额得到。

3. 证券类资产价值通过将证券账户上各类证券（股票、债券、基金等）余额乘以相应的市价，然后加总得到。

4. 房地产价值按市场比较法评估的每平方米价格乘以房地产总面积得到。

5. 其他耐用消费品。如果价值低，又不准备变卖，干脆不计入资产负债表。价值较高的耐用消费品则可按二手市场的收购行情计算。

6. 保单现金价值。对于定期寿险、意外险、产险、伤残险、医疗险等费用性质的险种，其保单的现金价值很低，可以不计。对于终身寿险、养老保险、子女教育年金、短期储蓄险、投资连结保险等，保单的现金价值通常以保单周年为调整基准，可查阅保单上所记载的解约金价值作为该年的新近价值。

7. 负债余额。房贷、车贷、小额信贷等以最近缴款通知单所载余额减去本期还本额计算。需要注意的是，计算家庭负债时，应将利息和本金分开计算，本金偿还为负债减少，而利息支出作为理财费用支出。

【案例3-4】

## 黄女士家庭的资产负债表

黄女士家庭2018年12月31日的资产负债见表3-5。

表3-5　　　　　　　黄女士家庭资产负债表　　　　　2018年12月31日

| 资产 | 金额（元） | 负债 | 金额（元） |
|---|---|---|---|
| **生息资产** | | 购房贷款 | 200 000 |
| 现金 | 10 000 | 汽车贷款 | 50 000 |

续表

| 资产 | 金额（元） | 负债 | 金额（元） |
| --- | --- | --- | --- |
| 活期存款 | 20 000 | | |
| 股票 | 200 000 | | |
| 基金 | 200 000 | | |
| **生息资产合计** | 430 000 | | |
| **自用资产** | | | |
| 自用住房 | 500 000 | | |
| 汽车 | 200 000 | | |
| 家电 | 50 000 | | |
| **自用资产合计** | 750 000 | **总负债** | 250 000 |
| **总资产** | 1 180 000 | **净资产** | 930 000 |

2019年黄女士家庭发生了以下经济活动：

（1）2019年家庭所有成员的工作收入为20万元，生活支出为10万元；获得的利息和股息、基金分红共3万元，全部以活期存款方式持有。

（2）2019年11月卖掉所有股票，共计25万元，卖掉一半基金，共计11万元，并将所有卖的现金作为首付款，购买了一套价值80万元的房屋，向银行申请贷款44万元。拟出租该房屋，如果未来有较大幅度的升值，则考虑出售。黄女士从中介了解到，2019年末，该房屋价值已高达90万元。至2019年末，剩余基金总价值为11万元。

（3）2019年用活期存款偿还房屋贷款4万元，偿还汽车贷款2万元，偿还银行贷款利息5万元。

（4）2019年12月末用活期存款购买了2万元保险，其中纯保费支出为0.8万元，储蓄型保单现金价值为1.2万元。

（5）黄女士从中介了解到，2019年末，自用住房在二手房市场价值已达到60万元。从二手车行了解到，自用汽车当前价值约为12万元。家电发生的折旧约为1万元。

根据以上经济活动，编制黄女士家庭2019年12月31日的资产负债表。

第（1）项经济活动直接为黄女士家庭增加了活期存款13万元。

第（2）项经济活动导致黄女士家庭股票持有量为0；2019年末基金价值为11万元；所购房屋属于投资性房屋，2019年末其价值为90万元，但同时新增房屋贷款44万元。

第（3）项经济活动说明2019年末有房屋贷款60万元（20+44-4）；有汽车贷款3万元；偿还银行房屋贷款4万元及利息5万元，导致黄女士家庭的活期存款减少9万元。

第（4）项经济活动导致黄女士家庭的活期存款减少 2 万元，生息资产增加保单现金价值 1.2 万元。

由第（5）项经济活动可知，2019 年末黄女士家庭的自住房价值 60 万元，汽车价值为 12 万元，家电价值为 4 万元。

以上经济活动导致 2019 年末黄女士家庭的活期存款数额为 4 万元（2 + 13 - 9 - 2）

黄女士家庭 2019 年 12 月 31 日的资产负债表见表 3-6。

**表 3-6**　　　　　　　　**黄女士家庭资产负债表**　　　　　　2019 年 12 月 31 日

| 资产 | 金额（元） | 负债 | 金额（元） |
| --- | --- | --- | --- |
| **生息资产** | | 购房贷款 | 600 000 |
| 现金 | 10 000 | 汽车贷款 | 30 000 |
| 活期存款 | 40 000 | | |
| 保单现金价值 | 12 000 | | |
| 基金 | 110 000 | | |
| 投资性房地产 | 900 000 | | |
| **生息资产合计** | 1 072 000 | | |
| **自用资产** | | | |
| 自用住房 | 600 000 | | |
| 汽车 | 120 000 | | |
| 家电 | 40 000 | | |
| **自用资产合计** | 760 000 | **总负债** | 630 000 |
| **总资产** | 1 832 000 | 净资产 | 1 202 000 |

由此可见，与 2018 年末相比，2019 年末黄女士家庭的总资产增加了 65.2 万元，负债增加了 38 万元，净资产增加了 27.2 万元。

## 第三节　家庭收支表的编制

### 一、家庭收支表的主要项目

每个家庭都有取得收入和进行支出的经济活动。要能够保持收入大于支出，或者至少收支平衡，就需要全面了解收入的来源以及支出的去向。收支表反映出了家庭在一段时间内的财务活动状况。家庭收支表采用收付实现制的财务核算方法，可分为收入、支出和储蓄三大项目。

（一）收入

收入即现金流入。对大多数家庭来说，收入可以分为工作收入、理财收入和其他收入。

大多数人的工作收入主要来自工资、薪金收入。工资、薪金收入属于非独立个人劳动所得。所谓非独立个人劳动，是指个人所从事的是由他人指定、安排并接受管理的劳动。工作或服务于公司、工厂、行政单位、事业单位的人员（私营企业主除外）均为非独立劳动者。工资、薪金收入主要包括工资（包括固定的津贴/补贴）、奖金、年终加薪、劳动分红等方面。如果已退休，工资、薪金收入则可以是领取的退休金。

有些家庭的工作收入还包括（或主要是）经营收入、劳务报酬、稿酬所得、特许权使用费所得等。

理财收入是指通过投资产生的收益，例如购买各类有价证券带来的股息红利、房租收入、转让有价证券或房地产等投资品带来的收益。

编制收支表时，应结合具体情况编制收入来源。另外，对于很多人或家庭，可支配收入直接决定了未来的支出以及结余，只考虑税后可支配收入，收支表编制也更为简单直观。因此收支表中的收入一般是税后收入。

（二）支出

支出即现金的付出。为了便于进行家庭财务管理，一般把家庭支出划分为基本消费支出、重大项目支出和其他支出三大类。

基本消费支出是指日常生活中用于衣、食、住、行等方面的支出。"衣"是指衣物、穿戴、理发、美容等方面的支出。"食"是指在日常饮食、外出用餐等方面的支出。"住"是指煤气、水电、电视网络、物业管理、购置日用品、房租、住房简单维护、房贷本息的偿还等方面的支出。"行"是指在出行方面的支出，如交通费、汽车油耗、过桥和过路费、停车费、汽车贷款本息的偿还等方面的支出。基本消费支出一般属于必要支出，发生相对频繁、重复，在一段时期内金额比较固定。

重大项目支出主要是指在一些大项目方面的支出，常见项目有学杂费的支出、保费的支出、购置家电和家具的支出、医疗保健支出、旅游支出、护理支出、休闲娱乐支出、捐赠支出等。重大项目支出一旦发生，产生的金额一般较高，或者有些项目发生时间并不确定，但每年会发生一次或多次，如医疗费用、捐赠支出等。另外，在人生的不同阶段其他项目也有所不同。例如，在孩子上学时，学费是家庭的一项重大支出，但在退休养老时，医疗保健及护理支出的比重比较大。

不能归入上述部分的支出则可列为其他支出。

（三）储蓄

储蓄是收入减去支出的一个差项，反映当期现金流动的最终结果，正值为盈余，负值为赤字。储蓄盈余或赤字直接影响净资产的增减。储蓄盈余增加家庭财富，使家庭有更多的资金增加投资。储蓄赤字则会消耗财富，减少投资。一般应鼓励家庭在工作期间尽可能增加储蓄，从而增加投资资产，并提高理财收入的比重，这样当未来丧失劳动能力时，才有足额的资金满足家庭支出（见表3-7）。

表3-7 收支表项目

| 收入 | | | 金额 | 支出 | | | 金额 |
|---|---|---|---|---|---|---|---|
| 工作收入 | 工资薪金收入 | 工资 | | 基本消费支出 | 衣 | 衣物 | |
| | | 奖金 | | | | 穿戴 | |
| | | 年终加薪 | | | | 理发 | |
| | | 劳动分红 | | | | 美容 | |
| | | 退休金 | | | | 其他 | |
| | 经营收入 | | | | 食 | 日常饮食 | |
| | 劳务报酬 | | | | | 外出用餐 | |
| | 稿酬所得 | | | | | 其他 | |
| | 特许权使用费所得 | | | | 住 | 煤气 | |
| | 其他 | | | | | 水电 | |
| 理财收入 | 股息红利 | | | | | 电视网络 | |
| | 租金收入 | | | | | 物业管理 | |
| | 出售投资品所得 | | | | | 购置日用品 | |
| | 其他 | | | | | 房租 | |
| 其他 | | | | | | 住房维护 | |
| | | | | | | 房贷本息 | |
| | | | | | | 其他 | |
| | | | | | 行 | 交通费 | |
| | | | | | | 汽车油耗 | |
| | | | | | | 过桥和过路费 | |
| | | | | | | 停车费 | |
| | | | | | | 车贷本息 | |
| | | | | 其他项目支出 | | 学杂费 | |
| | | | | | | 保费 | |
| | | | | | | 购置家电家具 | |
| | | | | | | 医疗保健 | |
| | | | | | | 旅游 | |
| | | | | | | 护理 | |
| | | | | | | 休闲娱乐 | |
| | | | | | | 捐赠 | |
| | | | | | | 其他 | |
| 收入总计 | | | | 支出总计 | | | |
| | | | | 储蓄（收入-支出） | | | |

## 二、家庭收支表的编制

（一）家庭收支表的编制依据

现代家庭记账远比以前方便，可以利用家庭计算机进行财务管理，及时记账。尽管不可能详细记录每一笔交易，但只要能保留所有收支单据及资产负债凭证，每月月末记一次账，基本上可以掌握当月收支和储蓄变动情况。因此要编制收支表，首先应注意保留收支单据，并养成记流水账的习惯。

主要收支项目的记账依据如下。

1. 工资收入及扣除额。工资转账凭单一般都列明工资收入及扣除的所得税、社保基金、失业保险金、企业年金，可以据此算出拨入银行工资账户的现金净收入。

2. 其他工作收入。个人经营收入可根据公司或商号的盈余配发记录记账；劳务报酬、稿酬可根据领款收据记账，若无收据，可在领款当日做一便条，注明收入来源及金额。

3. 理财收入。活期存款利息收入根据银行结息单或刷卡查询，定期存款及债券利息收入根据取息通知单或到期结息单记账，股息、红利及资本利得（或损失）通过查询证券资金账户余额记账。

4. 消费支出额。这需要平时注意保留消费支出凭证，到时分类加总发票、收据金额即可得到。

5. 债务偿付支出。根据各种贷款缴款通知单金额分本金和利息分别记账。

6. 保费支出。根据保费收据或发票记账。

（二）编制家庭收支表时应注意的要点

1. 对绝大多数家庭来说，购买住房和汽车都是大项支出，一般都要负债，首付款项如果计入当期的收支表，就会造成当期有一个很大的负的净现金流，实际上支出的这笔钱很大部分并不来自当期收入，而是过去的储蓄。因此，对此类开支的处理方式是，记录在资产负债表中，但不计入收支表。

2. 一般每月编制一次收支表，编制日可选在月末，也可选在发薪日或收到信用卡缴款单日，每个家庭根据自身情况做出选择，但周期必须一致。

3. 由于每月只做一次账，收支不免有漏记之处，而且费用中还有估计的部分，因此，需要对期末资产负债表中现金与收支表中的现金结余进行对比，据以核对记账的准确性，并对储蓄额进行调整：储蓄＝期末现金－期初现金＋资产增减额－负债增减额。

4. 已实现的资本利得（或损失）是计入收入（或支出）的项目，未实现的资本利得（或损失）是期末资产及净资产的调整项，不计入当期的收支表。

5. 财产险、定期寿险、健康险等无储蓄性质，其保费直接列为支出项目，而终身寿险、养老保险、投资连结险、教育年金等因可累积现金价值，具有储蓄性质，因而只需要把实缴保费减去当年保单现值增加额的差值作为费用，计入支出。

## 第四节 家庭预算表的编制

资产负债表和现金流量表分别从静态和动态两个方面反映家庭财务状况,但对家庭财务管理而言,只有这两种报表还不够,还需要编制预算表。预算表对于家庭而言更为重要,从预算表可以了解家庭未来的收支状况,以及理财目标能否实现。因此预算表是家庭财务管理和规划的重要工具与工作重心,前两个报表的功能在于为此提供基础和信息。

编制预算表的目的在于对未来生活做出规划。预算表以现有财务状况为基础,对未来收支进行合理计划,以实现各项生活目标。就像政府、企业都要做预算一样,家庭也需要做预算,只有这样才能生活得自由自在,才能更好地实现人生价值。

完整的家庭预算需要经过三个程序:(1)设定财务目标;(2)收入、支出的初步测算;(3)根据初步测算结果与原定目标的差异进行预算调整。

### 一、设定财务目标

家庭财务规划目标即理财目标,可以分为相互联系的两个层次:一是长期理财目标,二是短期理财目标。一般来说,家庭的长期理财目标主要有四个:一是拥有自己理想的住房,二是给子女准备足够的教育费用,三是有充分的医疗保障,四是积累足够的退休金。要实现这些长期目标必须积累足够的资金,要积累资金就需要储蓄,因此,短期目标就是增加储蓄,它以年为单位。短期目标是长期目标的分解和实现手段。

设定财务目标需要分段分类计算实现各项长期目标所需资金总额,然后在考虑货币时间价值的情况下计算出以后各年的储蓄额,据此求出的当年储蓄额为当年最低储蓄标准。

### 二、收入与支出的预算

要实现年度储蓄目标,就需要尽可能增加收入,适当控制支出,并将结余投资于生息资产。

(一)收入预算

未来收入的测算实际上就是对家庭收入未来增长状况的预测,对于不同收入来源的家庭,测算的难度和方式有所不同。

普通雇员包括国家机关工作人员和在大企业工作的工薪阶层,其收入稳定,增长率不能设定太高,通常比通货膨胀高3%就已经不错了。

公司业务人员、个体经营者、自由职业者、企业主的收入与国家经济发展前景、经济周期波动及所处行业景气状况有密切关系,具有不稳定性,要根据历史和当年情况预测其增减变化。

(二)支出预算

支出预算要在收入测算的基础上及达到年储蓄目标的情况下做出,即年度支出总

预算 = 年度收入 - 年储蓄目标。

进行支出预算之前,首先要清楚支出的类型以及具体支出项目。支出类型可以分为月度支出、年度支出以及周期性支出。月度支出主要体现为每月都会发生的支出,如吃饭、水电、交通等费用支出,每月都在发生,且费用比较均衡。年度支出主要体现为支出在一年里会不定期地发生,比如购置衣物、家电等。周期性支出主要体现在其发生有一定的规律,金额在周期内比较固定,如购买保险产生的保费支出、房贷本金利息的偿还等。

支出可以分为可控支出和不可控支出。可控支出是指可以自行调节的支出,如交际费用、旅游费用等,可以根据收入高低决定相应支出。不可控支出是按照过去的承诺或按规定必须进行的支出,比如贷款的每月摊还、保费的每年缴纳等,这类支出的决策点在过去,在当期预算中是必须首先保证的。预算控制的重点是可控支出。在收入、应有储蓄、不可控制支出确定后,如果对支出进行分项目预算的结果是总支出预算超出了收入预算,就需要压缩可控支出(见表3-8)。

表 3-8  家庭支出预算表

| 支出类型 | 月度支出 | 年度支出 | 周期性支出 |
| --- | --- | --- | --- |
| 细目 | 饮食<br>水电<br>煤气<br>日用品等<br>交通费<br>通信费<br>理发<br>健身<br>休闲娱乐费用<br>…… | 购置衣物<br>购置家具电器<br>保养维修<br>学费<br>旅游<br>医疗费用<br>…… | 保险费<br>贷款偿还<br>房租<br>管理费<br>卫生费<br>…… |
| 预算支出 | | | |
| 实际支出 | | | |
| 达成率 | | | |

## 三、预算控制与差异分析

在对收入和支出进行预算的基础上,按月度和年度将估算的费用和收入进行对比,最终就可以确定预算表。编制预算表的目的是实现家庭财务收支平衡,即年度收入总额应等于或超过年度支出总额。

与基本、平均和满意的水准下维持日常生活需求的支出相对的收入称为基础收入。每月确定性的收入减去基本支出和贷款本息摊还等固定支出就是每个月的实际储蓄。实际储蓄与应有储蓄可能不完全一致,为了进行预算控制,可把活期存款当作调节库,当实际储蓄高于应有储蓄时存入活期存款,当实际储蓄低于应有储蓄时提取活期存款,用于维持定期定额投资。如果每年的储蓄预算都有结余,则可做整笔投资,用来实现长期理财目标。

实际支出情况不可能与预算完全一致，这时就需要进行差异分析。差异分析应注意以下要点。

1. 先总再细。先看实际支出总额与预算的差异状况，如果差异不大，但有些项目预算被高估，有些项目预算被低估，在持续两三个月后，应根据实际支出修正个别项目预算。

2. 先大后小。如果实际支出总额超过预算10%以上，应就负面差异大的项目做进一步分析，可将超过预算15%作为追踪标准。

3. 重点改善。如果刚开始做预算有较大差异，应制订出分期改善计划，每月选择一个重点项目进行改善。

4. 年月结合。在进行差异分析时，应将月预算与年预算执行情况结合起来，以便于整体调整和控制。

5. 增加收入。对于超支情况，如果尝试了许久还是无法降低支出，就需要想办法以加班、兼职等方式增加收入。

【案例3-5】

李先生是一家金融机构的业务人员，每月税后可支配收入有5 000元，年终奖金并不稳定，如果当年业务完成较好，则按业务可获得较高的奖金。他业绩最好的年份曾获得年终奖金15万元，但业绩最差的时候仅2万元。李太太则是某私人企业的出纳，每月税后可支配收入有3 000元，年终奖金为1万元，收入比较稳定。另外，李先生有金融资产10万元，年收益率约为6%。李先生夫妇育有一儿子，当前最主要的理财目标就是为其儿子准备未来的教育费用，大约每年需投资2万元。

李先生家庭比较稳定的工作收入是月度收入8 000元，年终奖金收入如果按最差业绩估算是3万元，年总收入是12.6万元，年度理财收入约为0.6万元。如果每年需要投资教育金2万元，则年储蓄至少为2万元，年支出最多为11.2万元。

根据上述情况，并结合李先生的支出习惯，可编制未来一年的家庭收支预算表（见表3-9）。

表3-9　　　　　　　　　李先生家庭收支预算表　　　　　　　　　单位：元

| 项目 | | | 预算金额 | | 实际金额 | | 达成率 | |
|---|---|---|---|---|---|---|---|---|
| | | | 月度 | 年度 | 月度 | 年度 | 月度 | 年度 |
| 收入 | 工作收入 | 工资 | 8 000 | 96 000 | | | | |
| | | 奖金 | | 30 000 | | | | |
| | 理财收入 | 股息红利 | | 6 000 | | | | |
| | 收入总计 | | 8 000 | 132 000 | | | | |

续表

| 项目 | | | 预算金额 | | 实际金额 | | 达成率 | |
|---|---|---|---|---|---|---|---|---|
| | | | 月度 | 年度 | 月度 | 年度 | 月度 | 年度 |
| 支出 | 基本消费支出 | 衣 | 衣物 | | 10 000 | | | | |
| | | | 理发 | 100 | 1 200 | | | | |
| | | | 美容 | 200 | 2 400 | | | | |
| | | | 其他 | | 1 000 | | | | |
| | | 食 | 日常饮食 | 1 000 | 12 000 | | | | |
| | | | 外出用餐 | 500 | 6 000 | | | | |
| | | 住 | 煤气 | 200 | 2 400 | | | | |
| | | | 水电 | 400 | 4 800 | | | | |
| | | | 电视网络 | 200 | 2 400 | | | | |
| | | | 物业管理 | 200 | 2 400 | | | | |
| | | | 日用品 | 300 | 3 600 | | | | |
| | | | 住房简单维护 | | 1 000 | | | | |
| | | | 房贷本息的偿还 | 2 000 | 24 000 | | | | |
| | | 行 | 交通费 | 600 | 7 200 | | | | |
| | 重大项目支出 | | 保费 | | 3 000 | | | | |
| | | | 家电家具 | | 5 000 | | | | |
| | | | 医疗保健 | | 5 000 | | | | |
| | | | 旅游 | | 5 000 | | | | |
| | | | 休闲娱乐 | | 5 000 | | | | |
| | | | 捐赠 | | 2 000 | | | | |
| 支出总计 | | | 5 700 | 105 400 | | | | |
| 储蓄 | | | 2 300 | 26 600 | | | | |

一年后，李先生重新审视当年收支预算的执行情况，实际情况见表3-10。

表3-10　　　　　李先生家庭收支预算及执行情况　　　　　单位：元,%

| 项目 | | | 预算金额 | | 实际金额 | | 达成率 | |
|---|---|---|---|---|---|---|---|---|
| | | | 月度 | 年度 | 月度 | 年度 | 月度 | 年度 |
| 收入 | 工作收入 | 工资 | 8 000 | 96 000 | 9 000 | 108 000 | 113 | 113 |
| | | 奖金 | | 30 000 | | 50 000 | | 167 |
| | 理财收入 | 股息红利 | | 6 000 | | 3 000 | | 50 |
| 收入总计 | | | 8 000 | 132 000 | 9 000 | 161 000 | 113 | 122 |

续表

| 项目 | | | 预算金额 | | 实际金额 | | 达成率 | |
|---|---|---|---|---|---|---|---|---|
| | | | 月度 | 年度 | 月度 | 年度 | 月度 | 年度 |
| 支出 | 基本消费支出 | 衣 | 衣物 | | 10 000 | | 11 000 | | 110 |
| | | | 理发 | 100 | 1 200 | 110 | 1 320 | 110 | 110 |
| | | | 美容 | 200 | 2 400 | 200 | 2 400 | 100 | 100 |
| | | | 其他 | | 1 000 | | 2 000 | | 200 |
| | | 食 | 日常饮食 | 1 000 | 12 000 | 1 300 | 15 600 | 130 | 130 |
| | | | 外出用餐 | 500 | 6 000 | 800 | 9 600 | 160 | 160 |
| | | 住 | 煤气 | 200 | 2400 | 240 | 2 880 | 120 | 120 |
| | | | 水电 | 400 | 4 800 | 380 | 4 560 | 95 | 95 |
| | | | 电视网络 | 200 | 2 400 | 200 | 2 400 | 100 | 100 |
| | | | 物业管理 | 200 | 2 400 | 200 | 2 400 | 100 | 100 |
| | | | 日用品 | 300 | 3 600 | 400 | 4 800 | 133 | 133 |
| | | | 住房简单维护 | | 1 000 | | 500 | | 50 |
| | | | 房贷本息的偿还 | 2 000 | 24 000 | 2 000 | 24 000 | 100 | 100 |
| | | 行 | 交通费 | 600 | 7 200 | 1 000 | 12 000 | 167 | 167 |
| | 重大项目支出 | | 保费 | | 3 000 | | 3 000 | | 100 |
| | | | 家电家具 | | 5 000 | | 4 000 | | 80 |
| | | | 医疗保健 | | 5 000 | | 3 000 | | 60 |
| | | | 旅游 | | 5 000 | | 7 000 | | 140 |
| | | | 休闲娱乐 | | 5 000 | | 4 000 | | 80 |
| | | | 捐赠 | | 2 000 | | 2 000 | | 100 |
| | 支出总计 | | | 5 700 | 105 400 | 6 830 | 118 460 | 120 | 112 |
| | 储蓄 | | | 2 300 | 26 600 | 2 170 | 42 540 | 94 | 160 |

从李先生家庭预算执行情况看，由于李先生家庭总收入比预算收入提高了22%，支出也比预算提高了12%，最终储蓄比预算提高了60%，有42 540元储蓄，每年能拿出2万元进行教育金投资。假若奖金部分仍为预算金额3万元，仍有22 540元储蓄，依然能满足教育金投资要求。因此实际支出超出预算支出是可以接受的。

但如果李先生实际收入与预算收入一致，为132 000元，而实际支出为118 460元，则仅能储蓄13 540元，不能满足教育金投资的要求，李先生必须严格按预算控制支出。

## 第五节 家庭财务分析

健康的家庭财务通常应该具备良好的资产负债结构、足够的紧急备付能力、多元化的收入来源、量入为出的财务负担、良好的资本积累习惯以及稳健的投资理财能力。财务分析是检查家庭财务状况是否健康的主要手段。家庭财务分析是指通过对家庭的资产负债表和收支表进行分析,从而找出改善财务状况的方法和措施,以期更好地实现理财目标。家庭财务分析包括财务报表结构分析和财务比率分析。

### 一、财务报表结构分析

编制家庭财务报表的目的是更好地了解家庭的财务状况,发现并改进财务问题,从而使财务更安全、更健康。家庭财务报表结构分析主要包括对资产负债表和收支表的分析。

(一) 资产负债结构分析

1. 资产项目分析。如前所述,一般情况下,家庭资产可以分为自用资产、生息资产和奢侈资产三大类。对不少家庭来说,奢侈资产很少,并且它与财务规划关系不大,不需要单独列出。自用资产满足家庭的基本使用,是日常生活的必需品。而生息资产则是理财规划的重点,是实现理财目标最为重要的资金来源。所以,对于大多数家庭而言,资产中最为主要的部分是生息资产和自用资产。

生息资产可以分为现金类资产、金融类投资资产以及实物投资资产。

现金类资产的特点是安全、具有很高的流动性,但收益少,甚至无收益。持有现金类资产的目的是满足家庭日常消费开支以及紧急备用需求。由于家庭日常消费开支一般可以从当期收入中得以满足,因此家庭仍必须保留一定额度现金类资产的主要目的是紧急备用。紧急备用金主要用来应付收入突然中断或支出突然暴增时的应急需要,以免家庭陷入财务困境。收入中断可能在两种情况下出现,一是失业,二是因意外伤害或身心疾病导致暂时无法工作。失业后再找到工作需要一段时间,时间长短取决于当时的经济景气状况和失业者自身的调整弹性。要找到与原工作收入相当的工作,经济繁荣时也许3个星期就可以,经济不景气时则需要一年半载。所以,应对失业的紧急备用金至少应该相当于3个月的生活支出,如果保守估计的话,需要相当于6个月的生活支出。虽然丧失劳动能力的风险可以通过投保残疾收入保险来转移,但投保残疾收入保险最少有3个月的免责期,也就是说3个月内无法获得理赔金,因此,投保残疾收入保险者至少要准备相当于3个月固定支出的紧急备用金,没有投保者需要更多。另外,如果自己或家人需要紧急医疗,或因为天灾、被盗等导致财产损失,需要重建或重购支出时,一时庞大的支出可能超出当时的收入能力,这时也需要一笔紧急备用金才能应付。因此,一般家庭持有现金类资产,至少应满足3个月的生活支出,对于收入不稳定的家庭,可能需要更多额度的紧急备用金。

金融类投资资产和实物投资资产是除工作收入之外的重要收入来源，持有投资资产的目的是获得更多的理财收入，通过不断的投资积累，更快地实现理财目标。但持有此类资产必将冒一定的风险，所以，投资资产的品种应根据经济情况进行合理调整，经济繁荣时持有高风险的资产比例高些，经济萧条时则要适当降低高风险资产的持有比例。另外，随着年龄的增长，持有投资资产的比重也会发生变化。年轻的时候收入较低，再加上结婚、生子、买房等大额支出，导致很难有多余积蓄进行投资，这一阶段投资资产的比重相对较低。但随着收入的逐渐提高，就应该考虑多储蓄，为未来的长远理财目标提前做好资金储备。尤其是到了小孩学业完成阶段，家庭经济压力最小，收入最高，储蓄能力最强，投资资产的比重最大。而退休后，丧失了工作收入，社保退休金不能满足退休生活所需，这时需要逐渐变现投资资产，投资资产的比重会逐渐下降。

自用资产在一般家庭中占有较大比重，它虽然不带来收益，但却是日常生活所必需的。它可以再分为两类：一类是升值性资产，如房地产和收藏品；另一类是折旧资产，如汽车、家具等。后一类资产所占比重不能太高，平时应注意控制这类支出，否则会影响到以后生活质量的进一步提高。但前一类资产可以保值增值，特殊情况下可以满足现金需求，比如在出现财务危机时可以将其出售变现，退休时也可将大房子换成小房子以弥补退休金不足。

2. 负债项目分析。负债是由家庭过去的经济活动而产生的现有责任，这种责任的结算将会引起家庭经济资源的流出。

通常情况下，家庭总负债要小于总资产，否则就说明家庭现时财务状况相当糟糕，如果不及时采取改善措施，将面临被债权人清算的危险。但也并非不负债就是财务状况最好。适当负债往往可以提高生活质量。例如，如果不负债，可能需要很长时间才能积累足够的购房资金，房价上涨的情况下甚至可能永远也攒不够钱买房，而适当负债可以提前拥有自己的住房，结束居无定所的生活，还可以获得房价上涨带来的资产增值。

年轻的时候，可以通过负债提高生活质量，负债比重相对较高。但随着年龄的增长，则应控制负债，临近退休时，应将负债降至较低水平甚至为零。安享晚年阶段，收入基本限定，更不应该负债，尤其是进行负债投资。

负债可以分为短期负债（1年以下）、中期负债（1~5年）、长期负债（5年以上）。中长期负债应与家庭的中长期偿债能力，即其未来收入相适应，短期负债构成对家庭资产的流动性要求。为了真实反映客户的财务状况，有时需要理财师帮助客户估计一些数额尚未确定的债务，如当期应纳税金、应付水电费和煤气费、信用卡透支额等。

3. 净资产分析。资产减去负债即为净资产。一般来说，家庭净资产应为正，并且不低于一定数额。净资产额度越大，个人自有财富水平也就越高。年轻的时候，由于收入低，以及结婚生子、偿还房贷等原因，储蓄较少，净资产也较低，但随着年龄的增长，储蓄逐渐增加，净资产也应呈逐渐增长的态势。

下述情况下家庭净资产会相应增加：（1）收入大于支出，具有储蓄结余；（2）取得投资收益；（3）资产增值；（4）接受一笔礼物或遗产；（5）由于某种原因，过去债务无须再还。

假定某客户的收入处于该地区的中上水平，并已工作多年，其净资产可能出现如下情况：（1）净资产为负，说明财务状况糟糕，应尽快偿还近期债务，同时尽快增加收入；（2）净资产低于年收入的一半，说明有必要控制开支，更多地进行储蓄和投资，并注意增加收入；（3）净资产相当于半年到三年的收入，如果客户年轻，则其财务状况良好，如果客户即将退休，则仍要采取措施增加净资产；（4）净资产相当于三年以上的收入，说明财务状况良好，如果客户年轻则可以进行一些负债投资。

4. 资产负债总体结构的动态分析。在进行资产负债结构分析时，要将资产、负债、净资产联系起来综合分析，并要注重分析其演变状况，要注意利用以下两个重要公式：

$$资产-负债=净资产$$

$$期初净资产+本期收入-本期支出+资产价值增减额=期末净资产$$

由此可以看出，增加资产和减少负债都会使净资产增加，增加储蓄、资产发生增值同样可增加净资产。值得注意的是，在储蓄或净资产不变的情况下，资产负债也会发生变化。例如，用到期存款偿还债务，使资产负债同时减少；借一笔钱来投资，使资产负债同时增加；用现金购置资产等经济活动只会改变资产负债内部结构，而不会改变净资产数额。例如，某人获得1万元股利收入，会相应增加1万元的净资产；拿1万元银行存款偿还1万元贷款本金，总资产减少1万元，负债也减少1万元，但净资产不会发生变化；如果拿1万元银行存款偿还1万元贷款利息，则资产总额减少1万元，负债不会发生变化，净资产相应减少1万元。

（二）收入支出结构分析

1. 收入结构分析。不同的收入来源结构决定了家庭收入的稳定性和成长性，所以，收入结构分析是财务分析的重要环节。家庭收入主要包括工作收入、理财收入。工作收入包括工资、薪金、奖金、年终加薪、劳动分红、津贴、补贴、劳务报酬、稿酬等人力资本创造的收入，通常较为稳定，但有失业和丧失劳力的风险。理财收入主要包括利息、股利、资本利得、房租等以金钱或已有资产衍生出来的收入，通常随着金融环境的变化而变化，存在投资风险。

理财规划师应通过计算各类收入占总收入的比例，掌握客户收入的特征，根据客户的家庭类型，发现其收入方面存在的问题和改善的余地。比如刚踏入社会的年轻人只有工作收入，很少有理财收入，而退休的老人除了退休金，只有理财收入，几乎没有工作收入，因此，工作期间应逐步以理财收入替代工作收入，两者的结构状况的变化可以在一定程度上预示家庭未来的财务状况。

2. 支出结构分析。支出也可以进行不同分类，比如按支出去向可以分为生活支出、理财支出，按支出特点可以分为固定支出和临时支出，按可调整程度可以分为可控支出和不可控支出。

生活支出是用于衣食住行、文化娱乐、医疗健身等日常生活方面的开支，理财支出是用于偿还借款、支付投资手续费和保险费等方面的支出。

固定支出包括社会保障费支出、保险费支出、还贷支出、税收支出、物业费支出，以及餐饮、交通、水电煤气等日常消费支出、医疗保健支出及子女教育支出。临时性支出包括度假旅游、捐赠、购置衣物、添置家具、娱乐、赡养父母等方面的支出。固定支出中的前五项为不可控支出，这部分支出在本期家庭预算中没有压缩的余地。

理财规划师应根据客户家庭的收支表计算各项支出占比及分类支出占比，以发现支出方面存在的问题，并提出改进方案和措施。

3. 储蓄结构分析。收支差额为盈余（或赤字），它反映当期的储蓄规模。人一生的收支总是不平衡的，在买房时需要支付大额的房产首付款，孩子上学时需要支付高额的教育费，年老体迈时退休金不能满足生活所需。但在大多数的工作期间，收入应大于支出，才能形成一定的储蓄结余，从而弥补漫长退休生涯中养老支出的不足。

## 二、财务比率分析

财务比率分析可以用来简明地衡量家庭的财务安全性、流动性、盈利状况，反映其风险偏好、生活方式和价值取向，判断财务问题，以便进一步制订改善财务状况的方案。

常见财务比率指标有资产负债比率、收入负债比率、支出保障比率、储蓄比率、净资产投资比率、投资回报率等。这些指标可以根据个人财务报表中的项目直接计算出来，相对比较简单，主要用来反映和指导当前的个人财务活动。

（一）资产负债比率

这类比率有两个相互联系、从不同方面反映家庭负债状况的指标。

1. 总资产负债比率

$$总资产负债比率 = \frac{总负债}{总资产}$$

这一比率用来综合反映家庭债务负担状况和还债能力。这一比率的数值范围为 0~1，如果大于 1，从理论上讲，该家庭已经破产。一般情况下应将其控制在 0.5 以下，以减少由于资产流动性不足而出现财务危机的可能。

2. 净资产比率。净资产比率也称自有权益比率或净资产偿付比率，用来反映家庭自有资产对总资产的支撑程度。

$$净资产比率 = \frac{净资产}{总资产}$$

这一比率的数值范围也是 0~1。接近 0 意味着目前的生活主要是靠借债来维持的，一旦收入下降或利率提高，很可能陷入资不抵债的破产境地。接近 1 则意味着财务比较安全。对于进入退休阶段的家庭而言，一般不宜负债，净资产比率越高越好。但是对于很多理财目标尚未实现的年轻家庭而言，高净资产比率则意味着没有充分利用自己的信用额度，其财务结构还有通过负债进一步优化的空间。一般情况下，该比率应高于0.5。

（二）收入负债比率

$$收入负债比率 = \frac{当期应偿债本息}{当期收入}$$

在用于偿债的收入可以免税的国家可使用税前收入，但在我国，用于偿还债务的收入不能免税，因此比较适合使用税后收入。这一比率反映家庭的偿债能力，是衡量家庭财务状况是否良好的重要指标。对于收入和债务支出都相对稳定的客户，可以年度为计算周期；对于收入和支出债务支出不稳定的客户，以月度为计算周期。一般收入负债比率在0.4以下时，财务状况正常。也有学者认为，为保持财务的流动性，收入负债比率保持在0.36左右较为合适。

（三）支出保障比率

这类指标反映了在发生意外情况时以家庭现有资产变现来满足支出需要的能力。常用的指标有四个。

1. 流动资产保障率

$$流动资产保障率 = \frac{流动性资产}{月均支出}$$

该比率反映资产在不发生价值损失的条件下迅速变现，以应付家庭支出需要的能力。流动性资产包括现金、活期存款及可以及时变现的短期债券等。这一比率的经验值为3，即流动性资产可以满足3个月家庭支出需要。

2. 生息资产保障率

$$生息资产保障率 = \frac{生息资产}{月均支出}$$

生息资产包括现金类资产、金融性投资资产和实物投资资产。当流动性较好的现金类资产不能满足家庭支出需求时，就需要变现投资资产。这一比率的经验值为6，即生息资产至少能保障6个月的家庭支出需要。

3. 净资产保障率

$$净资产保障率 = \frac{净资产}{月均支出}$$

净资产是扣除负债后的家庭自有资产，包括自用资产。当可变现资产仍不能满足家庭发生变故后的基本支出需要时，有可能需要变卖部分自用资产，所以，这要求保障的月数更长，这一比率的经验值为12，即所有资产变现并扣除家庭债务后的资金应至少能保障1年的家庭支出需要。

4. 灾变保障率

$$灾变保障率 = \frac{可变现资产 + 保险理赔金 - 现有负债}{5 \sim 10 年生活费 + 房屋重建、装修成本}$$

这一比率是反映在已参加各类保险（比如失业保险、工伤保险、残疾收入保险、医疗保险、人寿保险、财产保险）的情况下，一旦发生意外和灾变，利用现有资产和保险理赔可以维持一定时期家庭正常生活的程度，也可以用来检验现有保险是否充足。

不管是亲人突然亡故，还是因自然灾害导致房屋损毁，都会影响到家庭财务的顺利运作，需要家庭准备几年的生活费，短则5年，长则10年，以实现家庭重建。如果这一比率大于1，表明该家庭的灾变承受能力较高，如果小于1，需要家庭尽快提高灾变承受力，以最快的改善方式增加保险。合理的保险保额应等于5~10年的生活费加现有负债减可变现资产。

【案例3-6】

李先生家庭有生息资产20万元、自用资产100万元，其中自住房屋的价值为80万元，有负债50万元。每年家庭生活支出大约需要4万元。李先生购有一份定期寿险，保额为10万元。李先生想知道，万一他身故，此份寿险能否保障他家庭10年的基本生活。

$$李先生家庭灾变保障率 = \frac{可变现资产 + 保险理赔金 - 现有负债}{10年家庭生活基本支出}$$

$$= \frac{20 + 10 - 50}{4 \times 10} = -0.5$$

可见，李先生家庭灾变承受能力较低，要提高灾变保障率至1，保险理赔金额度应达到70万元，因此在现有保险基础上，还应增加60万元保额的寿险。

（四）储蓄比率

$$储蓄比率 = \frac{家庭储蓄}{家庭税后收入}$$

储蓄比率是一个很重要的指标，反映了家庭控制其开支和增加其净资产的能力。储蓄比率的高低和储蓄观念、社会福利水平、家庭收入及所处阶段等都有一定的关系。例如在美国，受高消费低储蓄观念的影响，居民的储蓄率普遍较低，平均储蓄比率只有5%~8%。如果一国社会福利保障较好，家庭储蓄率也相对较低。另外，对于收入较高的家庭，虽然支出的绝对额较大，但也能有更大比例的资金进行储蓄；对收入较低的家庭，其大部分收入用于满足家庭必要支出，储蓄率较低。《中国家庭金融调查报告》显示，中国收入最高的10%家庭，其储蓄率为60.6%，而大量低收入家庭在调查年份的支出大于或等于收入，没有或几乎没有储蓄。年轻家庭的大额支出项目较多，如买房买车、小孩养育和教育支出等，储蓄率较低；成熟家庭则因为完成了小孩教育、没有购房压力等原因，能将大部分收入进行储蓄投资。

因此，设定合理的储蓄比率，应该结合一个家庭的实际情况进行分析。如果一个家庭储蓄率较低，则要根据其支出结构进行进一步判断，如果非必要支出如休闲娱乐、交际等比重太大，则意味着这个家庭应该压缩这些方面的支出，从而提高家庭储蓄率。

## (五)净资产投资比率

$$净资产投资比率 = \frac{投资资产}{净资产}$$

该比率反映家庭通过投资增加财富以实现其财务目标的能力。随着家庭的成长,这一比率应不断提高,以此保证净资产有合理的增长率。一般认为净资产投资比率应保持在0.5以上,这样才能保证净资产有较为合适的增长率。而对于较年轻的家庭来说,由于财富积累年限尚浅,一般在0.2以上较为合适。

## (六)投资回报率

$$投资回报率 = \frac{理财收入}{投资资产}$$

投资回报率也是反映财务健康状况的一个重要指标。投资回报率的高低反映了一个家庭通过投资让财富增值的能力,但并非投资回报率越高,财务越健康。对于一个风险承受能力较高的家庭,例如一些年轻家庭,要让财富更快速地增长,可以投资一些风险较高、回报较大的投资品种;但对于一些迈入退休阶段的家庭,投资风险承受能力较低,追求过高的投资回报率显然不合适。

【案例3-7】

晋升为新爸新妈以后,王先生夫妇喜悦之余也不免有些担忧未来。"养个娃贵过一套房"的理念已经在他们的周边普遍被证明了,养育孩子的花费已经不小,还要考虑孩子不菲的教育费,另外,结婚时刚买的住房太小(一室一厅),随着孩子的出生,当前还要考虑换一个至少三居室的住房。未来充满各种不确定性,如何才能把握得更好呢?

王先生现年30岁,王太太现年31岁,小孩刚1岁,王太太的母亲帮忙照看小孩。王先生夫妇都是某市同一家私营企业的员工。王先生从事网络技术服务工作,每月税后收入约为5 000元,王太太是办公室文秘,每月税后收入约为3 500元;王先生的公积金账户每月收入为1 400元,王太太的公积金账户每月收入为900元。王先生年终奖金有2万元,王太太有1万元;去年获得存款利息收入3 000元。夫妇俩过着朝九晚五的普通白领生活,基本没有时间从事其他兼职工作。在支出方面,夫妇俩平日不是紧巴巴过日子的人,王先生在衣食住行方面的基本生活开销约为每月3 000元,休闲娱乐支出约为每月3 000元,孩子的奶粉、尿布等支出约为每月1 500元,房屋贷款尚有20万元分15年等额本息未还,贷款年利率为5.2%,每月需偿还贷款约1 600元,其他支出约为每月1 000元。

家庭资产方面,王先生一家目前居住的住房是2年前结婚时花费35万元购置的,总面积为60平方米,现在总市值约为45万元。夫妇俩手里现金及活期存款约为3万元,定期存款为8万元。家具家电等价值大约为8万元。

> 综观朋友和同事的情况，王先生估计女儿3岁后，直至大学毕业每年在学费、才艺等方面的支出需要2万元。另外，他希望近期内能够换一个面积90平方米、三室一厅的住房，新房大约为每平方米8 000元。
>
> 针对上述案例，试诊断王先生家庭的财务状况，并判断其是否存在可以改进的空间，理财目标能否实现。

1. 编制王先生家庭的资产负债表及收支表

根据案例信息，王先生家庭的资产负债表编制见表3-11。

表3-11　　　　　　　　　王先生家庭的资产负债表　　　　　　　　单位：元

| 资产 | 金额 | 负债 | 金额 |
| --- | --- | --- | --- |
| **生息资产** | | 房屋贷款 | 200 000 |
| 现金及活期存款 | 30 000 | | |
| 定期存款 | 80 000 | | |
| **生息资产合计** | 110 000 | | |
| **自用资产** | | | |
| 住房 | 450 000 | | |
| 家具家电 | 80 000 | | |
| **自用资产合计** | 530 000 | **负债合计** | 200 000 |
| **资产合计** | 640 000 | **净资产合计** | 440 000 |

编制王先生家庭的收支表，见表3-12。

表3-12　　　　　　　　　　王先生家庭的收支表　　　　　　　　　单位：元

| 收入 | 金额 | 支出 | 金额 |
| --- | --- | --- | --- |
| **工作收入** | | 基本生活支出 | 36 000 |
| 工资 | 102 000 | 小孩养育支出 | 18 000 |
| 奖金 | 30 000 | 休闲娱乐支出 | 36 000 |
| 住房公积金 | 27 600 | 房屋贷款支出 | 19 200 |
| **工作收入合计** | 159 600 | 其他支出 | 12 000 |
| **理财收入** | | | |
| 利息收入 | 3 000 | | |
| **理财收入合计** | 3 000 | **家庭总支出** | 121 200 |
| **家庭总收入** | 162 600 | **总储蓄** | 41 400 |

2. 财务结构分析

（1）资产负债结构分析。资产方面，王先生家庭持有现金及活期存款3万元，此类资产几乎没有任何回报，对于收入比较稳定的家庭而言，一般保留3个月的现金类资产即可，王先生当前家庭支出约 12 万元，持有现金及活期存款 3 万元是比较合理的。

王先生家的生息资产中的定期存款可产生一定的回报，但一般定期存款的回报率较低，不利于资产的快速积累，建议王先生可以根据长远的理财目标，重新配置这笔投资资金，适当选择稳健型基金进行投资。另外，要实现未来理财目标，必须重视投资资产的积累，当前投资资产才 8 万元，占总资产的 12.5%，比重过低，未来应加大储蓄力度，并提高投资效率，从而加快投资资产积累的速度。

王先生家的自用资产为 53 万元，其中保值性资产的占比为 85%，说明王先生家的资产保值能力较强。

负债方面，主要是房屋贷款 20 万元未还，占总资产的 31.25%，说明王先生家的财务是比较安全的。

（2）收支结构分析。从家庭的收入来源来看，如果收入来源较为多元化，那么家庭收入就具备了一定的稳定性，不用担心因为某一项收入的中断而给家庭带来的风险。如果一个家庭收入来源过于单一化，这个家庭就面临着一定的风险。王先生家的大部分收入是从工作中获得的，占总收入的 98% 以上。可见家庭收入来源过于单一化，王先生家未来应重视提高理财收入比重，分散自己的单一收入风险。

支出方面，王先生家难以压缩的支出包括基本生活支出、小孩养育支出及房屋贷款支出，三项合计 7.32 万元，占总支出的 60%，可压缩的支出包括休闲娱乐及其他支出，共计 4.8 万元，占比为 40%，可见王先生家的支出有一定压缩空间，可根据实际理财目标需要进一步压缩支出。

王先生家的净储蓄为 4.14 万元，占总收入的 25.5%，鉴于王先生家未来有不少理财目标有待实现，建议王先生家尽可能提高储蓄率。

3. 财务比率分析

（1）总资产负债比率为 31.25%，净资产比率为 68.75%，说明王先生家的负债率适中，财务比较安全。

（2）收入负债比率 = 19 200/162 600 = 0.118，一般收入负债比率在 0.4 以下时，财务状况正常，王先生家的收入负债比率为 0.118，说明王先生家的偿债压力不大。

（3）支出保障方面，流动资产保障率 = 30 000/（121 200÷12） = 2.97，一般流动资产保障率保持 3 即可，即现金资产能满足 3 个月开支，王先生家的流动资产保障率接近 3，说明保留 3 万元现金类资产是比较合适的。

王先生家的生息资产保障率 = 110 000/（121 200÷12） = 10.89，生息资产一般应至少能保障 6 个月的家庭支出需要，因此王先生家的生息资产额度符合要求。

净资产保障率 = 440 000/（121 200÷12） = 43.56，一般净资产应至少能保障 1 年的家庭支出需要，王先生家的净资产能保障 3 年以上的家庭支出需要，说明保障能力较强。

对于王先生家而言，孩子尚幼，且夫妇两人是家庭的主要劳力，因此他们的人身风险对家庭财务的影响较大,如果人身风险一旦发生,按保障5年家庭基本生活计算,王先生家的灾变保障率 = (110 000 – 200 000) / [5 × (36 000 + 18 000)] = –0.33,说明王先生家的灾变承受能力较低,要提高灾变保障率至1,因此王先生家有必要购买保额达到36万元以上的寿险,才能给家庭5年的有效保障。

(4) 储蓄比率 = (41 400/162 600) × 100% = 25.5%,结合王先生家的支出来看,王先生家可压缩的支出包括休闲娱乐及其他支出,共计4.8万元,占总支出的40%,可见王先生家的支出有一定压缩空间。由于王先生家未来比较迫切的理财目标是教育和换房,两者都比较重要,且金额较大,因此建议王先生家现在尽量压缩支出,提高储蓄比率。

如果王先生家的投资收益率按6%(稳健投资)计算,学费增长率按5%计算,从3岁上幼儿园至21岁大学毕业的19年时间,王先生家共需投入资金现值34.28万元(见表3–13)。如果从现在开始计划每年年末定期定额投资,且投资18年,则每年需要投资3.17万元。

表3–13　　　　　　　王先生孩子未来的学费及才艺费支出　　　　　　单位:万元

| 年龄 | 届时学费及才艺费 | 现值 | 年龄 | 届时学费及才艺费 | 现值 |
| --- | --- | --- | --- | --- | --- |
| 3 | 2.21 | 1.96 | 13 | 3.59 | 1.78 |
| 4 | 2.32 | 1.94 | 14 | 3.77 | 1.77 |
| 5 | 2.43 | 1.93 | 15 | 3.96 | 1.75 |
| 6 | 2.55 | 1.91 | 16 | 4.16 | 1.73 |
| 7 | 2.68 | 1.89 | 17 | 4.37 | 1.72 |
| 8 | 2.81 | 1.87 | 18 | 4.58 | 1.70 |
| 9 | 2.95 | 1.85 | 19 | 4.81 | 1.69 |
| 10 | 3.10 | 1.84 | 20 | 5.05 | 1.67 |
| 11 | 3.26 | 1.82 | 21 | 5.31 | 1.65 |
| 12 | 3.42 | 1.80 | 合计 |  | 34.28 |

王先生家的旧房价值为45万元,换一个90平方米的住房,按每平方米8 000元计算,则总价大约需要72万元。如果卖掉旧房,偿还旧房贷款后,尚有25万元作为新房首付款。因此仍需贷款47万元,如果仍按15年偿还,则每月需偿还贷款3 766元[PMT (5.2%/12, 15×12, – (720 000 – 250 000), 0, 0) = 3 766元],每年需偿还贷款45 192元,比之前增加25 992万元。如果换房,王先生家的储蓄将降低至15 408元(41 400 – 25 992)。

因此换房后,储蓄仅为15 408元,不能满足3.17万元的教育金投资需求,王先生必须压缩开支,每年需压缩开支1.63万元,因此建议休闲娱乐支出压缩至1.3万元,即每月休闲娱乐控制在1 100元以内。

综上所述,建议王先生家换房前的储蓄率应至少为(41 400 + 16 300)/162 600 = 35.5%,换房后储蓄率则至少为31 700/162 600 = 19.5%,这样才能实现教育及换房两项理财目标。

（5）净资产投资比率 = 80 000/440 000 = 18.2%，比率较低，王先生未来应注重投资资产的积累，尽可能提高储蓄比率，这样才能更快增加财富并实现各种理财目标。

（6）投资回报率 = 3 000/80 000 = 3.75%，投资回报率较低。王先生家属于年轻家庭，具有一定的风险承受能力，再者王先生家的一些理财目标，如教育投资，属于较长阶段的投资，能够冒一定的风险，因此建议王先生家可以结合自身的风险承受能力及理财目标的特点，重新进行投资配置，提高投资的效率。例如，王先生家未来每年年末的教育投资 3.17 万元，可以配置在稳健型的基金上，获得年均 5% 以上的投资年回报率是相对容易的。

综上所述，王先生家的财务应该进一步注重以下几个方面的改进：

首先必须控制支出，提高储蓄比率，从而增加投资资产的比重，这样才能进一步提高理财收入的规模，更有效地实现理财目标。

其次是王先生家的投资回报率较低，投资过于保守，不利于财富的增长及理财目标的实现，建议王先生家结合风险承受能力以及理财目标重新配置投资资产，可将投资资产适当投资于稳健型的投资产品，如稳健型基金，从而提高投资效率。

最后是王先生家的收入来源单一，收入中断给家庭带来的风险较大，因此建议王先生家庭应该考虑购买一定额度的寿险，为家庭财务提供有力的保障。

## 【本章小结】

与企业财务管理相比，家庭财务管理具有信息不必对外公开、不受准则制度约束、不要求计提资产减值准备、不必计提折旧、资产负债表和收支表不必严格对应、不进行收支资本化等特点，根据这些特点，家庭财务管理需要遵循借贷相等原则、流量与存量相对应原则、收付实现制原则和市场价值度量原则。

家庭财务管理的主要内容就是编制家庭财务报表和进行家庭财务分析。家庭财务报表主要包括资产负债表、家庭收支表和家庭预算表。资产负债表有资产、负债和净资产三大项目，家庭收支表有收入、支出和储蓄三大项目，在编制报表时要基于准确、便利原则，从不同渠道取得各子项目的资料，用不同计价方式计算出总金额。家庭预算表的编制要依次按照财务目标设定、初步测算和调整、预算控制和差异分析进行。

在进行财务报表分析时，要在分项目结构分析的基础上，计算资产负债比率、收入负债比率、支出保障比率、储蓄比率、净资产投资比率、投资回报率等常用的财务比率，从而为家庭提出科学合理的财务改善建议。

## 【重点概念】

家庭资产负债表　　家庭收支表　　家庭预算表　　财务分析

## 【思考与练习】

1. 与企业财务管理相比，家庭财务管理有什么特点？

2. 家庭财务管理要遵循哪些原则？
3. 家庭财务管理中为何使用收付实现制而不用权责发生制？
4. 家庭资产负债表一般包含哪些项目？
5. 家庭收支表一般包含哪些项目？
6. 家庭净资产和生息资产有什么不同？它们在家庭生命周期的不同阶段的净资产中起什么作用？
7. 什么是紧急备用金？它有什么用途？如何选择紧急备用金的形式？
8. 案例分析

陈先生30岁，是一家大型国企中层管理人员，每月税后收入为6 000元。太太28岁，是一名事业单位职工，每月税后收入为3 000元左右。女儿5岁，正在上幼儿园。目前，他和岳父、岳母住在一个小区，岳父、岳母都已经退休在家，生活悠闲，岳母帮着照顾孩子，夫妻俩基本是在岳母家吃饭。每个月他都会给岳母2 000元，算做伙食费。此外，家里购买基本生活用品等的支出约为1 000元。女儿幼儿园学费约为每月1 000元，学英语、钢琴等兴趣班的支出为每月1 000元左右。全家娱乐休闲每月估算要2 000元，养车费用为每月1 000元。陈先生家庭的年度收入主要是年终奖金，夫妻俩总共有4万元左右。年度开销则是逢年过节的走亲访友、购物消费等，约为2万元。

家庭资产方面，现在他们有活期存款5万元、1年期定期存款10万元，以及一辆市值8万元左右的经济型轿车。现住房屋是3年前购买的，购买价为50万元，当前市值为70万元，尚有20万元贷款未还，仍需偿还15年，年贷款利率为4.5%。

在未来两年的安排中，陈先生家一个比较重大的计划就是，他们夫妻准备再要一个孩子。他和夫人都是独生子女，根据生育政策，可以再要一个孩子。估计随着第二个孩子的出生，在养育等方面的支出每月会相应增加2 000元。近两年，陈先生还有个换车计划。一家三口加上岳父、岳母一起出游，明显地觉着有点挤，舒适性也欠佳，如果第二个孩子出生，那更不够用了。陈先生打算换辆比较宽敞、价格在20万元左右的车。同时，陈先生希望能每年为他的孩子存入1万元的教育资金。

陈先生这些年明显感觉到经济方面的压力。一方面，现在养孩子成本高，另一方面家里这两年支出项目的确不少。因此他想请教理财规划师，他的家庭财务是否存在可以改进的空间，他的上述短期理财目标能否实现。

请你根据上述信息，在编制陈先生家庭资产负债表和收支表的基础上，进行家庭财务诊断，提出合理的财务建议。

# 第四章 投资规划

**【引子】**

孔子曰：君子爱财，取之有道。君子爱财，更当治之有道。"取"是指赚钱，"治"是指善于投资，善于投资规划。投资规划是指对人的一生或某一特定阶段或某一特定事项的现金流在不同时间、不同投资对象上进行配置以获取与风险相对应的最优收益的过程。它主要以保值和增值从而促使个人/家庭资产加速成长为首要目标。

## 第一节 投资与投资规划

### 一、投资

（一）投资的含义

随着经济的不断发展，投资和人们的生活越来越紧密，已经成为人们生活的重要组成部分。越来越多的人在证券市场上购买股票、债券或基金；随着近年来房地产价格的快速上涨，不少人以一次性付款或者按揭贷款等不同的方式购买房屋商铺，然后出租或出售；不少人在收藏及艺术品市场上购买古玩或艺术品……投资品种丰富，投资方式各异，投资从未远离人们的视野，是一个永恒的热门话题。

纵观人类经济行为中的诸多投资现象，我们可以从中观察到一种在本质上相同的经济行为，那就是人们在时间跨度上根据自身的偏好来安排过去、现在和将来的消费结构，并使得在这种消费结构安排下的当期和预期效用最大化。所以，投资在本质上是一种对当期消费的延迟行为。根据经济学上的定义，投资是指牺牲或放弃现在可用于消费的价值以获取未来更大价值的一种经济活动。投资活动的主体与范畴非常广泛，本书主要探讨个人投资行为。

例如现在有一笔钱，可以计划用于旅游、宴请朋友或购买服饰，也可以留下这笔资金，将其存入银行或购买股票。如果当前花掉这笔资金，能获得较大的现时享受，但如果放弃现在的消费，未来可能获得更多的金钱，这就是典型的个人投资行为。

投资的目的是未来能获得收益。因此，投资具有时间性，时间越长，相应对时间做出的补偿就应该越大；同时，投资具有不确定性，通过投资未来获得的收益并不确定，在投资中可能会遭受收益损失甚至本金损失的风险。任何投资都有风险，只是程度大小不同而已。

(二) 投资目的

人的一生总是有许多愿望和安排：希望让小孩未来能接受更好的教育，未来能住上更舒适的房子，退休后能安享晚年……要实现这些愿望，都离不开资金的支持。因此，人们总是在为未来的各种目标辛苦攒钱，为了防止储蓄快速贬值，只有进行投资。科学的投资，不仅可以做到保值，甚至能实现增值，从而更容易达成未来的各种目标。

1. 为未来的大额消费支出进行投资。很多消费支出并不能光靠当期的收入来满足。例如住房，大城市一套房子动辄上百万元，光是完成首付款的资金积累就必须较长时间，再加上贷款的偿还，在一套房子上的消费支出可能长达一二十年。

购买住房、汽车、大额耐用消费品或用于家居装修、度假旅游、教育等消费都是较常见的大额消费支出项目。人们往往需要较长时间才能准备够这些大额消费支出的资金。在进行大额消费支出之前，先将这些资金进行投资是最为明智的选择。科学合理的投资方式，可以加快资金积累的速度，确保大额消费支出目标的实现。

2. 为实现退休养老目标提前投资。退休养老规划是个人理财规划的重要组成部分，是人们为了在将来拥有高品质的退休生活，而从现在开始进行的财富积累和资产规划。随着我国社会养老保障体系的进一步改革与完善，大多数人不论是出于主动还是被动，已开始认识到，养老不能仅依靠子女和社会福利，而应该在本人价值创造的旺盛时期先实现资金积累，到年老时再享受，自己解决自己的养老问题。及早建立退休计划，则可通过较长时间积累退休时所需资金，这样对日常生活水平的影响较小。如果能选择合适的投资方式，长期退休计划的资金回报将会非常可观。

3. 积累财富。现实中也有很多人投资没有特定的生活目标，纯属为了财富的保值增值，从而进一步提高生活质量。

## 二、投资规划

(一) 投资规划的含义

投资是将钱放在某一渠道或某些产品中保值增值，其目的是获得收益，它关注的是资金的流动性、收益性与安全性。投资的依据是对市场趋势的判断和把握，在投资决策中主要考虑的内容一般只涉及投资的客体——投资标的，而很少考虑投资的主体——人的因素。实际上，对于个人或家庭而言，投资赚钱固然重要，但投资的目的往往对投资决策有至关重要的影响。例如，如果短期内要为孩子准备一笔教育金，无论家庭的风险承受能力有多高，都注定这笔教育金的投资不能冒太大的风险。可见，制订投资方案，利益最大化并非最终目标，而应该将投资建立在一个科学、系统、协调一致的规划基础之上，这个规划的制订不仅要考虑市场环境的因素，更重要的是考虑投资者各方面的因素。这些因素不仅包括投资者的人生目标、财务需求、个人及家庭的基本情况、资产和负债、收入和支出、保险安排等，还包括投资者的性格特征、健康状况、兴趣爱好、就业预期、风险偏好、投资特点、知识水平、预期生活方式的改变等。制订投资方案，需要综合考虑各方面因素，进一步平衡收益率和风险，优化投资组合，实现资产的最优配置。

投资规划是个人理财规划的一个重要组成部分，如何满足客户需要是制订投资规划的关键。因此，投资规划是指专业人员为客户制订方案，或代替客户对其一生或某一特定阶段或某一特定事项的现金流在不同时间、不同投资对象上进行配置，以获取与风险相对应的最优收益的过程。

（二）投资规划的流程

投资规划是一个有步骤、有目的的程序化过程，理财规划师首先应对客户投资需求和投资目标进行分析，然后根据当前投资环境制定资产配置策略，指导客户进行具体的投资，并及时对阶段性投资目标的实现情况作出评价。如果未能实现既定目标，则应对先前的资产配置作出适当调整，继而执行调整后的资产配置策略。因此，投资规划也是动态的、连续的过程，这一过程主要包括五个基本部分：对投资者特征的分析，对投资工具的分析，制定投资策略，实施投资策略和监控反馈（如图4-1所示）。

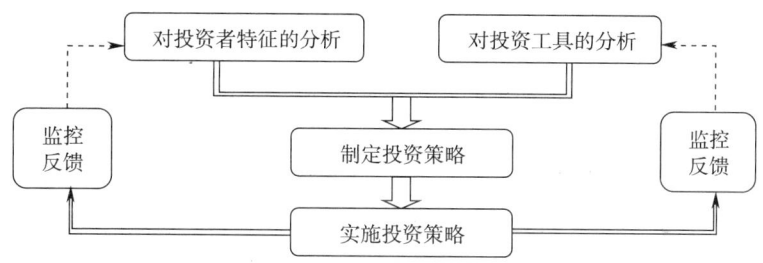

**图4-1 投资规划的流程**

1. 对投资者特征的分析。确定投资目标是投资规划的起始点，目标设定的合理与否直接影响着投资规划的其他环节。要确立合理的投资目标就要对投资者信息进行深入细致的分析，主要包括投资者风险偏好分析和资金性质分析。在对投资者各种相关信息进行分析的基础上，提出明确的、合理的、切合实际的投资目标。

每个投资者都有自身的风险偏好，这与客户的性格、所处的生活环境等主客观因素息息相关。理财规划师应力求准确判断投资者风险偏好，只有这样才能更好地制订符合投资者自身特点的资产配置方案。

资金性质分析是确定投资目标的必要环节，资金性质影响着资产配置结构。例如，保障子女教育是一项非常重要的理财目标，随着子女教育支出发生时间的临近，投资者应当采取逐渐趋于保守的投资策略，从而确保资金安全。理财规划师在综合分析投资者资金安全性要求和期限要求的基础上，对资金做出安全等级和期限跨度的定性判断，为制定合理的投资方式打下基础。

2. 对投资工具的分析。随着居民收入的增加，投资越来越受到人们的关注。房地产、股票、债券、基金、信托、保险、黄金、外汇等均成为人们的投资工具。另外，不管是金融资产、实物资产，还是实业资产，都涉及一个合理组合的问题。从持有一种资产到投资于两种以上的资产，从只拥有非系统性的单一资产变成拥有系统性的组合资产，我国家庭持有的投资工具越来越多元化，许多人已经意识到家庭投资组合追求的不是单一资产效用的最大化，而是整体资产组合效用的最大化。究竟哪些投资工具最适合自己？应该如何构建合理的投资组合？首先要清楚这些投资工具各有什么特点，风险和收益如何，并进一步分析不同投资工具所需投入的资金量以及投资周期，从而作出科学的投资决策。

3. 制定投资策略。制定投资策略是整个投资规划的核心环节。制定投资策略主要是对资产进行合理配置的过程。理财规划师在熟悉各种投资工具的基础上，根据客户投资目标以及其风险承受能力，结合投资环境，确定应该选择哪些投资工具。

确定合适的投资工具之后，理财规划师还要进一步决定投资工具所在国家、地区或行业。比如，一个家庭决定将一部分资产投入股市，那么就应该进一步决定投资国际股票市场还是国内股票市场，投资在哪些行业或哪些地区。确定持有某类资产后，还必须选择合适的买卖时机，在有利的时机进行资产的交易，可以获得更高的回报率。

4. 实施投资策略。投资策略的实施是最为具体的资金活动，根据之前制定的投资策略，选择合适的时间，将资金投资于具体产品。投资策略实施过程中，首先应遵循制订的投资方案，克制投资行为，如在投资环境未发生较大变化时，不应该频繁买卖或更换投资产品；其次也要保持投资的灵活性，即应关注投资产品所处环境变化，并以此来对投资活动作出适当调整。

5. 监控反馈。将资金投入具体的投资产品后，还应该制定定期检查投资效果的时间表，对投资业绩进行评估及调整，不断修正投资计划与目标的偏离。对投资业绩进行评估是投资规划的最后步骤，是对本轮投资实施效果的总体评价。如果确定需要改变原有投资方案，理财规划师可以结合具体的市场环境，决定新的投资方案。只有根据人生不同阶段的投资目标和不同的市场环境，不断检查和调整自己的投资组合，才能达到理想的投资效果。

## 第二节 投资工具概览

投资规划的实施最终必须依赖具体的投资产品或投资工具，所以投资者在设定投资目标后，还要选择合适的投资工具进行投资。因此应全面了解各种投资工具，对各种投资工具在风险、收益、变现等方面的特性有深入的认识。目前我国普通投资者常见的投资工具有银行存款、银行或券商理财产品、债券、股票、证券投资基金、房地产、期货、外汇、黄金、艺术品等。

### 一、银行存款

银行存款是指为居民个人积蓄货币资产和获取利息而设定的一种存款。它具有风险低、流动性相对较高的特点，能满足投资者保本与流动性的需要，同时满足交易性、预防性与投机性动机。但与此相对应，其获利也最低，有时甚至不能抵御通货膨胀。银行存款作为投资工具，最适合小额、重视资金安全、急需用款或个性保守的投资者。

## 二、银行或券商理财产品

银行或券商理财产品是由商业银行或券商自行设计并发行，将募集到的资金根据产品合同约定投入相关金融市场及购买相关金融产品，获取投资收益后，根据合同约定将收益分配给投资者的一类理财产品。理财产品的特点是风险较低、期限灵活、种类丰富、币种多、购买方便。

理财产品并不保证收益，因此有一定的风险。将理财产品募集到的资金投放于哪个市场，具体投资于什么金融产品，这些决定了该产品本身风险的大小、收益率的高低。大部分理财产品的流动性较低，投资者一般不可提前终止合同，少部分产品可终止或可质押，但手续费或质押贷款利息较高。

## 三、债券

债券是一种表明债权债务关系的凭证，具有流动性强、收益稳定的特点。目前，国内的债券主要包括政府债券、金融债券、企业债券、公司债券等。

债券作为投资工具其特征主要有以下几点。

1. 安全性高。由于债券发行时就约定了到期后可以支付本金和利息，故其收益稳定，安全性高。尤其是具有"金边债券"之称的国债，其安全性、流通性、收益性俱佳，且享有免税待遇，深受投资者青睐。

2. 收益高于银行存款。在我国，债券利率高于银行存款利率。投资于债券一方面可以获得稳定的、高于银行存款的利息收入，另一方面可以利用债券价格的变动，买卖债券，赚取价差。

3. 流动性强。上市债券具有较好的流动性。当债券持有人急需资金时，可以在交易市场随时卖出，而且随着金融市场的进一步开放，债券的流动性将会不断提高。作为投资工具，债券最适合想获取稳定收入或不愿冒太大风险的投资者，如中老年投资者。

## 四、股票

股票是指股份有限公司为筹集资金发行的，用以证明投资者股东身份和权益，并据以获取股息和红利的有价证券。股票投资的收益是由资本利得和收入收益两部分构成的。资本利得是指投资者在股票价格的变化中所获得的收益，即将股票低价买进、高价卖出的价差收益。收入收益是指股票投资者以股东身份，按照持股的份额，在公司盈利分配中得到的股息和红利的收益。

股票作为投资工具，其主要特征有：

1. 收益不确定、风险较高。股票收益的不确定性体现在以下两个方面：一是由于股票的价格要受到公司业绩、利率、通货膨胀率、国家宏观经济政策等多方面因素的影响，股价波动性较大，买卖差价收益不能确定；二是受到公司经营业绩的好坏和公司的分配政策等因素的影响，股息或红利的高低、有无也不能确定。

股票一经购买，投资者不能抽回本金，只能通过交易市场以现行价格卖出，而股票价格的影响因素复杂多变，如果遇到公司经营不好或股市低迷，很可能会遭受巨大损失。

2. 流动性高。上市公司股票的流动性高，投资者有闲散资金可随时买入，需要资金时又可随时卖出。

3. 投资收益高。虽然普通股票的价格变动频繁，但优质股票的价格总是呈上涨趋势。随着股份公司的发展，股东获得的股利也会不断增加。长期来看，股票整体投资收益是比较高的。

投资股票，要求投资者具有一定的资金实力、财务分析及信息搜集能力，以及良好的判断力和心理承受能力。股票是技术含量要求比较高的投资工具，投资股票需要耗费较多时间和精力。另外，股票风险不小，股价容易大涨大跌。所以，对于普通投资者而言，短线投资股票、频繁买卖并不可取，股票比较适合有闲置资金或可以根据投资目标进行中长期投资的投资者。

### 五、证券投资基金

证券投资基金是指以信托、契约或公司的形式，通过发行基金单位，集中投资者的资金，形成一定规模的信托资产，交由基金托管人托管，由基金管理人管理和运用资金，以资产保值增值为目的，按照投资组合的原理，从事股票、债券等金融工具投资，最终按投资比例分享收益并承担风险的一种投资工具。

基金作为一种利益共享、风险共担的投资工具，具有集合投资、专家理财、分散风险的特点。基金的品种繁多，并且基金公司不断地推出新产品，因此对投资者而言选择性非常强。

基金作为一种投资工具，其特点主要有：

1. 专业化管理。基金公司拥有大量的投资专家，他们通过专业的技术分析和投资组合为投资者提供专业化的理财服务。

2. 分散投资风险。基金将小额资金汇集起来，通过科学的投资组合，进行多元化投资，将投资分散到不同种类的资产项目，大大地降低了单一投资的风险。

3. 有利于形成规模效应，降低投资成本。通过资金汇集，投资基金能够形成规模效应，分散投资风险，降低交易手续费，减少投资成本，提高获利能力。

4. 流动性强。基金具有较强的流动性，且操作灵活。开放型基金的投资者可根据自身资本周转情况及投资环境的变化，随时申购或赎回基金。封闭型基金可在市场上进行买卖转让。因此，基金具有十分灵活的操作性和变现性。

基金是非常适合个人或家庭进行投资的工具之一。对于大部分投资者而言，没有足够的时间和精力进行投资分析，其不妨选择投资基金，把自己的资金托付给基金公司的投资专家。基金除了在股票基本面研究和上市公司实地调研考察上具有不可比拟的专业优势之外，在控制人性心理弱点方面同样具有很强的相对优势。一方面，基金经理的专业素养较高，对长期价值投资理念的接受程度也更高，有更科学、更坚定的投资理念；另一方面，基金公司拥有严密、规范、科学的投资流程，可以最大限度地消除个人投资的弊端。另外，基金的种类非常多，有的基金追求成长性，有的则着眼收益性，不同投资风格的基金，能满足不同投资者在不同阶段、不同投资目标的种种需求。

## 六、房地产

房地产投资是指投资者将其资金投入房地产业，以期在将来获取预期收益的一种经济活动。随着人们生活水平的提高，很多人开始将手中闲散的资金用来投资，房地产投资就是目前被很多投资者看重的一种投资方式。近年来我国房价涨幅巨大，不少投资者炒房获利颇丰，相对于股市的大涨大跌，房价一路攀升，更刺激了很多投资者投资房地产的欲望。

房地产作为当前很热门的一种投资工具，其特点主要有：

1. 具有房地产价格增值的潜力。随着我国城市经济的快速发展，越来越多的人口向城市集中，再加上人们生活水平的提高，城市房地产供不应求是当前中国房地产市场的主导趋势，这也是我国近年来房地产价格上升的主要原因。

2. 可以获得多重收益，回报率较高。房地产投资之所以能吸引众多的投资者，主要是它在近年来提供了很高的投资回报率。投资房地产的主要收益来源有差价收益和租金收益。投资者购入房地产后，由于自然因素、市场因素或政策因素发生了变化，市场上对房地产的需求有了较大的增长。这时房地产的市场价格就会随之上升，若投资者及时卖出手中的房地产，就可以得到远大于购买价的卖价。两者之间的差额就构成投资者投资房地产的差价收益。投资者购入房地产后，如果不是转手卖出去，也不是留作自用，而是用来出租的话，就可定期收取租金。租金是对购买房地产所花投资额的一种补偿。在正常情况下，当所有投资全部收回后，房地产仍然存在，房地产仍可供出租使用，房地产价值仍然部分地存在，投资者还可以在相当长的时间内获得租金。

3. 具有抵御通货膨胀的作用。相对其他投资而言，房地产投资能较好地躲避通货膨胀风险，首先是因为地价具有增值的趋势，其次房地产本身具有抵御通货膨胀的功能，即原材料等成本上升同样导致房产价格随之上升，甚至上升的幅度超过成本上升的幅度。

从长远来看，投资不动产不仅可以保值，还将有可能获得可观的收益，但这并不意味着每一个人都可以进行房地产投资。在目前房价处于高位的市场环境下，房地产投资者的风险大大增加，如果投资者自身拥有雄厚资金实力，其便具有较强的抗风险能力，但对于资金实力较弱，甚至依赖银行借款进行房地产投资的人而言，其投资风险将会大大增加。另外，房地产投资是大额投资，投资一套房子动辄上百万元，即便是首付三成，投资一套房子也将要投入几十万元乃至上百万元的资金。房价处于高位的市场状况下，房产成交难、变现慢，这将导致投资者可支配资金减少，可能丧失其他更好的投资机会。

对于个人投资者而言，投资房地产，不仅需要全面了解相关的房地产专业知识，还应该结合自身的投资偏好、风险承受力、收入支出水平等多方面的因素综合考虑。因此，房地产作为一种投资工具，比较适合资金较充裕、可以长线投资的投资者，或具备相当丰富的房地产投资知识，敢于进行短线投资的投资者。

### 七、期货

期货投资是相对于现货交易的一种交易方式，它是在现货交易的基础上发展起来的，它是通过在期货交易所买卖标准化的期货合约而进行的一种有组织的交易方式。期货交易的对象并不是商品（标的物）本身，而是商品（标的物）的标准化合约，即标准化的远期合同。这个标的物，又叫基础资产。期货合约所对应的现货，可以是某种商品，如铜或原油，也可以是某个金融工具，如外汇、债券，还可以是某个金融指标，如三个月同业拆借利率或股票指数。

期货交易是商品生产者为规避风险，从现货交易中的远期合同交易发展而来的。在远期合同交易中，交易者集中到商品交易场所交流市场行情，寻找交易伙伴，通过拍卖或双方协商的方式来签订远期合同，等合同到期，交易双方以实物交割来了结义务。交易者在频繁的远期合同交易中发现：由于价格、利率或汇率波动，合同本身就具有价差或利益差，因此完全可以通过买卖合同来获利，而不必等到实物交割时再获利。为适应这种业务的发展，期货交易应运而生。

一般的投资者可以通过低买高卖或高卖低买的方式获取盈利。现货企业也可以利用期货做套期保值，降低企业运营风险。期货交易者一般通过期货经纪公司代理进行期货合约的买卖，另外，买卖合约后所必须承担的义务可在合约到期前通过反向的交易行为（对冲或平仓）来解除。

期货合约中主要因素如商品质量、交货地点等都已标准化，合约的互换性和流通性较高，因此期货投资交易非常便利。另外，期货交易通过公开竞价的方式使交易者在平等的条件下公平竞争，期货交易有固定的场所、程序和规则，运作效率高。期货交易投资者交纳保证金后可以买进或者卖出期货合约，价格上涨时可以低买高卖，价格下跌时可以高卖低补，期货交易实行"T+0"交易，可以随时交易，随时平仓，买卖非常灵活。

期货投资最吸引投资者的在于可以以小博大，投资者一般只需交纳5%~15%的履约保证金就可控制100%的虚拟资金。因此，期货投资属于高风险、高回报的投资工具。如果操作正确，可以在短期内获取厚利，几日甚至几小时之内翻几番都有可能。但其投资风险也很大，如果操作不当，短期内就可能血本无归，获利也没有保证。因此期货作为一种投资工具，比较适合愿意承担高风险、寻求高回报的投资者，或者有相当闲置资金、可以承受较大亏损的投资者。

## 八、外汇

外汇一般是指外国货币、外币有价证券、外币支付凭证及其他外汇资金。外汇投资是指投资者为了获取投资收益而进行的不同货币之间的兑换行为。随着我国各商业银行纷纷推出个人外汇买卖业务，外汇已成为个人理财的一种重要工具，而且参与外汇买卖的个人投资者越来越多。

目前，可供个人投资的外汇产品主要有以下几种。

1. 个人外汇买卖业务。个人外汇买卖业务是指银行参照国际外汇市场的行情，提供即时外汇交易牌价，个人客户在银行规定的交易时间内，通过柜面服务人员或其他电子金融服务方式，将其所持有的一种外币买卖成另一种外币。

2. 个人外汇期权买卖。个人外汇期权买卖是指期权的买方支付一笔期权费给卖方，从而获得一项可于到期日按预先确定的汇率，用一定数量的一种货币买入另一种货币（或者卖出一种货币）的权利。到期时，期权的买方根据市场情况来决定是否执行这项权利。例如，中国银行的"两得宝"（卖出期权）和"期权宝"（买入期权）。

3. 个人外汇远期交易。个人外汇远期交易是指客户与银行签订合约，预先约定交易币种、金额、汇率、未来交割日、追加担保金方式和交割方式，到约定交割日再按合约规定进行交割清算的外汇交易方式。例如，建设银行上海市分行于2006年7月在全国率先推出的带有保证金交易性质的远期外汇交易业务。

个人外汇投资专业性较强，收益高，风险也较大，适合对外汇市场、现货市场、期权市场有相当了解的投资者。尤其是外汇远期交易，具有"四两拨千斤"的高杠杆特性，一旦判断准确，利润空间增大数倍，但同时伴随的也是高风险。个人投资者要充分考虑其损失的可能和自己所能承受风险的能力，并需要在对市场进行认真研究后，再进行外汇远期和外汇期权交易。

## 九、黄金

黄金长久以来一直是一种投资工具。它价值高，并且是一种独立的资源，不受限于任何国家或贸易市场，它与公司或政府也没有牵连。因此，投资黄金通常可以帮助投资者避免经济环境中可能发生的风险。投资者可以投资于金条、金币甚至金饰品，或投资于众多不同种类的黄金账户。

对个人投资者来说，目前银行推出的黄金投资业务主要有三种：（1）账户黄金（只能投资，不能提取实物黄金）；（2）个人实物黄金买卖（能提取实物黄金，但目前没有回购业务，不能卖给银行）；（3）个人实物黄金投资（金交所授权银行开办此业务，既能投资，也可提取实物黄金）。

黄金保值功能的表现形式较为单一，传统的方式就是黄金窖藏，也就是人们将自己的金融资产置换成各种黄金制品藏起来以防货币贬值而使金融资产缩水造成损失。相比较而言，黄金投资增值功能的表现形式就要丰富得多，经过多年的创新发展，比较常见的增值方式有：利用不同时期所出现的价格差异进行买卖套利，利用不同市场之间的价格差异进行买卖套利，在不同的品种间出现价格差异时进行套利交易。

由于黄金在"金本位"时期曾经有过货币功能，因此在各国普遍执行宽松货币政策导致货币贬值的环境里，它被赋予了可以抗御通胀风险的保值避险功能。最近几年，在国际金融危机的影响下，货币贬值越是严重，黄金越是得到追捧，其价格也扶摇直上，黄金成为全球投资市场里升值最多的一个投资品种。但是，黄金价格并非只涨不跌，类似其他大宗商品，黄金投资也有风险，即黄金价格不仅会暴涨，还会暴跌，而且不亚于其他投资品种。另外，投资黄金不会产生利息收入，只有买卖操作正确，才可能获利。

因此，投资者在投资黄金之前，首先要认清自己投资黄金的真实目的。如果是利用黄金的绝对保值性来为家庭全部资产保值、防止国际或国内纸币危机以及抵御国内通货膨胀，则不需要过多考虑黄金价格的高低，锁定一定比例的黄金长期持有就可以了。如果单纯想通过投资黄金获取投资收益，则黄金并不适合长期持有，因为从历史上看，黄金的回报率远不如想象的高。沃顿商学院教授、美联储和华尔街优秀投资机构的顾问杰里米·西格尔（Jeremy J. Siegel）分析了从1801年至今的200多年中，投资黄金的1美元仅仅变成1.4美元，也就是说随着金价的上下波动，投资黄金200多年的实际年收益率近乎为零。

## 十、艺术品

随着收入水平的提高、人们的精神生活日益丰富，文化品位不断提高，进行艺术品投资的风气日渐浓厚，艺术品的价值也在不断提高，而且成为一种新的投资潮流。为什么那么多的人开始把目光投向艺术品投资呢？最重要的原因是艺术品具有稀缺性和不可再生性，增值潜力巨大，一旦购入，很少会贬值。另外，对艺术品的投资没有地域性，而且能提高个人的文化修养、身份地位。因而投资者不仅可以通过艺术品投资获利，还可以通过艺术品收藏来美化生活，陶冶情操。

投资艺术品也并不意味着毫无风险。对艺术品投资者而言，风险主要在于对艺术品的鉴别能力与变现能力，即购入真正的艺术品以后，能否尽快出手变换成现金。这是艺术品投资者，尤其是资金较有限的中小投资者所应重点考虑的问题。

艺术品门类及数量繁多，不同艺术家有不同的作品风格，同一名艺术家的不同作品也不一样，单件艺术品极具个性化，所以艺术品比较难以标准化和量化衡量，投资可选的范围大，但投资的难度也大，需要极高的专业知识。因此投资者需要根据鉴赏能力、资金实力以及承受风险能力综合考虑，选择最合适自己的艺术品投资方式。

## 第三节 投资组合理论

美国经济学家马柯维茨(Markowitz)1952年发表论文《资产组合的选择》,首次提出投资组合理论(Portfolio Theory),并进行了系统、深入和卓有成效的研究,这标志着现代投资组合理论的开端。该理论包含两个重要内容:均值—方差分析方法和投资组合有效边界模型。他利用均值—方差模型分析得出通过投资组合可以有效降低风险的结论,并因此获得了诺贝尔经济学奖。

### 一、投资收益和风险的衡量

(一)单个资产的风险及收益的衡量

投资获取的未来收益是不确定的。为了对这种不确定的收益进行衡量,便于比较和决策,一般用数学期望来衡量投资的未来收益。假定未来的各种投资状况出现的概率为 $p(s)$,各种状况出现时的投资收益率为 $R(s)$,期望收益 $E(R)$ 为所有状况下收益的加权平均值。因此,期望收益的计算公式为

$$E(R) = \sum p(s)R(s)$$

收益率的方差 $\sigma^2$ 是各种可能收益率相对期望收益率离散程度的指标。由于各种可能收益的波动程度越大,方差的均值就越大,所以方差和标准差可用来测度风险,方差和标准差越大,就意味着风险越大。方差和标准差的计算公式如下:

$$\sigma^2 = \sum p(s)[R(s) - E(R)]^2$$

$$\sigma = \sqrt{\sum p(s)[R(s) - E(R)]^2}$$

【案例 4-1】

投资者根据宏观经济形势和市场状况的分析,得出以下股票和债券的不同收益水平的概率。根据上述公式可得出相应的特征值(见表 4-1)。

表 4-1　　　　　　　　　　股票与债券的预期收益率和风险

| 经济 | 概率 | 收益率(%) ||
|---|---|---|---|
| | | 股票 | 债券 |
| 衰退 | 1/3 | -7 | 17 |
| 正常 | 1/3 | 12 | 7 |
| 繁荣 | 1/3 | 28 | -3 |
| 预期收益率 $E(r)$ | | $\frac{1}{3} \times (-7) + \frac{1}{3} \times 12 + \frac{1}{3} \times 28 = 11$ | $\frac{1}{3} \times 17 + \frac{1}{3} \times 7 + \frac{1}{3} \times (-3) = 7$ |
| 方差 $\sigma^2$ | | $\frac{1}{3} \times (-7-11)^2 + \frac{1}{3} \times (12-11)^2$ $+ \frac{1}{3} \times (28-11)^2 = 204.67$ | $\frac{1}{3} \times (17-7)^2 + \frac{1}{3} \times (7-7)^2$ $+ \frac{1}{3} \times (-3-7)^2 = 66.67$ |
| 标准差 $\sigma$ | | $\sqrt{204.67} = 14.31$ | $\sqrt{66.67} = 8.16$ |

(二) 资产组合的收益与风险的衡量

1. 资产组合收益的衡量。资产组合是指一组资产或一个资产集合。资产组合的收益率是构成资产组合的每项资产收益率的加权平均值，每项资产在资产组合中所占的比例是加权的权重。同样，资产组合的期望收益率也就是每项资产的期望收益率的加权平均值。

投资组合的期望收益率：

$$E(R_p) = \sum_{i=1}^{n} w_i E(R_i)$$

其中，$E(R_p)$ 为资产组合的期望收益率，$w_i$ 为第 $i$ 种资产在组合中所占的比例，$R_i$ 为第 $i$ 种资产的收益率，$E(R_i)$ 为第 $i$ 种资产的期望收益率，$n$ 为资产组合中不同资产的总数。

假定构建一个由【案例4-1】中股票与债券构成的等权重组合，即两种资产各占50%。则该组合的期望收益率为

$$E(R_p) = 0.5 \times 11\% + 0.5 \times 7\% = 9\%$$

2. 资产组合风险的衡量。资产组合的风险同样是用方差和标准差表示。资产组合的方差不仅和基本资产的方差有关，同时还与基本资产之间的相关程度有关，因此需要考虑基本资产的协方差。

资产组合方差的计算公式为

$$\sigma_p^2 = E(R_p - E(R_p))^2 = E\left[\sum_{i=1}^{n} w_i(R_i - E(R_i))\right]^2 = \sum_{i=1}^{n}\sum_{j=1}^{n} w_i w_j \sigma_{ij}$$

其中，$\sigma_{ij} = \sum [R_i - E(R_i)][R_j - E(R_j)]p(s)$。

$\sigma_{ij}$ 是第 $i$ 种资产和第 $j$ 种资产的收益的协方差。当 $i = j$ 时即为第 $i$ 种资产的方差，即 $\sigma_{ij} = \sigma_i^2$。协方差是对两种资产的收益同时变化的测度。协方差为正，表示两种资产的收益率呈同方向变化，协方差为负，表示两种资产的收益率呈相反方向变化。协方差绝对值越大，表示这两种资产收益率的关系越密切；协方差的绝对值越小，表示这两种资产收益率的关系也越疏远。

为了能更清楚说明两种资产的相关程度，通常把协方差标准化，使用第 $i$ 种资产和第 $j$ 种资产的相关系数 $\rho_{ij}$（Correlation Coefficient）。相关系数的计算公式为

$$\rho_{ij} = \frac{\sigma_{ij}}{\sigma_i \sigma_j}$$

其中，$\sigma_i$ 和 $\sigma_j$ 分别是第 $i$ 种资产和第 $j$ 种资产的方差。

$\rho_{ij}$ 的取值介于 +1 和 -1 之间。当两种资产的收益率完全正相关时，$\rho_{ij} = 1$；当两种资产的收益率完全负相关时，$\rho_{ij} = -1$；当两种资产的收益率完全不相关时，$\rho_{ij} = 0$。

假定投资者选定包含两种资产的资产组合，那么这一资产组合的方差为

$$\sigma_p^2 = W_1^2 \sigma_1^2 + W_2^2 \sigma_2^2 + 2W_1 W_2 \sigma_{1,2} = W_1^2 \sigma_1^2 + W_2^2 \sigma_2^2 + 2W_1 W_2 \rho_{1,2} \sigma_1 \sigma_2$$

当 $\rho_{1,2} = 1$ 时，$\sigma_p = w_1 \sigma_1 + w_2 \sigma_2$

当 $\rho_{1,2} = 0$ 时，$\sigma_p = (w_1^2 \sigma_1^2 + w_2^2 \sigma_2^2)^{1/2}$

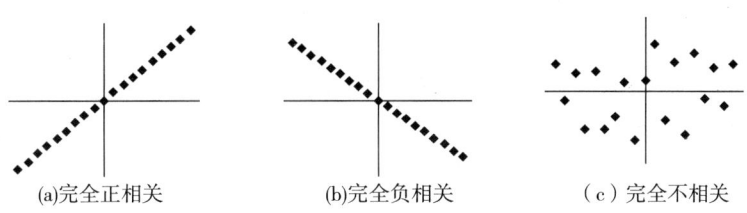

(a)完全正相关　　　　(b)完全负相关　　　　（c）完全不相关

**图 4-2　两种资产的相关性**

当 $\rho_{1,2} = -1$ 时，$\sigma_p = |w_1\sigma_1 + w_2\sigma_2|$

显然，资产组合的标准差在 $\rho_{1,2} = -1$ 时最小，在 $\rho_{1,2} = 1$ 时最大（见图4-2）。

【案例4-1】中，股票与债券组合的协方差为

$$\sigma_{1,2} = \frac{1}{3} \times (-7-11) \times (17-7) + \frac{1}{3} \times (12-11) \times (7-7)$$

$$+ \frac{1}{3} \times (28-11) \times (-3-7) = -116.7$$

相关系数为

$$\rho_{1,2} = \frac{\sigma_{1,2}}{\sigma_1\sigma_2} = \frac{-116.7}{14.31 \times 8.16} = -1$$

该资产组合的方差为

$$\sigma_p^2 = 0.5^2 \times 204.67 + 0.5^2 \times 66.67 + 2 \times 0.5 \times 0.5 \times (-116.7) = 9.5$$

标准差为

$$\sigma_p = \sqrt{9.5} = 3.08$$

（三）投资组合的风险分散原理

投资组合能起到降低风险的作用，并且资产之间的相关系数越小，资产组合的风险分散效果越好。关于这一点，可以利用资产组合方差的计算公式对资产组合风险与资产组合中资产数量的关系进行理论推导。

假定某资产组合中存在 $n$ 种资产，每种资产的期望收益率为 $E(r)$，方差为 $\sigma^2$，投资组合中各种资产权重相等，即 $w_i = 1/n$，于是投资组合的期望收益率为

$$E(r_p) = \frac{1}{n}\sum_{i=1}^{n} E(r_i) = \frac{1}{n}\sum_{i=1}^{n} E(r) = E(r)$$

投资组合的方差为

$$\sigma_p^2 = \sum_{i=1}^{n}\sum_{j=1}^{n} \frac{1}{n}\frac{1}{n}\sigma_{ij} = \frac{1}{n^2}\sum_{i=1}^{n}\sigma_{ii} + \frac{1}{n^2}\sum_{i=1}^{n}\sum_{\substack{j=1\\i \neq j}}^{n}\sigma_{ij} = \frac{\sigma^2}{n} + \frac{1}{n^2}\sum_{i=1}^{n}\sum_{\substack{j=1\\i \neq j}}^{n}\sigma_{ij}$$

如果各资产互不相关，即 $\sigma_{ij} = 0$ 时，资产组合风险随着资产数目的上升而迅速下降。当 $n \to \infty$ 时，$\sigma_p^2 \to 0$，即如果资产数量足够大，资产组合的风险会最终消失。

如果各资产之间的相关程度相同，假定 $\sigma_{ij} = 0.3\sigma^2 (i \neq j)$，资产组合的风险 $\sigma_p^2 =$

$$\frac{\sigma^2}{n} + \frac{1}{n^2}\sum_{i=1}^{n}\sum_{\substack{j=1\\i\neq j}}^{n}0.3\sigma^2 = \frac{\sigma^2}{n} + \frac{0.3\sigma^2}{n}(n-1) = \frac{0.7\sigma^2}{n} + 0.3\sigma^2$$，当 $n\rightarrow\infty$ 时，$\sigma_p^2\rightarrow 0.3\sigma^2$。

结果表明，无论 $n$ 取值多大，都不可能将风险降至低于 $0.3\sigma^2$ 的水平。

可见投资者通过投资组合的确可以降低部分风险，资产组合的风险取决于资产收益之间的共同运动，协方差不能靠资产多元化来降低。资产组合的相关程度越大，风险降低的程度越小，反之风险降低的程度越大。

图 4-3 显示了资产多样化带来的好处。随着组合中股票数的增加，组合资产的风险也不断降低。

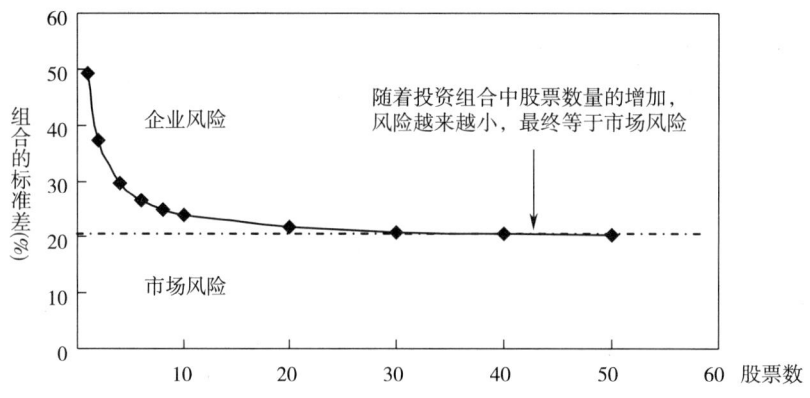

图 4-3 纽约股票交易所股票组合的风险变化[①]

通过扩大投资组合（即增加所包含的资产种类）进行风险分散化，可以消除非系统性风险（企业风险），但不能消除系统性风险（市场风险）。市场风险也被称为系统性风险、不可分散风险，它是市场固有的风险，受到经济周期、通货膨胀以及其他因素的影响。能够通过资产多样化剔除的企业特有风险被称为可分散风险或非系统性风险，是同各个公司相关的风险，受到劳动合同、新产品开发以及其他一些基于公司的因素的影响。从上述讨论中我们得出两个结论：（1）投资组合能够剔除企业特有风险；（2）持有投资组合时，因为企业特有风险降为零，相关风险只剩市场风险了。

## 二、投资组合原理

选择合适的资产进行投资是投资者投资决策中最基本的部分。投资者为了寻求收益与风险的平衡，选择各种资产构成一个投资的资产组合是不可避免的事情。进行资产组合投资需要进行两方面的决策：（1）资本配置决策，即根据投资者的风险厌恶程度决定资产组合中风险资产占多大的比例，无风险资产占多大的比例；（2）资产选择决策，即根据最优化原则确定在风险资产中各种不同风险资产的比例。

---

① 资料来源：[美] 哈斯，冉玛著. 荣佳茵等译，现代投资学（第4版）[M]. 北京：清华大学出版社，2005.

(一) 资产选择

1. 风险资产组合的有效集。考虑由 $n$ 个风险资产构成的资产组合,由于权重不同而有无穷多个组合,所有这些资产组合汇总构成一个可行集(Feasible Set)。图 4-4 是这些资产组合的可行集,横坐标为资产组合的标准差,纵坐标为资产组合的期望收益率。

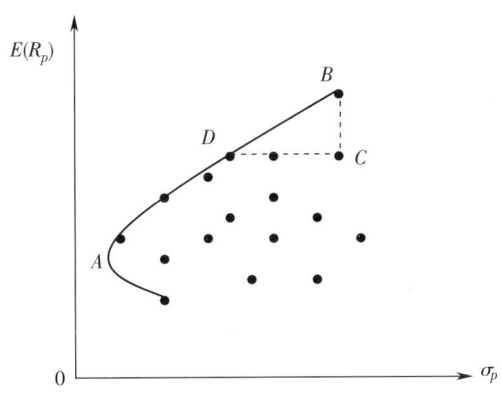

图 4-4 可行集和有效集

投资者不需考虑可行集中的所有资产组合,只需选择可行集中的一个子集即可,其理由可表述为有效集定理(Efficient Set Theorem),投资者选择最佳组合时将从下列组合集中进行:(1) 对每一水平的风险,该组合提供最大的期望收益;(2) 对每一水平的期望收益率,该组合能提供最小的风险。

满足这两个条件的组合集被称为马柯维茨有效集(边界)。在图 4-4 中曲线 $AB$ 就是有效集。资产组合 $A$ 有最小的风险,资产组合 $B$ 有最高的预期收益率。可行集中的任何资产组合都可以用比它好的有效集中的资产组合来代替。比如,资产组合 $C$ 可以用资产组合 $B$ 代替,因为在相同风险水平下,资产组合 $B$ 的预期收益率比资产组合 $C$ 高;或者可以用资产组合 $D$ 代替资产组合 $C$,因为在相同预期收益率水平下资产组合 $D$ 的风险比资产组合 $C$ 小。

2. 最优风险资产组合的选择。确定风险资产组合的有效集后,投资者可根据自己对风险的个人偏好从这个投资者的有效集中选出更适合自己的投资组合。投资者的个人偏好可用无差异曲线来描述。无差异曲线表示在相同的效用水平下,提供给投资者的一系列风险和预期收益的组合。在同一条无差异曲线上,投资者的风险和预期收益率组合是无差异的,即在任意给定的无差异曲线上的任何一点对投资者的效用都是相同的。

假设投资者都厌恶风险(Risk Averse),就是说当他们面对有同样预期回报的两个资产组合时,他们将选择标准差较小的一个。从这个假设可以得到无差异曲线有正斜率并且是凸的。另外,无差异曲线越靠上,效用越大。

虽然所有投资者都是厌恶风险的,但风险厌恶的程度有所不同。这意味着不同投资者将有不同的无差异曲线。图 4-5 相应展示了高度风险厌恶、中等风险厌恶和轻微风险厌恶的情况。从中可以看出，一个越是厌恶风险的投资者有着越陡的无差异曲线。

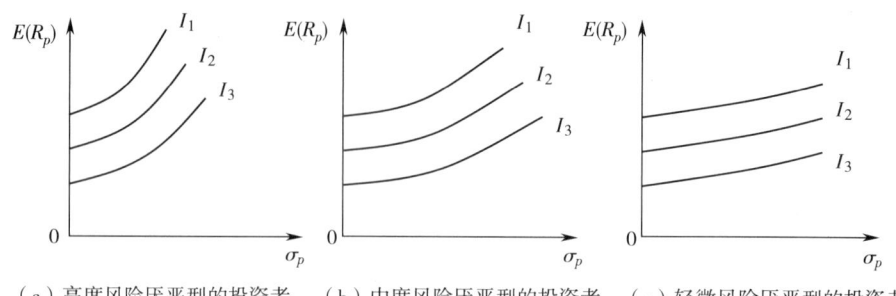

（a）高度风险厌恶型的投资者　（b）中度风险厌恶型的投资者　（c）轻微风险厌恶型的投资者

**图 4-5　三种风险厌恶型的投资者的无差异曲线**

现在考虑投资者如何选择最优投资组合。最优投资组合是指投资者选择的一个有效并且具有最大效用的投资组合。它是在有效集和具有最大可能效用的无差异曲线的切点上（如图 4-6 所示）。

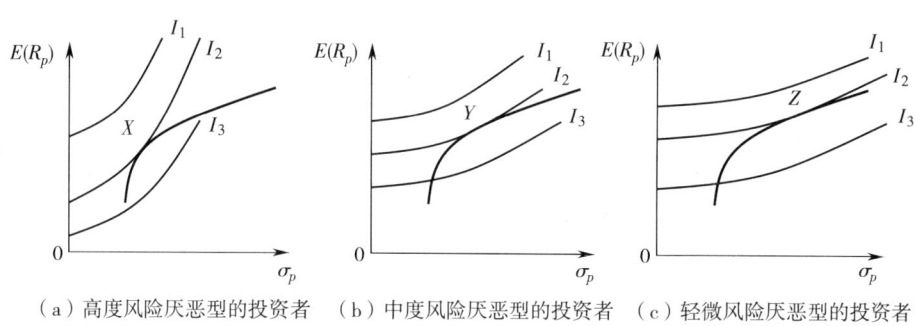

（a）高度风险厌恶型的投资者　（b）中度风险厌恶型的投资者　（c）轻微风险厌恶型的投资者

**图 4-6　最优投资组合的选择**

图 4-6 中，$X$、$Y$ 和 $Z$ 是三个具有不同无差异曲线的投资者选择的最优投资组合。显然，随着风险厌恶程度的减弱，投资者所选择组合的预期回报和风险都逐渐增加。

（二）资本配置：风险资产与无风险资产的组合

1. 整个资产组合的期望收益率与标准差。所谓无风险资产，是指有确定的预期回报和方差为零的资产。通常用国库券作为无风险资产的代表。风险资产与无风险资产的组合问题，实质是资本配置的决策问题，主要解决的是在整个资产组合中确定各种资产的比例。

我们假定投资者的整个资产组合由风险资产和无风险资产两部分构成。投资者已经确定了最优风险资产组合的构成和比例。如果投资者改变风险资产占全部投资资产的比重，则风险资产内部的各资产比例不变，即风险资产组合收益率的概率分布保持不变。现在要决定的是资产组合中风险资产组合 $y$ 和无风险资产组合 $1-y$ 的比例。

假定风险资产的收益率为 $R_p$，风险资产组合的预期收益率为 $E(R_p)$，标准差为 $\sigma_p$。无风险资产的收益率为 $R_f$。则整个资产组合 $C$ 的预期收益为

$$E(R_C) = (1-y)R_F + yE(R_p) = R_F + y[E(R_p) - R_F]$$

这表明任一资产组合的预期收益率是无风险资产收益率再加上风险资产组合的风险溢价。当风险溢价的水平决定后，风险资产组合的比例 $y$ 决定了风险溢价对整个资产组合 $C$ 的预期收益率的贡献值，即整个资产组合中风险暴露在外的部分所占的比重决定了这一贡献值。

因为 $\sigma_F = 0$ 和 $\sigma_{F,i} = 0, (i = 1, \cdots, n)$，所以无风险资产与风险资产组合的标准差就是风险资产组合的加权标准差，即 $\sigma_C = y\sigma_p$。

2. 资本配置线。如果投资者把资金全部投资在无风险资产上，即 $1 - y = 1$，该组合的预期收益率与标准差就是 $E(R_C) = R_F$ 和 $\sigma_C = 0$，见图 4-7 上的点 $F$。如果完全投资在风险资产组成的资产组合上，预期收益率和标准差就是 $E(R_C) = E(R_p)$ 和 $\sigma_C = \sigma_p$，见图 4-7 上的点 $P$。连接点 $F$ 和点 $P$ 的直线，我们称为资本配置线（Capital Allocation Line，CAL）。

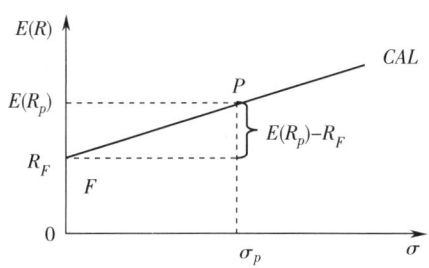

图 4-7 资本配置线

由 $\sigma_C = y\sigma_p$ 可得 $y = \dfrac{\sigma_C}{\sigma_p}$。将其代入 $E(R_C) = R_F + y[E(R_p) - R_F]$ 中，则可得出资本配置线的数学表达式：

$$E(R_C) = R_F + y[E(R_p) - R_F] = R_F + \frac{\sigma_C}{\sigma_p}[E(R_p) - R_F] = R_F + \frac{[E(R_p) - R_F]}{\sigma_p}\sigma_C$$

由此可知，资产组合的预期收益率作为其标准差的函数是一条直线，其截距为 $R_F$，斜率为 $\dfrac{[E(R_p) - R_F]}{\sigma_p}$。资本配置线反映了投资者所有可行的风险收益资产组合，从点 $F$ 开始沿线右移，直线上的点离点 $F$ 越远，则风险资产在全部资产组合中所占比重越大，整个资产组合的风险越大，收益率越高。

（三）使用无风险资产改进马柯维茨有效集

以上分别讨论了风险资产的有效组合以及资产配置，接下来我们将两者结合起来，讨论引入无风险资产的最优资产组合，或者是使用无风险资产改进的马柯维茨有效集。假定投资者购买的资产组合 $C$ 由 $n$ 种风险资产和 1 种无风险资产组成。或者说，资产组合 $C$ 包含由 $n$ 种风险资产组成的资产组合 $P$ 和 1 种无风险资产 $F$。

图 4-8 中的曲线 $AB$ 是资产组合 $P$ 的有效集。

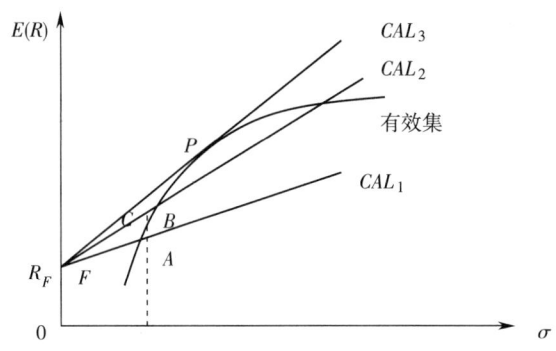

**图 4-8 资本配置线与有效集**

从图 4-8 可以看出，两条可能的资本配置线以无风险利率 $F$ 为起点，通过资产有效集上两个不同的点，即点 $A$ 和点 $B$。很明显，资本配置线 $CAL_2$ 的斜率比资本配置线 $CAL_1$ 的斜率大，故资产组合 $B$ 的预期收益率的方差比资产组合 $A$ 的要大，这意味着在相同方差下它具有更高的预期收益率。比如相对于资产组合 $A$，可以在资本配置线上找到资产组合 $C$ 比资产组合 $A$ 更有效。因此，资产组合 $B$ 比资产组合 $A$ 更优。在这条资产有效集曲线上是否还有比资产组合 $B$ 更好的资产组合？当资本配置线的斜率与资产有效集曲线的斜率一样时，将获得斜率最大的风险收益率的资本配置线。两条线相切的点所对应的资产组合 $P$ 就是最优风险资产组合。

投资者可以根据自己的偏好在 $FP$ 线上选择最优资产组合。图 4-9 中投资者的无差异曲线和直线 $FP$ 的切点 $C$ 和 $D$ 即是不同投资者的最优资产组合。

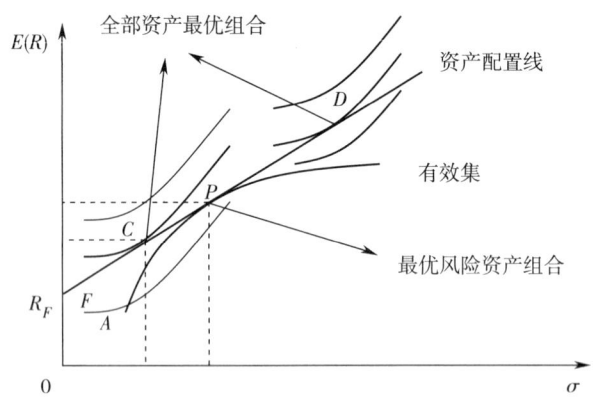

**图 4-9 全部资产组合都处于最优状态**

首先看点 $C$，如果一个投资者投资在点 $C$，他将资金的 $w_F$ 部分投资在无风险资产，而将 $(1-w_F)$ 部分投资在风险资产组合上。因为 $w_F$ 是正的，所以部分资金投资在无风险资产。有部分资金投资在无风险资产上的任何资产组合叫作放款资产组合，因为这个投资者以无风险利率贷出资金，比如购买国库券，实际是贷款给政府，收取无风险的利息。点 $C$ 越靠近 $R_F$ 风险越小。当 $w_F = 1$ 时表明投资者把所有资金投资在无风险资产上；相反地，当 $w_F = 0$ 时表明投资者把所有资金投资在风险资产组合上。

其次看点 $D$，如果一个投资者投资在点 $D$，$w_F$ 是负值。$w_F$ 是负值的资产组合叫作借款资产组合或杠杆资产组合或保证金资产组合。$w_F$ 为负值表示用出售（或发行）证券，或者以无风险利率从银行借款或卖空筹集资金用于购买风险资产组合。

例如，$w_F = -1$，那么 $1 - w_F = 2$，就是投资者借到和他自有可投资金额相等的资金投资到风险资产组合 $P$（即图中点 $P$）。这时投资者的资产组合 $P$ 的预期收益率为

$$E(R_P) = w_F R_F + (1 - w_F) E(R_{P_0}) = -R_F + 2E(R_{P_0})$$

当借款增加，预期收益率线性地增加。它的标准差是

$$\sigma_P = (1 - w_F) \sigma_{P_0} = 2\sigma_{P_0}$$

此时，风险将增加。

## 第四节 投资者的财务生命周期与风险特征

### 一、投资者财务生命周期的阶段划分

女妖斯芬克司问："早上四只脚，中午两只脚，晚上三只脚，这是什么动物？"在俄狄浦斯回答出是"人"之前，猜不中的人无不遭殃。斯芬克司之谜强调的是生命周期各阶段所呈现出的形态差异，事实上，巨大的财务差异也存在于人的生命周期各阶段。处于不同的人生阶段，生活重心、收入水平、投资需求、风险承受能力等都会呈现出截然不同的特征，当然也面临不一样的财务需求，从而形成了个人及家庭的财务生命周期。一个人从出生的第一天（甚至尚未出生）起就开始有了支出，但是直到有工作收入、经济上开始独立才真正开始具备财务生命。一个人的财务生命周期可以划分为以下三个阶段：累积阶段、巩固阶段和支出阶段。

（一）累积阶段

累积阶段一般是从大学毕业到 35 岁左右的时候，家庭处于形成期和成长期的初期阶段。这一阶段的普遍特点是，家庭成员相对年轻，有稳定且呈不断上升趋势的收入来源。但这一阶段的支出也逐渐增大，如提高自身价值的教育支出、庞大的购房和购车支出、小孩的养育和教育支出等，这些方面的支出有时甚至会超过收入，这一阶段个人或家庭的负债也相对沉重。

累积阶段的理财目标，短期来看是买房买车、结婚育子，长期来看是教育及养老。为实现理财目标，储蓄越早越好。另外，这一阶段因为相对年轻，可投资的期限较长，可以承受较大的投资风险，因此适合选择一些具有增长潜力的股票和基金进行投资，从而加快资金积累的速度。

（二）巩固阶段

巩固阶段一般是从 35 岁到 55 岁的这个阶段，家庭处于成长期的中后期和成熟期。在这个时期个人及家庭收入不断上升，并达到最高峰。由于财富的不断积累，理财收

入也逐渐上升，有些家庭的理财收入甚至超过了工作收入。在支出方面，主要是子女教育以及提升生活质量方面的支出。在理财方面，积累足够的养老金是本阶段的一项重要任务。由于已经积累了较多的家庭财富，因此在此阶段巩固自有资产与积累资产同样重要，应该选择风险适中、兼顾收益和成长的投资工具进行投资。

（三）支出阶段

支出阶段从55岁左右开始，这时家庭处于衰退期。这一阶段个人的工作收入大幅度下降甚至不再有收入，生活费用由社会保障收入和先前投资收入来补偿，同时医疗方面的支出开始增大。这一阶段不宜冒太大的投资风险，而应该选择相对保守的投资工具，保全之前积累的财富，将其用于晚年所需。

## 二、投资者家庭生命周期的特征

家庭生命周期是指家庭随时间推移而不断成熟的过程中所经历的各个阶段。家庭在不同阶段有不同的财务状况，有不同的风险承受能力，有不同的理财目标。因此家庭理财应该根据不同的阶段进行有目的的规划。尽管每个家庭情况迥异，但多数都会呈现为单身期、家庭形成期、家庭成长期、家庭成熟期和家庭衰退期五个财务阶段（见表4-2）。

表4-2　　　　　　　　　　　家庭不同阶段的理财需求分析

| 项目 | 单身期 | 家庭形成期 | 家庭成长期 | 家庭成熟期 | 家庭衰退期 |
| --- | --- | --- | --- | --- | --- |
| 时间 | 参加工作至结婚，一般为1~5年 | 结婚至新生儿诞生，一般为1~5年 | 子女出生至子女独立，大约为18~22年 | 子女独立至退休，一般为15年左右 | 退休以后 |
| 特点 | 单身、事业刚起步、经济压力小、家庭责任轻 | 已婚，事业起飞，家庭建设如购房、购车方面的支出增加 | 子女养育和教育支出大，家庭各方面开销增加，财富积累速度加快 | 收入达到高峰，经济负担轻，重点为退休养老做准备 | 收入剧减，医疗及护理方面的支出增加 |
| 财务能力 | 弱 | 中强 | 中强 | 强 | 弱 |
| 风险承受能力 | 高 | 中高 | 中高 | 中低 | 低 |
| 投资属性 | 冒险型 | 积极型 | 积极型向稳健型逐渐过渡 | 稳健型 | 保守型 |
| 理财目标 | 进一步深造，准备结婚资金、准备购房首付款 | 购房、购车等家庭大型建设支出 | 准备子女教育金、退休养老金 | 准备退休养老金、进行医疗健康计划 | 资产传承及遗产规划 |

（一）单身期

单身期一般指参加工作至结婚的时期，一般为1~5年。这段时期主要的财务特点是收入比较低、消费支出大。由于未成家，父母也未退休或仍能劳动，因此无须赡养父母、抚养孩子，此时经济压力最小、家庭责任最轻，正是提升自我、投资自己的大好阶段。因此这段时期的重点是自我培养，提高未来的获得能力。在投资方面，因为年轻，承受风险能力最强，因此可以把结余的资金更多地投资于收益和风险都比较高的投资工具上。

（二）家庭形成期

家庭形成期一般指从结婚到新生儿诞生时期，一般为1～5年。这段时期的财务特点是经济收入增加，但为提高生活质量往往需要较多的家庭建设支出，如购房、装修、置备家具等，有较多负债。本阶段的理财方式主要是合理控制消费和安排家庭建设支出，在投资方面，仍可承受较高的投资风险。

（三）家庭成长期

家庭成长期一般是指从小孩出生直到其独立的时期，大约为18～22年。这一阶段个人在职场处于快速上升期，收入也呈持续、快速增长态势。家庭支出更为多元化，除日常开支增长外，教育、医疗保健、交际、旅游等方面的支出比重也逐渐增大。在家庭成长初期，即从新生儿诞生到入学前的这段时期，家庭不仅要偿还之前购房的贷款，小孩的营养费用和医疗费用以及幼儿智力开发费用等也不容忽视，投资方面主要是为储备小孩未来的教育金进行投资。在家庭成长中期，即子女接受九年义务教育的时期，家庭收入较高且稳定，贷款逐渐还清，子女教育费用相对较少，能有较多结余，这一阶段除了要继续储备子女未来的教育金，还应逐渐考虑养老金方面的投资准备。在家庭成长后期，即从子女进入高中、中专、大学直到参加工作这段时期，子女教育费用猛增，并且生活消费也大幅度提升，但由于之前已经做了充足的资金准备，因而子女教育费用并不构成经济压力，这时的投资重点应该主要考虑退休养老金的储备，并应降低投资风险，以稳健投资为主。

（四）家庭成熟期

它是指从子女参加工作到家长退休的这段时期，一般为15年左右。这一阶段，家长的工作能力、工作经验、经济状况都达到高峰状态，子女已完全自立，债务已逐渐减轻，正是积累财富的最好时期，因此应扩大投资，选择稳健型的投资方式，同时积极储备退休养老金。

（五）家庭衰退期

它是指退休后安度晚年这段时期。对于处于这一阶段的老年人而言，风险承受能力大幅下降，理财应以安度晚年为目标，身体第一，财富第二，投资时应注重本金的安全，以保守投资为主。此阶段涉及的主要理财活动是资产传承和遗产规划。

上面的分析主要针对一个普通家庭的财务生命周期，并未考虑如单亲家庭、无子女家庭等其他形式。因此理财规划师应结合客户独特的生命周期，根据客户家庭所处生命周期特点设计合适的理财规划方案。

## 三、投资者的风险属性

各国金融监管当局和理财规划师认证组织对理财规划师职业道德要求中的一项十

分重要的原则就是，理财规划师要在考察客户的投资目标、接受损失的资产实力、接受风险的心理倾向等各方面因素后，对自己的客户提供适合的金融产品和个人理财规划方案，使这种产品和个人理财规划方案在客户可接受的风险基础上为其提供最大化的收益。投资学中资产分配理论告诉我们，如果不把投资者的风险属性考虑进去，就无法帮助投资者进行正确的资产配置。因此，投资者的风险属性对投资规划而言是十分重要的概念。

在分析投资者的风险属性时，一般要结合风险承受能力和风险承受态度两个方面进行测评，即投资者在参与市场投资前，应该回答以下两个问题："我能不能冒险？"和"我敢不敢冒险？"。

(一) 投资者的风险承受能力

投资者的风险承受能力，由投资者的客观条件决定，主要与投资者年龄、家庭及婚姻状况、职业及收入的稳定性、个人财富、置产情况、投资知识和投资年龄、投资目标和投资期限等客观因素密切相关。

受身体条件的影响，投资者在不同年龄的风险承受能力有很大差距。年龄越小，身体素质越好，心理和身体都越能承受打击，风险承受能力越高。而年龄越大，越不能承受风险。尤其是对于已经退休的老人而言，投资的目的是希望让自己的退休金变得殷实一些，如果投资失败，不仅可能影响养老，甚至可能严重影响身体健康。因此投资应该首要考虑年龄。对处于青年期的投资者，有能力承担较高投资风险，那么在投资组合中可以配置较高比例的风险类产品；对于处于壮年期的投资者，可以考虑中长期投资风险类产品；对于处于老年期的投资者，控制风险成为首要考虑的目标，只能考虑配置较高比例的债券类产品且流动性好的产品。

家庭及婚姻状况不同，个人承担的责任也不同，风险承受能力也有所不同。如果其他条件相同，已经结婚的投资者相对于单身族，其家庭责任更重，因此风险承受能力也相对较低。家庭的状况不同，风险承受能力也有所不同，例如一个单薪养三代的家庭（只有一个主要劳力，要赡养父母、抚养妻小）比双薪无子女家庭，其家庭责任就要重很多，如果投资失利，可能直接危及父母及妻小的生活。

收入的稳定与否对投资者的风险承受能力也有很大的影响。如果个人工作比较稳定，收入的现金流也比较稳定，如国家机关公务员、公用事业企业员工等，其风险承受能力较强。而个人工作和收入在未来出现波动的可能性比较大，所处的行业风险承受能力较弱，例如完全竞争行业，或个人所在机构比较弱小，容易受到经济波动冲击的，例如中小企业员工、个体户等，这类人群的风险承受能力较弱，未来现金流不稳定，就不宜过多地投资高风险、高收益产品，而应注重收益较稳定的投资产品。

个人财富越多，例如个人在保证有自用住房之外还有较多的金融资产，其风险承受能力较强。风险承受能力会随着剩余资产规模的不断提高而提高，因此有大量剩余资产的投资者可以多涉足一些高风险的投资。

置产情况方面，有无负债对风险承受能力也有一定影响。例如购买了住房而按揭成数高的家庭比无按揭的家庭承受风险的能力要弱一些。

具备一定的投资知识、投资年龄较长、投资经验丰富的人比缺乏投资知识、经验的人，更能承受投资风险。

（二）投资者的风险承受态度

面对投资损失，有的人可以泰然处之，而有的人却寝食难安；有的人急于止损，有人却会加码摊平。可见不同投资者性格不同，其投资风格也大不相同。风险承受态度属于主观性格因素，指的是个人或家庭在心理上能承受多大的风险或损失。要了解投资者的风险承受态度，可以从以下角度进行调查：

投资者可容忍的最大投资亏损比例是多少？

投资目标是期望获得长期利得，还是短期差价，还是保本保息？

投资资产亏损一定程度后，会采取加码摊平，还是等待反弹，还是卖掉止损？

投资亏损对本人的心理和日常生活会有怎样的影响？是夜不能寐，还是基本无影响，还是有所波动但能接受呢？

……

投资者的风险承担意愿越高，代表他越愿意为了增加多一点的收益而负担较高一点的风险。

（三）投资者的类型

对于一个天生不喜欢冒险的百万富翁，如果投资失利，哪怕只损失一点点资产，也会令他郁郁寡欢，夜不能寐；如果一个家庭客观上并无实力承担风险，即使心理上可以容忍较大损失，一旦投资受损也会给家庭造成不利的影响，如直接导致家庭生活水平下降或影响子女学业。因此在进行投资决策之前，投资者应进行风险属性测试，通过测试帮助投资者正面了解自己的风险偏好，以便更好地选择适合自己的投资品种，树立理性的投资态度，帮助自己控制风险、减少损失。

在配置资产时应该结合投资者的风险属性，进行相应的投资规划。根据风险属性的不同，投资者大致可以分为四类：保守型、稳健型、积极型、进取型。

保守型投资者的风险承受能力较低，投资首先要考虑其本金的安全性和流动性，其次要做适当的配置，尽量提高低风险产品的投资比例，以获取高于银行同期定期存款利率的收益。保守型投资者比较适合选择固定收益型投资产品。可选择的投资工具有银行储蓄存款、债券、保本型银行理财产品和保本型基金等。

稳健型投资者在投资时兼顾资金的安全性、流动性和收益性，希望在较低风险下获取稳健的收益。对于稳健型投资者，其投资组合可以均衡配置于股票类资产和债券类资产（或股票型基金和债券型基金）以及混合型基金，为了应付紧急的资金需要，还应配置一定比例的货币市场基金。

积极型投资者在投资中更注重获得丰厚的投资回报。虽然选择的投资品种风险偏高，但是如果投资时间较长，最终获得的投资回报也往往较为可观，不过投资产品的价格短期波动较大,出现亏损或盈利的可能性都增大。对于积极型投资者,其投资组合可以较大比例配置股票类资产或股票型基金,同时还可有小部分比例配置债券型基金和现金类金融工具。

进取型投资者为了追求最大回报,愿意承受资产价格的短期大幅波动风险,甚至能忍受相对长时间的亏损。这种类型的投资者可以将绝大部分的资金投资于股票类资产或股票型基金,并且可以涉足创新型领域的投资。投资时为了保证投资的收益,投资者需要保证资金的闲置时间较长,能做到长期投资。

投资方式并无定式,也无优劣之分,适合自己的则是最好的。因此投资者需要树立理性的投资态度,结合自身的风险属性,寻找适合自己的投资方式和资产组合。

## 第五节 资产配置策略

### 一、资产配置概述

资产配置(Asset Allocation)是指投资者根据自身的风险厌恶程度和资产的风险收益特征,确定各类资产的投资比例,从而达到降低投资风险和增加投资回报的目的。资产配置是构建投资组合过程中最重要的一步,其实质是一种风险管理策略,即以系统化分散投资的方式来降低风险,在可忍受的风险范围内追求最大回报。因此,虽然资产配置不是理财的唯一方法,却是最可靠的投资策略。

投资者一般认为选对投资产品并预测进出场时机是投资制胜法门,事实上长期研究资料显示,一个科学合理的资产配置方案才是投资获利的决定因素,如能做好资产配置,就可以奠定长期的投资组合绩效表现。Brinson、Singer和Beebower通过对82家大型的、拥有多元化资产的美国养老基金公司1977—1987年的投资组合样本进行分析,发现投资收益差异的91.5%来自资产配置决策。[①]

### 二、资产配置的一般步骤

资产配置一般包括以下基础步骤(如图4-10所示)。

对于个人投资者而言,资产配置不一定包括这些专业而复杂的过程,但依然可以根据个人财富水平、投资的动机、投资期限、风险偏好、税收考虑等因素来确定纳入投资组合的资产类别及其比重,并在随后的投资期内根据各资产类别的价格波动情况,及时动态地调整资产配置组合权重,或者在某一类别的资产中再选择具体的投资产品,以寻求风险控制和投资收益最大化。

---

① Brinson, Brian D. Singer, and Gilbert L. Beebower, Determinants of Portfolio Performance II: An Update, The Financial Analysts Journal, 47, 3 (1991).

第四章　投资规划

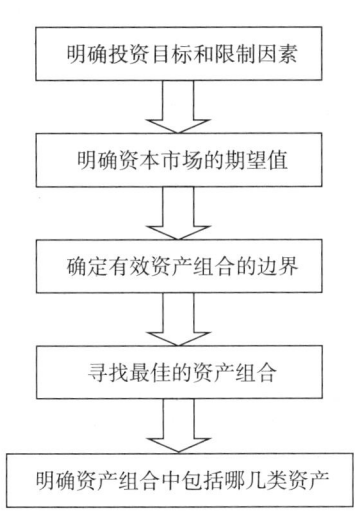

图 4-10　资产配置的基础配置过程

## 三、资产配置的影响因素

资产配置的决定因素很多，但可分为三大类：投资者的个性特质、未来金融市场环境的特殊因素、给定资产类别和/或给定投资的特殊性质，如图 4-11 所示。

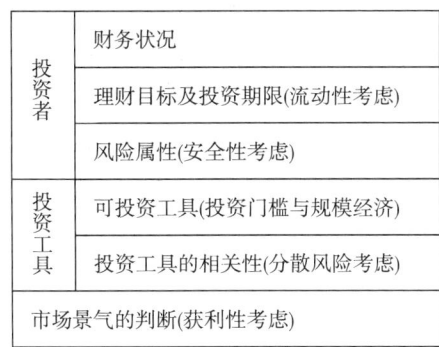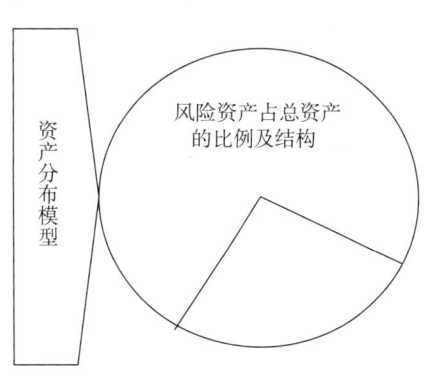

图 4-11　资产配置的影响因素

（一）投资者

投资者的财务状况，如资产、负债、未来的收入等，对资产配置有着重要的影响。例如，如果一个家庭财务状况良好，负债较低，未来收入稳定，则持有现金的比率可以相对较低，可以持有较高比重的风险资产。

对于投资者而言，如果一项投资有特定的目标，就应进一步了解该投资目标的重要性及资金弹性。越是重要的理财目标，越应控制投资风险。理财目标的弹性越大，可承受的风险也越高。例如，一项投资是为子女未来的教育费用做准备，投资目标重要且教育费用缺乏弹性，则不宜进行高风险投资；如果投资目标是为休闲旅游做准备，则可以考虑高风险投资，若投资成功，则可以享受较高水平的休闲豪华游、国际游，若投资失利，也不会有太大的不利影响。另外，投资期限越长，越不必太过在意投资资产短期价格的波动，因此能进行更高风险的投资。例如同是教育投资，如果投资期限为10年，可以适当追求风险，从而提高投资效率，但如果投资期限仅为2年，则更应追求本金的安全。

对投资者而言，风险承受能力不同，适合他们的资产配置方案也各不相同。因此，投资者判断自己的风险承受能力非常关键。保守型投资者本能地抗拒风险，追求稳定的回报，以保护本金不受损失为前提。稳健型投资者承受风险的能力有限，希望在保证本金安全的基础上、获取一定的收益。积极型投资者则专注于投资的长期增值。进取型投资者高度追求资金的增值，常常把大部分资金投入风险较高的品种。

（二）投资工具

科学的资产配置方案离不开投资工具的选择。金融市场应该能提供层次多样的投资工具供投资者选择。例如为满足紧急性开支，市场应能提供流动性强、安全性高的短期投资工具，如国库券、活期储蓄等；对于希望激进投资、快速积累财富的投资者，市场应能提供风险较高的投资工具。

资产配置的重大意义在于投资者可通过投资组合，尽可能降低整体投资风险。因此，投资者应将资金分布在不同的投资领域，让不同的投资工具优势互补，从而有效地降低投资风险，确保资产可以获得更为稳定的收益。

（三）市场景气的判断

正确判断市场趋势可以提高投资的效率，获得更大的投资回报。在经济复苏期，股票的表现往往领先于实体经济，此时资产配置中可以增大股票的比重；在经济繁荣期，往往房地产、艺术品等表现较好；在经济衰退期，政府为了刺激经济会下调利率，此时可增加债券的投资比重；而在经济萧条期，投资很难获利，此时可以持有较多现金，为下一轮投资做好充足的资金准备。

### 四、核心资产配置的方法

核心资产配置是投资规划中非常重要的一步，它决定了投资者最终的投资收益和风险，以及是否能实现既定的理财目标。个人核心资产配置的常见方法有风险属性法、需求组合法、目标时间法、双重配置法、内部收益率法等，各种方法如图4-12所示。

（一）风险属性法

风险属性分析主要包含两个方面：一是测评风险承受能力，这是一个客观的因素；二是测评风险承受态度，这是一个主观的因素，即测评个人或家庭心理上能承受多大的风险或损失。风险属性的分析必须同时结合以上两个方面。如果家庭或个人有能力承受风险，但心理承受能力不够，则投资失利可能给家庭或个人造成一种心理上的伤

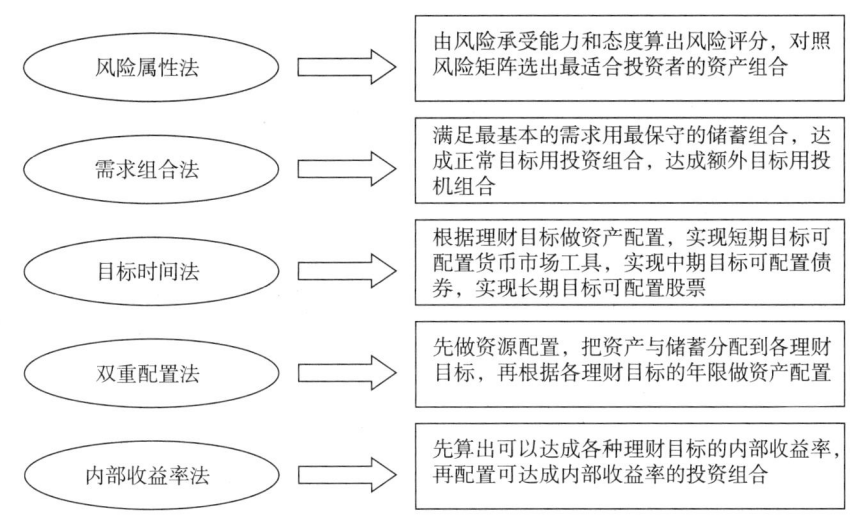

图4-12 核心资产配置的主要方法

害。对于一个保守型的百万富翁,投资失利就算只损失3%的资产,也会令他郁郁寡欢,不利于身心健康。如果有足够强大的心理承受风险,但其家庭无实力承担投资风险,投资失利会给家庭造成一种经济负担,同样有悖投资理财的宗旨。

运用风险属性法进行资产配置的一般方法是:首先,根据评分表分别测评投资者客观的风险承受能力(见表4-3)以及主观的风险承受态度(见表4-4),得出相应的分值;其次,根据测评出的风险承受能力和风险承受态度的分值,比照风险矩阵(见表4-5),选出最合适的投资产品及投资比重。

【案例4-2】

某投资者的风险承受能力得分是77分(见表4-3),风险承受态度得分是54分(见表4-4),参照风险矩阵表(见表4-5)可以发现,其风险承受能力是中高能力,风险承受态度是中态度,建议选择40%的债券、60%的股票进行投资。

表4-3　　　　　　　　　　风险承受能力评分表

| 项目 | 10分 | 8分 | 6分 | 4分 | 2分 | 客户得分 |
|---|---|---|---|---|---|---|
| 年龄 | 总分50分,25岁以下者50分,每多一岁少1分,75岁以上者0分 | | | | | 45 |
| 就业状况 | 公教人员 | 上班族 | 佣金收入者 | 自营事业者 | 失业人员 | 10 |
| 家庭负担 | 未婚 | 双薪无子女 | 双薪有子女 | 单薪有子女 | 单薪养三代 | 8 |
| 置产状况 | 投资不动产 | 自宅无房贷 | 房贷<50% | 房贷>50% | 无自宅 | 4 |
| 投资经验 | 10年以上 | 6~10年 | 2~5年 | 1年以内 | 无 | 6 |
| 投资知识 | 有专业证书 | 财经专业毕业 | 自修有心得 | 懂一些 | 一片空白 | 4 |
| 总分 | | | | | | 77 |

表4-4　　　　　　　　　　　风险承受态度评分表

| 项目 | 10分 | 8分 | 6分 | 4分 | 2分 | 客户得分 |
|---|---|---|---|---|---|---|
| 忍受亏损（%） | 不能容忍任何损失0分，每增加1%加2分，可容忍>25%得50分 | | | | | 20 |
| 投资目标 | 赚短期差价 | 长期利得 | 每年现金收益 | 抗通胀保值 | 保本保息 | 8 |
| 获利情况 | 25%以上 | 20%~25% | 15%~20% | 10%~15% | 5%~10% | 6 |
| 认赔行为 | 默认停损点 | 事后停损 | 部分认赔 | 持有待回升 | 加码摊平 | 4 |
| 赔钱心理 | 学习经验 | 照常过日子 | 影响情绪小 | 影响情绪大 | 难以入眠 | 6 |
| 最重要特性 | 获利性 | 收益性兼成长性 | 收益性 | 流动性 | 安全性 | 6 |
| 避免工具 | 无 | 期货 | 股票 | 外汇 | 不动产 | 4 |
| 总分 | | | | | | 54 |

表4-5　　　　　　　　　　　风险属性法的资产配置方案

| 风险承受态度 \ 风险承受能力 | 工具 | 低能力（0~19分） | 中低能力（20~39分） | 中能力（40~59分） | 中高能力（60~79分） | 高能力（80~100分） |
|---|---|---|---|---|---|---|
| 低态度（0~19分） | 货币 | 70% | 50% | 40% | 20% | 0 |
| | 债券 | 20% | 40% | 40% | 50% | 50% |
| | 股票 | 10% | 10% | 20% | 30% | 50% |
| | 预期收益率 | 3.40% | 4.00% | 4.80% | 5.90% | 7.50% |
| | 标准差 | 4.20% | 5.50% | 8.20% | 11.70% | 17.50% |
| 中低态度（20~39分） | 货币 | 50% | 40% | 20% | 0 | 0 |
| | 债券 | 40% | 40% | 50% | 50% | 40% |
| | 股票 | 10% | 20% | 30% | 50% | 60% |
| | 预期收益率 | 4.00% | 4.80% | 5.90% | 7.50% | 8.00% |
| | 标准差 | 5.50% | 8.20% | 11.70% | 17.50% | 20.00% |
| 中态度（40~59分） | 货币 | 40% | 20% | 0 | 0 | 0 |
| | 债券 | 40% | 50% | 50% | 40% | 30% |
| | 股票 | 20% | 30% | 50% | 60% | 70% |
| | 预期收益率 | 4.80% | 5.90% | 7.50% | 8.00% | 8.50% |
| | 标准差 | 8.20% | 11.70% | 17.50% | 20.00% | 22.40% |
| 中高态度（60~79分） | 货币 | 20% | 0 | 0 | 0 | 0 |
| | 债券 | 30% | 50% | 40% | 30% | 20% |
| | 股票 | 50% | 50% | 60% | 70% | 80% |
| | 预期收益率 | 5.90% | 7.50% | 8.00% | 8.50% | 9.00% |
| | 标准差 | 11.70% | 17.50% | 20.00% | 22.40% | 24.90% |
| 高态度（80~100分） | 货币 | 0 | 0 | 0 | 0 | 0 |
| | 债券 | 50% | 40% | 30% | 20% | 10% |
| | 股票 | 50% | 60% | 70% | 80% | 90% |
| | 预期收益率 | 7.50% | 8.00% | 8.50% | 9.00% | 9.50% |
| | 标准差 | 17.50% | 20.00% | 22.40% | 24.90% | 27.50% |

## (二) 需求组合法

需求组合法是指根据投资者理财目标的重要性来进行资产配置。对于满足投资者最基本的生活需求，如衣食住行等方面的资金，应投资于最保守的储蓄组合，确保本金安全。对于达成正常理财目标，如子女教育、退休养老等所需资金的投资，应兼顾收益和风险，适合比较稳健的投资组合。对于额外理财目标，即理财目标可有可无，资金等级可高可低，例如旅游度假，如果财务许可，则可以考虑豪华游、国际游，如果财务能力有限，则可以考虑经济游、国内游，这类理财目标的资金可以通过较高风险的投资来准备。

【案例 4-3】

刘先生是一名业务员，大部分收入在年末才能兑现。刘先生当前的财务状况见表 4-6，理财目标见表 4-7。近三年的收支不会发生大的变化。

表 4-6　　　　　　　　　　　刘先生的财务现况

| 年收入 | 150 000 | 实物资产 | 200 000 |
|---|---|---|---|
| 年支出 | 70 000 | 金融资产 | 200 000 |
|  |  | 负债 | 0 |
| 年储蓄 | 80 000 | 净资产 | 400 000 |

表 4-7　　　　　　　　　　　刘先生的理财目标

| 理财目标 | 时间 | 所需终值（元） |
|---|---|---|
| 旅游（欧洲游） | 2 年后 | 100 000 |
| 购房 | 2 年后 | 600 000 |
| 教育 | 15 年后 | 220 000 |
| 退休养老 | 25 年后 | 1 000 000 |

1. 生活基本需求。由于大部分收入在年底才能兑现，所以建议刘先生投资前应准备一笔约 7 万元的资金用于日常生活所需，这笔资金可以分为两部分，其中上半年生活所需的 3.5 万元存放于活期存款，下半年生活所需的 3.5 万元存放于 3 个月或半年定期储蓄存款。

2. 正常理财目标。购房、教育和退休养老的准备都属于人生正常理财目标，建议刘先生对这些理财目标所需资金采取较为稳健的投资，如投资于稳健型基金或债券，年收益率为 5% 左右。

刘先生 2 年后想购买总价 60 万元的住房，银行按揭一般首付款至少 3 成，按 3 成计算，刘先生 2 年后至少需要准备 18 万元，其余 42 万元向银行申请贷款。如果当前金融资产 13 万元全部用于购房首付款的准备，则未来每年年末仍需投资约 1.8 万元 [PMT（0.05, 2, -130 000, 180 000, 0）= -17 890 元]。如果申请贷款 15 年，银行贷款年利率为 6%，则买房后每年需偿还贷款约 4.3 万元［PMT（0.06, 15, 420 000, 0, 0）= -43 244 元］。

15 年后需准备教育金 22 万元，则从现在起每年年末定期定额投资约 1 万元［PMT（0.05, 15, 0, 220 000, 0）= -10 195 元］。

25 年后需准备退休金 100 万元，则从现在起每年年末定期定额投资约 2 万元［PMT（0.05, 25, 0, 1 000 000, 0）= -20 952 元］。

因此，刘先生要达成购房、教育金和退休金准备三个正常理财目标，未来第 1、第 2 年每年需投资 4.8 万元（1.8 + 1 + 2 = 4.8 万元），第 3 年之后则每年需从收支结余中投资 7.3 万元（4.3 + 1 + 2 = 7.3 万元）。

3. 额外理财目标。刘先生并非一定得在未来两年内到欧洲旅游，此理财目标实现的弹性很大，既可以推迟，也可以降低目标档次。由于未来两年，估计每年结余 8 万元，其中 4.8 万元已经用于正常理财目标的准备，因此只剩下 3.2 万元可用于欧洲游准备，如果 2 年后要准备 10 万元，则要求年投资收益率至少为 113%［RATE（2, -32 000, 0, 100 000, 0）= 113%］，因此可以建议刘先生进行较高风险的投资，如在股票市场购买题材股，或投资高杠杆基金等，这样都有可能实现欧洲游的梦想，但投资难度大，投资把握性也很小。

通过以上分析，刘先生的资产配置方案见表 4-8。

**表 4-8　　　　　　　　　需求组合法的资产配置方案**

| 理财目标 | | 目标金额 | 实现时间 | 金融资产 | 每年储蓄结余 | | | 投资方式 |
| --- | --- | --- | --- | --- | --- | --- | --- | --- |
| | | | | | 第 1 年 | 第 2 年 | 第 3 年及以后 | |
| 日常生活需求资金 | | 7 万元 | 0 | 7 万元 | | | | 银行存款 |
| 正常理财目标 | 购房 | 60 万元 | 2 年 | 13 万元 | 1.8 万元 | 1.8 万元 | 4.3 万元 | 稳健型基金或债券 |
| | 教育 | 22 万元 | 15 年 | | 1 万元 | 1 万元 | 1 万元 | |
| | 退休养老 | 100 万元 | 25 年 | | 2 万元 | 2 万元 | 2 万元 | |
| 额外理财目标 | 欧洲游 | 10 万元 | 2 年 | | 3.2 万元 | 3.2 万元 | | 题材股或高杠杆基金 |
| 合计 | | | | 20 万元 | 8 万元 | 8 万元 | 7.3 万元 | |

（三）目标时间法

个人或家庭在不同的阶段有着各种各样的理财目标，短期的目标如控制日常生活开支、进行储蓄和购买消费品等，中期的目标可能是为养育子女和子女教育筹集资金，或购买自有住房，长期的目标则可以是实现投资收益最大化、过上安逸的退休生活或为继承人留下较多的资产等。

目标时间法是指根据理财目标实现的时间长短做资产配置，实现短期目标可配置货币市场工具，实现中期目标可配置债券，实现长期目标可配置股票。具体而言，可按表 4-9 中不同目标类型进行资产的配置。

表 4-9 理财目标配置法

| 目标类型 | 期限 | 配置资产 |
|---|---|---|
| 紧急预备金（三个月的支出额） | 现在 | 活期存款 |
| 短期目标需求 | 2 年内 | 定期存款 |
| 中期目标需求 | 5 年内 | 短期债券 |
| 中长期目标需求 | 6～20 年 | 平衡型基金 |
| 长期目标需求 | 20 年以上 | 股票或股票型基金 |

同【案例 4-2】中刘先生的财务状况和理财目标，采用目标时间法，资产配置方案如下。

1. 生活基本需求。依然需要满足一年的生活支出，因此应准备一笔约 7 万元的资金用于日常生活所需，这笔资金可以分为两部分，其中上半年生活所需的 3.5 万元存放于活期存款，下半年生活所需的 3.5 万元存放于 3 个月或半年定期储蓄存款。

2. 短期目标。刘先生的短期目标有两个，即购房和欧洲游。由于要在 2 年内实现理财目标，因而建议刘先生对这些理财目标所需资金采取较为保守的投资，存放于银行定期存款，年利率约为 3%。

首先是购房目标。刘先生 2 年后想购买总价 60 万元的住房，银行按揭一般首付款至少 3 成，按 3 成计算，刘先生 2 年后至少需要准备 18 万元，其余 42 万元向银行申请贷款。如果当前金融资产 13 万元全部用于购房首付款的准备，则未来每年年末仍需投资约 2 万元 [PMT（0.03，2，-130 000，180 000，0）= -20 731 元]。如果申请贷款 15 年，银行贷款年利率为 6%，则买房后每年需偿还贷款 4.3 万元 [PMT（0.06，15，420 000，0，0）= -43 244 元]。

其次是欧洲游目标。刘先生 2 年后预计花 10 万元到欧洲旅游，则未来每年年末仍需投资约 4.9 万元 [PMT（0.03，2，0，100 000，0）= -49 261 元]。

3. 中长期目标。由于刘先生的中长期目标是 15 年后准备 22 万元的教育金，因而建议刘先生投资于平衡型基金，如果投资收益率可达 8%，则从现在起每年年末的定期定额投资约为 0.8 万元 [PMT（0.08，15，0，220 000，0）= -8 103 元]。

4. 长期目标。由于刘先生的长期目标是 25 年后准备 100 万元的退休养老金，因而建议刘先生投资于股票型基金或业绩优良、成长性较好的股票，如果投资回报率可达 10%，则从现在起每年年末的定期定额投资约为 1 万元 [PMT（0.1，25，0，1 000 000，0）= -10 168 元]。但由于刘先生未来两年为购房、欧洲游和教育所进行的年投资总额为 7.7 万元 [2+4.9+0.8 = 7.7 万元]，略小于年储蓄 8 万元，因此前两年已基本无暇顾及退休养老投资。建议刘先生将退休养老投资计划推迟两年，则第三年开始每年年末需定期定额投资约 1.3 万元 [PMT（0.1，23，0，1 000 000，0）= -12 572 元]。

通过以上分析，采用目标时间法，刘先生的资产配置方案详见表 4-10。

表 4-10　　　　　　　　　　　目标时间法的资产配置方案

| 理财目标 | | 目标金额 | 实现时间 | 金融资产 | 每年储蓄结余 | | | 投资方式 |
|---|---|---|---|---|---|---|---|---|
| | | | | | 第1年 | 第2年 | 第3年及以后 | |
| 日常生活需求资金 | | 7万元 | 0 | 7万元 | | | | 活期存款 |
| 短期目标 | 购房 | 60万元 | 2年 | 13万元 | 2万元 | 2万元 | 4.3万元 | 定期存款 |
| | 欧洲游 | 10万元 | 2年 | | 4.9万元 | 4.9万元 | | |
| 中长期目标 | 教育 | 22万元 | 15年 | | 0.8万元 | 0.8万元 | 0.8万元 | 平衡型基金 |
| 长期目标 | 退休养老 | 100万元 | 25年 | | | | 1.3万元 | 股票型基金或股票 |
| 合计 | | | | 20万元 | 7.7万元 | 7.7万元 | 6.4万元 | |

（四）双重配置法

双重配置法是先进行资源配置，把金融资产与储蓄分配到各理财目标，然后根据各理财目标的年限计算应有的投资收益率，进而选择合适的产品进行投资。

同【案例 4-2】中刘先生的财务状况和理财目标，采用双重配置法，资产配置方案如下。

1. 生活基本需求。依然需要满足一年的生活支出，因此应准备一笔约 7 万元的资金用于日常生活所需，这笔资金可以分为两部分，其中上半年生活所需的 3.5 万元存放于活期存款，下半年生活所需的 3.5 万元存放于 3 个月或半年定期储蓄存款。

2. 购房目标的资产配置。考虑各理财目标的重要性及实现时间的紧迫性，首先应做好购房资金的准备，将剩余 13 万元金融资产分配到购房首付款的投资准备，则需要年投资收益率高达 17.67%［RATE（2，0，-130 000，180 000，0）= 17.67%］的资产组合。高收益投资组合的风险必然较大，不利于短期内重要理财目标的实现，因此必须继续投入储蓄资金，如果每年年末追加投资 2 万元，则选择年收益率约为 3.5%［RATE（2，-20 000，-130 000，180 000，0）= 3.5%］的资产组合就能实现购房首付款 18 万元的资金准备。可选的投资工具有定期存款和国债或银行理财产品的资产组合。

对于剩余房款 42 万元，如果申请贷款 15 年，银行贷款年利率为 6%，则买房后每年需偿还贷款 4.3 万元［PMT（0.06，15，420 000，0，0）= -43 244 元］。

3. 旅游目标的资产配置。如果将未来 2 年剩余储蓄中的 4.9 万元作为欧洲游资金的准备，则需要考虑年投资收益率约 4%［RATE（2，-49 000，0，100 000，0）= 4.08%］的资产组合。可选国债或银行理财产品进行投资。

4. 教育目标的资产配置。15 年后需准备教育金 22 万元，如果将剩余的所有储蓄资金 1.1 万元作为教育金定期定额投入，则需要考虑年投资回报率约为 4%［RATE（15，-11 000，0，220 000，0）= 3.98%］的资产组合。可选中长期国债进行投资，这样能很安全地实现教育目标资金需求。

5. 退休养老目标的资产配置。25 年后需准备退休养老金 100 万元,由于当前的金融资产以及未来两年内的储蓄资金已经全部分配完毕,因此建议 2 年后再考虑退休养老金的投资准备。预测两年后每年将有 2.6 万元 (8 - 4.3 - 1.1 = 2.6 万元) 的储蓄资金剩余,从第 3 年开始如果将储蓄资金 2 万元作为退休养老金定期定额投入,则需要考虑年投资收益率约为 6.48% [RATE (23, -20 000, 0, 1 000 000, 0) = 6.48%] 的资产组合。可选择中长期国债及稳健型基金进行投资,这样能较安全地实现退休养老目标的资金需求。

通过以上分析,采用双重配置法,刘先生的资产配置方案详见表 4-11。

表 4-11 双重配置法的资产配置方案

| 理财目标 | 目标金额 | 实现时间 | 金融资产 | 每年储蓄结余 | | | 投资方式 |
| --- | --- | --- | --- | --- | --- | --- | --- |
| | | | | 第 1 年 | 第 2 年 | 第 3 年及以后 | |
| 日常生活需求资金 | 7 万元 | 0 | 7 万元 | | | | 活期存款 |
| 购房 | 60 万元 | 2 年 | 13 万元 | 2 万元 | 2 万元 | 4.3 万元 | 定期存款、国债或银行理财产品组合 |
| 欧洲游 | 10 万元 | 2 年 | | 4.9 万元 | 4.9 万元 | | 国债或银行理财产品 |
| 教育 | 22 万元 | 15 年 | | 1.1 万元 | 1.1 万元 | 1.1 万元 | 中长期国债 |
| 退休养老 | 100 万元 | 25 年 | | | | 2 万元 | 中长期国债及稳健型基金 |
| 合计 | | | 20 万元 | 8 万元 | 8 万元 | 7.4 万元 | |

(五) 内部收益率法

1. 内部收益率 (IRR) 原理。内部收益率是指一个能使该项目预期现金流入量的现值刚好等于其预期现金流出量的现值的折现率。用公式表示即为

$$\frac{CF_0}{(1+IRR)^0} + \frac{CF_1}{(1+IRR)^1} + \frac{CF_2}{(1+IRR)^2} + \cdots + \frac{CF_n}{(1+IRR)^n} = \sum_{t=0}^{n} \frac{CF_t}{(1+IRR)^t} = 0$$

其中,$CF_t$ 为第 $t$ 期的净现金流量,$IRR$ 为内部收益率。

例如,一项投资的期初投入为 6 500 万元,第一年亏损 600 万元,第二年也亏损 200 万元,第三年回收 140 万元,第四年回收 3 700 万元,第五年回收 5 700 万元,这项投资的内部收益率为多少?

$$\frac{-6\,500}{(1+IRR)^0} + \frac{-600}{(1+IRR)^1} + \frac{-200}{(1+IRR)^2} + \frac{140}{(1+IRR)^2} + \frac{3\,700}{(1+IRR)^2} + \frac{5\,700}{(1+IRR)^n} = 0$$

直接利用 EXCEL 软件的 IRR 函数计算出 $IRR = 6.21\%$,如图 4-13 所示。

2. 内部收益率资产配置法。资产配置的内部收益率法是先算出可以达成各种理财

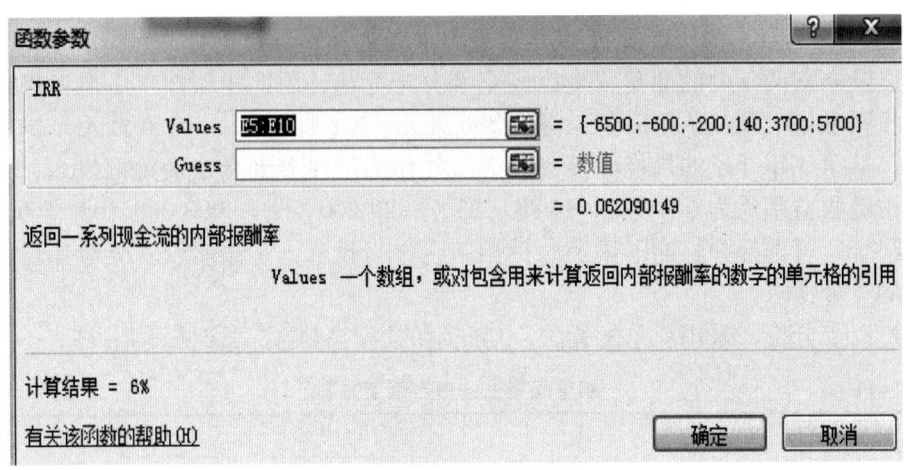

图 4-13 EXCEL 软件计算 IRR

目标的内部收益率,再配置可达成内部收益率的资产组合。具体按如下步骤进行:

第一步:用 EXCEL 软件编制长期生涯仿真表。所谓长期生涯仿真表,是指根据个人或家庭财务生命周期的理财活动,按年估算每个理财目标的现金流量,并制作成相应的表格。

第二步:由期初现金流量与评估期间的各期现金流量可算出达到长期目标的内部收益率。

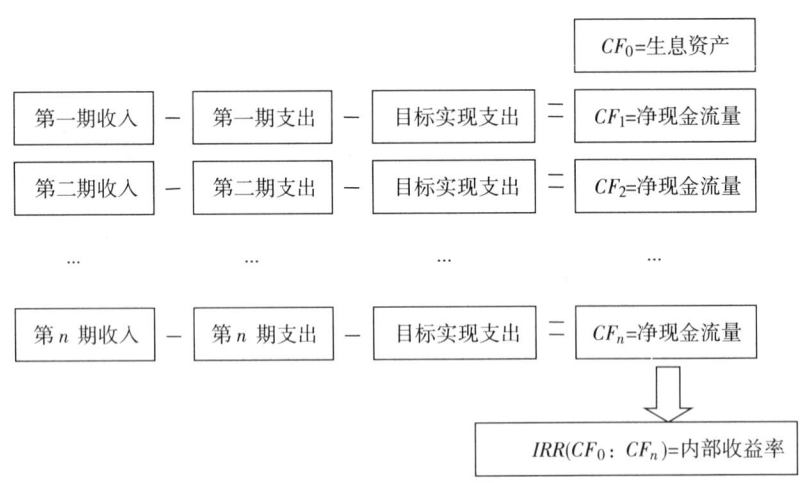

图 4-14 根据长期生涯的现金流计算 IRR

第三步:结合现有投资工具的实质收益率及客户的风险属性,判断该 IRR 的合理性,并对理财目标进行相应的调整,选择资产组合(见图 4-14)。

如果现有投资工具的组合能达到此 IRR 水平,并且符合客户的风险属性,则客户的所有理财目标均能达到。可根据 IRR 数值选择合适的资产组合。

若年内部收益率超过15%，则意味着目标达成的可能性低，此时需要调整理财目标，通过延长目标达成年限、调降目标要求或提高储蓄率等方式再次计算。一般可考虑以下四种方案：

开源节流。开源节流是在控制自己的支出成本的同时，努力开拓增加收入的途径。开源主要包括积极进行证券投资、寻找兼职或与人合伙创业。节流主要是指控制开支、减少不必要的消费支出。

延迟退休。延迟退休方案的优点是不改变原有生活品质，对生活没有影响；缺点是夫妻双方都要延迟退休4～5年，不能提早享受人生。

调整理财目标。根据理财目标的优先次序，推迟、改变或取消某些理财目标，如购房面积缩小、卖车或取消旅游计划等。调整理财目标的优点是优化家庭资产结构和实现收支平衡，投资者不需要延迟退休，可以维持正常生活水平到终老，并且实现比较重要的理财目标。缺点是投资者的某些生活享受可能会受到影响。

降低退休后的生活水平。如将生活水平维持在原生活水平的70%，退休后可以将购置衣物支出或车辆支出减少。这样可以在不影响正常生活开支的情况下节约开支。

【案例4-4】

李先生现年30岁，当前家庭年收入为10万元，年生活支出为8万元，年初有33万元的金融资产，无负债。李先生的理财目标如下：

旅游休闲：从现在起至67岁，每年花1万元（当前水平）用于旅游。

子女教育金准备：4年后，预计每年需在子女教育上花费2万元（当前水平），共需准备21年，直至孩子硕士毕业。学费的增长率是3%。

购车：1年后买一辆价值20万元的小车。

购房：2年后买一套价值约50万元的住房，首付款至少需3成，贷款年限至多25年。

赡养父母：11年后，父母年迈，需要赡养，预计需赡养16年，每年预计需要赡养费2.4万元（当前水平）。

提前退休：希望58岁（法定退休年龄为60岁）就能退休，享受闲暇生活，退休后预计生活至80岁，维持原有生活水平的65%。预计达到法定退休年龄后，能领取每年2.4万元的退休养老金（当前水平）。

预计李先生未来的工作收入、退休后收入以及生活支出的年增长率能和通货膨胀率保持一致，即年增长率约为2%。

结合李先生的经济实力，李先生能实现其所有的理财目标吗？

首先，整理李先生的财务状况及理财目标，见表4-12。

表 4-12　　李先生的财务状况及理财目标

| 理财目标 | 时间 | 期限 | 金额 | 年增长率 |
|---|---|---|---|---|
| 年收入 | 现在 | 30～57岁，共28年 | 10万元/年 | 2% |
| 年生活支出 | 现在 | 30～57岁，共28年 | 8万元/年 | 2% |
| 旅游 | 现在 | 30～67岁，共38年 | 1万元/年 | 2% |
| 子女学费 | 4年后 | 34～54岁，共21年 | 2万元/年 | 3% |
| 购车 | 1年后 | 一次性付款 | 20万元 | — |
| 购房 | 2年后 | 32～57岁，共26年 | 首付15万元，房贷35万元 | 4%（贷款利率） |
| 赡养父母 | 11年后 | 41～56岁，共16年 | 2.4万元/年 | 2% |
| 退休后支出 | 28年后 | 58～80岁，共23年 | 原有生活水平的65% | 2% |

然后编制李先生家庭的长期生涯仿真表（见表4-13），计算30岁至80岁的历年净现金流。计算内部收益率（IRR）使用的现金流在0年应为期初金融资产330 000元加上当年净现金流10 000元，即340 000元，其余年份等于当年净现金流。由此得出内部收益率为24.44%。假若李先生年投资回报率为24.44%，第一年期末金融资产=340 000×（1+24.44%）-189 800=233 296元，其余年份依此类推。在80岁那年，期末金融资产数额为0，人生最后阶段刚好花完之前积累的所有财富。通过长期生涯仿真表的模拟计算，可以分析出李先生要实现所有理财目标，年投资收益率至少应保持在24.44%的水平。而根据现有的投资工具，要想长期投资回报率达到平均24.44%的收益率可能性极低。因此，李先生需要对理财目标进行重新调整。

表 4-13　　李先生家庭的长期生涯仿真表（调整前）　　单位：元

| 时间 | 年龄 | 理财目标支出说明 | 工作收入 | 生活支出 | 学费支出 | 购房支出 | 购车支出 | 赡养父母 | 旅游支出 | 净现金流量 | 计算IRR的现金流 | 期末金融资产 |
|---|---|---|---|---|---|---|---|---|---|---|---|---|
| 0 | 30 | 旅游 | 100 000 | 80 000 | | | | | 10 000 | 10 000 | 340 000 | 340 000 |
| 1 | 31 | 旅游/购车 | 102 000 | 81 600 | | | 200 000 | | 10 200 | -189 800 | -189 800 | 233 296 |
| 2 | 32 | 旅游/购房 | 104 040 | 83 232 | | 150 000 | | | 10 404 | -139 596 | -139 596 | 150 717 |
| 3 | 33 | 旅游 | 106 121 | 84 897 | | 22 404 | | | 10 612 | -11 792 | -11 792 | 175 760 |
| 4 | 34 | 学费/旅游 | 108 243 | 86 595 | 22 510 | 22 404 | | | 10 824 | -34 090 | -34 090 | 184 626 |
| 5 | 35 | 学费/旅游 | 110 408 | 88 326 | 23 185 | 22 404 | | | 11 041 | -34 549 | -34 549 | 195 199 |
| 6 | 36 | 学费/旅游 | 112 616 | 90 093 | 23 881 | 22 404 | | | 11 262 | -35 024 | -35 024 | 207 882 |
| 7 | 37 | 学费/旅游 | 114 869 | 91 895 | 24 597 | 22 404 | | | 11 487 | -35 515 | -35 515 | 223 174 |
| 8 | 38 | 学费/旅游 | 117 166 | 93 733 | 25 335 | 22 404 | | | 11 717 | -36 023 | -36 023 | 241 694 |
| 9 | 39 | 学费/旅游 | 119 509 | 95 607 | 26 095 | 22 404 | | | 11 951 | -36 549 | -36 549 | 264 215 |
| 10 | 40 | 学费/旅游 | 121 899 | 97 520 | 26 878 | 22 404 | | | 12 190 | -37 093 | -37 093 | 291 697 |
| 11 | 41 | 学费/旅游/赡养费 | 124 337 | 99 470 | 27 685 | 22 404 | | 29 841 | 12 434 | -97 337 | -97 337 | 295 491 |
| 12 | 42 | 学费/旅游/赡养费 | 126 824 | 101 459 | 28 515 | 22 404 | | 30 438 | 12 682 | -99 113 | -99 113 | 299 034 |
| 13 | 43 | 学费/旅游/赡养费 | 129 361 | 103 489 | 29 371 | 22 404 | | 31 047 | 12 936 | -100 932 | -100 932 | 302 232 |

第四章 投资规划

续表

| 时间 | 年龄 | 理财目标支出说明 | 工作收入 | 生活支出 | 学费支出 | 购房支出 | 购车支出 | 赡养父母 | 旅游支出 | 净现金流量 | 计算IRR的现金流 | 期末金融资产 |
|---|---|---|---|---|---|---|---|---|---|---|---|---|
| 14 | 44 | 学费/旅游/赡养费 | 131 948 | 105 558 | 30 252 | 22 404 | | 31 667 | 13 195 | -102 796 | -102 796 | 304 969 |
| 15 | 45 | 学费/旅游/赡养费 | 134 587 | 107 670 | 31 159 | 22 404 | | 32 301 | 13 459 | -104 707 | -104 707 | 307 098 |
| 16 | 46 | 学费/旅游/赡养费 | 137 279 | 109 823 | 32 094 | 22 404 | | 32 947 | 13 728 | -106 664 | -106 664 | 308 435 |
| 17 | 47 | 学费/旅游/赡养费 | 140 024 | 112 019 | 33 057 | 22 404 | | 33 606 | 14 002 | -108 670 | -108 670 | 308 752 |
| 18 | 48 | 学费/旅游/赡养费 | 142 825 | 114 260 | 34 049 | 22 404 | | 34 278 | 14 282 | -110 726 | -110 726 | 307 762 |
| 19 | 49 | 学费/旅游/赡养费 | 145 681 | 116 545 | 35 070 | 22 404 | | 34 963 | 14 568 | -112 833 | -112 833 | 305 109 |
| 20 | 50 | 学费/旅游/赡养费 | 148 595 | 118 876 | 36 122 | 22 404 | | 35 663 | 14 859 | -114 992 | -114 992 | 300 348 |
| 21 | 51 | 学费/旅游/赡养费 | 151 567 | 121 253 | 37 206 | 22 404 | | 36 376 | 15 157 | -117 205 | -117 205 | 292 923 |
| 22 | 52 | 学费/旅游/赡养费 | 154 598 | 123 678 | 38 322 | 22 404 | | 37 104 | 15 460 | -119 473 | -119 473 | 282 143 |
| 23 | 53 | 学费/旅游/赡养费 | 157 690 | 126 152 | 39 472 | 22 404 | | 37 846 | 15 769 | -121 798 | -121 798 | 267 146 |
| 24 | 54 | 学费/旅游/赡养费 | 160 844 | 128 675 | 40 656 | 22 404 | | 38 602 | 16 084 | -124 181 | -124 181 | 246 859 |
| 25 | 55 | 旅游/赡养费 | 164 061 | 131 249 | | 22 404 | | 39 375 | 16 406 | -84 747 | -84 747 | 261 818 |
| 26 | 56 | 旅游/赡养费 | 167 342 | 133 873 | | 22 404 | | 40 162 | 16 734 | -85 994 | -85 994 | 279 974 |
| 27 | 57 | 旅游 | 170 689 | 136 551 | | 22 404 | | | 17 069 | -5 335 | -5 335 | 343 064 |
| 28 | 58 | 旅游/退休 | 0 | 90 533 | | | | | 17 410 | -107 944 | -107 944 | 318 965 |
| 29 | 59 | 旅游/退休 | 0 | 92 344 | | | | | 17 758 | -110 102 | -110 102 | 286 818 |
| 30 | 60 | 旅游/退休 | 43 473 | 94 191 | | | | | 18 114 | -68 832 | -68 832 | 288 084 |
| 31 | 61 | 旅游/退休 | 44 342 | 96 075 | | | | | 18 476 | -70 208 | -70 208 | 288 284 |
| 32 | 62 | 旅游/退休 | 45 229 | 97 996 | | | | | 18 845 | -71 613 | -71 613 | 287 127 |
| 33 | 63 | 旅游/退休 | 46 134 | 99 956 | | | | | 19 222 | -73 045 | -73 045 | 284 256 |
| 34 | 64 | 旅游/退休 | 47 056 | 101 955 | | | | | 19 607 | -74 506 | -74 506 | 279 222 |
| 35 | 65 | 旅游/退休 | 47 997 | 103 994 | | | | | 19 999 | -75 996 | -75 996 | 271 468 |
| 36 | 66 | 旅游/退休 | 48 957 | 106 074 | | | | | 20 399 | -77 516 | -77 516 | 260 299 |
| 37 | 67 | 旅游/退休 | 49 936 | 108 196 | | | | | 20 807 | -79 066 | -79 066 | 244 850 |
| 38 | 68 | 退休 | 50 935 | 110 360 | | | | | | -59 424 | -59 424 | 245 267 |
| 39 | 69 | 退休 | 51 954 | 112 567 | | | | | | -60 613 | -60 613 | 244 598 |

续表

| 时间 | 年龄 | 理财目标支出说明 | 工作收入 | 生活支出 | 学费支出 | 购房支出 | 购车支出 | 赡养父母 | 旅游支出 | 净现金流量 | 计算IRR的现金流 | 期末金融资产 |
|---|---|---|---|---|---|---|---|---|---|---|---|---|
| 40 | 70 | 退休 | 52 993 | 114 818 | | | | | | -61 825 | -61 825 | 242 552 |
| 41 | 71 | 退休 | 54 053 | 117 114 | | | | | | -63 062 | -63 062 | 238 770 |
| 42 | 72 | 退休 | 55 134 | 119 457 | | | | | | -64 323 | -64 323 | 232 802 |
| 43 | 73 | 退休 | 56 237 | 121 846 | | | | | | -65 609 | -65 609 | 224 089 |
| 44 | 74 | 退休 | 57 361 | 124 283 | | | | | | -66 921 | -66 921 | 211 935 |
| 45 | 75 | 退休 | 58 509 | 126 768 | | | | | | -68 260 | -68 260 | 195 472 |
| 46 | 76 | 退休 | 59 679 | 129 304 | | | | | | -69 625 | -69 625 | 173 620 |
| 47 | 77 | 退休 | 60 872 | 131 890 | | | | | | -71 018 | -71 018 | 145 035 |
| 48 | 78 | 退休 | 62 090 | 134 528 | | | | | | -72 438 | -72 438 | 108 044 |
| 49 | 79 | 退休 | 63 331 | 137 218 | | | | | | -73 887 | -73 887 | 60 563 |
| 50 | 80 | 退休 | 64 598 | 139 963 | | | | | | -75 364 | -75 364 | 0 |
| | | | IRR | | | | | | | | 24.44% | |

注:房贷利率为4%,收入的年增长率预估为2%,支出的年增长率预估为2%,学费的年增长率预估为3%。

考虑理财目标的重要性及费用弹性,理财目标的调整项目包括以下内容:

首先,李先生应暂时放弃购车计划,如果未来财务发生较大改善,如收入大幅提高,可再作打算。

其次,放弃提前退休计划,达到法定年龄才退休,这样可以增加一定收入。

再次,降低旅游标准,将预定每年花费1万元的旅游费用下降至5 000元,将豪华游改为经济游。

最后,还必须考虑尽可能压缩开支,李先生每年的储蓄率太低,只有0.2,因此应当考虑节流,将每年8万元的费用开支下降至6.8万元,储蓄率可提高至0.32。

进行上述调整后,重新整理李先生的财务状况及理财目标,见表4-14。

表4-14　　　　　　　调整后李先生的财务状况及理财目标

| 理财目标 | 时间 | 期限 | 金额 | 年增长率 |
|---|---|---|---|---|
| 年收入 | 现在 | 30~59岁,共30年 | 10万元/年 | 2% |
| 年生活支出 | 现在 | 30~59岁,共30年 | 6.8万元/年 | 2% |
| 旅游 | 现在 | 30~67岁,共38年 | 0.5万元/年 | 2% |
| 子女学费 | 4年后 | 34~54岁,共21年 | 2万元/年 | 3% |
| **取消购车** | — | — | — | — |
| 购房 | 2年后 | 32~57岁,共26年 | 首付15万元,房贷35万元 | 4%(贷款利率) |
| 赡养父母 | 11年后 | 41~56岁,共16年 | 2.4万元/年 | 2% |
| 退休后支出 | 30年后 | 60~80岁,共21年 | 原有生活水平的65% | 2% |

注:加黑部分是做了调整的项目。

根据上述调整重新编制李先生家庭的长期生涯仿真表（见表4-15），并计算得出调整后的内部收益率为8.41%，这意味着李先生要实现调整后的理财目标，选择年均收益率约为8.41%的资产组合即可。相比理财目标调整前高达24.44%的年投资收益率，当前的收益率更容易达成，投资风险也更小。李先生可以将资金用于配置中长期国债、稳健型基金及少量股票型基金，这样实现8.41%左右的收益率应该比较容易。

表4-15　　　　　　李先生家庭的长期生涯仿真表（调整后）　　　　　　单位：元

| 时间 | 年龄 | 理财目标支出说明 | 工作收入 | 生活支出 | 学费支出 | 购房支出 | 购车支出 | 赡养父母 | 旅游支出 | 净现金流量 | 计算IRR的现金流 | 期末金融资产 |
|---|---|---|---|---|---|---|---|---|---|---|---|---|
| 0 | 30 | 旅游 | 100 000 | 68 000 | | | | | 5 000 | 27 000 | 357 000 | 357 000 |
| 1 | 31 | 旅游 | 102 000 | 69 360 | | | 0 | | 5100 | 27 540 | 27 540 | 414 581 |
| 2 | 32 | 旅游/购房 | 104 040 | 70 747 | | 150 000 | | | 5 202 | -121 909 | -121 909 | 327 557 |
| 3 | 33 | 旅游 | 106 121 | 72 162 | | 22 404 | | | 5 306 | 6 248 | 6 248 | 361 369 |
| 4 | 34 | 学费/旅游 | 108 243 | 73 605 | 22 510 | 22 404 | | | 5 412 | -15 689 | -15 689 | 376 088 |
| 5 | 35 | 学费/旅游 | 110 408 | 75 077 | 23 185 | 22 404 | | | 5 520 | -15 779 | -15 779 | 391 955 |
| 6 | 36 | 学费/旅游 | 112 616 | 76 579 | 23 881 | 22 404 | | | 5 631 | -15 879 | -15 879 | 409 058 |
| 7 | 37 | 学费/旅游 | 114 869 | 78 111 | 24 597 | 22 404 | | | 5 743 | -15 987 | -15 987 | 427 492 |
| 8 | 38 | 学费/旅游 | 117 166 | 79 673 | 25 335 | 22404 | | | 5 858 | -16 105 | -16 105 | 447 360 |
| 9 | 39 | 学费/旅游 | 119 509 | 81 266 | 26 095 | 22 404 | | | 5 975 | -16 232 | -16 232 | 468 772 |
| 10 | 40 | 学费/旅游 | 121 899 | 82 892 | 26 878 | 22 404 | | | 6 095 | -16 370 | -16 370 | 491 848 |
| 11 | 41 | 学费/旅游/赡养费 | 124 337 | 84 549 | 27 685 | 22 404 | | 29 841 | 6 217 | -46 359 | -46 359 | 486 876 |
| 12 | 42 | 学费/旅游/赡养费 | 126 824 | 86 240 | 28 515 | 22 404 | | 30 438 | 6 341 | -47 115 | -47 115 | 480 731 |
| 13 | 43 | 学费/旅游/赡养费 | 129 361 | 87 965 | 29 371 | 22 404 | | 31 047 | 6 468 | -47 894 | -47 894 | 473 289 |
| 14 | 44 | 学费/旅游/赡养费 | 131 948 | 89 725 | 30 252 | 22 404 | | 31 667 | 6 597 | -48 698 | -48 698 | 464 418 |
| 15 | 45 | 学费/旅游/赡养费 | 134 587 | 91 519 | 31 159 | 22 404 | | 32 301 | 6 729 | -49 526 | -49 526 | 453 971 |
| 16 | 46 | 学费/旅游/赡养费 | 137 279 | 93 349 | 32 094 | 22 404 | | 32 947 | 6 864 | -50 380 | -50 380 | 441 791 |
| 17 | 47 | 学费/旅游/赡养费 | 140 024 | 95 216 | 33 057 | 22 404 | | 33 606 | 7 001 | -51 260 | -51 260 | 427 706 |
| 18 | 48 | 学费/旅游/赡养费 | 142 825 | 97 121 | 34 049 | 22 404 | | 34 278 | 7 141 | -52 168 | -52 168 | 411 529 |
| 19 | 49 | 学费/旅游/赡养费 | 145 681 | 99 063 | 35 070 | 22 404 | | 34 963 | 7 284 | -53 104 | -53 104 | 393 054 |
| 20 | 50 | 学费/旅游/赡养费 | 148 595 | 101 044 | 36 122 | 22 404 | | 35 663 | 7 430 | -54 069 | -54 069 | 372 060 |

续表

| 时间 | 年龄 | 理财目标支出说明 | 工作收入 | 生活支出 | 学费支出 | 购房支出 | 购车支出 | 赡养父母 | 旅游支出 | 净现金流量 | 计算IRR的现金流 | 期末金融资产 |
|---|---|---|---|---|---|---|---|---|---|---|---|---|
| 21 | 51 | 学费/旅游/赡养费 | 151 567 | 103 065 | 37 206 | 22 404 | | 36 376 | 7 578 | −55 063 | −55 063 | 348 304 |
| 22 | 52 | 学费/旅游/赡养费 | 154 598 | 105 127 | 38 322 | 22 404 | | 37 104 | 7 730 | −56 088 | −56 088 | 321 525 |
| 23 | 53 | 学费/旅游/赡养费 | 157 690 | 107 229 | 39 472 | 22 404 | | 37 846 | 7 884 | −57 145 | −57 145 | 291 435 |
| 24 | 54 | 学费/旅游/赡养费 | 160 844 | 109 374 | 40 656 | 22 404 | | 38 602 | 8 042 | −58 235 | −58 235 | 257 723 |
| 25 | 55 | 旅游/赡养费 | 164 061 | 111 561 | | 22 404 | | 39 375 | 8 203 | −17 482 | −17 482 | 261 928 |
| 26 | 56 | 旅游/赡养费 | 167 342 | 113 792 | | 22 404 | | 40 162 | 8 367 | −17 384 | −17 384 | 266 584 |
| 27 | 57 | 旅游 | 170 689 | 116 068 | | 22 404 | | | 8 534 | 23 682 | 23 682 | 312 698 |
| 28 | 58 | 旅游 | 174 102 | 118 390 | | | | | 8 705 | 47 008 | 47 008 | 386 019 |
| 29 | 59 | 旅游 | 177 584 | 120 757 | | | | | 8 879 | 47 948 | 47 948 | 466 449 |
| 30 | 60 | 旅游/退休 | 43 473 | 80 062 | | | | | 9 057 | −45 646 | −45 646 | 460 053 |
| 31 | 61 | 旅游/退休 | 44 342 | 81 663 | | | | | 9 238 | −46 559 | −46 559 | 452 206 |
| 32 | 62 | 旅游/退休 | 45 229 | 83 297 | | | | | 9 423 | −47 490 | −47 490 | 442 767 |
| 33 | 63 | 旅游/退休 | 46 134 | 84 963 | | | | | 9 611 | −48 440 | −48 440 | 431 585 |
| 34 | 64 | 旅游/退休 | 47 056 | 86 662 | | | | | 9 803 | −49 409 | −49 409 | 418 492 |
| 35 | 65 | 旅游/退休 | 47 997 | 88 395 | | | | | 9 999 | −50 397 | −50 397 | 403 310 |
| 36 | 66 | 旅游/退休 | 48 957 | 90 163 | | | | | 10 199 | −51 405 | −51 405 | 385 842 |
| 37 | 67 | 旅游/退休 | 49 936 | 91 966 | | | | | 10 403 | −52 433 | −52 433 | 365 876 |
| 38 | 68 | 退休 | 50 935 | 93 806 | | | | | | −42 870 | −42 870 | 353 793 |
| 39 | 69 | 退休 | 51 954 | 95 682 | | | | | | −43 728 | −43 728 | 339 836 |
| 40 | 70 | 退休 | 52 993 | 97 595 | | | | | | −44 602 | −44 602 | 323 830 |
| 41 | 71 | 退休 | 54 053 | 99 547 | | | | | | −45 494 | −45 494 | 305 585 |
| 42 | 72 | 退休 | 55 134 | 101 538 | | | | | | −46 404 | −46 404 | 284 895 |
| 43 | 73 | 退休 | 56 237 | 103 569 | | | | | | −47 332 | −47 332 | 261 535 |
| 44 | 74 | 退休 | 57 361 | 105 640 | | | | | | −48 279 | −48 279 | 235 264 |
| 45 | 75 | 退休 | 58 509 | 107 753 | | | | | | −49 245 | −49 245 | 205 816 |
| 46 | 76 | 退休 | 59 679 | 109 908 | | | | | | −50 230 | −50 230 | 172 905 |
| 47 | 77 | 退休 | 60 872 | 112 106 | | | | | | −51 234 | −51 234 | 136 221 |
| 48 | 78 | 退休 | 62 090 | 114 349 | | | | | | −52 259 | −52 259 | 95 424 |
| 49 | 79 | 退休 | 63 331 | 116 635 | | | | | | −53 304 | −53 304 | 50 150 |
| 50 | 80 | 退休 | 64 598 | 118 968 | | | | | | −54 370 | −54 370 | 0 |
| | | | | | IRR | | | | | | 8.41% | |

注:房贷利率为4%,收入的年增长率预估为2%,支出的年增长率预估为2%,学费的年增长率预估为3%。

## 第六节 投资组合调整策略

理财规划师为客户建立了投资组合之后,还要定期地为客户审视该投资组合,考虑该投资组合是否仍然满足客户的需要。随着时间的推移,反映投资组合和客户的各种变量可能发生变化。如果所发生的变化对投资组合产生实质性影响时,就需要作出新的投资决定,对投资组合作出相应调整。投资组合的调整策略主要有买入并持有策略、固定投资组合策略、投资组合保险策略、定期定额投资策略以及战术性资产配置策略。

### 一、买入并持有策略

买入并持有策略是指在确定恰当的资产配置比例,构造了某个投资组合后,在诸如3~5年的适当持有期间内不改变资产配置状态,保持这种组合。买入并持有策略是消极型长期再平衡方式,适用于有长期计划水平并满足于战略性资产配置的投资者。

买入并持有策略适用于资本市场环境和投资者的偏好变化不大,或者改变资产配置状态的成本大于收益时的状态。

### 二、固定投资组合策略

固定投资组合策略是指保持投资组合中各类资产的固定比例(如图4-15所示)。固定投资组合策略是假定资产的收益情况和投资者偏好没有大的改变,因而最优投资组合的配置比例不变。为维持这种组合,要求在资产价格相对变化时,进行定期的再平衡和交易。固定投资组合策略适用于风险承受能力较稳定的投资者。如果股票市场价格处于震荡、波动状态之中,固定投资组合策略就可能优于买入并持有策略。

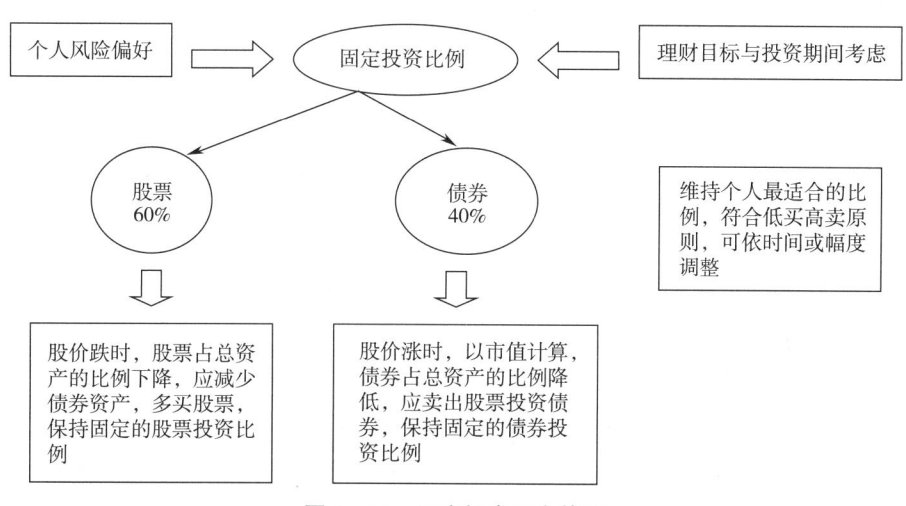

图4-15 固定投资组合策略

**【案例 4-5】**

| 情况 | 股票 | 债券 | 股票市值比率 | 调整动作 |
|---|---|---|---|---|
| 起始值 | 600 万元 | 400 万元 | 60% | |
| 股价下跌 100 万元 | 500 万元 | 400 万元 | 55.56% | (500 + 400) × 60% − 500 = 40 万元<br>卖出 40 万元债券，买入 40 万元股票 |
| 调整后 | 540 万元 | 360 万元 | 60% | |
| 股价上涨 150 万元 | 690 万元 | 360 万元 | 65.71% | 690 − (690 + 360) × 60% = 60 万元<br>卖出 60 万元股票，买入 60 万元债券 |
| 调整后 | 630 万元 | 420 万元 | | |

### 三、投资组合保险策略

投资组合保险策略是将一部分资金投资于无风险资产，从而在保证资产组合的最低价值的前提下，将其余资金投资于风险资产，并随着市场的变动调整风险资产和无风险资产的比例，同时不放弃资产升值潜力的一种动态调整策略。当投资组合价值因风险资产收益率的提高而上升时，风险资产的投资比例也随之提高；反之则下降。

投资组合保险策略的一种简化形式是著名的恒定比例投资组合保险（CPPI）。这一简化的投资组合保险策略按下面公式动态配置高风险、高收益的主动性资产与低风险、低收益的保留性资产的比例，并在股价下跌时将股票卖出，在股价上涨时将股票买进。

$$E = m \times (V - F)$$

其中，$E$ 为应投资于主动性资产的部分，$m$ 为可承担的风险系数（事先确定的大于1 的常数），$V$ 为资产总值，$F$ 为风险控制线（所需保障的底线），$V - F$ 为资产总值下跌时的保护层。

假设期初投资金额 $V$ 为 100 万元、$F$ 为 90 万元、$m$ 为 5。股票初始头寸为：5 × (100 − 90)/100 = 50%

如果股价上涨 10%，则有 $V = 105$ 万元，其中股票 55 万元；由于 $V - F = 15$ 万元，$E = 75$ 万元，因此股票头寸应为 71.4%（75/105 = 71.4%），故应增加 20 万元的股票资产；如果股价下跌 10%，则有 $V = 95$ 万元，其中股票 45 万元；由于 $V - F = 5$ 万元，$E = 25$ 万元，因此股票头寸应为 26.3%（25/95 = 26.3%），故应卖出股票 20 万元。

### 四、定期定额投资策略

定期定额投资策略是指在固定期间以固定金额或股数投资同一个投资工具（见表 4-16）。由于进场时点分散，同样的金额在指数处于低位时可以买到较多的单位数；反之，在指数处于高位时买进的单位数就会自动减少。这符合"逢低多买，逢高少买"的稳健投资原则。长期下来，成本和风险自然摊平。同时，该策略需要与理财规划的长期资金配合操作,它有利于强迫储蓄养成理财习惯。但其缺点是投资期间过长,因资金过于庞大,获利并不理想。

表4-16　　　　　　　　　　　定期定额投资策略

| 定期投资金额(元) | 多头市场(股价上涨时) | | 空头市场(股价下跌时) | |
|---|---|---|---|---|
| | 单位价格(元) | 购得单位数 | 单位价格(元) | 购得单位数 |
| 3 000 | 10 | 300 | 10 | 300 |
| 3 000 | 12 | 250 | 8 | 375 |
| 3 000 | 15 | 200 | 7.5 | 400 |
| 3 000 | 15 | 200 | 6 | 500 |
| 3 000 | 20 | 150 | 5 | 600 |
| 合计 15 000 | | 1 100 | | 2 175 |
| 平均成本 | 13.64 | | 6.90 | |
| 平均市价 | 14.40 | | 7.30 | |

### 五、战术性资产配置策略

战术性资产配置策略是根据资本市场环境及经济条件对资产配置状态进行动态调整,从而增加投资组合价值的积极策略。大多数战术性资产配置策略一般具有如下共同特征。

1. 一般是建立在一些分析工具基础上的客观、量化过程。这些分析工具包括回归分析或优化决策等。

2. 资产配置主要受某种资产类别的预期收益率的客观测度驱使,因此属于以价值为导向的过程。可能的驱动因素包括在现金收益、长期债券的到期收益率基础上计算的股票预期收益,或按照股票市场的股息贴现模型评估的股票实用收益变化等。

3. 资产配置规则能够客观地测度出哪一种资产类别已经失去市场的注意力,并引导投资者进入不受人关注的资产类别。

4. 资产配置一般遵循"回归均衡"的原则,这是战术性资产配置策略中的主要利润机制。

### 【本章小结】

投资规划是一个有步骤、有目的的程序化过程,理财规划师首先应对客户的投资需求和投资目标进行分析,然后根据当前投资环境制定资产配置策略,指导客户进行具体的投资行为,并及时对阶段性投资目标的实现情况做出评价。

投资规划的实施最终必须依赖具体的投资产品。我国普通投资者常见的投资工具有银行存款、银行理财产品、债券、股票、基金、房地产、期货、外汇、黄金、艺术品等。投资者进行资产组合投资需要进行两方面的决策:(1)资本配置决策;(2)资产选择决策。

投资者的风险承受能力，由投资者的客观条件决定，主要与投资者年龄、家庭及婚姻状况、职业及收入的稳定性、个人财富、置产情况、投资知识和投资年龄、投资目标和投资期限等客观因素密切相关。另外不同投资者的性格不同，风险承受态度也有所不同。投资者应根据自身的风险厌恶程度和资产的风险收益特征进行资产配置。核心资产配置的常见方法有风险属性法、需求组合法、目标时间法、双重配置法、内部收益率法等。理财规划师为客户建立了投资组合之后，还要定期地为客户审视该投资组合，对投资组合作出相应调整。投资组合的调整策略主要有买入并持有策略、固定投资组合策略、投资组合保险策略、定期定额投资策略以及战术性资产配置策略。

## 【重点概念】

投资规划　　投资工具　　投资组合原理　　家庭生命周期　　风险属性
资产配置　　风险属性法　　需求组合法　　目标时间法　　双重配置法
内部收益率法　　投资组合的调整策略

## 【思考与练习】

1. 简单阐述投资规划的一般流程。
2. 我国常见的投资工具有哪些？它们的风险和收益如何？
3. 家庭财务生命周期一般可以分为几个阶段？各阶段一般有哪些理财需求？
4. 一般可以从哪些方面衡量投资者的风险属性？根据风险属性评测表，你属于哪一类型的投资者？
5. 一般有哪些方法可以进行核心资产配置？
6. 投资组合的调整策略主要有哪些？
7. 你的父母处于家庭财务生命周期哪一阶段？他们当前最重要的理财需求是什么？
8. 下面给出了每种经济状况的概率和各只股票的收益。

| 经济状况 | 概率 | A 股票收益率 | B 股票收益率 |
| --- | --- | --- | --- |
| 好 | 0.2 | 15% | 60% |
| 一般 | 0.5 | 8% | 10% |
| 差 | 0.3 | 1% | -20% |

（1）请分别计算这两只股票的期望收益率、方差和标准差。
（2）请计算这两只股票的协方差和相关系数。
（3）请制作一个表格，计算这两只股票在不同投资比重（A 股票比重从 0 开始，每次增加 10%）时，投资组合的收益、方差和标准差。
（4）根据（3）的计算结果，用 EXCEL 软件绘制风险—收益图，并找出方差最小时两只股票各自的投资比重。

(5) 你会用怎样的投资比重来构建一个投资组合？请做出讨论。

9. 假定三只股票有如下的风险和收益特征。

| 股票 | 期望收益 | 标准差 |
|---|---|---|
| A | 5% | 8% |
| B | 12% | 15% |
| C | 12% | 15% |

股票A和其他两只股票之间的相关系数分别是：$\rho_{A,B} = 0.35$，$\rho_{A,C} = -0.35$。

（1）根据投资组合理论，判断AB组合和AC组合哪一个能够获得更大的多样化好处，请解释原因。

（2）请制作一个表格，计算这两组股票在不同投资比重（A股票比重从0开始，每次增加10%）时，投资组合的收益、方差和标准差；在EXCEL软件中分别画出股票A和股票B以及股票A和股票C的投资可行集。

（3）AB组合中有没有哪一个组合相对于AC组合占优？如果有，请在风险—收益图上标出可能的投资组合。

10. 有一项投资，其有关财务分析指标如下。

| 期数（年） | 0 | 1 | 2 | 3 | 4 | 5 |
|---|---|---|---|---|---|---|
| 现金流入（万元） | 50 | 25 | 30 | 40 | 40 | 40 |
| 现金流出（万元） | 0 | 35 | 50 | 75 | 75 | 75 |
| 净现金流（万元） | -50 | -10 | -20 | -35 | -35 | -35 |

求该项投资的内部收益率。

11. 李小姐采取固定投资组合策略，设定股票与定期存款的比率均为50%。若股价上升后，股票市值为40万元，定期存款为36万元，则应采取什么调整操作以合乎既定策略？

12. 黄先生的总资产市值为100万元，可接受的总资产市值下限为70万元，可承担的风险系数为3，依投资组合保险策略投资股票，若所投资的股票价值下跌10万元，则应如何调整？

13. 李先生夫妇同龄，现年35岁，有一个8岁的小孩。李先生家庭目前有金融资产25万元，年家庭可支配收入约为15万元，年支出约为8万元。近三年内家庭收支不会发生较大变化。李先生夫妇的财务目标如下。

首先是考虑换房。当前总价30万元的住房狭小且较破旧，李先生夫妇打算近期变卖旧房，买一套价值80万元的新房子自住，银行规定首付款至少3成，根据李先生年龄，向银行申请贷款年限至多25年。银行当前贷款年利率约为6%。

其次是准备小孩未来的教育金。正常情况下，李先生的小孩将在18岁上大学。为了让小孩完成大学教育，李先生希望10年后能攒够小孩的大学学费和生活费共30万元。

再次是退休金的储备。李先生夫妇准备在 55 岁退休（李先生提前退休）。根据测算，李先生夫妇退休后仍有 100 万元的退休养老金缺口。

最后是买车。李先生夫妇喜爱出游，有车则外出旅游更加便捷。如果有可能，李先生希望能买一辆 10 万元至 20 万元价位的车子。

证券市场的投资收益率大致如下：定期存款的收益率为 3%，债券型基金的收益率为 5%，混合型基金的收益率为 8%，股票型基金的收益率为 10%。

请你根据上述信息，分别使用需求组合法、目标时间法、双重配置法为李先生家庭进行核心资产配置。

14. 刘先生现年 35 岁，太太现年 30 岁，有一个 8 岁的小孩。刘先生家庭目前有金融资产 30 万元，年收入为 20 万元，每年生活支出为 14 万元（其中基本支出为 8 万元，休闲娱乐支出为 6 万元），孩子教育支出为 2 万元。刘先生夫妇的财务目标如下。

（1）购房

刘先生和父母住在一起，老人的开销不用夫妇俩负担，但总价 30 万元的旧房显得偏小，不能满足一家五口的居住需求。刘先生夫妇打算在 3 年内买一套价值约 80 万元的房子自住（旧房子归父母），首付款至少 3 成，贷款年限至多 20 年。

（2）教育金的准备

正常情况下，刘先生的小孩将在 18 岁上大学。上大学之前，孩子的教育支出基本保持当前 2 万元的水平。但刘先生希望小孩未来能在美国完成大学教育，出国留学 4 年目前至少需要准备 100 万元。学费年增长率是 5%，刘先生希望 10 年后能攒够小孩的大学学费。

（3）退休金的储备

刘先生夫妇准备在法定退休年龄退休（男 60 岁，女 55 岁）。退休后刘先生夫妇的合计社保退休金是每月 3 000 元（当前价值）。刘先生希望退休后的生活达到退休前生活水平的 80%。刘先生夫妇的预期寿命为 85 岁。

（4）购车

刘先生夫妇喜爱出游，有车则外出旅游更加便捷。如果有可能，刘先生希望买一辆 20 万元的车。

刘先生夫妇的收入年增长率为 3%，支出年增长率为 3%，社保退休金的年增长率为 3%，房屋贷款利率为 6%。对刘先生进行风险测试后，发现刘先生是稳健型投资者，选择年投资收益率约为 8% 的投资工具比较合适。

根据上述信息，请你使用内部收益率法进行分析：刘先生家庭是否能实现上述理财目标？如果不能，如何调整理财目标？

# 第五章

# 子女教育投资规划

【引子】

美国总统本杰明·富兰克林曾说过：倾己所有追求知识，没有人能夺走它；向知识投资，收益最佳。接受教育可以增长知识、增进技能，进而获得较多的就业机会和职业适应性，以及较高的收入和社会地位。因此，用于教育的支出并非是单纯的消费支出，而是对人力资本的直接投资。教育投资规划包括投资者自身的教育投资规划和其子女的教育投资规划。鉴于我国家庭对子女教育的重视程度之高，投入金额之大，本章主要讨论子女教育投资规划。

## 第一节 子女教育投资规划的重要性

【案例5-1】

### 何先生与王先生的教育投资

何先生进入股市已有七八个年头。何先生家通常将每月积蓄分成三份，一份存定期，用于儿子将来出国留学，一份买股票，一份买基金。2006年和2007年上半年股市的一路凯歌让何先生失去了判断力和自持力。2007年10月，何先生瞒着太太将定期存款账户和基金账户里的30多万元全部转到股市里。没想到这笔"巨资"在股市还没有两个月的光景便成了泄气皮球。儿子高考临近，何太太开始盘算着送儿子去国外留学的花费。终于纸包不住火，何太太为此跟何先生天天吵闹，儿子的学习成绩原本非常好，但由于多年来为他准备留学的经费被股市套牢，儿子的情绪也受到影响，高考考得也不太理想。股市"蒸发"了儿子的留学梦。

而王先生则恰恰相反，无心插柳柳成荫。王先生1992年买了1 000股万科股票，给刚出生的女儿作为未来的大学学费，一直持有至2008年末女儿上高中时全部出售存入银行，1 000股万科股票经过历次送股分红，其价值已经将近百万元了。而他女儿也非常努力，高三毕业后直接申请到美国某大学就读，这笔资金基本

> 满足了女儿出国留学所需的全部费用。
> 　　同样是为子女教育进行的投资，何先生的股市投资断送了儿子的留学前程，而王先生却利用股市，轻松地实现了女儿留学金的积累。
> 　　子女教育投资已经成为我国家庭一项重大工程，孩子的教育投资规划也不单单只是"攒钱"或盲目投资就可以解决的。何先生和王先生的案例告诉我们，对子女的教育投资做出科学合理的规划、找到最适合的投资方式非常重要。

## 一、我国家庭的子女教育支出现状

### （一）我国教育的一般阶段

我国教育大致可以分为学前教育、初等教育、中等教育、高等教育和继续教育五个阶段。

学前教育是指 3~5 岁的儿童在幼儿园接受的教育过程。初等教育是指 6~11 岁的儿童在小学接受的教育过程。中等教育是指在 12~17 岁的儿童在中等学校接受的教育过程。初中、普通高中、职业高中和中专均属于中等学校。初中和普通高中的学制各为 3 年，初中毕业生一部分升入普通高中，一部分升入职业高中或中专。高等教育是指继中等教育之后进行的专科、本科和研究生教育。我国实施高等教育的机构为大学、学院和高等专科学校。继续教育包括成人技术培训、成人非学历高等教育以及扫盲教育。

### （二）我国家庭的子女教育花费

"在孩子教育上花的钱越来越多"是当前我国家长们的普遍感觉之一。很多调查结果也证明了这一论断。新浪教育发布的依据我国 5 万余份有效样本调查而作出的《2017 中国家庭教育消费白皮书》显示：中国家庭教育支出占家庭年支出的 50% 以上。该白皮书得出结论"中国家庭非常舍得在教育上花钱"。有数据显示，每年全国学前和中小学教育阶段生均家庭教育支出为 8 143 元：小学阶段全国平均为 6 583 元，初中阶段全国平均为 8 991 元，普通高中全国平均为 1.69 万元。而义务教育阶段家庭在校外的教育支出比例较高，达到家庭教育支出的 1/3。调查表明，有 76% 的家庭为子女支付课外培训或辅导的费用，且最大金额达到 80 001 元。

普及了义务教育，为什么家庭还有如此高的教育费用支出呢？教育界相关人士指出，这主要是因为教育市场和家庭消费观念的变化，子女在家庭中地位的上升，使得众多父母们心甘情愿地掏出大笔真金白银投资子女教育，这些教育花费除了用于应试教育的学费，更多地用在了培养子女全面能力的素质教育上。这笔素质教育支出包括奥数、钢琴、书法、舞蹈等。有些课程的收费较高而且还必须为孩子配备学习设备，如电脑、外语学习机、钢琴等，同时教育支出还有图书费、游乐费、交际费等其他杂费，因此家庭为子女支付的广义教育费用要更多。

在高等教育方面，随着高考扩招，上大学已经不是一件难事，家长和学生追求的是上"好"大学。而在本科毕业后,继续读研深造是许多学生的选择,出国深造也是其中一种途径。另外,生活水平的提高使得越来越多的家长希望自己的孩子能够尽早接受优质的国际教育,留学人员低龄化现象也越发明显。

随着社会的发展,家长对子女的教育日益重视,望子成龙、望女成凤成为大众心理。而社会的现实更让学历、文凭的重要性倍增,让孩子到拥有优质资源的学校去上学,就意味着与高学历、好文凭接近了一步。因此许多家长把名校当作子女成名、成才的希望,他们对子女教育到了不惜血本的程度。

## 二、子女教育投资规划的重要性

### (一)子女教育投资的回报高

英国著名的经济学家马歇尔在《经济学原理》一书中强调教育对经济发展的重要性,主张经济生产的要素,除了土地、资本、劳动力以外,还应该加上教育的因素。马歇尔明确指出"用于人的教育的投资,是最有效的投资","在所有资本之中,最有价值的就是对人投资而形成的资本"。马歇尔还指出了教育投资可以得到很高回报,如"一个伟大工业天才的经济价值,足以抵偿整个城市的教育费用。"美国经济学家沃尔什在1935年第一次正式提出"人力资本"概念,第一次计算了教育投资的经济收益。到20世纪60年代,美国著名经济学家西奥多·W.舒尔茨、罗默等人进一步形成了比较完善的人力资本理论,他们对人力资本及其主要开发方式,以及教育投资的概念、形成及其对经济发展的作用进行了深入而全面的分析。舒尔茨认为,在现代化的经济条件下,对教育投资的作用大于对物力资本投资的作用。他指出:"教育的经济价值是这样体现的:人们通过对自身的投资来提高其作为生产者和消费者的能力,而学校教育则是对人力资本最大的投资。"20世纪90年代以来,知识资本理论的兴起,对教育投资的研究又有了新的视角。知识资本理论更加强调了教育投资的作用,它指出教育与其他生产要素一样,是现代经济增长中越来越重要的动力和源泉,教育能提高劳动者的知识水平和技能,从而提高劳动者的生产效率,而劳动者生产效率的提高是实现整个社会经济增长和发展的微观基础,教育通过对劳动者知识水平、技能的提高,进一步改善了劳动者的个人收入;通过教育,尤其是通过普及教育不仅可以提高劳动者个人的生产效率和收入水平,而且可以缩小因所受教育不同而产生的收入差异,使社会收入分配趋于公平化。

教育对于经济发展有着巨大的贡献,而站在家庭个体的角度,让子女接受良好的教育,能增长孩子的知识和技能,使孩子在未来能获得较多的就业机会、较高的收入等回报。《中国家庭金融调查报告》的调研发现,教育投资在我国的回报是比较高的。一般情况下,从不同教育水平下的平均工资收入来看,受教育水平越高,平均工资收入越高(如图5-1所示)。本科学历的平均工资为大专(或高职)学历的平均工资的1.75倍,硕士学历的平均工资为本科学历的平均工资的1.73倍。不过,博士学历的平均工资仅为硕士学历的平均工资的70%。

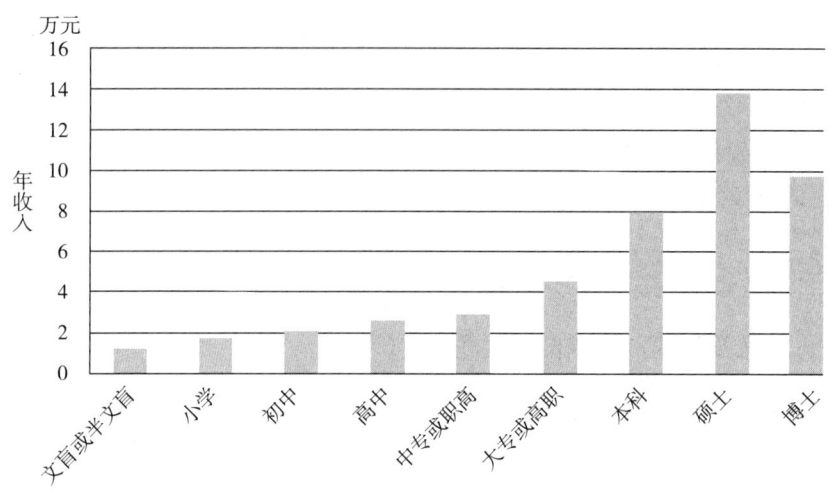

**图 5-1　不同受教育程度年收入**

### (二) 子女教育规划缺乏时间弹性和费用弹性

与其他规划如居住、退休养老等相比，子女教育金的准备是最没有时间弹性与费用弹性的理财目标，因此更要提前进行规划，才不会使家庭因为资金准备不足而导致子女无法进行相应阶段的教育，或让家庭因子女进行相应阶段的教育而背负沉重负债。

从时间弹性来看，一般子女3岁上幼儿园，6~11岁上小学，12~17岁上初中和高中，18岁就要步入大学。在孩子接受任何一个阶段的教育时，父母就应该已经准备好相应的教育金。教育规划与居住规划、退休养老规划不同的是，后两项规划，如果家庭财务状况不允许，可以推迟理财目标的实现时间，比如推迟购房时间、延迟退休年龄等，而教育规划则不具备这样的时间弹性。例如，子女一般到了18岁就要念大学，如果从小孩刚出生就开始准备大学教育金，能准备教育金的时间大致为18年。

同时，子女的教育费用相对固定，缺乏弹性。在学费面前，家长是费用的接受者，不具有讨价还价的余地。另外，尽管家庭收入与资产状况各异，但只要让小孩接受相同的教育，教育费用就基本相同，而居住规划、退休养老规划可以根据家庭财务能力进行合理规划。

### (三) 子女教育支出的持续时间长、费用高、增长快

教育支出是我国家庭支出的主要部分，而且持续的时间相当长，从孩子3岁上幼儿园开始计算，直至大学毕业，近20年时间。

尽管居民家庭的生活水平在提高，但教育方面的相应支出也在不断攀升，特别是在大多数家庭为独生子女家庭的情况下，父母更注重子女的教育，宁可省吃俭用也要让孩子接受良好的教育。越来越多的父母抱着"绝不让孩子输在起跑线上"的心理，逐年加大教育投资。从幼儿园起，就有各种赞助费、择校费、择班费、补课费，以及学费、生活费，教育支出占家庭消费的比重逐年增加，甚至超出了一些居民家庭可以承受的正常水平。

子女教育费用的增长速度也是较快的。据统计，我国高校的学费已从1995年的800元左右上升至2019年的6 500元左右，住宿费由1995年的270元左右上升至2019年的1 500元左右。我国教育费用的增长速度远远高于国民收入增长速度和通货膨胀率，理财专家保守估计今后20年我国教育费用每年约按5%到8%的速度增长，教育费用的攀升还是让越来越多的家庭感受到压力。

### 三、进行子女教育投资规划的重要原则

（一）尽早规划原则

教育投资规划缺乏时间弹性和费用弹性，因此教育金准备的时间越长，教育给家庭带来的财务压力越轻，实现教育投资的目标也越容易。

【案例5－2】

甲、乙和丙三个家庭分别在孩子刚出生、6岁和12岁时进行大学教育金的投资准备，三个家庭为孩子付出的教育金额都是54 000元，但最终获得的投资回报却不相同，甲投资时间最长，获得的资金时间价值最大（见表5－1）。虽然甲投资了18年，但每年投资金额只有3 000元，分摊到每个月，每月只需拿出250元即可；丙投资时间仅为6年，如果每年投资金额为9 000元，则每月需拿出750元，资金投资压力显然比甲大，最终获得的投资回报却最少。

表5－1 教育投资准备时间不同的比较

| 客户 | 甲（孩子刚出生时进行大学教育投资规划） | 乙（孩子6岁时进行大学教育投资规划） | 丙（孩子12岁时进行大学教育投资规划） |
| --- | --- | --- | --- |
| 每年投资金额（元） | 3 000 | 4 500 | 9 000 |
| 投资总年限（年） | 18 | 12 | 6 |
| 投资的年收益率（%） | 5 | 5 | 5 |
| 投资本金（元） | 54 000 | 54 000 | 54 000 |
| 孩子上大学时的投资总价值（元） | 84 397 | 71 627 | 61 217 |

另外，对于很多家庭尤其是晚育家庭而言，支付孩子高等教育费用的阶段恰好也是需要开始准备自身退休养老金的阶段。如果不提前进行教育投资规划，高等教育费用的大额支付可能导致这些家庭无暇顾及退休养老规划。例如30岁时生孩子，48岁时孩子上大学，如果没有提早储备教育金，在孩子上大学前后的一段时间，就需要全力以赴准备孩子的大学教育费用，若孩子还需要继续攻读研究生或出国留学，则所需花费更大，此时可能根本没有能力考虑自己退休养老金的准备。但如果孩子刚出生时，就考虑其高等教育费用的投资，在孩子接受高等教育前把所需资金准备充足，在孩子上大学时就有能力开始进行退休养老规划了。因此一般建议在孩子刚出生时，父母就

应该开始着手准备孩子未来的教育费用。

(二) 资金充裕原则

父母往往从自己的好恶、期望出发形成对孩子的期望，为孩子描绘未来的宏图。但孩子越是年幼，未来的发展方向越是难以确定，另外，孩子的资质高低、学习能力强弱等也是难以预测的。父母对孩子的期望值和孩子未来的实际发展会存在一定差距。例如，父母希望孩子能就读金融类热门专业，但孩子却对历史考古之类的专业有浓厚兴趣；父母希望孩子未来到美国念工商管理专业，而孩子却最终选择到法国就读艺术专业；父母希望孩子未来能考上重点学校，而孩子的最终成绩却只能上个普通学校。既然父母对孩子的期望与孩子的实际发展会存在差距，因而孩子最终所需的教育费用是不能准确估算出来的。为了保证孩子未来能有充裕的教育金，父母在教育金的准备上应宁多毋少、宽松预算。充裕的教育金是确保孩子接受良好教育的财务支持。

为孩子提前准备教育金，也是强制储蓄的一种手段。如果教育金最终有富余，多余的教育金可以成为退休养老金。小孩大学毕业之际，父母即将或已经迈入退休年龄，因此，多余的教育金完全可以划入退休养老金账户，以备未来退休养老使用。

(三) 定期定额投资原则

为子女储备教育金除了尽早开始外，如何累积这笔为数可观的资金，也是非常关键的问题。对于普通家庭而言，教育金的准备并非一朝一夕就可以完成，需要家庭长时间的积累。因此充分利用定期定额投资计划来实现子女教育金的积累是一种比较科学的方式，即从家庭每隔一段固定时间，如每月、每季度或每年的收支结余中提取一笔定额资金进行投资。

定期定额投资非常适合子女教育金的长期积累，其原因是已知未来将有大额教育金需求时，提早以定期小额投资方式来筹集，不但不会造成家庭日常经济上的负担，更能让定期投入的小钱在未来轻松变大钱。

另外，通过定期定额方式投资，不必在乎进入投资市场的时点，不必在意市场价格，无须为资产的短期波动而改变长期投资决策，资金是分期投入的，投资的成本有高有低，长期下来可以摊低平均成本，最大限度地分散投资风险。

定额本金所产生的利息加入本金继续衍生收益，通过利滚利的效果，投资时间越长，复利效果越明显。定期定额投资的复利效果需要较长时间才能充分展现，因此不宜因市场短线波动而随便终止投资。只要看好长线前景，市场短期下跌反而是投资的最佳时机，一旦市场反弹，长期累积的资金收益会更大。

(四) 稳健投资原则

子女教育事关孩子的未来。从幼儿园到小学、中学、大学阶段，父母们都需要持续投入较大数额的教育费用。因此，教育投资对于每个家庭来说，是一个需要时间和耐心的长远规划。如果因为想快速累积教育金，选择了高风险的投资工具，一旦投资受损，会在一定程度上影响子女教育规划的实施。子女教育重要、持续时间长、费用高、缺乏时间和费用弹性，这些因素决定了教育金投资可承受的风险较小。如果距离使用教育金的时间还比较长，对教育金的投资也不能单纯为了追求本金的安全而将其都投放在很低的储蓄账户上，这样容易遭受通货膨胀的侵蚀，影响投资的效率。

本章开篇何先生在儿子快要高考时，将为儿子准备的留学资金贸然投入股市，是非常错误的投资策略。众所周知，股市的波动性非常大，短期涨跌更是难以判断。如果投资失利，要想在较短的时间内回本，是非常困难的。这将直接影响孩子不久后的教育金。对于何先生而言，最科学的投资方式应该是将这笔教育金存放在安全的投资工具上，确保本金不受损失。而王先生恰好相反，在孩子刚出生时，即开始投资，虽然选择的是股票投资，风险较大，但由于是长线投资，短期波动对王先生没有丝毫影响，长线投资策略让王先生获得了巨大的回报，王先生最值得称许的做法是，在孩子需要这笔资金的前三年，把股票资金全部存放在几乎没有风险的银行，确保了孩子未来能有一笔丰厚的留学资金。可见，越是临近资金需要的时间，越应追求安全的投资方式。

## 第二节　子女教育投资规划的流程与方法

### 一、子女教育投资规划的流程

子女教育投资规划是一项长期而又复杂的工作。父母应根据孩子的兴趣特长，结合自身财务能力，确定一个适合孩子发展的教育目标，然后根据这个设定的目标准备教育金，并且有针对性地引导孩子朝这个方向发展。

子女教育金的来源除了家庭准备的教育投资资金外，还包括政府教育资助、奖学金及孩子勤工俭学金、助学贷款等。政府教育资助主要体现在孩子的基础教育上，如我国的公办小学及初中均属于义务教育阶段，父母只需承担少量的学杂费。但在孩子接受学前教育以及高等教育阶段，尤其是大学及大学后的深造，其所需费用较高。政府拨款不仅有限，还存在很大的不确定性。只有孩子在学习、社会活动等方面有突出成绩，才可能获取学校及社会团体提供的奖学金。勤工俭学不能带来稳定的收入来源，资金额度更是难以估算。当然，如果父母一时无法筹集到所需的教育金，或实际教育费用超出预算，也可以通过助学贷款来支付学费，但依赖贷款作为教育投资的方法加重了孩子在职业生涯初期的经济负担。

可见，子女教育最主要的资金来源只能依赖父母自身。父母只有针对未来的子女教育目标提前作出资金分配安排和投资计划，才能保证子女教育投资规划的顺利进行。

子女教育投资规划包括以下四个步骤（如图 5-2 所示）。

1. 明确父母希望其子女未来接受的教育目标，并了解实现该目标当前所需费用。
2. 预测实现该教育目标所需费用的增长率（即学费增长率），计算未来所需费用，以及父母应该准备的费用额度。
3. 计算教育费用缺口，确定不足教育费用的准备及投资方式。

4. 选择合适的投资工具进行投资。

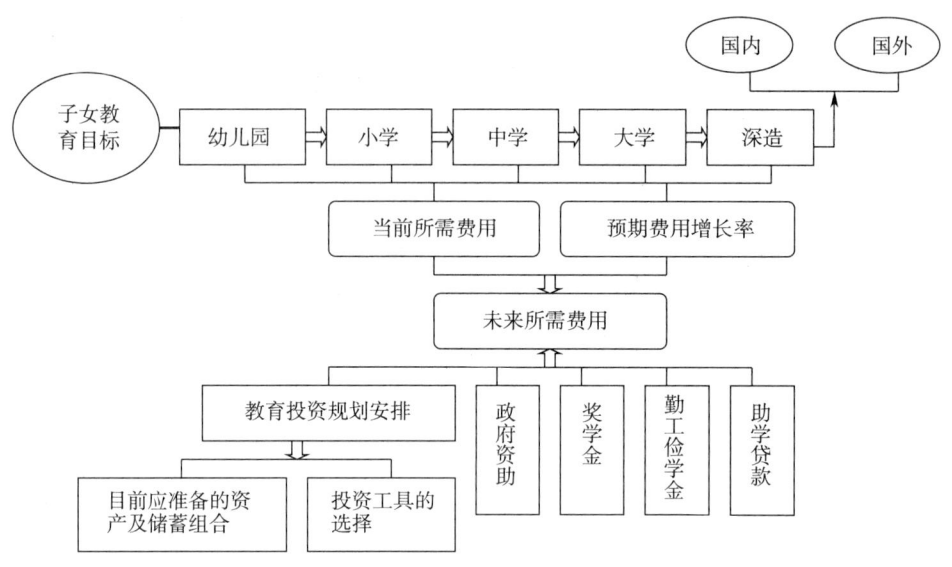

图 5-2 子女教育投资规划的步骤

## 二、教育投资规划的方法

（一）明确子女教育目标，确定目前该目标所需费用

估算实现教育目标所需费用是教育投资规划的基础。要明确子女教育目标，理财规划师应先向父母了解一些基本问题：

1. 实现该教育目标对您及子女是否重要？有多重要？
2. 您的子女目前的年龄是多大？
3. 您希望子女在何地完成该项教育？
4. 您希望子女在何种类型学校完成该项教育？
……

教育目标越重要，教育费用的准备越需要优先考虑，越需要注重资金投资的安全性。子女年龄大小对父母的投资金额和投资方式起着决定性作用，孩子年龄越小，离教育目标实现的时点越远，父母为孩子进行的资金投资额度越少，另外父母可以适当投资风险较大、收益较高的投资工具。

学校的性质、地理位置、师资力量、子女的兴趣和学习能力等同样影响教育费用。例如，公立学校较私立学校的收费高；经济发达地区比偏远地区的学费和生活费高；艺术类学校比一般专业学校的收费高；孩子学习能力强，未来获得奖学金的可能性大。

明确了教育目标之后，理财规划师可以根据众多公开的教育资料，确定实现该教育目标的当前费用。

## 【案例 5-3】

王晓明先生的儿子现年6岁,他希望儿子高中毕业后(18岁)直接申请美国的大学就读,他知道留美学费及其他费用将是一笔昂贵的开支。但他不清楚具体要多少金额。要了解美国的留学费用,可以直接到美国各高校了解,也可以通过留学中介来获知这些费用。在理财师的帮助下,王先生最后得知:学费方面,2019年美国私立大学学费平均为4.36万美元/年,公立大学本州学生学费平均为1.22万美元/年,公立大学州外学生平均为2.7万美元/年;其他费用包括住宿费、书本费、伙食费、健康保险费用、交通费等按中等水平估算大约为1.1万美元/年。

### (二)预测教育费用的增长率

要准确预测教育费用增长率并不容易,该数据每年都会有所变动。但尽管教育费用每年增长不一样,我们还是可以通过统计手段或找到权威部门发布的相关数据进行估算。

我国高等学校1997年统一实行招生并轨,全部实行高等教育的收费并轨制度,公立高校的学费开始迅猛增长,表5-2是我国2013—2019年的高校学费变化情况。从表中可见,2013—2019年我国高校学费年均增长为2.77%。而相同阶段我国平均通货膨胀率是1.95%。可见,知识经济时代教育发挥着极其重要的作用,而接受教育所需的费用也远高于普通商品物价的上涨。

表5-2 2013—2019年中国公立高等本科院校学费增长及通货膨胀情况一览表

| 年份 | 人均学费(元) | 增长(%) | 年份 | 通货膨胀率(%) |
| --- | --- | --- | --- | --- |
| 2013—2014 | 5 722 | | 2013 | 2.00 |
| 2014—2015 | 5 768 | 0.82 | 2014 | 2.60 |
| 2015—2016 | 5 913 | 2.50 | 2015 | 2.00 |
| 2016—2017 | 6 132 | 3.70 | 2016 | 1.40 |
| 2017—2018 | 6 480 | 5.69 | 2017 | 2.00 |
| 2018—2019 | 6 554 | 1.14 | 2018 | 2.10 |
| 平均增长 | | 2.77 | | 1.95 |

注:上述数据根据《中国统计年鉴》《中国教育统计年鉴》以及《中国教育经费统计年鉴》的历年数据整理而成。2014年度之前公布高校学杂费,2014年度开始公布高校学费,两者口径不一致。所以数据从2014年开始统计。

对未来教育费用的增长率的估算,可以根据历年教育费用的增长情况来预测,如计算得知我国高校历年教育费用的平均增长率是2.77%,2.77%就可以作为大学教育费用增长率的估算值。教育费用的增长往往与通货膨胀联系在一起,因此,理财师也可以把近年来的通货膨胀率进行平均,结合未来的经济发展趋势,对未来教育投资规划期间的通货膨胀率作出合理的预测。伴随着经济的发展,人们对教育的重视程度不断提高,教育费用也不断上升,涨幅往往超过通货膨胀率,因此,可以结合一国的实际情况,在通货膨胀率的基础上增加几个百分点,作为教育费用的预期增长率。如我国平均通胀率为1.95%，如果增加1个百分点，教育费用的增长率为2.95%。

不过，对教育费用增长率的估算值越高，实现子女教育目标的资金保障程度就越高，但过高的预测也会增加客户的负担。因此，对教育费用的增长率的估算要力求准确，实在无法确定时，建议进行保守估算，宁多毋少，以避免未来出现不能支付教育费用的情况。当孩子完成所需教育后，多余资金可以用做其他规划。

王晓明先生的案例中，如果他想了解美国未来学费的增长态势，理财师通过查找美国权威机构——美国大学理事会发布的报告《大学教育趋势》，得知美国公立及私立大学（四年制）学费增长情况（如图5-3所示），近20年来美国公立高校本州学生学费年均增长率是7.3%，美国公立高校州外学生学费年均增长率是5.5%，而私立大学学费年均增长率是4.8%。

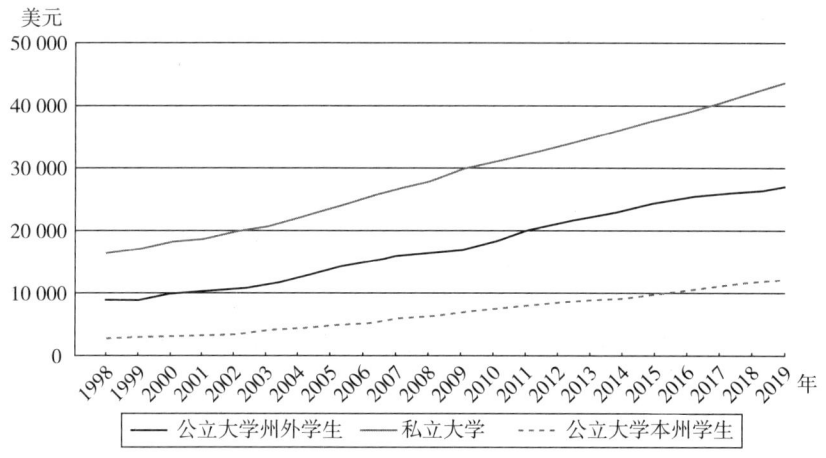

**图5-3　1998—2019年美国各类大学历年学费**

（三）估算未来所需支付的教育费用

根据当前教育费情况用及估算出来的学费增长率，就能进一步计算客户未来所需支付的教育费用额度。

王晓明先生的案例中，美国各类大学的收费情况及学费增长率已经确定，则可以预测12年后的学费情况。12年后美国公立大学本州学生学费大约是2.84万美元/年［FV（0.073，12，，-1.22）］；美国公立大学州外学生学费大约是5.13万美元/年［FV（0.055，12，，-2.7）］；私立大学学费大约是7.65万美元/年［FV（0.048，12，，-4.360）］。

美国近10年来的年均通货膨胀率为1.55%，12年后在美国留学所需生活费用大约是1.32万美元/年［FV（1.55%，12，，-1.1）］。

宁多毋少，资金充裕原则下，王晓明决定选取私立大学学费7.65万美元/年作为目标金额。生活费则选取1.32万美元/年作为目标金额进行准备，这样，王晓明12年后共需准备留学费用35.88万美元（在儿子18岁时把4年留学的所有学费和生活费准备足够），折合人民币约246万元（1美元=6.86元人民币）。

（四）进一步确定教育金投资方式，并选择合适的投资工具

教育金的投资方式可以选择当前一次性投资一笔金额，并将投资产生的利息进行再投资，也可以选择定期定额投资方式，定期投入一笔等额资金，或者可以综合以上两种方式，先投入一笔资金，同时辅以定期定额投资来完成教育金的储备。

较早进行教育投资规划可以降低家庭财务负担和风险，因此与其他规划相比，教育投资规划更重视长期投资工具的运用和选择。另外，教育投资事关子女的前途，教育投资工具的选择更要注重安全性，距离使用教育资金的时间越近，要求投资工具的安全性越高。

王晓明先生的案例中，理财师建议他在孩子留学前夕准备好所有的美国留学费用，从现在开始的12年时间选择稳健型投资基金进行投资，留学前夕将这笔巨款以定期存款方式存放在银行，确保本金的安全。稳健型投资基金的年均回报率约为6%，王晓明如果采用一次性投资方式，则现在需要准备122万元人民币［PV（0.06，12，，246）］。如果采用每年年末定期定额投资方式，则每年年末需投资14.6万元人民币［PMT（0.06，12，，246）］。王晓明最后告诉理财师，他现在手头有30万元闲置资金可以作为教育投资启动资金，剩下不足的部分，则采用每年年末定期定额投资方式，则王晓明每年年末仍需投资11万元人民币［PMT（0.06，12，-30，246）］。

## 第三节　子女教育金投资规划工具

### 一、子女教育金投资工具

在我国可用于子女教育金投资的工具主要有储蓄存款、教育保险、银行理财产品、债券、证券投资基金、股票、子女教育金信托等。教育金投资必须坚持稳健原则，所以与其他投资规划相比，教育投资规划更重视长期的投资工具。银行存款、教育保险等传统投资工具安全，有稳定的收益，但收益较低。而基金、股票等投资工具的平均收益较高，却要承担一定的风险。

（一）储蓄存款

通过储蓄存款积累教育金可以获得稳定的收益，投资风险小，但收益也少。另外，采用储蓄存款方式积累教育金，要求父母自觉进行储蓄，这对于大多数人来说有一定难度，尤其在有其他需要时，教育金往往被挪作他用。

目前我国商业银行个人储蓄业务中有专门针对教育的储蓄业务。教育储蓄是指个人为其子女接受非义务教育（指九年义务教育之外的全日制高中（中专）、大专和大学本科、硕士和博士研究生）积蓄资金，每月固定存额，到期支取本息的一种定期储蓄。三个学习阶段可分别享受一次2万元教育储蓄的免税优惠。最低起存金额为50元，本金合计最高限额为2万元。存期分为一年、三年、六年，一般来说，六年期教

育储蓄适合小学四年级以上的学生，三年期教育储蓄适合初中以上的学生，一年期教育储蓄适合高二以上的学生。这样，进行非义务教育储蓄时（即升入高中以后），就可以在教育储蓄到期时享受优惠利率并及时使用该存款。在利率方面，一年期、三年期的教育储蓄按开户日同期同档次整存整取定期储蓄存款利率计息，六年期的教育储蓄按开户日五年期整存整取定期储蓄存款利率计息。综上所述，教育储蓄是特殊的零存整取定期储蓄存款，具有存期灵活、总额控制、利率优惠、利息免税、定向使用等特点，能积零成整，满足中低收入家庭每月固定小额存储，积蓄资金，解决子女非义务教育支出的需要。

（二）教育保险

教育保险又称教育金保险、子女教育保险、孩子教育保险，是以为孩子准备教育金为目的的保险。教育保险具有强制储蓄的作用，父母可以根据自己的预期和孩子未来受教育水平的高低来为孩子选择险种和金额，一旦为孩子建立了教育保险计划，就必须每年存入约定的金额，从而保证这个储蓄计划一定能够完成。

教育保险同时具有保险的保障功能，可以为投保人和被保险人提供疾病与意外伤害以及高度残疾等方面的保障。所以一旦投保人发生疾病或意外身故及高残等风险，不能完成孩子的教育金储备计划，则保险公司会豁免投保人以后应交的保险费，相当于保险公司为投保人交纳保费，而保单原应享有的权益不变，仍然能够给孩子提供以后受教育的费用。

教育保险的缺点是收益率偏低，和定期存款差不多，一般在3%~4%，较适合投资保守型的家庭使用。

（三）银行理财产品

银行理财产品是商业银行在对潜在目标客户群进行分析研究的基础上，针对特定目标客户群开发设计并销售的资金投资和管理计划。银行只是接受客户的授权管理资金，投资收益与风险由客户或客户与银行按照约定方式承担。根据是否保证本金与收益，银行理财产品可分为保本固定收益产品、保本浮动收益产品与非保本浮动收益产品三类。银行理财产品的投资期限较短，风险略高于储蓄存款，收益也比普通的个人储蓄存款高。银行理财产品需要投资的初始资金较多，一般在5万元人民币以上。

（四）债券

相对股票而言，债券安全性较高，收益相对稳定且流动性强，也是进行教育投资规划的重要工具。

（五）证券投资基金

与股票相比，证券投资基金风险较低、收益较好，因此也是一种较好的教育理财工具。

证券投资基金的投资方式可分为单笔投资和定期定额投资两种。所谓基金定额定投指的是投资者在每月固定的时间（如每月10日）以固定的金额（如1 000元）投资到指定的开放式基金中，类似于银行的零存整取。基金定期定额投资具有类似长期储蓄的特点，能积少成多，平摊投资成本，降低整体风险。基金定期定额投资有自动逢低加码、逢高减码的功能，无论市场价格如何变化，总能获得一个比较低的平均成本，因此定期定额投资可抹平基金净值的高峰和低谷，消除市场的波动性。只要选择的基金有整体增长，投资者就会获得一个相对平均的收益，不必再为入市的择时问题而苦恼。

一般投资者很难选准投资时点，更没有时间去研究，也不知道什么时机买入、什么时机卖出。教育金的积累是一项长期而艰巨的投资任务，选择基金定额定投方式，不论市场行情如何波动，每个月在固定时间定额投资，在基金价格较高时买进的份额较少，而在基金价格较低时买进的份额较多，长期积累，可以有效地回避风险，复利效果也非常明显。由此可见，基金定额定投方式非常适合普通家庭进行长期教育金的积累。

（六）股票

股票的投资风险比较大，普通投资者同时面临股票投资的系统性风险和非系统性风险。尽管系统性风险不能通过多样化投资而分散，但可以通过时间来加以化解，对股票进行长期投资，可以降低系统性风险的影响。非系统性风险是指对某个行业或个别证券产生影响的风险，它通常由某一特殊因素引起，与整个证券市场的价格不存在系统的、全面的联系，而只对个别或少数证券的收益产生影响。投资者可以通过分散投资的方法，来消除非系统性风险。但是，普通投资者的资金实力有限，缺乏分散投资的实力，随时面临股票的非系统性风险。所以进行教育投资规划一般不鼓励父母采用股票投资方式。

如果离教育金需要的时间较远，也可以把部分资金投资于股票，以股票投资的方式来辅助教育投资规划的实施。股票相对于其他教育投资工具有较高的回报率，可以帮助客户较早完成教育投资规划。在选择股票方面，可以选择业绩较稳定的大盘蓝筹股，也可选择具有高成长性的股票。但是随着教育目标年限的临近，应逐渐降低股票在教育投资中的比重，增加其他低风险投资工具的比重。本章开篇中，王先生在小孩刚出生时，即买入万科股票进行长期持有，基本不受整个市场的系统性风险的影响，而恰好选择的万科股票在未来有很好的成长性，让王先生获得了远高于市场平均回报的收益，轻松赚取了女儿留学所需的费用。

（七）子女教育金信托

父母也可以在信托机构为孩子开立专属账户，定期积累教育金。信托投资也是家庭进行财富管理的工具之一，父母可通过设立信托专户，将资金有规划地积累于信托专户中，作为孩子未来养育费和教育费的资金来源。

父母若想为孩子储备教育、出国深造，甚至是未来结婚、购房、创业等各种基金，可以选择信托机构推出的子女教育计划，将资金交付给信托机构，信托机构能依照父母所设定的各项条件及时间点，将储备基金专款专用于孩子身上，例如每月固定的生活费、零用钱，或每学期的学费，甚至是未来的留学金、创业基金等。

子女教育信托的最大好处是具有独立性，可让正在发展事业的父母专心在工作上冲刺，无须担心可能因事业失败而影响到孩子的生活及教育。另外，万一在孩子未成年前父母不幸发生意外的话，信托尚能保全财产，避免财产被他人挪用，并提供长期的教养费用来源。此外，通过信托方式逐年转移财产，可避免将来一次性移转发生的赠与税。目前很多信托机构推出子女教育计划信托，可以为客户一对一量身定制信托规划，不仅能兼顾税务规划及对子女未来的保障，还能协助孩子树立正确的理财观念，让家庭财富传承发挥较大效益。

## 二、子女教育金投资策略

制定科学的投资策略、选择合适的投资工具是成功实施教育金投资规划的关键。父母需要进行科学合理的投资，以确保教育金的保值增值。因此从决定建立教育金的那个时刻开始就有必要做一个详尽的投资计划，通过多种投资工具的组合为教育金找到保值增值的途径。

首先，教育金投资规划并非短期可以完成，而是一项长期的重要投资任务，需要父母的理性和耐心。父母应对各类证券的投资收益率有合理的预期，尽可能选择适合自己投资收益目标和风险承受能力的投资工具。应坚持长期投资观念，耐心持有投资产品也非常重要。短期内频繁买卖投资产品不但耗时耗力，而且收益并不理想。长期投资需要足够的耐心，能忽视正常的市场波动，通过长期投资来分享国家经济发展的收益，实现教育金的增值。

其次，教育金投资规划是一项动态规划，要结合实际情况及时调整投资策略，在不同阶段尽可能选择最合适的投资产品。在孩子年龄较小时，离大额教育费用支付的时间较远，这时父母可以考虑相对积极的投资策略，选择股票、股票型基金或指数型基金，配合一定的稳健型基金进行投资。选择这样的投资组合，平均回报较高，但也需要冒较大的风险，不过如果选择长期投资，时间越长，风险越小。1994年沃顿商学院著名教授Jeremy Siegel出版了 *Stocks for the Long Run* 一书，他以美国股市长达120年的数据证明了股票是所有投资品种（债券、商品、黄金、房地产等）中回报最高的，只要持有的时间超过十年，股市年均回报的波动将大大降低。随着孩子的不断成长，所需大额教育费用的时间缩短，父母应该逐步减少股票类型的投资比重，提高稳健性基金、债券等的投资比重。离大额教育费用的需要时间较近时，更是应该首要考虑资金的安全性，而非收益高低，正确的做法是将之前的全部资金积累及投资成果转移到安全的领域，如存款、短期债券、货币市场基金或保本型银行理财产品。

在图5-4中，采取积极的投资组合，投资期为20年，假若可获得10%的年均收益率，初始的资金为2万元，即使期间涨跌幅度较大，但最终可获得的投资本利和为13.45万元。而采取保守的投资组合，年均收益率为5%，投资期为20年，最终获得的投资本利和为5.31万元。但是，如果投资期在5年以下，积极的投资组合由于短期波动太大，其投资本利和总额远低于保守的投资组合，积极的投资组合在第3年表现最差，投资本金损失近半。由此可见，如果投资期限较短，而投资资金又有非常重要的用途，如用于教育，则应该选择相对保守的投资组合；如果投资期限较长，则可以采取长期投资策略，持有相对积极的投资组合，最终可以获得较高的回报。

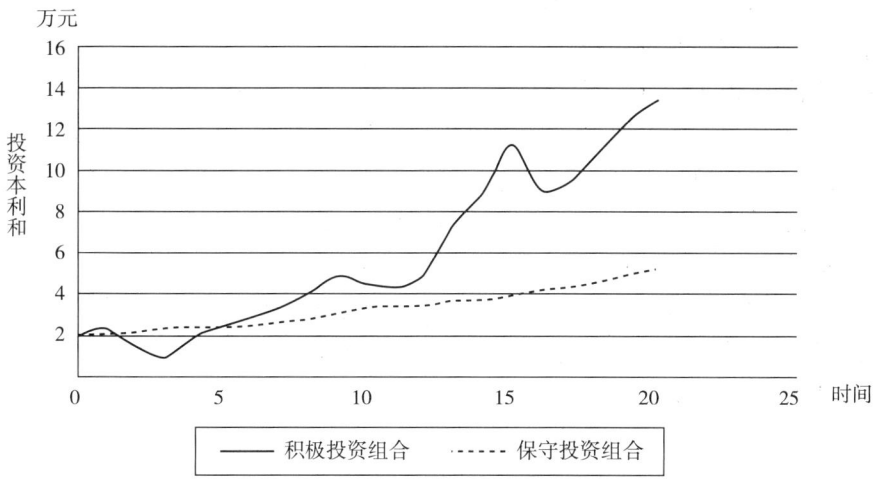

图5－4 积极和保守投资组合效果

### 三、教育金储备不足的应对策略

如果教育投资规划进行得比较晚，短期内无法筹集足额的教育金，而教育目标又非常重要，这时就应该考虑通过贷款或变现资产等方式来满足教育金的支付了。专门针对教育费用的贷款有国家助学贷款、商业助学贷款，针对留学则有出国留学贷款。

国家助学贷款是由政府主导、财政贴息，由银行、教育行政部门与高校共同操作的专门帮助高校贫困家庭学生的银行贷款。借款学生不需要办理贷款担保或抵押，但需要承诺按期还款，并承担相关法律责任。借款学生可以通过学校向银行申请贷款，用于弥补在校学习期间学费、住宿费和生活费的不足，毕业后分期偿还。申请金额原则上每人每学年最高不超过6 000元，贷款利率执行中国人民银行同期公布的同档次基准利率。借款学生在校学习期间的国家助学贷款利息全部由财政补贴，毕业后的利息由借款学生本人全额支付。学生根据个人毕业后的就业和收入情况，在毕业后的1～2年内选择开始偿还本金的时间，6年内还清贷款本息。

商业助学贷款是指贷款人向借款人发放的用于借款人本人或其法定被监护人就读国内小学、中学、普通高校及攻读硕士、博士等学位或已获批准在境外就读中学、大学及攻读硕士、博士等学位所需的学杂费和生活费（包括出国的路费）的一种人民币贷款及外汇贷款。一般商业助学贷款需提供贷款银行认可的财产抵押、质押或第三方保证作为贷款担保条件，贷款利率按照中国人民银行规定的同期同档次贷款利率执行。商业助学贷款的期限一般为1～6年，最长不超过10年（含10年）。贷款的额度原则上不得超过受教育人在校就读期间所需学杂费和生活费总额的80%。贷款期限在1年以内（含1年）的，可按月或到期一次性偿还本息；贷款期限在1年以上的，须按月偿还贷款本息，每月还款额应在每学年根据年度发放贷款数确定一次。

出国留学贷款是指银行向出国留学人员或其直系亲属或其配偶发放的，用于支付其在境外读书所需学杂费和生活费的外汇消费贷款。出国留学贷款的额度不超过境外留学学校录取通知书或其他有效入学证明上载明的报名费、一年内的学费、生活费及其他必需费用的等值人民币总和，最高不超过50万元人民币。贷款期限一般为1~6年，最长期限不超过6年。借款人须提供贷款人认可的财产抵押、质押或第三方保证。

通过贷款等方式可以在一定程度上解决教育金不足的问题，让孩子不会因为资金问题而放弃所需接受的教育。但贷款资金在孩子毕业之后的几年内必须偿还，当前我国就业形势不乐观，毕业后的最初几年，部分毕业生工作不稳定，大部分毕业生收入水平较低，同时面临结婚、买房等大笔开支，此时的经济压力很大，还款压力也更为沉重。所以建议父母应当尽早为孩子进行教育投资规划，尽可能避免教育负债，降低孩子在毕业后的经济压力。

## 【本章小结】

子女教育支出在家庭开支中占到重要的比例，由于子女教育投资的重要性、教育金的时间和费用缺乏弹性，对有子女的家庭而言，子女教育投资规划应是一项长远、稳健的规划，应遵循尽早规划、资金充裕、定期定额投资以及稳健投资等原则。

子女教育投资规划一般包括以下四个步骤：（1）明确教育目标，了解实现该目标当前所需费用；（2）预测学费增长率，计算未来所需费用，以及父母应该准备的费用额度；（3）计算教育费用缺口，确定不足教育费用的准备及投资方式；（4）选择合适的投资工具进行投资。

可用于子女教育金投资的工具主要有储蓄存款、教育保险、银行理财产品、债券、证券投资基金、股票、子女教育金信托等。

## 【重点概念】

子女教育投资规划　　教育费用　　学费增长率　　子女教育投资工具

## 【思考与练习】

1. 子女教育规划为什么重要？
2. 子女教育投资规划应遵循哪些原则？
3. 阐述子女教育投资规划的一般流程。
4. 如何估算学费增长率？
5. 常见的子女教育投资工具有哪些？其收益和风险如何？
6. 有什么方法应对教育金储备不足？
7. 程先生计划送儿子出国留学，目前留学的费用需要40万元，预定儿子10年后出国时要准备好留学基金,学费增长率为3%,为了准备此笔费用,程先生每年要投资多少钱?(程先生的平均投资收益率为5%。)若程先生的年储蓄投资额为3万元,需要有多高的收益率才能达到筹备子女教育金的目标?

8. 小华预计12年后上大学,届时需学费16万元。小华的父亲每年投资1.2万元于平均收益率为2%的债券型基金,则12年后这笔投资金额是否足够支付当时学费,差额为多少?

9. 王先生的孩子现年6岁,12年后上大学,大学(4年)毕业后想继续攻读硕士学位2年,目前大学学费及研究生学费为每年2万元,目前学费每年的增长率大约为5%,假设王先生平均每年的投资收益率为10%,若他想一次性提取足额资金,则现在应准备多少资金?若他选择每年定期定额投资的方法,则他每年应投资多少?

10. 秦先生现年38岁,妻子现年37岁,他们的儿子秦天乐现年6岁,是一名小学一年级学生。对于儿子的未来,夫妇俩寄予了厚望,秦先生夫妇希望儿子高中毕业后直接申请美国的大学就读。因此他们希望能够尽早为儿子准备好出国留学资金。

秦先生职业稳定,月税后收入为17 000元左右。妻子月税后收入为8 000元左右。夫妇俩年底奖金合计3万元左右。夫妇俩有自住房一套,当前价值约为100万元,无负债。有市值30万元的股票、15万元的三年期定期存款、2万元的活期存款。秦先生家庭的月生活基本支出(衣、食、住、行)为5 000元左右。在教育费用方面,秦天乐目前接受九年义务教育,学校免学杂费,秦先生家所在地段教育质量较好,且秦天乐成绩优秀,并不需要考虑借读费等教育费用支付,秦天乐目前参加羽毛球及围棋的才艺班学习,每月大约共需要2 000元的费用支出。在娱乐、休闲、交际方面,平均每年开支约为4万元。

请你作为秦先生聘请的理财规划师,为秦先生做一份子女教育投资规划方案。要求该方案能结合秦先生的实际情况和当前的教育环境,说明到美国读大学的教育费和生活费的估算方法与结果,并结合我国当前投资市场选择具体的投资工具。

# 第六章

# 居住规划

## 【引子】

"住"是人最基本的需求之一。房子给人一种稳定的感觉,有了自己的房子,才感觉自己在社会上真正有了一个属于自己的家。买房子是人生的一件大事,很多人辛苦一辈子就是为了拥有一套自己的房子。买房前首付款的筹备与买房后贷款偿还的负担,对于家庭的现金流量及其以后生活水平的影响可以延长到十几年甚至几十年。

## 第一节 居住规划的流程

### 一、居住规划的重要性

"衣食住行"是人生最基本的四大需求,其中"住"又是所需金额最大的一项。在个人理财规划中与"住"相对应的就是居住规划。

随着我国住房政策从福利分房向货币分房转化,以及按揭购房的普遍推广,人们对住房的选择更加灵活多样,但住房支出在个人或家庭支出中的比重也越来越大。近年来,我国房价节节攀升,老百姓在住房方面的支出占收入的比重也越来越大,购房对人们未来生活的影响深远,只有提前进行科学合理的规划,才不至于陷入因购房而带来的一系列问题,如购买住房不符合居住要求,或带来过大的财务压力。

（一）提前规划可以迫使个人或家庭有目的地储蓄

随着成家立业,人们更愿意结束居无定所的生活,因此购房与教育、退休等其他规划相比,可以准备资金的时间最为紧迫,在短期内为购房而储蓄的压力也最大。购房需要支付的首付款及其他相关费用是一笔不小的支出,尤其是近年来由于房价的攀升,很多人为了能买得起一套住房,光是首付款就不得不向亲戚朋友借款筹集,再加上未来银行贷款的偿还,购房势必影响未来的生活质量。如果在决定购房前提前制定购房目标,并有目的地进行储蓄及投资,则未来购房时购房款的支付也就会更轻松。

### （二）可以科学选择合适的住房

要作出购房是否合算、房价是否合理和区域选择是否合适等决策，就必须先进行细致而周全的规划。例如，买房时一味追求豪华、舒适、大面积的房子，而不考虑自身的财务能力，购房必将给未来生活带来极大的财务困扰，甚至使个人或家庭陷入巨大的财务困境；有小孩的家庭购房时不考虑周边是否有配套的教育资源，等小孩上学时又会遇到上学困难等问题；对于上班族而言，如果购房时不考虑交通问题，选择了交通不便利的地方，每天就会面临"行"的成本，或者在交通上耗费太多的时间，或者要购置私家车，而购置私家车又加大了财务支出，带来了更大的财务压力。由此可见，购房前除了考虑房屋的居住功能，还要考虑其他因素，如教育因素、交通因素、购物环境等，尽量避免因购房而带来的各种困扰。

### （三）可以合理选择贷款计划

根据自身的财务实力，确定可向银行贷款的额度，确定未来是否能够如数归还银行贷款，并据此作出购房贷款方式、贷款年限的决策，这样可以使未来偿还住房贷款更轻松自如。现实中不结合实际情况，盲目购房，导致还款压力过大的案例屡见不鲜。例如，购买住房后，还贷压力过大，自己无力承担贷款，只好把自己的住房分租给他人；购房后还贷压力过大，导致不敢轻易跳槽或不敢自主创业，害怕工作的波动带来收入的波动，最终无力还贷；当收入下降时无力供房，最终断供，使得住房最终被银行收回。因此，在选择住房时，科学的贷款规划可以帮助购房者明确最合适的贷款方式，确定合理的贷款年限，使得购房者不会因为购房带来太大的还贷压力，减少购房目标与其他理财目标，如教育、退休养老等的冲突。

## 二、购房动机

购买房屋，首先要解决的是居住问题。在满足了居住要求后，具备较强经济实力的人还考虑购买房屋或商铺进行投资。房产具有显著的投资价值，一方面可以抵御通货膨胀，具有良好的保值功能，另一方面在房产价格单边上涨的态势下，房产投资具有较高的增值性。

### （一）自己居住

大部分人购房是为了满足自己的居住需求。因此，对于自用住房，除了考虑自身财务能力外，还要考虑居住的质量要素，如要结合周边的地理位置和环境因素、服务设施、交通因素、教育条件、物业管理等综合衡量。

### （二）投资

住房投资是指将住房当成投资工具，将所购住房用于出租以获取收益，或者购买有增值潜力的房屋，待价格上升后出售，获取价差收益。住房投资可以有效抵御通货膨胀风险。

住房投资属于高风险投资。投资性住房的购买除了要考虑自身的资金实力、资金周转等因素外，还要对房屋所处的地理位置、区域规划、房产政策等众多经济、政策因素进行分析研究。

### 三、居住规划的流程

对于希望住房满足自身居住需求的人而言，居住规划首先需要解决的问题是通过租房还是购房来满足居住需求。购房规划主要包括购房、换房与房贷规划等方面。居住规划的流程如图6-1所示。首先要根据家庭人口数量和居住条件，如教育、交通、购物等，确定住房所需面积和区域要求，进而判断是通过购房还是租房来满足居住的上述需求，如果决定通过购房满足居住需求，则应进一步做好购房规划，如首付款的筹集以及相应的贷款计划。

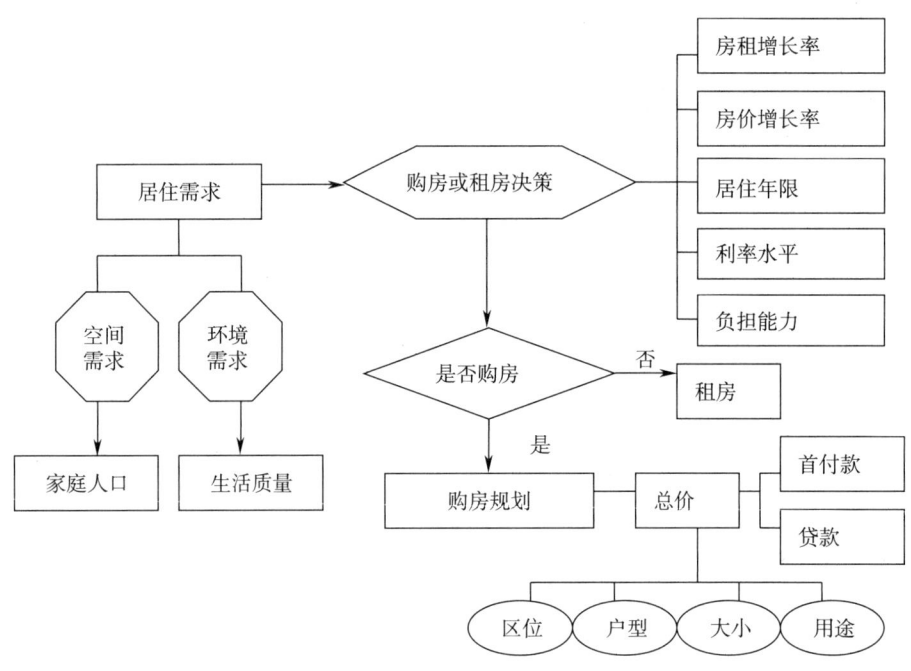

图6-1 居住规划流程

## 第二节 租房与购房的决策

### 一、租房与购房的比较

大多数人愿意倾尽所能拥有自己的房屋，因而买房就成为人生一件大事。但并非只有购房才能满足人们的居住需求，对于没有经济基础，或工作、家庭尚未稳定的人而言，租房能达到同样的居住效果。

(一)租房的优缺点

1. 租房的优点。首先,人们可以根据自身收支情况来选择住房。收入上升时,可以选择租赁空间较大、交通便利、环境优越的房屋。而收入下降时,可以租赁相对廉价的房屋居住。其次,租房可以使人们有更多的闲散资金用于其他方面的投资,同时租房对于工作地点不稳定的人而言,具有更大的迁徙自由度。最后,租房不必担心房屋价格下跌的风险,不必承担房屋方面的各种赋税,也不用支付房屋维修的各项费用。

2. 租房的缺点。租房的缺点主要体现在房租价格上升或非自愿搬离的风险,另一缺点是不能根据自己的意愿装修房屋。

(二)购房的优缺点

1. 购房的优点。首先,购房使得人们拥有自由使用房屋的权利,可以根据自己的需要装修房屋,提高居住质量。其次,房屋是抵御通货膨胀的最好工具,具有资产保值和增值的功能。最后,拥有住房大大提高了人们的信用能力,人们可以用自己的住房进行抵押融资。

2. 购房的缺点。首先,购房需要的资金额度较大,购房前期一般都会面临较大的财务压力。其次,房屋的流动性、变现能力较差,投资房屋要承担价格下跌的风险。最后,拥有房屋不利于人们变换工作地点。

## 二、租房与购房的决策方法

(一)年成本法

购房的年成本主要体现在住房占款①的机会成本、房屋贷款的利息成本和因房屋产生的税费、每年的维修费用等方面。如果不购买房屋,则购买房屋占用的自有资金则可以有其他投资用途,可以带来投资收益,所以应该考虑住房占款的机会成本;如果购买房屋中使用了贷款,则会产生相应的利息,所以有利息成本;另外,购买房屋会有相应的税收和费用,需要装修房屋和定期维修房屋,这些都是购房带来的成本。不过,房屋一般可保值增值,房价上涨可抵消部分成本,所以也要考虑房价的上涨幅度。购房年成本计算公式如下:

$$购房年成本 = 住房占款 \times 存款利率 + 贷款余额 \times 贷款利率 + 年均维修及税收费用 - 房价年涨幅$$

而租房的年成本主要体现在每年的房租和押金占款的机会成本上。房租是租房的最大成本,押金虽然可收回,但也应考虑其机会成本。租房年成本计算公式如下:

$$租房年成本 = 房屋押金 \times 存款利率 + 年租金$$

---

① 住房占款与首付款的含义不同,首付款是指买房后支付的首笔自有资金款项,住房占款是指购房占用的自有资金,随着房屋贷款本金的逐渐偿还,购房者的住房占款也越来越多。

## 个人理财

> 【案例 6-1】
> 李小姐最近看上了一套位于某小区的二手房，面积为80平方米。该房可租可售。如果租的话，房租为每月3 000元，押金为1万元。而购买的总价是90万元，李小姐可以支付50万元的首付款，另外40万元拟采用6%的商业贷款利率向某银行贷款。另外，购买二手房需要较多的税费支出和维修费用，这些税费如果按年平摊，大约为每年5 000元。此地房价每平方米的年涨幅约为100元。李小姐应该租房还是购房？（李小姐的年平均投资收益率是4%）

李小姐的租房年成本 = 10 000 × 4% + 3 000 × 12 = 36 400（元）

李小姐的购房年成本 = 500 000 × 4% + 400 000 × 6% + 5 000 - 100 × 80 = 41 000（元）

从第一年来看，李小姐的租房年成本为36 400元，小于购房年成本41 000元，租房更合算些。不过，到底是租房还是购房，只凭借计算第一年的年成本就得出结论是不科学的，还需要结合很多因素进一步综合比较。

首先是住房占款的变动情况。由于每年都需要偿还一定额度的房屋贷款本金，所以李小姐在购房中占用的自有资金每年都有所不同。假若李小姐采用等额本金还款法[①]，10年还清银行所有贷款，即每年偿还银行本金40 000元[②]。如果条件不变，则李小姐第二年的住房占款是540 000元（500 000 + 40 000），而贷款余额是360 000元（400 000 - 40 000），第二年购房年成本是40 200元（540 000 × 4% + 360 000 × 6% + 5 000 - 8 000）。

随着贷款本金的逐渐偿还，购房占款逐渐增加，由于李小姐的年均投资回报率小于银行贷款利率，她的购房年成本将逐渐降低，全部贷款还清后，购房年成本是33 000元（900 000 × 4% + 0 × 6% + 5 000 - 8 000）。

表6-1是租房和购房的年成本，前六年购房年成本高于租房年成本，但从第七年起，租房年成本高于购房年成本。如果李小姐在此地短期居住，比较适合租房，而如果长期定居在此，购房可能更合算。

表6-1　　　　　　　　　购房和租房的年成本比较　　　　　　　　单位：元

| 年度 | 租房年成本 | 购房年成本 |
| --- | --- | --- |
| 1 | 36 400 | 41 000 |
| 2 | 36 400 | 40 200 |
| 3 | 36 400 | 39 400 |
| 4 | 36 400 | 38 600 |

---

① 等额本金还款法在第三节详细介绍。
② 在等额本金还款法下，每年偿还的银行本金相同，即400 000/10 = 40 000（元）。

续表

| 年度 | 租房年成本 | 购房年成本 |
|---|---|---|
| 5 | 36 400 | 37 800 |
| 6 | 36 400 | 37 000 |
| 7 | 36 400 | 36 200 |
| 8 | 36 400 | 35 400 |
| 9 | 36 400 | 34 600 |
| 10 | 36 400 | 33 800 |
| 11 | 36 400 | 33 000 |
| …… | 36 400 | 33 000 |

其次是考虑房租的趋势。房价上涨，房租也会发生相应调整。如果预计未来房租将上涨，租房年成本也随之增加（见表6-2）。【案例6-1】中，如果房租每年上涨1 000元，则从第四年起，租房年成本将高于购房年成本。购房年成本逐渐下降，而租房年成本逐渐上升，如果李小姐在本地居住时间较长，则应选择购房。

表6-2　　　　　　　购房和租房的年成本比较（房租上涨情况）　　　　　单位：元

| 年度 | 租房年成本 | 购房年成本 |
|---|---|---|
| 1 | 36 400 | 41 000 |
| 2 | 37 400 | 40 200 |
| 3 | 38 400 | 39 400 |
| 4 | 39 400 | 38 600 |
| 5 | 40 400 | 37 800 |
| 6 | 41 400 | 37 000 |
| 7 | 42 400 | 36 200 |
| 8 | 43 400 | 35 400 |
| 9 | 44 400 | 34 600 |
| 10 | 45 400 | 33 800 |
| 11 | 46 400 | 33 000 |
| …… | 47 400 | 33 000 |

利率高低也是影响租房或购房决策的因素之一。如果市场利率较低，李小姐的投资收益率也比较低，住房占款的机会成本低，同时，贷款利率低，导致贷款成本较低。由此可见，利率水平较低时，购房年成本也低，购房会相对划算。

（二）净现值法

净现值法是在一个固定的居住区间内，将因租房或购房而发生的现金流量折现，现值较高者更合算。净现值的计算公式为

$$NPV = \sum_{t=0}^{n} \frac{CF_t}{(1+i)^t}$$

其中，$NPV$ 为净现值，$t$ 为年份数，$CF_t$ 为各年的净现金流，$i$ 为折现率。

【案例 6-2】

王先生最近看上了一套某小区的房子。该房可租可售。如果租的话，房租为每年 40 000 元，房租年初需支付，租期为 5 年，押金为 10 000 元，房租每年调涨 5 000 元。而购买的总价是 700 000 元，王先生可以支付 300 000 元的首付款，另外 400 000 元拟采用 6% 的商业贷款利率向某银行贷款，贷款年限为 10 年，采用等额本金方式还款；另外，购买该房的税费及装修费共需 100 000 元，王先生估计居住 4 年后仍能按原价出售。王先生应该租房还是购房？（王先生的年平均投资收益率是 4%）

如果王先生租房，则第一年年初必须支付押金 10 000 元，以及租金 40 000 元，即租房第一年年初的净现金流是 -50 000 元，之后每年房租上涨 5 000 元，第五年年末收回押金 10 000 元，租房的各年净现金流见表 6-3。

表 6-3 　　　　　　　　　　租房和购房的净现金流　　　　　　　　　　单位：元

| 变量 | 租房净现金流 | 购房净现金流 |
| --- | --- | --- |
| $CF_0$ | -50 000 | -400 000 |
| $CF_1$ | -45 000 | -64 000 |
| $CF_2$ | -50 000 | -61 600 |
| $CF_3$ | -55 000 | -59 200 |
| $CF_4$ | -60 000 | -56 800 |
| $CF_5$ | 10 000 | 445 600 |

如果王先生购房，则第一年年初需支付首付款 300 000 元，装修房屋需 100 000 元，净现金流为 -400 000 元。如果采用等额本金还款法，则第一年年末需偿还贷款本金 400 000/10 = 40 000 元，需偿还利息 400 000×6% = 24 000 元，所以第一年年末的净现金流是 -64 000 元。第二年年末需偿还贷款本金 40 000 元，需偿还利息（400 000 - 40 000）×6% = 2 1600 元，第二年年末的净现金流是 -61 600 元。依此类推，第三年年末需偿还本利和 59 200 元，第四年年末需偿还本利和 56 800 元，第五年年末需偿还本利和 54 400 元。另外，第五年年末如果按原购买价出售房屋，可获得 700 000 元，同时需偿还银行剩余贷款 200 000 元，因此第五年年末的净现金流是 -54 400 + 700 000 - 200 000 = 445 600 元。购房的各年净现金流见表 6-3。

王先生租房的净现值是

$$NPV_{租房} = \sum_{t=0}^{5} \frac{CF_t^{租房}}{(1+4\%)^t} = -231\ 461(元)$$

王先生购房的净现值是

$$NPV_{购房} = \sum_{t=0}^{5} \frac{CF_t^{购房}}{(1+4\%)^t} = -253\,422(元)$$

可见,租房的净现值 -231 426 元大于购房的净现值 -253 422 元,王先生租房更划算。如果房价 5 年后涨至 726 719 元,涨幅达到 3.85%以上,则购房更划算。

同理,【案例 6-1】可使用净现值法计算。如果李小姐打算在该地区居住 5 年,租房和购房的历年现金流见表 6-4。

表 6-4　　　　　　　　　租房和购房的现金流　　　　　　　　　单位:元

| 变量 | 租房现金流 | | | 购房现金流 | | | |
|---|---|---|---|---|---|---|---|
| | 租金 | 押金 | 净现金流 | 首付款及贷款偿还 | 税费及维修费用 | 出售房屋 | 净现金流 |
| $CF_0$ | -36 000 | -10 000 | -46 000 | -500 000 | -5 000 | | -505 000 |
| $CF_1$ | -37 000 | | -37 000 | -64 000 | -5 000 | | -69 000 |
| $CF_2$ | -38 000 | | -38 000 | -61 600 | -5 000 | | -66 600 |
| $CF_3$ | -39 000 | | -39 000 | -59 200 | -5 000 | | -64 200 |
| $CF_4$ | -40 000 | | -40 000 | -56 800 | -5 000 | | -61 800 |
| $CF_5$ | | 10 000 | 10 000 | -254 400 | | 940 000 | 685 600 |

由于房租每年上涨 1 000 元,房租一般在期初交纳,李小姐居住 5 年,租金也从 36 000 元/年上涨至 40 000 元/年。第五年年末退房时可收回押金 10 000 元。将租房各期现金流按 4%的折现率折成现值,得到净现值是 -177 354 元。

如果李小姐选择购房,则必须支付首付款 50 万元,以及各种费用 5 000 元。由于采用等额本金还款法,每年年末需偿还 4 万元本金,每年支付的利息随贷款余额的不同而变化,如第一年年末需偿还利息 24 000 元(400 000×6%),所以第一年年末需偿还本利和 64 000 元(40 000+24 000)。至第五年年初,尚有 240 000 元未还,所以第五年年末需偿还利息 14 400 元(240 000×6%),需偿还本金 40 000 元。另外,如果李小姐第五年年末离开本地,出售房屋,则必须偿还贷款余额 200 000 元(前 5 年共还本金 200 000 元),所以第五年共需还款 254 400 元(14 400+40 000+200 000)。如果房屋每年上涨 8 000 元(每平方米上涨 100 元),第五年年末房价预期涨至 940 000 元。将购房各期现金流按 4%的折现率折成现值,得到净现值是 -179 309 元。

通过计算租房和购房的净现值,李小姐如果在此地居住 5 年,租房的净现值大于购房的净现值,应该选择租房。

使用相同的方法,可以计算李小姐在此地区居住不同时间的租房和购房的净现值。表 6-5 计算了李小姐居住时间为 1~10 年的租房和购房净现值。如果李小姐居住时间不超过 5 年(含 5 年),则租房的净现值大于购房净现值,比较适合租房;如果居住年数在 6 年或 6 年以上,则购房净现值要大于租房净现值,因而居住时间越长,购房越划算。

表 6-5　　　　　　　　不同居住时间的租房和购房净现值　　　　　　单位：元

| 居住年数 | 租房净现值 | 购房净现值 |
| --- | --- | --- |
| 1 | -36 385 | -39 615 |
| 2 | -72 331 | -77 263 |
| 3 | -107 820 | -113 037 |
| 4 | -142 833 | -147 024 |
| 5 | -177 354 | -179 309 |
| 6 | -211 369 | -209 973 |
| 7 | -244 866 | -239 093 |
| 8 | -277 835 | -277 287 |
| 9 | -310 266 | -292 991 |
| 10 | -342 153 | -317 906 |

使用净现值法时，居住年数的长短影响甚大。如果不打算在一个地方居住太久，租房往往比购房更划算，纵使房租会上涨，但购房的利息负担、房屋的交易成本及装修费用都比较大，在短期内期待房价飙升也是不切合实际的。但预期在一个地方居住的时间较长，购房往往比租房划算。

## 第三节　购房规划

对于决定购房的个人或家庭而言，如何实现购房目标是购房规划的关键。进行购房规划的核心是根据拟购房者的经济实力来估算其负担得起的房屋价位。

### 一、购房规划的一般流程

购房规划的一般流程如图 6-2 所示。

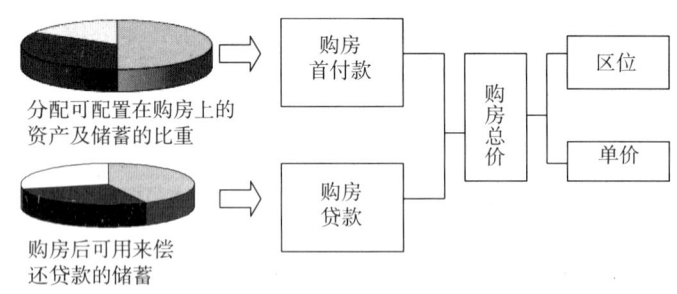

图 6-2　购房规划的流程

购买房屋的资金来源一般为自有资金以及银行借款。

如果希望在未来某一时间购房，从现在开始就应该筹集购房的首付款。首先，应检查自身资产情况，确定当前有多少资金可以用于购房，并进行科学投资，最终获得的本利和可以用来作为购房的首付款。其次，还应该计算购房前每年（季度或月）收入能结余多少资金用于购房，同样将这些结余资金进行合适的投资，最终将获得的本利和作为未来购房时的首付款。

不同于其他消费支出,购房支出属于高额支出,除了自己已有的资金,可能还需要向银行申请住房贷款。申请贷款时,必须考虑未来的还款能力,即应结合未来的经济实力确定当前的贷款额度,尽量避免未来陷入还款的财务困境。

如果能结合自身的财务情况,确定购房的首付款以及向银行申请的贷款额度,则能估算购房的总价,并进一步确定购房的单价以及大致区域、房屋类型。

(一)估算可负担的房屋总价

可负担的购房首付款 = 当前可用于购房的金融资产的投资终值 + 未来每年储蓄可用于购房额度的投资终值

可负担的购房贷款 = 购房后未来每年可用于还贷的储蓄 $\times (P/A,i,n)$,其中,$n$ 为贷款年限,$i$ 为房贷利率。

可负担的房屋总价 = 可负担的购房首付款 + 可负担的购房贷款

【案例 6-3】

李先生家庭是三口之家,李先生拟在某市定居,计划 5 年后购房,贷款至多 15 年。李先生家庭目前有金融资产 30 万元,其中 50% 可用于购房准备。李先生一家目前每年可结余 10 万元,其中可用于购房的额度约为 4 万元。目前银行的房贷利率是 6%,而李先生的投资收益率约为 4%,另外银行首付款比例不得低于购房总价的 30%。李先生一家可买总价是多少的房屋?

李先生可负担的购房首付款 = $30 \times 50\% \times (F/P,4\%,5) + 4 \times (F/A,4\%,5)$ = 39.92(万元)

李先生可负担的购房贷款 = $4 \times (P/A,6\%,15)$ = 38.85(万元)

届时可负担的房屋总价 = 39.92 + 38.85 = 78.77(万元)

结合银行贷款要求,首付款比例 = 39.92/78.77 = 50.68%,大于 30%。

(二)可负担的房屋单价

家庭人口的数量、居住的空间要求决定了房屋的面积。因此,房屋面积必须以未来同住的家庭人口数来计算。估算出房屋面积后,即可计算可负担的房屋单价。

可负担的房屋单价 = 可负担的房屋总价 ÷ 需求房屋面积

【案例 6-3】中的李先生家庭是三口之家,李先生要求所购房屋应有客厅、厨房和卫生间、书房及两个卧室,大约 100 平方米,应能满足需求。

李先生可负担的房屋单价 = 78.77 ÷ 100 = 7 877(元/平方米)

(三)购房区位的选择

确定了可负担的房屋单价之后,剩下的便是区位的选择了。选择区位,主要考虑居住社区的生活环境如何、交通是否便利、是否有学校及学校的质量如何、未来是否有升值空间等。区位是决定房屋单价的最主要因素,因此,必须把交通、教育、时间等成本和房价作出比较后再来选择区位。

## 二、购房规划的应用

### (一) 确定购房目标后的筹资计划

根据自身的经济实力,来选择合适的住房,是购房规划的常用方法。但现实生活中也有不少人先确定购房目标,如房屋面积和区位,再进一步确定购房总价,进而再来考虑实现购房目标的各种筹资计划(如图6-3所示)。

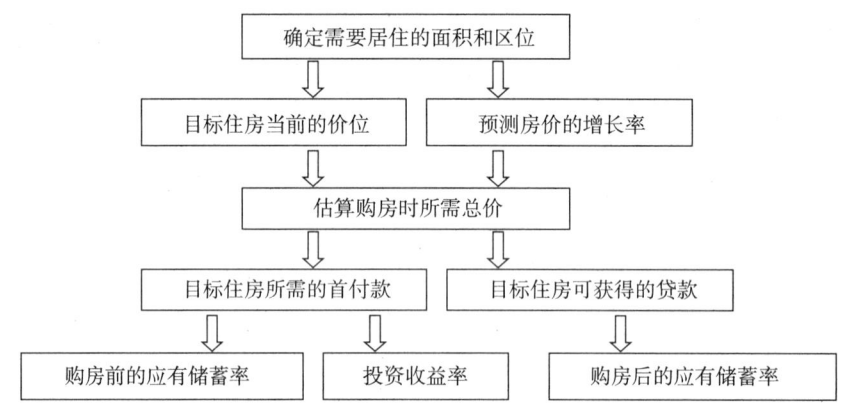

**图6-3 确定购房目标后的筹资计划**

【案例6-4】

小王现年25岁,在某著名会计师事务所工作,工作比较稳定。小王年税后收入是10万元,之前没有任何积蓄,事务所员工的收入年平均增长率是5%。小王拟在5年后实现拥有自有住房的梦想,经过交通等方面的综合考虑,小王希望未来能在单位附近购房,目前该区的房价普遍较高,大约为0.8万元/平方米,预计未来房价仍有5%的年增长率。小王的理想居住面积是三室两厅,约100平方米。银行的最高贷款额度是房价总额的7成,未来贷款利率大约是6%。而小王打算50岁之前偿清贷款。小王属于稳健型的投资者,年平均投资收益率为4%。小王从现在开始应如何储蓄,才能实现他的购房梦想?

小王目标住房的当前总价 = 0.8 × 100 = 80(万元)
5年后的目标房价 = 80 × (F/P,5%,5) = 80 × 1.276 = 102.1(万元)
目标住房所需的首付款 = 102.1 × (1 - 70%) = 30.63(万元)
目标住房所需贷款 = 102.1 × 70% = 71.47(万元)
假定小王购房前的应有储蓄率是 $s$。
第一年储蓄终值 = 10万元 × $s$ × $(1 + 4\%)^4$ = 11.70$s$
第二年储蓄终值 = 10万元 × $(1 + 5\%)^1$ × $s$ × $(1 + 4\%)^3$ = 11.81$s$
第三年储蓄终值 = 10万元 × $(1 + 5\%)^2$ × $s$ × $(1 + 4\%)^2$ = 11.92$s$

第四年储蓄终值 = 10 万元 × $(1+5\%)^3 × s × (1+4\%)^1$ = 12.04$s$
第五年储蓄终值 = 10 万元 × $(1+5\%)^4 × s × (1+4\%)^0$ = 12.16$s$
购房前五年的每年储蓄至购房时的投资本利和 = 11.70$s$ + 11.81$s$ + 11.92$s$ + 12.04$s$ + 12.16$s$ = 59.63$s$

小王购房前的应有储蓄率 $s$ = 30.63 ÷ 59.63 = 51.37%

购房后，小王如果采用等额本息还款方式偿还贷款，则

每年应还房贷本利和 = 71.47 ÷ $(P/A,6\%,20)$ = 6.23（万元）

小王第六年的年收入 = 10 × $(F/P,5\%,5)$ = 12.76（万元）

第六年应有的储蓄率 $s$ = 6.23 ÷ 12.76 = 48.82%

可见，小王如果在购房前的储蓄率达到 51.37%，而购房后的储蓄率达到 48.82%，是不难实现他的购房目标的。但考虑到小王购房前生活压力相对较小，而购房后除了来自房贷压力外，还面临其他如教育、养老等重大支出，建议小王年轻时应适当提高储蓄率，提高购房首付款的支付比例，减轻未来的还贷压力。

（二）换房规划

对房屋的需求也会随着人的生涯阶段的改变而逐渐升级换代：单身或新婚时，受制于经济实力，以小户型住房为主；当小孩出生，尤其是到了小孩受教育阶段，这时除了考虑户型大小外，还要注重教育条件和周边环境等因素；人至中年，如果经济实力许可，可以结合居住环境、休闲娱乐等方面考虑再次换房；退休时，子女已经独立，这时可考虑医疗保健齐全、居住环境较好的小户型住房颐养天年。

换房主要考虑以下方面。

1. 有无能力支付换房所必须支付的首付款

换房需要支付的首付款 = 新房净值 − 旧房净值
                = （新房总价 − 新房贷款）−（旧房总价 − 旧房贷款）

2. 未来有无能力偿还换房后的贷款

【案例6-5】

郭先生现年 40 岁，他看上了一套价值 100 万元的新房。郭先生的旧房当前市价为 50 万元，尚有 20 万元未偿贷款，还需偿还 10 年。如果购买新房，郭先生打算 55 岁之前还清新房贷款。银行要求最低首付款成数是购房总价的 3 成，银行贷款利率是 6%。

郭先生换房必须支付的首付款 = (100 − 100 × 0.7) − (50 − 20) = 0（万元）

郭先生换房后每年应偿还贷款 = 100 × 0.7 ÷ $(P/A,6\%,15)$ = 7.21（万元）

如果郭先生不换房，每年应偿还贷款 = 20 ÷ $(P/A,6\%,10)$ = 2.72（万元）

可见，换房后郭先生的房贷压力增加了不少，每年需偿还贷款 7.21 万元，比不换房时增加了 4.49 万元，还贷的时间也延长了 5 年。如果郭先生未来有充裕的资金缴纳贷款，则可以考虑换房。

### (三) 房屋投资规划

随着人们投资意识的增强,许多人将目光瞄准了房产这一投资领域。房产是一种具有特殊属性的商品,其使用期长,耐用性强,而且由于土地的稀缺性、有限性,以及人们对住房、用房要求的必需性和不断增长性,使得房产在较长的一段时期内是供不应求的商品,也使得房产尤其是城市房产的价格长期以来处于不断上涨的趋势。另外房产本身也能从周围社区环境的改善中获得利益,社区环境的改善不同程度地提高了房产的价格,投资房产从较长时间来看是一种稳定的增值投资手段。对于个人来说,如有闲钱投入房产,既能避免投资股票等所带来的巨大风险,也可使资金在一段时间内获得稳定的增值。同时房产投资也是抵御通货膨胀损失的最好手段之一。

但房产投资的风险也比较高。房屋的流动性较差,不可能在任意时候都按市场价格出售。房产投资金额大,尤其是借用银行贷款投资时,投资者要承担较高的利息负担。而房产市场的周期也非常明显,房价和租金的下跌对房产投资者都是非常不利的。

投资房产的主要收益来自于持有房屋的租金收入和买卖差价。房产投资到底合不合算,除了考虑房屋未来租金和房价走势以外,还要全面分析购房的成本,包括资金成本、房屋折旧、维修费用、房屋空置成本、买房及租房的各种税费等。

【**案例 6 – 6**】

> 李先生现年40岁,已有一套自用住房。他看上了一套80平方米且尚有40年楼龄的二手房。此二手房的市价为36万元,各种交易税费及装修费共需5万元。李先生现有闲散资金20万元,以存款方式持有,年收益率约为3%。李先生打算购买这套住房后立刻出租,估计每年能收取租金2万元,并以租金来偿还贷款(银行贷款利率为6%)。贷款还清后的租金收入用于养老。请问李先生的这种以租养房、以房养老的投资是否划算。

1. 不考虑房租的上涨,即假定房租不变的情况

$$李先生购买二手房的首付款 = 20 - 5 = 15(万元)$$
$$购房贷款 = 36 - 15 = 21(万元)$$

若李先生申请按揭贷款17年,银行贷款利率是6%,则刚好用房租收入来弥补房贷支出。

$$每年应还房贷 = 21 \div (P/A, 6\%, 17) = 2(万元)$$

李先生偿还房贷后23年的租金收入用于退休养老。

$$23 年租金收入的现值 = 2 \times (P/A, 3\%, 23) \times (P/F, 3\%, 17) = 19.90(万元)$$

23年租金收入的现值为19.90万元,小于李先生购买二手房的初始投入资金20万元,不考虑其他影响因素,李先生以租养房的方式进行投资是不合算的。

2. 考虑房租上涨的情况

事实上,房租并不会一成不变,房价及物价的上涨总是带动房租的上涨。因此,

房租上涨因素也应该考虑在内。

如果房租年均涨幅可达到3%，那么以3%作为房租上涨率，利用EXCEL软件处理数据，可得到表6-6。可见，如果房租年均涨幅达到3%，购房投资的净现值高达31.28万元，此二手房是非常值得投资的。实际房租年均涨幅只要达到0.022%，此套房屋的投资净现值就能大于0，因此，这套二手房的投资风险应该是很小的。

表6-6　　　　　　　　　　　房屋投资净现值　　　　　　　　单位：万元

| 年数 | 购房支出 | 房租收入 | 净现金流 | 净现值 |
|---|---|---|---|---|
| 0 | -20 |  | -20 | -20 |
| 1 | -2 | 2 | 0.00 | 0.00 |
| 2 | -2 | 2.06 | 0.06 | 0.05 |
| 3 | -2 | 2.12 | 0.12 | 0.11 |
| 4 | -2 | 2.18 | 0.18 | 0.16 |
| 5 | -2 | 2.26 | 0.26 | 0.21 |
| 6 | -2 | 2.32 | 0.32 | 0.26 |
| 7 | -2 | 2.39 | 0.39 | 0.31 |
| 8 | -2 | 2.46 | 0.46 | 0.36 |
| 9 | -2 | 2.53 | 0.53 | 0.41 |
| 10 | -2 | 2.61 | 0.61 | 0.45 |
| 11 | -2 | 2.69 | 0.69 | 0.49 |
| 12 | -2 | 2.77 | 0.77 | 0.54 |
| 13 | -2 | 2.85 | 0.85 | 0.58 |
| 14 | -2 | 2.94 | 0.94 | 0.62 |
| 15 | -2 | 3.03 | 1.03 | 0.66 |
| 16 | -2 | 3.12 | 1.12 | 0.69 |
| 17 | -2 | 3.21 | 1.21 | 0.73 |
| 18 |  | 3.31 | 3.31 | 1.94 |
| 19 |  | 3.41 | 3.41 | 1.94 |
| 20 |  | 3.50 | 3.50 | 1.94 |
| 21 |  | 3.62 | 3.62 | 1.94 |
| 22 |  | 3.72 | 3.72 | 1.94 |
| 23 |  | 3.83 | 3.83 | 1.94 |
| 24 |  | 3.94 | 3.94 | 1.94 |
| 25 |  | 4.07 | 4.07 | 1.94 |
| 26 |  | 4.19 | 4.19 | 1.94 |
| 27 |  | 4.32 | 4.32 | 1.94 |
| 28 |  | 4.44 | 4.44 | 1.94 |
| 29 |  | 4.57 | 4.57 | 1.94 |
| 30 |  | 4.72 | 4.72 | 1.94 |

续表

| 年数 | 购房支出 | 房租收入 | 净现金流 | 净现值 |
|---|---|---|---|---|
| 31 | | 4.85 | 4.85 | 1.94 |
| 32 | | 5.00 | 5.00 | 1.94 |
| 33 | | 5.15 | 5.15 | 1.94 |
| 34 | | 5.30 | 5.30 | 1.94 |
| 35 | | 5.46 | 5.46 | 1.94 |
| 36 | | 5.62 | 5.62 | 1.94 |
| 37 | | 5.80 | 5.80 | 1.94 |
| 38 | | 5.97 | 5.97 | 1.94 |
| 39 | | 6.15 | 6.15 | 1.94 |
| 40 | | 6.33 | 6.33 | 1.94 |
| 净现值 | | | | 31.28 |

### 三、购房的其他费用

在实际购买房屋的过程中还会涉及其他费用。上例中为了简便计算，并没有考虑税费、入住费和装修费等。一些购房的基本费用表面看起来似乎不多，还有些是固定值，但是与房屋总价结合起来计算的话，它们的费用还是一笔不小的支出。因此这些费用在购房规划中也不容忽视。

购房的其他费用主要有以下三个方面。

#### （一）购房税费

买卖房屋主要涉及契税、印花税、增值税及其附加、个人所得税等。

契税是以所有权发生转移变动的不动产为征税对象，向产权承受人征收的一种财产税。契税的税率是3%~5%，一般取3%。为了支持房地产业，政府对一般商品房减半收税，普通住宅可以享受原缴纳契税点的一半优惠，对商业用房、别墅房产收取3%的契税。自2016年2月22日起，对个人购买家庭唯一住房（家庭成员范围包括购房人、配偶以及未成年子女，下同），面积为90平方米及以下的，减按1%的税率征收契税；面积为90平方米以上的，减按1.5%的税率征收契税。对个人购买家庭第二套改善性住房，面积为90平方米及以下的，减按1%的税率征收契税；面积为90平方米以上的，减按2%的税率征收契税。

印花税是对经济活动和经济交往中书立、领受凭证征收的一种税。它是一种兼有行为性质的凭证税，具有征收面广、税负轻、由纳税人自行购买并粘贴印花税票完成纳税义务等特点。买房需支付的印花税一般为购房合同总价的万分之五。根据《财政部、国家税务总局关于调整房地产交易环节税收政策的通知》（财税〔2008〕137号）第二条的规定，对个人销售或购买住房暂免征收印花税，该通知自2008年11月1日起实施。

增值税是以商品（含应税劳务）在流转过程中产生的增值额作为计税依据而征收

的一种流转税。对于非一线城市，个人购买不足 2 年的住房对外销售，按照 5% 的征收率全额缴纳增值税；个人将购买 2 年以上（含 2 年）的住房对外销售的，免征增值税。在北京、上海、广州、深圳四个一线城市，个人购买不足 2 年的住房对外销售的，按照 5% 的征收率全额缴纳增值税；个人将购买 2 年以上（含 2 年）的非普通住房对外销售的，以销售收入减去购买住房价款后的差额按照 5% 的征收率缴纳增值税；个人将购买 2 年以上（含 2 年）的普通住房对外销售的，免征增值税。

如果出售普通住房，则对于住房出售方，应缴纳相应的个人所得税。个人转让房产财产所得，买卖差价扣除契税、卖房时的装修费（上限为买价的 10%）、手续费与持有期间房贷利息后，应按 20% 的税率缴纳个人所得税；出售满 5 年并且是家庭唯一生活用房的则免征个人所得税。

（二）入住费用

购房后还必须缴纳入住费用，主要包括水费、电费、周转金、物业管理费、管道煤气初装费、有线电视初装费、房屋维修基金等。

（三）装修费用

装修费用也是较大的一笔住房费用，费用的多少与个人喜好和预算有关，但在进行购房规划时应作为预算考虑进去。

除了上面提及的费用外，如果采用按揭贷款的方式，则费用还包括贷款过程中发生的各种费用，如评估费、律师费及银行规定的其他费用。

## 第四节 住房贷款规划

### 一、住房贷款方式

目前住房贷款主要有公积金贷款、商业贷款和组合贷款三种方式。

（一）公积金贷款

公积金贷款是指按《住房公积金管理条例》的规定，按时缴存住房公积金的借款人在购买自住住房时，或以其所购买住房或其他具有所有权的财产作为抵押物或质物，或由第三者为其贷款提供担保并承担偿还本息连带责任，申请以住房公积金为资金来源的住房贷款。

对于已参加住房公积金计划的居民来说，贷款购房时，应该首选住房公积金贷款。住房公积金贷款具有政策补贴性质，贷款利率低于同期商业银行贷款利率，贷款费用也比商业贷款低。另外，实际运作过程中，公积金贷款期限要比商业贷款期限长。

我国各地对住房公积金贷款的申请条件、申请额度和贷款期限都有相应规定。以广州为例，广州住房公积金管理中心规定：

1. 贷款总额不高于按照个人住房公积金缴存情况计算的贷款额度。

（1）单位缴存职工的计算公式为：账户余额 × 8 + 月缴存额 × 到退休年龄月数；

(2) 自愿缴存职工的计算公式为：日均账户余额×8＋月均缴存额×到退休年龄月数，其中：日均账户余额＝每日账户余额之和/缴存天数。

2. 贷款总额不高于个人住房公积金贷款最高额度。一人申请个人住房公积金贷款，最高额度为60万元；两人或两人以上购买同一套自住住房共同申请个人住房公积金贷款，贷款额度为每个申请人的贷款额度之和，最高额度为100万元。

3. 职工申请贷款时，该笔贷款的月还款额占家庭收入的比例不得超过50%。月还款额只计算公积金贷款的月还款。

4. 贷款总额不高于参照差别化住房信贷政策确定的贷款额度。

【案例6－7】

有一对年轻夫妇在广州工作，男的现年28岁，女的现年25岁，他们申请住房公积金贷款时，前一个月的公积金缴存额分别为1 000元和800元，两人名下的住房公积金本息金额分别为50 000元和30 000元，离法定退休年龄分别差32年和30年，若要购买一套200万元的一手商品房，按广州现行个人住房公积金贷款政策规定，可以申请个人住房公积金贷款多少元？

广州个人住房公积金可贷额度＝账户余额×8＋月缴存额×到退休年龄月数

男方个人可贷额度＝50 000×8＋1 000×30×12＝784 000元

女方个人可贷额度＝30 000×8＋800×30×12＝528 000元

该家庭可贷额度＝784 000＋528 000＝1 312 000元

广州住房公积金管理中心规定申请人为两个或两个以上的最高贷款额度为100万元，可见，该家庭的公积金贷款最高额度是100万元。

另外，广州住房公积金管理中心规定家庭名下在本市无住房且无住房贷款（含商业性住房贷款和公积金贷款，下同）记录的，因购买普通商品房申请公积金贷款时执行购房首付款比例最低30%的规定，贷款利率为公积金贷款基准利率。按本规定，该家庭的最高贷款额为：200万元×（1－30%）＝140万元

该家庭住房公积金可贷额度为131.2万元，公积金贷款最高额度为100万元，贷款成数上至多能贷140万元，三个数值取最小值，可见该家庭最多可申请的住房公积金贷款额度不能超过100万元。

（二）商业贷款

公积金贷款限于交纳了住房公积金的单位员工使用，限定条件多，所以，未缴存住房公积金的人无缘申贷，但可以申请商业银行的个人住房担保贷款，也就是银行按揭贷款。只要交纳银行规定的购房首期付款（我国大部分银行规定的购房首期付款不低于购房总价的30%），且有贷款银行认可的资产作为抵押物或质押物，或有足够代偿能力的单位或个人作为偿还贷款本息并承担连带责任的保证人，那么就可申请使用银行按揭贷款。

商业贷款的发放对象较广泛，手续相对简单，但贷款时间较短，利率比公积金贷款利率高。

（三）组合贷款

组合贷款是指符合个人住房商业贷款条件又同时缴存住房公积金的借款人，在办理个人住房商业贷款的同时还可以申请个人住房公积金贷款。借款人以所购城镇自住住房（或其他银行认可的担保方式）作为抵押可同时向银行申请个人住房公积金贷款和个人住房商业贷款。组合贷款是住房资金管理部门运用政策性住房资金、商业银行利用信贷资金向同一借款人发放的贷款，是政策性贷款和商业性贷款组合的总称。当个人通过公积金贷款不足以支付购房款时，可以向受委托办理公积金贷款的经办银行申请组合贷款。

【案例6-7】中，如果该夫妇能够支付购房首付款60万元，则必须贷款140万元，其中100万元可以申请住房公积金贷款，剩余的40万元则只能申请商业贷款了。

## 二、住房贷款偿还方式

借款人在获得住房贷款后，必须定期向银行归还本息。最常见的住房贷款偿还方式有三种：到期一次还本付息法、等额本金还款法、等额本息还款法。另外，一些银行还推出固定利率还款、等额递增（减）还款、按期付息还本等各种还款方式供借款人选择。

（一）到期一次还本付息法

借款人在贷款期内，不是按月偿还本息，而是贷款到期后一次性归还全部本金和利息，目前央行颁布的1年期内（含1年）的个人住房贷款采用的就是这种方式。

（二）等额本金还款法

等额本金还款法，又称利随本清法，是借款人将贷款额平均分摊到整个还款期内每期（月）归还，同时付清上一交易日至本次还款日间的贷款利息的一种还款方式。

其计算公式如下：

$$每月还款额 = \frac{贷款本金}{还款期数} + (贷款本金 - 累计已还本金) \times 月利率$$

这种方式每月的偿还额逐月减少，但期初的还款负担较重，比较适合已经有一定的积蓄但预期收入可能逐渐减少的借款人，如中老年人，现有一定的积蓄，但今后随着退休临近收入将递减；或是当前压力较小，未来经济压力逐渐增大的人群，如有些收入尚可的未婚年轻人，婚前压力较小，但婚后，由于小孩出生等重要因素，家庭的经济压力会逐渐增大，这类年轻人，有实力的情况下应该尽快还贷。

【案例6-8】

李先生向银行申请了20年期的30万元贷款，贷款利率为6%。在等额本金还款法下，每月需还款多少？

每月偿还银行本金 = 300 000 ÷ 240 = 1 250（元）

第 $t$ 月偿还利息 = [300 000 - (t-1) × 1 250] × (6% ÷ 12)

第 1 月偿还利息 = [300 000 − (1 − 1) ×1 250] × (6% ÷12) = 1 500 (元)

最后 1 月偿还利息 = [300 000 − (240 − 1) ×1 250] × (6% ÷12) = 6.25 (元)

从表 6−7 可见，等额本金还款法下，每月偿还的本金不变，但随着本金的逐渐偿还，每月需偿还的利息也逐渐下降。每月偿还的本利和逐月下降，还款压力越来越小。

表 6−7　　　　　　等额本金还款法下本金和利息的偿还　　　　　单位：元

| 月数 | 本月偿还本金 | 本月偿还利息 | 本月偿还本利和 |
| --- | --- | --- | --- |
| 1 | 1 250 | 1 500 | 2 750 |
| 2 | 1 250 | 1 494 | 2 744 |
| 3 | 1 250 | 1 488 | 2 738 |
| 4 | 1 250 | 1 481 | 2 731 |
| 5 | 1 250 | 1 475 | 2 725 |
| 6 | 1 250 | 1 469 | 2 719 |
| 7 | 1 250 | 1 463 | 2 713 |
| 8 | 1 250 | 1 456 | 2 706 |
| 9 | 1 250 | 1 450 | 2 700 |
| 10 | 1 250 | 1 444 | 2 694 |
| … | … | … | … |
| 240 | 1 250 | 6 | 1 256 |
| 总计 | 300 000 | 180 750 | 480 750 |

（三）等额本息还款法

等额本息还款法是指在还款期内，借款人每月按相等的金额偿还贷款本息，其中每月贷款利息按月初剩余贷款本金计算并逐月结清。

等额本息还款法下每月还款额的计算公式如下：

$$每月还款额 = \frac{贷款本金 \times 月利率 \times (1 + 月利率)^{还款期数}}{(1 + 月利率)^{还款期数} - 1}$$

由于等额本息还款法每月偿还的本利和不变，因而也可以直接利用货币时间价值公式计算每月还款额：

$$每月还款额 = 贷款本金 \div (P/A, i, n)$$

其中，$i$ 是贷款月利率，$n$ 是贷款期数。

【案例 6−9】

李先生向银行申请了 20 年期的 30 万元贷款，贷款利率为 6%。等额本息还款法下，每月还款额是多少？

由于贷款名义年利率是6%，实际月利率是6%÷12=0.5%（按月还款），查表或用公式计算都比较困难，本题可直接用 EXCEL 软件进行计算。使用 EXCEL 软件的函数 PMT，可以直接求得每月还款额是2 149元（如图6-4所示）。

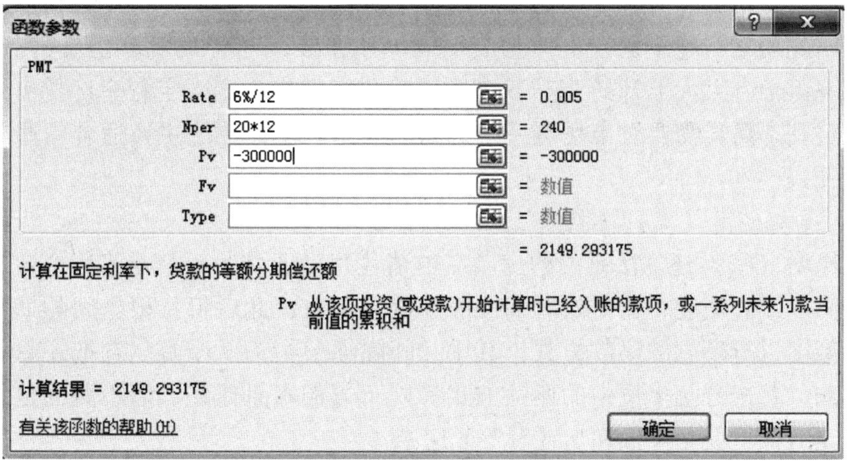

图6-4　李先生每月还款额的计算

从表6-8可见，等额本息还款法相对于等额本金还款法的劣势在于支出利息较多，还款初期利息占每月还款的大部分，随着本金逐渐偿还，还款中本金的比重也逐渐增加。但该方法每月的还款额固定，便于借款人有计划地控制家庭收入的支出，也便于每个家庭根据自己的收入情况确定还贷能力。该方法比较适用于预算清晰的或在整个贷款期内有稳定收入来源的借款人，如国家机关、科研机构、教学单位人员等，或者整个还款期经济压力变化不大的人群。对于刚开始工作的年轻人也适合选用这种方法，以避免初期太大的还款压力。

表6-8　　　　　　　　等额本息还款法下本金和利息的偿还　　　　　　　　单位：元

| 月数 | 期初未偿还本金 | 本月偿还本金 | 本月偿还利息 | 本月偿还本利和 |
| --- | --- | --- | --- | --- |
| 1 | 300 000 | 649 | 1 500 | 2 149 |
| 2 | 299 351 | 653 | 1 497 | 2 149 |
| 3 | 298 698 | 656 | 1 493 | 2 149 |
| 4 | 298 042 | 659 | 1 490 | 2 149 |
| 5 | 297 383 | 662 | 1 487 | 2 149 |
| 6 | 296 721 | 666 | 1 484 | 2 149 |
| 7 | 296 055 | 669 | 1 480 | 2 149 |
| 8 | 295 386 | 672 | 1 477 | 2 149 |
| 9 | 294 714 | 676 | 1 474 | 2 149 |
| 10 | 294 038 | 679 | 1 470 | 2 149 |
| … | … | … | … | … |
| 240 | 2 139 | 2 139 | 11 | 2 149 |
| 总计 | | 300 000 | 215 830 | 515 830 |

### （四）固定利率还款法

固定利率还款法是指在贷款合同签订时即设定固定的利率，在贷款合同期内，不论市场利率如何变动，借款人都按照固定的利率支付利息，不需要"随行就市"。固定利率还款法可以帮助购房者防范利率风险，规避今后利率变动时引发的利息支出的不确定性。因此通常情况下固定利率房贷的利率水平要高于浮动利率房贷的利率水平。在市场利率不会有太大上升的情况下选择浮动利率房贷会比固定利率房贷更省钱。是否选择固定利率房贷需要对市场有一定判断。固定利率还款法主要适合一些收入比较固定的借款人。

### （五）等额递增（减）还款法

等额递增（减）还款法是指购房者在申请住房商业贷款时，与银行商定还款递增或递减的间隔期和额度，在初始时期按固定额度还款，此后每月根据间隔期和相应递增或递减额度进行还款的还款方式。其中，间隔期最少为1个月。它把还款年限进行了细化分割，每个分割单位中的还款方式等同于等额本息偿还，但不同的是每个分割单位的还款数额可能是等额递增或者等额递减。

以贷款10万元、期限10年为例，如果选择等额递增还款，假设把10年时间分成等分的5个阶段，那么第一个两年内可能每个月只要还700多元，第二个两年每月还款额增加到900多元，第三个两年每月还款额增加到1 100多元，依此类推。等额递减恰恰相反，第一个两年每月需要还1 500多元，随后，每两年递减200元，直到最后一个两年减至每个月还700多元。

等额递增还款法适合目前还款能力较弱，但是已经预期到未来收入会逐步增加的人群，比如参加工作不久的年轻人。相反，如果预计到未来收入将减少，或者目前经济很宽裕，可以选择等额递减还款法。等额递增还款法适宜于收入处于上升阶段的成长型家庭，或处于创业期的年轻人。

### （六）按期付息还本法

按期付息还本法是指借款人通过和银行协商，为贷款本金和利息归还制定不同还款时间单位，即自主决定按月、季度或年等时间间隔还款。实际上，它就是指借款人按照不同财务状况，把每个月要还的钱凑成几个月一起还。例如，借款人经过与银行协商，每次本金还款不少于1万元，两次还款间隔不超过12个月，利息可以按月或按季度归还。按期付息还本方式适用于收入不稳定人群、收入与工作量挂钩的年轻人以及个体经营工商业者。

## 三、住房贷款期限的确定

购房规划是一个非常个性化的理财规划活动，不同购房者应该根据自己的经济实力和家庭情况选择尽可能减少利息支付，又不至于压力太大的贷款方式和贷款期限。

在具体选择贷款数额和贷款期限的时候既要考虑自身的财务能力，同时还要遵循一定的理财原则，比如，房屋每月还款占借款人税前月总收入的比率一般应控制在

25%~30%，房屋每月还款加上其他10个月以上贷款的每月还款总额占借款人税前月总收入的比率一般应控制在33%~38%。

【案例6-10】

王先生税前月收入为1.5万元，收入稳定，现有金融资产20万元可用于购房支出，目前每月需要偿还1 000元的汽车贷款（期限为3年）。王先生拟购买一套60万元的房屋，购房的其他相关税费为房款的5%，入住需买家具、家电，大约需要5万元。王先生选择多少年住房按揭贷款比较合适？（银行贷款利率为6%）

王先生购房的其他相关税费支出是3万元（60×5%），购买家具、家电的支出为5万元，王先生只能选择首付款20%（60×20%=12万元），剩余80%的房款（60×80%=48万元）选择住房按揭贷款。王先生收入稳定，建议选择等额本息还款法。

从表6-9的计算结果可知，王先生选择13年、14年或15年的贷款年限都可以，这些贷款期限不会给王先生家庭带来太大的财务压力。

表6-9　　　　　　　　各贷款年数下的还款情况

| 贷款年数 | 每月房贷还款额（元） | 每月还贷总额（元） | 房屋每月还款占税前收入比（%） | 每月总还款占税前收入比（%） |
|---|---|---|---|---|
| 10 | 5 329 | 6 329 | 35.53 | 42.19 |
| 11 | 4 976 | 5 976 | 33.17 | 39.84 |
| 12 | 4 684 | 5 684 | 31.23 | 37.89 |
| 13 | 4 439 | 5 439 | 29.59 | 36.26 |
| 14 | 4 230 | 5 230 | 28.20 | 34.87 |
| 15 | 4 051 | 5 051 | 27.00 | 33.67 |
| 16 | 3 895 | 4 895 | 25.97 | 32.63 |
| 17 | 3 759 | 4 759 | 25.06 | 31.73 |
| 18 | 3 639 | 4 639 | 24.26 | 30.93 |
| 19 | 3 533 | 4 533 | 23.55 | 30.22 |
| 20 | 3 439 | 4 439 | 22.93 | 29.59 |

## 四、提前还贷

提前还贷是指借款人在保证按月足额偿还个人住房贷款本息的基础上，提前偿还部分或全部购房借款的一种经济行为。例如，李先生申请公积金贷款50万元，贷款期限为20年，在没有逾期不还款的前提下，可以分次提前归还一部分本金，每次提前还款后，相应冲减剩余贷款本金。银行根据尚未归还的贷款本金重新计算借款人的月均还款额，直至贷款本息全部还清。

一般要求借款人在按月正常偿还贷款本息6个月后，才可向贷款机构提出首次提前偿还部分贷款或全部贷款的申请。贷款机构为严肃贷款管理，对提前偿还部分贷款规定了最低限额，一般需在1万元以上。另外，借款人提前还贷一般需提前10天或15天告知贷款机构，并须持原借款合同、银行还贷储蓄卡、每月还资本金利息表、本人身份证等资料向贷款机构提出书面申请，并须经其审核同意。借款人在当月仍需要偿还原定的月贷款本息，同时需要将提前偿还的贷款金额存入银行储蓄卡内。贷款机构经确认后，对属于提前偿还部分住房贷款的，将按原借款合同中确定的计息还贷方式，重新计算提前偿还部分贷款后的借款余额和最终偿还期限，重新打印每月还资本金利息表，重新与借款人签订借款变更合同。

提前还贷有两种形式：一种是提前偿还部分个人住房贷款，另一种是提前偿还全部个人住房贷款。其中，部分提前还款又可分三种形式：一是剩余的贷款保持每月还款额不变，将还款期限缩短；二是减少剩余贷款的每月还款额，保持还款期限不变；三是减少剩余贷款的每月还款额，同时缩短还款期限。

### 【案例6-11】

陈先生3年前购买了价值100万元的住房，首付款为30万元，向银行申请贷款70万元，贷款期限共计10年。采用等额还款方式（为方便计算，假设采用按年等额偿还本息），房贷利率为6%。如果陈先生现在准备一次性偿还所有住房贷款，他应偿还银行多少钱？如果陈先生准备提前偿还20万元，不改变还贷期限，他未来每年还应偿还多少钱？如果陈先生准备提前偿还20万元，不改变每年还贷金额，他还需要多少时间偿还剩余房贷？如果陈先生准备提前偿还20万元，同时缩短还款期限至5年，他未来每年还应偿还多少钱？

首先陈先生必须了解的是当前他尚有多少未偿贷款。

陈先生按既定贷款合同，每年应偿还贷款本息和为9.51万元$[70 \div (P/A, 6\%, 10)]$。

当前陈先生尚有未偿还贷款53.09万元$[9.51 \times (P/A, 6\%, 7)]$。

也可以采用EXCEL软件计算未偿还贷款，利用CUMPRINC函数，在EXCEL输入=CUMPRINC（0.06，10，70，4，10，0），可以直接得到结果-53.09万元。

所以如果陈先生现在准备一次性偿还所有住房贷款，他应偿还银行53.09万元。

如果陈先生准备提前偿还20万元，不改变还贷期限，他未来每年还应偿还房贷5.93万元$[(53.09 - 20) \div (P/A, 6\%, 7)]$。

如果陈先生准备提前偿还20万元，不改变每年还贷金额，要计算偿还剩余房贷的年数，则必须采用EXCEL软件，在EXCEL软件的电子表格中输入=NPER（0.06，-9.51，53.09-20，0，0），可以直接得到结果4.02年。

如果陈先生准备提前偿还20万元，同时缩短还款期限至5年，他未来每年还应偿还房贷7.86万元[(53.09 − 20) ÷ (P/A,6%,5)]。

## 【本章小结】

"衣食住行"中,"住"的支出占比最大。居住规划是否科学合理直接影响家庭的财务状况及生活质量。

居住规划首先需要解决的问题是通过租房还是购房来满足居住需求。租房与购房的决策方法主要有年成本法和净现值法。

购房规划主要包括购房、换房与住房贷款规划等方面。对于决定购房的个人或家庭而言,如何实现购房目标是购房规划的关键。一般应结合自身经济实力和家庭情况来选择合适的住房。在住房贷款方面,可向银行申请住房公积金贷款、住房商业贷款或住房组合贷款。住房贷款的偿还方式有到期一次还本付息法、等额本息还款法、等额本金还款法、固定利率还款法、等额递增(减)还款法、按期付息还本法等。购房者还应该根据自己的经济实力选择尽可能减少利息支付,又不至于导致财务压力太大的贷款方式和贷款期限。

## 【重点概念】

居住规划　　年成本法　　净现值法　　购房规划　　换房规划
房屋投资规划　　住房公积金贷款　　住房商业贷款　　住房组合贷款
等额本金还款法　　等额本息还款法　　提前还贷

## 【思考与练习】

1. 居住规划为什么重要?

2. 你所在城市购买新房一般涉及哪些税收和费用?购买二手房一般涉及哪些税收和费用?

3. 你所在城市的房租近年来的上涨幅度有多大?房价近年来的上涨幅度有多大?

4. 吴先生看上一套二手房,房屋可租可售。该房如果租住,则租金每年3万元,押金为1万元,租金每年涨幅为5%。如果购买,则总价为80万元,吴先生可支付的首付款为30万元,需要向银行贷款50万元,贷款年利率为6%,贷款期限为10年,采用等额本金偿还方式。另外,如果购房,税费及维护费等每年约需0.5万元,房价年涨幅约为1万元。吴先生的年投资收益率约为5%,请回答以下问题。

(1) 计算租房与购房未来10年的年成本。如果吴先生在当地居住时间较短,大约3年,你认为购房还是租房合算?如果吴先生在当地居住时间较长,至少10年以上,你认为购房还是租房合算?

(2) 使用净现值法,分别计算吴先生在当地居住3年、5年以及10年的租房和购房净现值,进而分析是购房还是租房合算。

(3) 使用年成本法和净现值法得到的结论是否一致?

5. 王先生现年25岁，计划5年后购房，贷款至多20年。王先生目前有金融资产10万元可用于未来购房。王先生年预期收入为10万元，支出为5万元，预期可储蓄5万元，其中80%的年储蓄可用于购房。王先生的收入和支出增长率都是3%。银行房贷利率是6%，而王先生的投资收益率约为5%。请问5年后，王先生可买总价大约是多少的住房？

6. 张先生有一购房计划，打算5年后购买目标总价60万元的自住房，首付款3成，贷款20年，贷款利率为6%，张先生的年投资收益率约为5%，针对首付款筹措部分，每年至少应有多高的储蓄率？5年后如果采用等额本息还款法偿还贷款，每年至少需要多高的储蓄率？

7. 如果工作后5年买50万元房子，10年后换100万元的新房子，第一次购房的首付款为40%，10年后换房的首付款是出售旧房并偿还债务后的余额，选择20年本利摊还。假设投资收益率为6%，房贷利率为4%，房价不变，则第一次购房前、两次购房间及第二次购房后应有的年储蓄各为多少？

8. 李先生拟购买尚有30年楼龄的二手房。此二手房市价为50万元，各种税费共需10万元。李先生现有资金30万元可用于购房，其中首付款20万元，10万元用于交易税费及装修。拟向银行申请30万元贷款，10年还清，采用等额本息还款法，贷款利率为6%。李先生打算购买这套住房后立刻出租，估计能收取租金2万元，租金年增长率约为5%。请问李先生的住房投资是否合算？李先生的年投资收益率约为5%。

9. 你所在城市有一对年轻夫妇，男的现年25岁，女的现年23岁，刚确定购买一套价值180万元的住房。当前他们每月公积金的缴存额分别为1 000元和800元。两人名下住房公积金账户金额分别为20 000元和12 000元，离法定退休年龄分别差35年和32年，按当地现行个人住房公积金贷款政策，他们可以申请住房公积金贷款多少元？请你查询你所在城市的住房公积金政策后回答上述问题。

10. 小李通过银行按揭贷款买了一套新房，价值50万元，首付30%。银行提供两种还款方法供小李选择：等额本金还款法和等额本息还款法。银行贷款利率为6%。小李目前年收入约为10万元，试分析小李按揭贷款多少年合适。计算两种方法下小李每年的还款额。小李最近资金相对紧张，预计以后会越来越好，你建议小李采用哪种方法还贷。

11. 陈先生目前的住房价值为50万元，尚有房贷20万元未还，仍需偿还10年。他计划3年后换一套价值100万元的新房，3年后卖掉旧房的余款作为新房的首付款。请问届时购买新房还要向银行申请多少贷款？若新房贷款20年，每年要偿还多少本息？若陈先生未来每年能偿还本利和6万元，几年可还清贷款？新旧房的房贷利率都设为6%，假设此期间房价水平不变。

# 第七章

# 保险规划

**【引子】**

英国著名首相温斯顿·丘吉尔曾说：如果我办得到，我一定要把保险这两个字写在家家户户的门上，以及每一位公务员的手册上，因为我深信，通过保险，每一个家庭只要付出微不足道的代价，就可免除遭受万劫不复的代价。保险是常用的家庭风险管理工具，为家庭进行保险规划的目的在于：投入少量资金购买合适的保险，可以在意外情况发生时最大限度弥补经济损失，保障家庭财务的安全。

## 第一节 风险与风险管理

### 一、风险

风险是指在特定时间、特定的客观情况下，某种收益或损失的不确定性。

按照有无盈利的可能性，风险通常分为投机风险和纯粹风险。投机风险导致的结果有三种情况，即遭受损失、没有损失和获得收益，投资股票、赌博都是投机风险的最好例子。而纯粹风险不可能产生获利的可能性，它只可能带来两种结果，即遭受损失和无损失。例如，客户购买汽车后，汽车面临要么完好无损，要么遭遇毁损的可能，这种风险的发生不可能给客户带来任何收益。纯粹风险导致的可能损失不仅对个体而言是一种损失，对整个社会而言也是一种损失。投机风险的可能损失对个体而言是一种损失，但对整个社会而言，一般不带来真正的损失，如赌博，只是财富从一人手中转移至另一人手中，对整个社会没有实际损失。

纯粹风险和投机风险的区别在于：前者总是不幸的，事故发生可能带来损失，故为人们所畏惧和厌恶；后者由于有可能获利，具有诱惑力，故有些人为了获利，甘愿冒这种风险。只有纯粹风险才是保险公司承担的可保风险。

风险由风险因素、风险事故和损失三个要素组成。

（一）风险因素

风险因素是指促使某一特定风险事故发生或增加其发生的可能性或扩大其损失程

度的原因或条件。它是风险事故发生的潜在原因，是造成损失的内在或间接原因。例如，对于建筑物而言，风险因素是指其所使用的建筑材料的质量、建筑结构的稳定性等；对于人而言，风险因素则是指健康状况和年龄等。

（二）风险事故

风险事故是指造成人身伤害或财产损失的偶发事件。它是造成损失的直接或外在原因，是损失的媒介物，即风险只有通过风险事故的发生才能导致损失。就某一事件来说，如果它是造成损失的直接原因，那么它就是风险事故；而在其他条件下，如果它是造成损失的间接原因，它便成为风险因素。例如，下冰雹时路滑发生车祸，造成人员伤亡，这时冰雹是风险因素；如果冰雹直接击伤行人，它就是风险事故。

（三）损失

在风险管理中，损失是指非故意的、非预期的、非计划的经济价值的减少。通常我们将损失分为两种形态，即直接损失和间接损失。直接损失是指风险事故导致的财产本身损失和人身伤害，这类损失又称为实质损失；间接损失则是指由直接损失引起的其他损失，包括额外费用损失、收入损失和责任损失。

## 二、风险管理

风险管理是经济单位通过对风险的识别和衡量，采用合理的经济和技术手段对风险加以处理，以最小的成本获得最大安全保障的一种管理行为。

（一）风险管理的基本程序

风险管理的基本程序分为风险识别、风险估测、风险评价、选择风险管理技术和评估风险管理效果五个环节。

1. 风险识别。风险识别是风险管理的第一步，它是指对企业、家庭或个人面临的和潜在的风险加以判断、归类和对风险性质进行鉴定的过程，即对尚未发生的、潜在的和客观存在的各种风险，系统地、连续地进行识别和归类，并分析产生风险事故的原因。风险识别主要包括感知风险和分析风险两方面内容。风险在一定时期和某一特定条件下是否客观存在，存在的条件是什么，以及损害发生的可能性等都是风险识别阶段应予以解决的问题。

2. 风险估测。风险估测是在风险识别的基础上，通过对所收集的大量资料进行分析，利用概率统计理论，估计和预测风险发生的概率和损失程度。风险估测不仅使风险管理建立在科学的基础上，而且使风险分析定量化，为风险管理者进行风险决策、选择最佳管理技术提供了科学依据。

3. 风险评价。风险评价是指在风险识别和风险估测的基础上，对风险发生的概率、损失程度，结合其他因素进行全面考虑，评估发生风险的可能性及其危害程度，并与公认的安全指标相比较，以衡量风险的程度，并决定是否需要采取相应的措施。处理风险，需要一定费用，费用与风险损失之间的比例关系直接影响风险管理的效益。通过对风险的定性、定量分析和比较处理风险所支出的费用，来确定风险是否需要被处理和被处理程度，以判定为处理风险所支出的费用是否有效益。

4. 选择风险管理技术。根据风险评价结果，为实现风险管理目标，选择最佳风险管理技术是风险管理中最为重要的环节。风险管理技术分为控制型和财务型两类。前者的目的是降低损失频率和缩小损失范围，重点在于改变引起意外事故和扩大损失的各种条件；后者的目的是以提供基金的方式，对无法控制的风险做财务上的安排。

5. 评估风险管理效果。评估风险管理效果是指对风险管理技术的适用性及收益性进行分析、检查、修正和评估。风险管理效益的大小，取决于是否能以最小风险成本取得最大安全保障，同时，在实务中还要考虑风险管理与整体管理目标是否一致，是否具有具体实施的可行性、可操作性和有效性。风险处理对策是否最佳，可通过评估风险管理的效益来判断。

（二）风险管理技术

常用的风险管理技术有五种，即风险规避、损失控制、风险自留、风险隔离和风险转移。

1. 风险规避。风险规避是指尽可能避免引起风险的行为和条件，使损失发生的可能性变为零。风险规避是最简单的风险管理方法，例如一个资产高达数亿美元的公司总裁可以决定不乘飞机以避免飞机坠毁而死亡的风险。但风险管理者必须权衡引起风险的活动的收益及成本，当风险被完全规避时，其潜在的收益会随着成本一并消失。例如公司总裁如果不乘飞机，可能就丧失了为公司获得大项目的机会。

2. 损失控制。当特定风险不能被规避时，经常要采取行动以减少与之相连的损失，这就是损失控制。损失控制技术可分为损失预防和损失抑制。损失预防致力于降低损失发生的可能性，如家中安装防火报警器可以及时发现火险，降低火灾发生及蔓延的可能性。损失抑制侧重于减少风险发生后的损失严重程度，如家中安装灭火器，一旦火灾发生，使用灭火器及时灭火，可以降低火灾发生后的损失。

3. 风险自留。风险自留是指自我承担风险。风险自留可以是部分自留，也可以是全部自留。部分自留是指一部分风险由自己承担，剩余风险通过其他方式转移出去。自留风险可以分为自愿自留和非自愿自留。自愿自留是指已经意识到风险发生的可能性而决定自己承担风险，具有主动性。非自愿自留是指未能识别风险而导致风险自留，它有可能引起严重的经济问题。

4. 风险隔离。风险隔离是指通过分离或复制风险单位，使任一风险事故的发生不至于导致所有财产损毁或灭失，如将重要文件备份放到银行的私人贵重物品保管箱，可避免因火灾、水灾等导致文件毁损、丢失的风险。

5. 风险转移。风险转移是指为了减少风险单位的损失频率和损失幅度，将损失的法律责任借助合同或协议方式转移给个人或单位的风险管理方法。

一般来说，风险转移的方式可以分为财务型非保险转移和财务型保险转移。财务型非保险转移是指通过订立经济合同，将风险以及与风险有关的财务结果转移给别人。在经济生活中，常见的财务型非保险转移有租赁、互助保证、基金制度等。财务型保险转移是指通过订立保险合同，将风险转移给保险公司（保险人）。个体在面临风险的时候，可以向保险人交纳一定的保险费，将风险转移。一旦预期风险发生并且造成了损失，则保险人必须在合同规定的责任范围之内进行经济赔偿。由于保险存在着许多优点，所以通过保险来转移风险是最常见的风险管理方法。

## 第二节　保险基础知识

### 一、保险的定义

保险是指投保人根据合同的约定向保险人支付保险费，保险人对于合同约定的可能发生的事故就其发生所造成的财产损失承担赔偿保险金责任，或者当被保险人死亡、伤残、疾病或者达到合同约定的年龄、期限时承担给付保险金责任的保险行为。

从经济角度看，保险是分摊意外事故损失的一种财务安排；从法律角度看，保险是一种合同行为，是一方同意补偿另一方损失的一种合同安排；从社会角度看，保险是社会经济保障制度的重要组成部分，是社会生产和社会生活"精巧的稳定器"；从风险管理角度看，保险是风险管理的一种常用方法。

保险是风险转移的常见手段，但并不是所有风险都可以转移给保险公司。作为可保风险，必须具备以下特点：保险人承保的风险必须是纯粹风险，如火灾风险，投机风险是不予承保的；风险的发生必须是偶然和意外的，人们并不知道风险会不会发生，也无法确定风险发生可能带来损失的程度；保险人必须能够预测风险发生的概率及损失率；风险损失在时间上与数额上必须有明确界定，风险损失可以用货币来计量；风险事故的发生不会对保险人造成灾难性打击。

针对个人或家庭的保险保障，主要来自三个层面。

（一）社会保险

社会保险是最基本的保障，通常为个人因早逝、疾病、伤残、退休、失业等特殊事件而发生的经济损失提供基本保障。社会保险的覆盖范围比较广。我国的社会保险包括养老保险、医疗保险、失业保险、工伤保险和生育保险五大险种。

（二）团体福利保障

企业或工作单位因就业关系以团体形式为员工提供不同的福利保障，通常包括团体寿险计划、团体健康保险和退休计划，团体福利保障为个人及家庭经济安全提供必要的补充。

（三）个人保险

社会保险、团体福利保障提供的保险、保障往往不能满足个人及家庭的安全保障需求，个人或家庭还需要直接参加保险。个人保险允许个人自主地选择保险公司、保险产品和保险金额。

保险在所有理财工具中最具有防御性。在未来发生风险、不能继续创造收入的情况下,它是众多风险管理工具中唯一可以立即创造钱财的工具,因此通过保险来转移风险是最常用的风险管理方法。

### 二、保险的基本原则

保险主要适用以下四种基本原则,即最大诚信原则、可保利益原则、补偿原则和近因原则。

(一)最大诚信原则

《中华人民共和国保险法》第五条规定:保险活动当事人行使权利、履行义务应当遵循诚实信用原则。最大诚信的含义是指当事人真诚地向对方充分而准确地告知有关保险的所有重要事实,不允许存在任何虚伪、欺瞒、隐瞒行为。不仅在保险合同订立时要遵守此项原则,在整个合同有效期内和履行合同的过程中也都要求当事人间具有"最大诚信"。

最大诚信原则可表述为:保险合同当事人在订立合同时及合同有效期内,应依法向对方提供足以影响对方作出订约与履约决定的全部实质性重要事实,同时绝对信守合同订立的约定与承诺。否则,受到损害的一方,按民事立法规定可以此为由宣布合同无效,或解除合同,或不履行合同约定的义务或责任,甚至对因此受到的损害还可以要求对方予以赔偿。

(二)可保利益原则

可保利益原则是指投保人必须对保险标的具有可保利益,才能签订有效的保险合同。可保利益原则是指投保人对要求保障的标的必须具备法律承认的经济利益。例如,在财产保险中,投保的财产标的在遭受危险事故时会对投保人造成经济损失;在人身保险中,投保的人身标的在遭受意外事故或丧失劳动能力时会对被保险人或其家属带来经济困难。也就是说,保险标的遭到事故会导致投保人在经济上有所损失。

(三)补偿原则

补偿原则是指当被保险人发生损失时,通过保险人的补偿使被保险人的经济利益恢复到原来水平,被保险人不能因损失而得到额外的收益。

补偿原则的基本含义包含两层:一是只有保险事故发生造成保险标的毁损致使被保险人遭受经济损失时,保险人才承担损失补偿的责任,否则,即使在保险期限内发生了保险事故,但被保险人没有遭受损失,也无权要求保险人赔偿。这是损失补偿原则的质的规定。二是被保险人可获得的补偿量仅以其保险标的在经济上恢复到保险事故发生之前的状态,而不能使被保险人获得多于或少于损失的补偿,尤其是不能让被保险人通过保险获得额外的收益。这是损失补偿原则的量的限定。补偿原则主要适用于赔偿性保险合同,对人寿险合同却不适用。补偿原则可通过现金赔付、修理、更换或重置的方式实施。

(四)近因原则

近因是指在风险和损失之间,导致损失的最直接、最有效、起决定作用的原因,而不是指时间上或空间上最接近的原因。近因原则是指判断风险事故与保险标的损失的直接因果关系，从而确定保险赔偿责任的一项基本原则。保险关系上的近因并非是指在时间上或空间上与损失最接近的原因，而是指造成损失的最直接、最有效、起主导作用或支配性作用的原因。按照近因原则，当保险人承保的风险事故是引起保险标的损失的近因时，保险人应负赔偿责任。

### 三、保险合同及其主体

（一）保险合同

《中华人民共和国保险法》第十条规定："保险合同是投保人与保险人约定保险权利义务关系的协议"。保险合同的当事人是投保人和保险人，保险合同的内容是保险双方的权利义务关系。投保人是指与保险人订立保险合同，并按照保险合同负有支付保险费义务的人。保险人是指与投保人订立保险合同，并承担赔偿或者给付保险金责任的保险公司。

（二）保险合同的主体

保险合同的主体分为保险合同当事人、保险合同关系人。

1. 保险合同当事人。保险人也称承保人，是指经营保险业务，与投保人订立保险合同，收取保费，组织保险基金，并在保险事故发生或者保险合同届满后，对被保险人赔偿损失或给付保险金的保险公司。保险人具有以下特征：（1）保险人仅是指从事保险业务的保险公司，其资格的取得只能是符合法律的严格规定；（2）保险人有权收取保险费；（3）保险人有承担保险责任或给付保险金的义务。

投保人也称要保人，是指与保险人订立保险合同，并按照合同约定负有支付保险费义务的人。在人身保险合同中，投保人对被保险人必须具有可保利益；在财产保险合同中，投保人对保险标的要具有可保利益。投保人必须具备以下两个条件：（1）具备民事权利能力和民事行为能力；（2）承担支付保险费的义务。

2. 保险合同关系人。被保险人是指受保险合同保障并享有保险金请求权的人。被保险人具有以下特征：（1）被保险人是保险事故发生时遭受损失的人，在人身保险中，被保险人是其生命或健康因危险事故的发生而遭受直接损失的人，在财产保险中，被保险人必须是财产的所有人或其他权利人；（2）被保险人是享有保险金请求权的人；（3）被保险人的资格一般不受限制，被保险人可以是投保人自己，也可以是投保人以外的第三人，被保险人可以是无民事行为能力的人，但是在人身保险中，只有父母才可以为无民事行为能力的人投保以被保险人死亡为给付保险金条件的保险。

受益人是指在人身保险合同中由被保险人或者投保人指定的享有保险金请求权的人，投保人、被保险人或者第三人都可以成为受益人。受益人具有以下特征：（1）受益人享有保险金请求权；（2）受益人由被保险人或者投保人指定；（3）受益人的资格一般没有限制，受益人无须受民事行为能力或可保利益的限制，但是若投保者为与其有劳动关系的人投保人身保险时，不得指定被保险人及其近亲属以外的人为受益人。

## 四、保险责任及责任的免除

保险责任是指保险人承担的经济损失补偿或人身保险金给付的责任,即按照保险合同中约定的由保险人承担的危险范围,在保险事故发生时保险人所负的赔偿责任,包括损害赔偿、责任赔偿、保险金给付、施救费用、救助费用、诉讼费用等。投保人签订保险合同并交付保险费后,保险合同条款中规定的责任范围即成为保险人承担的责任。在保险责任范围内发生财产损失或人身事故,保险人均要负责赔偿或给付保险金。

责任免除是对保险人承担责任的限制,即保险人不负责赔偿或给付的范围。责任免除明确的是哪些风险事故的发生造成的财产损失和人身伤亡与保险人的赔付无关,主要包括法定的和约定的责任免除条件。一般分为四类:(1)不承保的风险,即损失原因免除,如现行企业财产基本险中,对于地震引起的财产损失不承担赔偿责任;(2)不承担赔偿责任的损失,即损失免除,如正常维修、保养引起的费用及间接损失,保险人不承担赔偿责任;(3)不承保的标的,包括绝对不保的标的,如土地、矿藏等,以及特约承保的标的,如金银、珠宝等;(4)投保人或被保险人未履行合同规定义务的责任免除。

## 五、保险期限和保险合同的效力

(一)保险期限

保险期限也称保险期间。根据保险合同,保险公司在约定的时间内对约定的保险事故承担保险责任,这一约定时间就成为保险期限。由于保险期限一方面是计算保险费的依据之一,另一方面又是保险人和被保险人双方履行权利和义务的责任期限,所以,它是保险合同的主要内容之一。我国目前的保险条款通常规定保险期限为约定起保日的零时开始到约定期满日的24时止。

(二)保险合同的效力

保险合同生效,是指合同条款对当事人双方已发生法律上的效力,要求当事人双方恪守合同,全面履行合同规定的义务。保险合同的成立与生效的关系有两种:一是合同一经成立即生效,双方便开始享有权利,承担义务;二是合同成立后不立即生效,而是等到保险合同生效的附条件成立或附期限达到后才生效。我国采取的是"零时起保制",即合同成立后的次日零时,或附条件成立或附期限达到后的次日零时起生效。

保险合同的有效是指保险合同具有法律效力并受国家法律保护。任何保险合同要产生当事人所预期的法律后果,使合同产生相应的法律效力,必须符合有效条件。按照保险合同订立的一般原则,保险合同的有效条件包括合同主体必须具有保险合同的主体资格、主体合意、客体合法、合同内容合法。

保险合同的无效是指当事人所缔结的保险合同因不符合法律规定的生效条件而不产生法律的约束力。无效保险合同的特点是:(1)违法性,即违反法律和公序良俗;

（2）自始无效性，即因其违法而自行为开始起便没有任何的法律效力；（3）无效性无须考虑当事人是否主张，法院或仲裁机构可主动审查，确认合同无效。保险合同的无效主要体现在合同主体不合格、当事人意思表示不真实、客体不合法、内容不合法方面。

### 六、保险金额、免赔额、保险费以及豁免保费

（一）保险金额

保险金额，是指一个保险合同项下保险公司承担赔偿或给付保险金责任的最高限额，即投保人对保险标的的实际投保金额。同时它又是保险公司收取保险费的计算基础。

财产保险合同中，对保险价值的估价和确定直接影响保险金额的大小。保险价值等于保险金额是足额保险。保险金额低于保险价值时，保险公司按保险金额与保险价值的比例赔偿。保险金额超过保险价值是超额保险，超过保险价值的保险金额无效，恶意超额保险是欺诈行为，可能使保险合同无效。

在人身保险合同中，人身的价值无法衡量，保险金额是人身保险合同双方约定的，由保险人承担的最高给付的限额或实际给付的金额。

（二）免赔额

免赔额是指由保险人和被保险人事先约定，被保险人自行承担损失的一定比例、金额，损失额在规定数额之内，保险人不负责赔偿。免赔额是指保险人根据保险的条件做出赔付之前，被保险人先要自己承担的损失额度。

（三）保险费

保险费是指投保人根据其投保时所定的保险费率，向保险人交付的费用。保险费由保险金额、保险费率和保险期限构成。保险费的数额同保险金额的大小、保险费率的高低和保险期限的长短成正比，即保险金额越大，保险费率越高，保险期限越长，则保险费也就越多。

（四）豁免保费

豁免保费是指在保险合同规定的某些特定情况下，由保险公司同意投保人可以不再交纳后续保费，保险合同仍然持续有效。它相当于为保单再加了一份保险，是保险产品人性化功能的体现之一。所以豁免保费都是依附于其他险种的，可能是以单独的附加险形式出现，也可能是作为主险中的一项责任。现在市场上的豁免保费主要有两类，一类是豁免保费定期寿险，一类是豁免保费重大疾病保险。豁免保费定期寿险一般都是保障主险（或者其他长期附加险）投保人的，总的来说可以分为两种情况：一种是主险投保人与被保险人为同一人，这时一般就是在被保险人发生残疾的时候豁免保费（身故一般主险就终止了，也就自然不用交保费了）；如另一种是主险投保人与被保险人不为同一人。后一种保障了两个人，多数豁免保费产品都是这种形态。尤其是在少儿保险中，豁免保费条款是最常见的。豁免保费重大疾病保险一般都是保障主险

的被保险人,在被保险人发生重疾的时候豁免保费。

## 第三节 个人或家庭的常见风险及相关保险品种

### 一、个人或家庭面临的常见风险

天有不测风云,人有旦夕祸福。每个人和每个家庭随时都可能面临着或大或小、各种各样的风险。比如说,家庭房屋及其他家庭财产可能因火灾而受到损毁的风险;家庭成员可能因生病而面临巨额医疗费用的风险;自己家的狗在外面玩耍时咬伤了旁人的手,从而使家庭面临承担赔偿责任的风险。这些风险带来的不仅仅是经济的损失,更多的还是感情的伤害。

具体来说,个人或家庭面临的常见风险主要分成三类,即人身风险、财产风险和责任风险。

（一）人身风险

人身风险是指在日常生活以及经济活动过程中,人的生命或身体遭受各种形式的损害,造成人的经济生产能力降低或丧失的风险,包括死亡、残疾、疾病等损失形态。

人身风险包括生命风险和健康风险。死亡是人生命中必然发生的事,并无不确定可言,但死亡发生的时间确是不确定的。而健康风险则具有明显的不确定性,如伤残是否发生,疾病是否发生,其损害健康的程度大小等,均是不确定的。人身风险所致的损失一般有两种:一种是收入能力损失,另一种是额外费用损失。

个人和家庭面临的人身风险主要包括早逝风险、长寿风险、健康风险、意外伤害风险以及失业风险。面对上述风险,可以通过人身风险回避（主动放弃或改变某种可能存在人身风险的活动）、人身损失控制（如通过身体检查、加强身体锻炼、加强安全和健康意识来防范各种人身风险事件的发生;通过加强安全自救措施的培训、学习医学常识避免疾病恶化等方式,使得风险发生后的损失程度尽量减小）、人身风险隔离（为避免家庭其他成员遭受同一风险从而引起巨大的家庭人身损失,应该适当地进行人身风险隔离）、人身风险自留（通过预留部分家庭收入,应对有可能发生的收入损失和医疗费用支出）、购买保险（当风险发生时,将相应损失转嫁给保险公司）等方式来管理风险。

有些人身风险发生的概率较大,有些人身风险一旦发生就会给自身或家庭其他成员带来巨大影响,通过风险回避、损失控制、风险隔离、风险自留等手段都难以承受风险发生带来的经济损失,这时借助保险将损失相应转嫁给保险公司就很有必要了。

（二）财产风险

财产风险是指造成实物财产的贬值、损毁或者灭失的风险。一个人拥有的财产越多,相对来说其面临的财产风险就越大。对于个人来说,所拥有的房屋、家具、衣物、家用电器以及车辆等，可能会因为火灾、水灾、暴风雨、地震等自然灾害而造成损失，也可能因为盗窃、碰撞、恶意破坏而丢失或损坏。财产风险除了导致财产的直接损失外，还可能引起与财产相关的间接损失，如地震导致家庭住宅受损，无法继续居住，必须寻找临时住宅，从而增加额外的费用支出。

（三）责任风险

责任风险是指因个人或团体的疏忽或过失行为，造成他人的财产损失或人身伤亡，按照法律、契约应负法律责任或契约责任的风险。责任风险或者是与有关当事人所拥有或控制的财产有关，或者与他从事的活动有关。如拥有房产者必须对发生在房产内的事件负责，拥有机动车辆者由于操作不慎对他人身体及财产带来损害等。这些责任风险至少会给个人或家庭造成三类经济损失，即损失赔偿金、法律费用和法院费用。

在保险实务中，保险人所承保的责任风险仅限于法律责任中对民事损害的经济赔偿责任，它是由于过失或侵权行为导致他人的财产毁灭或人身伤亡。

## 二、人身保险

人身保险是以人的寿命和身体为保险标的的保险。当人们遭受不幸或因疾病、年老丧失工作能力，或伤残、死亡时，根据保险合同的约定，保险人对被保险人或受益人给付保险金或年金，以解决其因病、残、老、死所造成的经济困难。

人身保险的产品种类繁多，但按照保障范围可以划分为人寿保险、意外伤害保险和健康保险。

（一）人寿保险

人寿即人的寿命，人寿保险是以被保险人的生命为保险标的，以被保险人的生存或死亡为保险事故的人身保险。在实务中，人们习惯把人寿保险分为定期寿险、终身寿险、两全保险和年金保险。人寿保险是人身保险中最重要的部分。

1. 定期寿险。定期寿险是指在保险合同约定的期间内，如果被保险人死亡或全残，则保险公司按照约定的保险金额给付保险金；若保险期限届满被保险人健在，则保险合同自然终止，保险公司不再承担保险责任，并且不退回保险费。

定期寿险具有两大特点：一是保费低、保障高。定期寿险是一种消费型保险，与储蓄型寿险相比，在保险金额相等的条件下，其保费要低得多。二是可以自由选择缴费期限。定期寿险的保障期限一般分为1年、5年、10年、15年、20年、30年或约定保障至规定年龄，投保人可根据自己的保障需求自行选择，不少定期寿险还可按规定延长保障期限。

定期寿险是纯粹意义上的保险，具有较强的保障功能。消费型定期寿险比较适合以下三类人群购买。一是收入不高而保障需求较高的人，或是事业刚刚起步的年轻人。定期寿险可以让他们在家庭责任最重大时期，以较低的保费获得最大的保障。二是新兴企业的员工。新兴企业因为尚处于成形阶段，那些对企业的成功起关键作用的员工一旦出现意外，将会给企业带来沉重打击。在这种情况下，定期寿险是一种十分有用的避险工具。三是私人企业的合伙人。不少私人企业的合伙人将企业资产和个人资产合二为一,一旦企业发生运作障碍,将直接导致家庭生活水准的大幅下降。因而,私人企业的合伙人为保证家庭现金流量的持续和稳定,投保定期寿险也是一个不错的选择。

> 【案例7-1】
> 
> **国寿祥泰定期寿险**
> 
> 被保险人张先生现年30周岁,为自己投保国寿祥泰定期寿险,基本保险金额为10万元,交费期间为20年,保险期间为20年,年交保费为670元,可获得如下保障:
> 
> 一、身故保险金
> 
> 1. 合同生效180日内因疾病导致身故,按所交保险费(无息)670元给付身故保险金,本合同终止。
> 
> 2. 因意外伤害或于合同生效180日后因疾病导致身故,身故保险金=基本保额×[1+(保单年度-1)×5%]。
> 
> 如客户于第十个保单年度身故,其身故保险金=10×(1+9×5%)=145 000元,并返还所交保费6 700元,本合同终止。
> 
> 二、身体高度残疾保险金
> 
> 1. 合同生效180日内因疾病导致身体高度残疾,按所交保险费(无息)670元给付身体高度残疾保险金,本合同终止。
> 
> 2. 因意外伤害或于合同生效180日后因疾病导致身体高度残疾,本公司按基本保险金额的100%,即10万元给付身体高度残疾保险金,以一次为限,本合同继续有效。如发生在交费期内,豁免本合同终止前的各期应交保险费。

2. 终身寿险。终身寿险是一种提供终身保障的死亡保险,被保险人在保险有效期内无论何时死亡,保险人都向其受益人给付保额。终身寿险还具有储蓄功能,投保人可以通过不同方式处置保单的现金价值。

终身寿险按缴费期限分为全额缴费、限期缴费和趸缴终身寿险。全额缴费终身寿险的保额通常保持不变,要求在被保险人死亡之前一直缴纳等额的保费(称为平准保费),全额缴费终身寿险适合保费支付能力较低,且需要终身保障的被保险人。限期缴费终身寿险是在约定期限内缴纳保费的终身寿险。缴纳期限可以是一个约定年数,如10年、20年,也可以是被保险人满某一年龄,如满60岁或65岁时不再缴纳保费。过了缴费期限后,该保单就成为缴清保单,投保人不需缴纳任何保费,但保障终身有效。限期缴费终身寿险适合于需要终身保障,但有保证收入只集中在一段时期内的被保险人。趸缴终身寿险是限期缴费终身寿险的特例,投保人在保单签发时一次性缴清保费,保单一经签发就成为缴清保单,投保人不必担心保单失效的可能。趸缴保费通常较高,是保额的40%~50%,此种缴费方式适合当前有较多闲置资金的被保险人。

终身寿险是一份终身死亡保险,是以被保险人的终身为保险期限,以保险责任范围内的原因导致被保险人死亡为给付条件的一种保险。终身寿险的另一个显著特点是保单具有现金价值,保单所有者既可以中途退保领取退保金,也可以在保单的现金价值的一定限额内向保险公司借款,具有较强的储蓄性。所以保额相同的情况下,终身寿险的保险费高于定期寿险。

终身寿险适合以下三类人群:

(1) 家庭责任大、保费负担能力比较高的人群。相比定期寿险,终身寿险更昂贵,因此要求投保人有较强的保费负担能力。

(2) 有遗产规划需求的人群。终身寿险是最适合遗产规划的险种之一,原因是它在被保险人死亡后才赔付,另外,赔付给指定受益人的保险金不仅可以完全按照投保人的意愿分配,且受法律保护,免证遗产税。

(3) 具有储蓄需求的人群。虽然终身寿险只有在被保险人身故后才能拿到保险金,但它有储蓄性,具有现金价值。持有人也可以在退休时把该保险单变换为年金保险单。

【案例7-2】

### 国寿祥泰终身寿险

被保险人张先生现年30周岁,为自己投保国寿祥泰终身寿险,基本保险金额为10万元,交费期间为20年,年交保费为7 820元,可获得如下保障:

一、身故保险金

1. 合同生效之日起180日内因疾病导致身故,本公司按所交保险费(无息)7 820元给付身故保险金,本合同终止。

2. 因意外伤害或合同生效之日起180日后因疾病导致身故,本公司按以下规定给付身故保险金:至年满60周岁的年生效对应日之间身故,本公司按基本保险金额的300%给付身故保险金,并返还身故当时所交保险费(无息),最高可达456 400元,本合同终止。

3. 60周岁的年生效对应日后身故,本公司按基本保险金额的100%给付身故保险金,并返还当时所交保险费(无息),即156 400元,本合同终止。

二、身体高度残疾保险金

合同生效之日起180日内因疾病导致身体高度残疾,按所交保险费(无息)7 820元给付身体高度残疾保险金,本合同终止。

因意外伤害或合同生效之日起180日后至60周岁因疾病导致身体高度残疾,本公司按基本保险金额的100%即10万元,给付身体高度残疾保险金,以一次为限,本合同继续有效。

3. 两全保险。两全保险又称为生死混合险,它不仅允诺当被保险人在保险期限内死亡时给付死亡保险金,还允诺当被保险人生存至保险期满时给付满期保险金。由此可见两全保险是死亡保险和生存保险的混合险种,可分为定期寿险和储蓄两部分,保单中的定期寿险保费逐年递减,至保险期满降为零,而储蓄部分逐年递增,至保险期满达到投保金额。

当被保险人在保险期间内死亡时,保险人按合同约定将死亡保险金支付给受益人,保险合同终止;若被保险人生存至保险期满,保险人将生存保险金支付给被保险人。因此,两全保险不仅包含了约定期限的死亡保障,还具有储蓄功能。两全保险做出了定期寿险和生存保险两项允诺,其保险费是两者之和,所以保险费较高。

任何一张两全保险单中都载明了一个到期日,如果被保险人至到期日仍然生存,保险人应将保险单约定的保险金额支付给被保险人。两全保险的期满日既可以是特定的年龄,也可以是某一约定时期的结束日。这种保险品种对于那些既想在保险期间内获得保障,又想在年老退休后取得可观收入颐养天年的人具有较强的吸引力。无论哪种类型的两全保险,被保险人生存至期满日或在期满日前死亡,两全保险单都将支付约定的金额。

【案例7-3】

### 国寿鸿盈两全保险(分红型)

洪先生现年30岁,是企业中级管理人员。作为家庭的经济支柱,洪先生时刻将家人的幸福生活放在心上,因此对自己的健康保障及家庭资产的低风险投资十分重视。经过综合比较,洪先生为自己投保了国寿鸿盈两全保险,选择10年保险期间、5年交费期间,每年交费10 000元,基本保险金额为11 120元。

洪先生可以获得的保险利益如下:

一、高额保障

1. 如果洪先生不幸于合同生效起一年内因疾病身故,可获生命保障金10 000元,合同终止。

2. 一年后因疾病身故,可获得生命保障金(11 120×身故时的交费年数),合同终止。

3. 在乘坐火车、轮船和航班期间因意外伤害身故,可获得生命保障金(11 120×身故时的交费年数×2),合同终止。

4. 在乘坐火车、轮船和航班期间因意外伤害身故,可获得生命保障金(11 120×身故时的交费年数×3),合同终止。

二、稳定收益

洪先生生存至年满40周岁的年生效对应日时可获得(满期金额55 600元+复利累积的红利收益),合同终止。

4. 年金保险。年金保险是指在被保险人生存期间,保险人按照合同约定的金额、方式,在约定的期限内,有规则地、定期地向被保险人给付保险金的保险。年金保同样是以被保险人的生存为给付条件的人寿保险，但生存保险金的给付，通常采取的是按年度周期给付一定金额的方式，因此称为年金保险。

个人养老保险就是一种常见的个人年金保险产品。年金受领人在年轻时参加保险，按月缴纳保险费至退休日止。从达到退休年龄次日开始领取年金，直至死亡。年金受领者可以选择一次性给付或分期给付年金。如果年金受领者在达到退休年龄之前死亡，保险公司会退还积累的保险费（计息或不计息）或者现金价值，根据金额较大的计算而定。在积累期内，年金受领者可以终止保险合同，领取退保金。

定期年金保险是一种投保人在规定期限内缴纳保险费，被保险人生存至一定时期后，依照保险合同的约定按期领取年金，直至合同规定期满时止的年金保险。如果被保险人在约定期内死亡，则自被保险人死亡时终止给付年金。子女教育金保险属于定期年金保险。父母作为投保人，在子女幼小时，为其投保子女教育金保险，等子女满18岁开始，从保险公司领取教育金作为读大学的费用，直至大学毕业。

【案例7-4】

### 国寿个人养老年金保险（分红型）

金先生现年30岁，投保国寿个人养老年金保险（分红型），每年缴纳保费10 000元，选择10年交费期间，其保险利益如下：

一、养老年金

金先生生存至60周岁生效对应日后可以选择以下方式领取养老年金。

1. 一次性领取168 100元，合同终止。

2. 生存状态下每年领取养老金10 400元直至终身，如果被保险人自开始领取养老年金之日起不满10年身故，其继承人可继续领取未满10年部分的养老年金，合同于养老年金开始领取日起满10年的年生效对应日终止。

二、身故保险金

被保险人在合同约定的养老年金开始领取日前身故，本公司按合同的现金价值给付身故保险金，合同终止。

三、分红事项

金先生享有分红权益，在合同约定的养老年金领取日前，产生的红利保留在本公司并累积生息至领取日，在领取日，金先生可选择将全部或部分累积红利作为一次性趸缴保费用于增加养老年金的领取金额。

（二）意外伤害保险

意外伤害保险是指以被保险人因意外而发生的身故或残疾为给付保险金条件的一种人身保险。意外伤害保险的保障项目主要包括死亡给付和残疾给付。前者是指被保险人因遭受意外伤害造成死亡时，保险人给付死亡保险金；后者是指被保险人因遭受意外伤害造成残疾时，保险人给付残疾保险金。

意外伤害保险属于定额给付性保险,当保险责任构成时,保险人按保险合同中约定的保险金额给付死亡保险金或残疾保险金。死亡保险金的数额是保险合同中规定的,当被保险人死亡时应如数支付。残疾保险金的数额由保险金额和残疾程度两个因素确定。残疾程度一般以百分率表示,残疾保险金数额的计算公式是残疾保险金 = 保险金额 × 残疾程度百分率。

意外伤害保险具有以下三个特点:

1. 保险期限较短。意外伤害保险是短期险,一般都不超过一年,最多三年或五年。例如,各种旅客意外伤害保险,保险期限为一次旅程;出差人员的平安保险,保险期限为一个周期;游泳者的平安保险期限更短,其保险期限只有一个场次。

2. 投保方式灵活。在人身意外伤害保险中,很多情况是经当事人双方签订协议书,保险金额也是经双方协商议定的(不超过最高限额),保险责任范围也相对灵活。投保手续也十分简便,当场付费签名即生效,无须被保险人参加体检,只要有付费能力,一般的人均可参加保险。

3. 保费低廉。意外伤害保险一般不具备储蓄功能,在保险期终止后,即使没有发生保险事故,保险公司也不退还保险费,所以一般保费较低,保障较高。

【案例 7-5】

### 信诚意外伤害保险

张先生现年 30 岁,从事一类职业,投保信诚意外伤害保险,保险保额为 20 万元,保费为 440 元/年。该保险可提供意外身故保障、意外残疾保障、意外烧烫伤保障。

对被保人在下述情况之一遭受意外伤害事故时,还提供双倍的高额保障:

1. 以乘客身份乘坐于行驶在固定路线的公共交通工具内。
2. 在一般载客用升降机或手扶梯内。
3. 在起火的学校或医院内,且于起火当时已在建筑物内。

(三)健康保险

健康保险是以被保险人的身体为保险标的,对被保险人因疾病或意外事故所致伤害时发生的费用或损失进行补偿的一种保险。健康保险所指的疾病必须有以下三个条件:第一,必须是由于明显非外来原因所造成的;第二,必须是非先天性的原因所造成的;第三,必须是由于非长存的原因所造成的。

按保险责任,健康保险一般可分为医疗保险、疾病保险、收入保障保险和长期护理保险等。

1. 医疗保险。医疗保险是提供医疗费用保障的保险,其中医疗费用包括医疗费、手术费、住院费、护理费、医院杂费、药费、检查费等。医疗保险一般规定一个最高保险金额,保险人在此保险金额限度内支付被保险人所发生的费用,超过此限额,则

保险人停止支付。

常见的医疗保险如下。

普通医疗保险：给被保险人提供治疗疾病时相关的一般性医疗费用，包括门诊费、医疗费、检查费等，保费成本低，适合一般社会公众。

住院保险：住院费用往往较高，因此常作为单独保险。住院费用包括床位费、住院期间的医生费用、手术费、医药费等。保单一般规定保险人只负责所有费用的一定百分比。

手术保险：为被保险人在患病治疗过程中进行必要的外科手术而发生的医疗费用提供保障，可以单独投保，也可以作为住院保险的附加险种。

综合医疗保险：保险人为被保险人提供的一种全面医疗费用保险，其费用范围包括医疗、住院、手术等一切费用。综合医疗保险的保费较高。

---

**【案例7-6】**

**世纪泰康个人住院医疗保险**

李菁现年29岁，投保了世纪泰康个人住院医疗保险，选择基本部分四挡和可选部分四挡，需交基本部分保费453元与可选部分保费171元，总计624元。李菁可获得如下保障：

1. 李菁因意外事故住院可获得的意外伤害住院日额保险金＝实际住院天数×一般住院日额保险金200元，因一般疾病住院可获得的疾病住院日额保险金＝（实际住院天数－3）×一般住院日额保险金200元。

2. 如果因重大疾病住院，每天在200元基础上再增加重大疾病住院日额保险金180元，总共380元。

3. 器官移植手术保险金18万元，涵盖6大器官移植。

4. 非器官移植手术医疗保险金9 000元，涵盖1 056种手术。

---

2. 疾病保险。疾病保险是指以保险合同约定的疾病的发生为给付保险金条件的保险。疾病保险，主要针对那些会威胁到生命或者花费比较大的重大疾病。疾病保险是定额赔付，即只要患合同规定的重大疾病，保险公司立即按照保险金额赔付，比如保额20万元，那保险公司就赔偿20万元。疾病保险的保险期间较长，一般都在20年以上，甚至是终身。

我国最常见的是重大疾病保险。重大疾病保险是指由保险公司经办的，以特定重大疾病，如恶性肿瘤、心肌梗死、脑溢血等为保险对象，当被保险人患有上述疾病时，由保险公司对所花医疗费用给予适当补偿的商业保险。购买了重大疾病保险，只要确诊的疾病是符合保险条款中的保障对象，那么就可以一次性获得保险公司的给付，不需要被保险人在病后垫付医疗费用，更重要的是减轻了被保险人的医疗支出负担。

## 【案例 7-7】

### 国寿康宁终身重大疾病保险

王先生现年30岁，投保基本保险金额30万元的国寿康宁终身重大疾病保险，选择10年交费期间，年交保费为16 350元，可获得如下利益：

一、重大疾病保险金

王先生于合同生效（或最后复效）之日起180日内，因首次发生并经确诊的疾病导致王先生初次发生并经专科医生明确诊断患合同所指的重大疾病（无论一种或多种），合同终止，本公司按照合同所交保险费（不计利息）给付重大疾病保险金；王先生于合同生效（或最后复效）之日起180日后，因首次发生并经确诊的疾病导致王先生初次发生并经专科医生明确诊断患合同所指的重大疾病（无论一种或多种），合同终止，本公司给付30万元重大疾病保险金。

二、特定疾病保险金

王先生于合同生效（或最后复效）之日起180日内，因首次发生并经确诊的疾病导致王先生初次发生并经专科医生明确诊断患合同所指的特定疾病（无论一种或多种），本公司不承担给付保险金的责任，合同继续有效；王先生于合同生效（或最后复效）之日起180日后，因首次发生并经确诊的疾病导致王先生初次发生并经专科医生明确诊断患合同所指的特定疾病，本公司给付6万元特定疾病保险金，但给付以一次为限，合同继续有效。若因意外伤害导致上述情形，不受180日的限制。

三、身体高度残疾保险金

王先生于合同生效（或最后复效）之日起180日内因疾病导致身体高度残疾，合同终止，本公司按合同所交保险费（不计利息）给付身体高度残疾保险金；王先生因前述以外情形导致身体高度残疾，合同终止，本公司给付30万元身体高度残疾保险金。

四、身故保险金

王先生于合同生效（或最后复效）之日起180日内因疾病身故，合同终止，本公司按合同所交保险费（不计利息）给付身故保险金；王先生因前述以外情形身故，合同终止，本公司给付30万元身故保险金。

合同中的重大疾病保险金、身体高度残疾保险金和身故保险金本公司仅给付一项，并以一次为限。

3. 收入保障保险。收入保障保险是指以因意外伤害、疾病导致收入中断或减少为给付保险金条件的保险，具体是指当被保险人由于疾病或意外伤害导致残疾，丧失劳动能力不能工作以致失去收入或减少收入时，由保险人在一定期限内分期给付保险金的一种健康保险。

收入保障保险的给付一般是按月或按周进行，每月或每周可提供金额一致的收入补偿。收入保障保险除了在被保险人全残时给付保险金外，还可以提供其他利益，包括残余或部分伤残保险金给付、未来增加保额给付、生活费用调整给付、残疾免缴保费条款，以及移植手术保险给付、非失能性伤害给付、意外死亡给付。这些补充利益作为特殊条款通过缴纳附加保费的方式获得。

4. 长期护理保险。长期护理保险是为因年老、疾病或伤残而需要长期照顾的被保险人提供护理服务费用补偿的健康保险。这是一种主要负担老年人的专业护理、家庭护理及其他相关服务项目费用支出的新型健康保险产品。

典型的长期护理保险要求被保险人不能完成下述五项活动中的两项即可：吃、沐浴、穿衣、如厕、移动。除此之外，患有老年痴呆等认知能力障碍的人通常需要长期护理，但他们却能执行某些日常活动，目前所有长期护理保险已将老年痴呆和阿基米德病及其他精神疾患包括在内。

与其他保险产品相比，长期护理保险侧重于提供长期护理保障，有着显著的产品特点。从保障范围看，护理分为医护人员看护、中级看护、照顾式看护和家中看护四个等级。产品类型主要有日额津贴、费用补偿、服务提供等单一或相互交叉的形式，给付期限有一年、数年、终身等几种不同的选择，同时也规定有20天、30天、60天、90天、100天或者说180天等多种免责期。免责期愈长，保费愈低。

长期护理保险一般都有保费豁免保障，在缴费期间，被保险人一经确定需要长期护理，保险公司将豁免以后各期保险费。此外，所有长期护理保险的保单都是保证续保的，有一些甚至保证终身续保，保险公司不得在保单更新时针对个人提高保险费率。

长期护理保险的保费通常为平准式，也有每年或每一期间固定上调保费的情况，其年缴保费因投保年龄、等待期间、保险金额和其他条件的不同而有很大区别。

【案例7-8】

### 国寿康馨长期护理保险

王先生现年30周岁，投保中国人寿国寿康馨长期护理保险，选择20年交费期间，每年交费1 068元，王先生可以获得如下利益：

一、长期护理保险金

达到保险合同约定的长期护理保险金给付条件的，每个月可领取长期护理保险金1 000元，直至王先生的长期护理状态中止或保险期间届满。

二、疾病身故保险金

王先生若在保险期间内因疾病身故，按所交保险费（不计利息）扣除已领取的长期护理保险金给付疾病身故保险金，合同终止。已领取的长期护理保险金达到或超过所交保险费（不计利息）的，本公司不再给付疾病身故保险金。

三、老年关爱保险金

王先生生存至年满80周岁，本公司按所交保险费（不计利息）扣除已领取的长期护理保险金给付老年关爱保险金，合同终止。已领取的长期护理保险金达到或超过所交保险费（不计利息）的，本公司不再给付老年关爱保险金。

四、豁免保险费

在交费期间内，王先生达到合同约定的长期护理保险金给付条件的，本公司于首次给付日起豁免以后相应各期应交的保险费，直至长期护理状态中止。在交费期间内，若王先生长期护理状态中止，则投保人自中止之日起应恢复交纳以后各期保险费。

### 三、财产保险

财产保险是以物质财产及其相关利益和责任作为保险标的的保险。个人或家庭拥有的财产和承担的民事责任时刻面临各种风险，风险一旦发生，将带来很大的财务影响。一般而言，个人或家庭所拥有的财产越多，其面临的财务风险越大。财产保险包括房屋保险、家财保险和机动车辆保险等。

（一）房屋保险

在房屋的生产、流通、消费过程中，风险事故可能给房屋造成损失，给房屋所有者带来经济、生活上的困难。对于住房来说，其风险主要有火灾、水灾、台风、地震等；而抵押贷款房屋的风险主要涉及还贷风险。房屋保险主要有以下四类。

1. 个人住房保险。它主要是指商品住宅保险和自购公有住房保险，所保的财产是房屋及其附属设备，对保险标的物由于火灾、水灾、地震等合同规定原因造成的损失，保险公司给予相应补偿。

2. 住房责任保险。这种保险针对住房所有人、出租人和承租人的责任提供保险，一般称为住房公众责任保险，主要承保房屋使用过程中的赔偿责任。

3. 住房人身保险。它是指对于被保险人因房屋造成意外伤害而死亡或永久致残，由保险人支付保险金。

4. 贷款抵押房屋保险。它是申请抵押房屋贷款的借款人应贷款银行的要求，针对抵押房屋进行的保险活动。当抵押房屋发生保险合约规定的保险事故时，被保险人为防止或者减少保险财产损失而支付的合理、必要的施救费用，由保险人承担。

（二）家财保险

家财保险是一种针对因火灾、爆炸等一系列自然灾害和意外事故造成的家庭财产损失以及合理抢救、施救费用提供合理经济补偿的保险。

家财保险的承保对象主要包括两部分：一是被保险人自有的家庭财产，包括家用电器、文体用品、衣物、床上用品及其他生活用品；二是经被保险人和保险人特别约定，在保险单上载明的家庭财产，包括珠宝、首饰、古玩等珍贵财物，以及货币、有价证券、文件、技术资料和无法鉴定价值的财产等。

普通家财保险一般有家庭财产保险、盗窃险、管道破裂险、天然气综合险等。

### （三）机动车辆保险

机动车辆保险是以机动车辆本身及其第三者责任等为保险标的的一种运输工具保险。机动车辆一般是指汽车、电车、摩托车、专用机械车和特种车等。

机动车辆的风险主要来自：（1）车辆本身，主要是指从机动车辆的自身安全性能来考虑的风险；（2）地理环境，主要是指从机动车辆行驶地区的气候、地形、路面情况等来考虑的风险；（3）社会环境，主要是指从交通管理、治安、人文环境等方面来考察机动车辆面临的风险；（4）驾驶人员，主要是指从驾驶人员自身因素来考虑机动车辆驾驶过程中所面临的风险。

机动车辆保险一般包括基础保险和附加险。机动车辆的基础保险主要有如下种类。

1. 车辆损失险，即被保险人或其允许的合格驾驶员在使用保险车辆时，由于保险合约规定的原因发生保险事故，被保险人对保险车辆采取施救、保护措施所支出的合理费用，由保险人负责赔偿。

2. 第三者责任险，即被保险人或其允许的合格驾驶员在使用保险车辆时发生意外事故，致使第三者遭受人身伤亡或财产损毁，依法应由被保险人支付的赔偿金额，由保险人依照合同规定给予赔偿。

在投保了基础保险的基础上，机动车辆保险还可以附加其他特定的保险责任，包括如下内容。

1. 全车盗抢保险，即保险车辆在停放中被他人盗走或在行驶中被盗匪抢走，经过一段时间仍未找到，保险人应依照合同规定给予赔偿。

2. 车上责任保险，即保险车辆在使用过程中发生意外事故，造成本车所载货物遭受损失，或者本车人员遭受人身伤亡，依法应由被保险人承担的保险责任。

3. 无过失责任保险，即保险车辆发生意外事故造成第三方伤亡或财产损失，保险车辆一方没有过失，被保险人已经支付给对方而无法追回的费用，由保险人负责赔偿。

### 四、责任保险

责任保险是以被保险人的民事赔偿责任为标的的保险。依据法律规定，被保险人因疏忽或过失造成他人人身伤害或财产损失应负的经济赔偿责任，由被保险人代为赔偿。

责任保险主要包括以下种类。

1. 公众责任保险，即承保被保险人在固定的营业场所或其他活动中对他人造成的人身伤害或财产损失依法应承担的经济赔偿责任。

2. 雇主责任保险，即承保雇主依照法律或合同对雇员因工作遭受伤害或死亡应承担的经济责任。

3. 产品责任保险，即承保被保险人因制造、销售、修理或试验任何有缺陷产品，使用户或他人遭受人身伤害或财产损失依法应负的经济赔偿责任。

4. 职业责任保险，即承保特殊职业者如医生、设计师、会计师、律师等在工作中的疏忽或过失造成他人人身伤亡或财产损失依法应负的经济赔偿责任。

## 第四节 保险规划技术

### 一、保险规划的作用

在漫长的一生中,每个人都为自己做了理想的人生规划。但是面对不测风云、旦夕祸福,谁有把握一切都能尽如人意?此时,保险便在个人和家庭理财中起到了重要的保驾护航作用。保险在家庭风险管理中之所以优于银行储蓄和其他投资方法,就在于它所无法替代的保障功能。

保险规划是个人理财的一部分,它主要是针对人生中的各种风险,如死亡风险、伤残风险、医疗风险、养老风险以及财产、责任等风险,进行定量分析,并结合个人或家庭的经济实力,做出合理的保险安排,避免风险发生时给生活带来太大的经济损失。保险规划的目的在于通过对个人或家庭的经济状况和保险需求进行深入分析,帮助他们选择合适的保险产品,确定合理的保险期限和保障金额,从而实现财务安全。

保险规划的目的是为个人或家庭提供保险保障。因此,购买保险时,首先应该考虑其保障功能。另外,保险是一种经济行为,只有投保人先付出一定保费,才能获得相应的保险保障。投保的险种越多,保障金额越高,保险期限越长,所需要的保费就越多。因此,保险规划应该在个人或家庭财务规划的基础上进行,充分考虑个人或家庭的经济实力,量力而行。

### 二、保险规划的流程

如图 7-1 所示,保险规划主要包括五大流程。

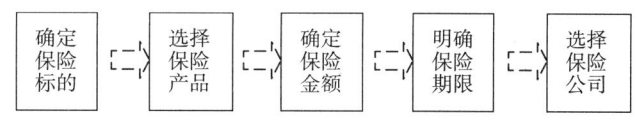

**图 7-1 保险规划流程**

(一) 确定保险标的

确定保险标的是保险规划的首要任务。保险标的可以是人的寿命和身体,也可以是财产及相关利益。法律规定,只有对保险标的有可保利益才能为其投保,即投保人或被保险人对保险标的应具有法律上承认的经济利益,否则这种投保行为是无效的。财产保险中,财产所有人、经营管理人、抵押人、承担经济责任的保管人都具有可保利益。人身保险中则要看投保人与被保险人之间是否存在合法的经济关系,通常投保人对自己、与自己有血缘关系的家人或者亲人,或具有其他亲密关系的人都具有可保利益。

购买保险要根据需要保障的范围和经济支付能力,有选择地考虑一些保险品种。如在有限经济能力下,为成人投保比为儿女投保更实际,特别是家庭的经济支柱,其生活风险比小孩更高,更需要保险保障。

## (二) 选择保险产品

确定保险标的之后，就应该考虑具体的保险品种选择了。例如，对人身而言，每个人都可能面临意外、疾病、死亡的风险，就应该为这些风险投保相应的意外伤害险、健康保险和人寿保险；对财产而言，如果面临失窃等风险，应该投保家财盗窃险等。

在理财规划师的帮助下，客户应能准确判断自己准备投保的保险标的的具体情况，比如保险标的所面临的风险种类、风险发生的可能性、风险一旦发生带来的损失大小，以及自身的经济承受能力，从而选择合适的品种，较好地规避各种风险。

在确定保险产品时，还应该注意合理搭配险种，避免重复投保，让有限的资金得到最有效的运用。

## (三) 确定保险金额

确定保险标的、保险产品类别后，需要进一步确定保险金额。保险金额是当保险标的发生保险事故时保险公司所赔付的最高金额。保险金额的确定一般以保险标的的实际价值或经济价值为依据。

财产的保险金额比较容易确定。对于普通财产，如家具、车辆等，投保人可以根据财产的实际价值或重置价值来确定保险金额；对于特殊财产，如首饰、古董等，则需要请专家评估确定其市场价值之后再确定保险金额。

人的价值是无法用货币来计量的，疾病、意外、死亡给人带来的不仅仅是经济上的损失，往往还伴随着巨大的精神损失。但从保险的角度来看，人的价值衡量只是基于人的生命的经济价值，因此可以根据性别、年龄、家庭现况、收支水平、财务状况等因素来计算生命的经济价值。

## (四) 明确保险期限

确定保险金额后，就需要确定保险期间。保险期间的长短与投保人所需交纳的保险费多少、个人未来预期收入变化紧密联系。

财产保险、意外伤害保险、健康保险等保险品种的保险期限较短，通常是中短期保险，保险期满后可以选择续保或者停止保险。

人寿保险的保险期间相对较长，有的甚至长达一辈子。投保人应该根据自己的实际情况，确定保险期间、缴费期间和领取保险金时间等事项。

## (五) 选择保险公司

在上述决策完成之后则进入最后的实施阶段。保险公司是否有充足的偿付能力、能否提供良好的售后服务对客户至关重要。理财规划师应综合保险公司及其销售人员，以及权威机构、商业评级机构、媒体等社会各界披露的关于保险公司的财务报告、信用等级、新闻舆论等信息，从公司经营理念、财务实力、理赔记录、管理水平、服务质量等方面对保险公司进行考察，从而帮助客户选择合适的保险公司，完成风险的最终转移。

## 三、保险需求分析

保险规划的前面四个流程归结起来，都属于保险需求分析过程，回答了以下问题，即个人或家庭到底需不需要保险,需要什么保险,需要多少金额、保障时间多长的保险。保险规划具有个性化的特点,不同的人和家庭所需的保险也各异。

(一) 个人或家庭面临的常见风险及对应保险

个人或家庭面临的常见风险主要是人身风险、财产风险和责任风险。进行保险规划,首先应对个人或家庭所面临的各类风险进行排序,根据风险发生的概率高低以及风险损失的大小判断风险的重要程度,进而确定相应的保险安排。

个人或家庭面临的人身风险,主要体现为死亡或伤残带来的家庭收入中断或下降的经济风险,患疾病带来的医疗费用和收入损失的风险以及年老时退休养老金不足的财务风险。个人或家庭面临的财产风险,主要体现为因房子发生火灾或其他风险事故造成财产毁损灭失的直接损失以及间接损失,以及汽车因碰撞或自然灾害遭受毁损或被盗等风险。个人或家庭面临的责任风险,主要体现为因过失侵害他人生命、身体或财产而应承担的赔偿责任,因执业过失或疏忽造成他人生命、身体或财产损失而应承担的赔偿责任,因产品侵害他人生命、身体或财产而应承担的赔偿责任,因疏忽或过失伤害员工生命、身体或财产而应承担的赔偿责任。针对上述风险所要承担的经济损失或赔偿责任,都可以采用保险手段进行风险转嫁(见表7-1)。

表7-1　　　　　　　　个人或家庭的常见风险及对应保险

| 风险 | 风险类型 | 风险损失 | 所需保险 |
| --- | --- | --- | --- |
| 人身风险 | 死亡/全残 | 永久失去生产能力,收入中断 | 意外伤害保险<br>人寿保险 |
| | 部分伤残 | 丧失部分生产能力,收入下降 | 意外伤害保险<br>收入保障保险 |
| | 重大疾病 | 高昂的医疗费用 | 重大疾病保险 |
| | 普通疾病 | 医疗费用增加,收入减少 | 医疗保险 |
| | 年老 | 未准备足够的退休养老金 | 养老保险 |
| 财产风险 | 房子毁损 | 因房子发生火灾或其他风险事故造成财产毁损灭失的直接损失以及间接损失 | 房屋保险<br>家财保险 |
| | 汽车毁损或被盗 | 汽车因碰撞或自然灾害毁损或被盗 | 车损保险<br>汽车盗窃保险 |
| 责任保险 | 个人责任 | 因过失侵害他人生命、身体或财产而应承担的赔偿责任 | 家庭责任保险<br>第三者责任保险<br>车上责任保险<br>交通强制保险 |
| | 专业责任 | 因执业过失或疏忽造成他人生命、身体或财产损失而应承担的赔偿责任 | 业务过失责任保险<br>错误暨遗漏责任保险 |
| | 产品责任 | 因产品侵害他人生命、身体或财产而应承担的赔偿责任 | 产品责任保险 |
| | 雇主责任 | 因疏忽或过失伤害员工生命、身体或财产而应承担的赔偿责任 | 雇主责任保险 |

（二）人生阶段与保险需求

人的一生不可避免会面临人身、财产、责任等风险。但在不同人生阶段，保险需求的侧重点不同，在进行保险规划的时候应考虑个人所处的人生阶段，依据各人生阶段的特点进行规划。

这里将人生阶段分为六个时期，详见表7-2。

表7-2　　　　　　　　　　　不同人生阶段的保险需求

| 人生阶段 | 特点 | 保险需求 |
| --- | --- | --- |
| 单身期<br>（参加工作至结婚） | 个性冲动，经济收入低，开销大 | 意外伤害保险 |
| 家庭建立期<br>（结婚至小孩出生） | 家庭收入开始增加，大额支出逐渐增大，家庭责任加大 | 意外伤害保险、定期人寿保险 |
| 家庭成长期<br>（小孩出生至上大学） | 收入进一步提高，保健、医疗、教育等成为主要开支 | 意外伤害保险、健康保险、人寿保险、财产保险、子女教育金保险 |
| 家庭成熟期<br>（子女上大学时期） | 收入增加，费用支出主要体现在医疗、子女教育上 | 医疗保险、重大疾病保险、养老保险、财产保险 |
| 家庭空巢期<br>（子女独立至自己退休） | 负担最轻，储蓄能力最强 | 医疗保险、重大疾病保险、投资型保险、年金保险、财产保险 |
| 养老期<br>（退休之后） | 安度晚年，收入、消费减少，医疗保健支出增加 | 年金保险、医疗保险 |

1. 单身期。这一阶段主要是提升专业知识，累积工作经验，以增加未来收入能力的阶段。年轻人健康状况良好，收入低，无家庭负担或负担轻，此时遭遇意外死亡对家庭的经济生活影响不大，所以保险需求不大。但由于年轻气盛，容易发生各种意外，所以这一阶段主要可以考虑保费低、保障较大的意外伤害保险，以减少因意外导致的直接或间接经济损失。若父母需要赡养，在财务许可的情况下，则需要考虑购买定期人寿保险，以最低的保费获得最高的保障，确保人身一旦遭遇不测，用保险金支持父母的生活。

2. 家庭建立期。这一阶段是择偶、结婚、生子阶段，个人对家庭的责任明显增大。这一阶段夫妇双方年纪较轻，健康状况良好，收入开始增加，但仍处于较低的水平。为提高生活质量往往需要较大的家庭建设支出，如购买一些较高档的用品，贷款买房、买车。所以此时如果一方身亡或丧失劳动能力的话，会对其他家庭成员带来一定的经济压力。为减小任何一方在遭受意外后对家庭的影响，可以选择交费较少的定期人寿保险、意外伤害保险。

3. 家庭成长期。这一阶段是个人事业发展、子女成长及受教育阶段，也是个人对家庭责任最重大的时期。虽然个人收入有较大幅度增长，但家庭日常消费、子女教育金准备和住房贷款等重大开支同时存在。如果此时家庭主要收入者发生各种意外事故或疾病，家庭必将面临极大的财务风险。所以这一阶段的保险需求主要是意外伤害保险、健康保险和人寿保险，另外，子女正处于教育阶段，适当准备子女教育金也是必要的，家庭此时如有一定财产积累，同样应根据实际投保财产保险。

4. 家庭成熟期。这一阶段应是事业有成、收入处于较高水平的时期。这时子女已经进入大学教育阶段，家庭负担较轻。人到中年，身体的机能明显下降，因此在保险方面，主要应考虑保障自身健康的各类医疗保险、重大疾病保险，养老保险也同样不能忽略，同时财产保险、车辆保险的需求也不可少。

5. 家庭空巢期。这一阶段子女已经独立，是收入稳定、费用支出最少的时期。此时应重点考虑未来退休养老问题。在保险方面，重点选择医疗保险、老年护理保险等健康保险，同时可以投保一些投资型保险或趸缴年金保险，增加未来的养老资金。此时，家庭的净资产往往最大，对家庭财产风险也应进行积极管理。

6. 养老期。此时应是安享晚年阶段，这一阶段的收入有限，而开支体现在日常生活及医疗保健等方面。多数保险产品超过60岁就不可以投保了。另外，退休后可能会因为健康状况不佳很难通过保险的审核，如医疗险、重疾险都对投保人的健康状况有比较高的要求。年龄越大，身体就越容易出问题，保险公司承担的风险就越高，同一款保险，同样的保障内容，年龄越大要交的保费就越高。以重疾险为例，老年人购买重疾险交的保费几乎等于保额，或者大于保额。所以个人应该在退休前做好保险规划，在退休后则可以开始使用或从保险中得到回报。

（三）收入水平和保险需求

每个家庭的经济状况、人员构成、对未来的期望不同，对保险的需求会有很大差别。对于抵御风险能力差的普通工薪族家庭而言，应主要考虑以小投入尽可能获得大保障；对于高收入家庭来说，则应更多从理财角度出发，充分发挥保险的保障和投资作用。

普通工薪族家庭的经济收入主要来源于工资收入，由于经济基础相对较薄弱，抵抗风险的能力也相对较差，疾病、意外等因素随时都有可能摧毁他们的家庭经济。对于这样的家庭，保险的保障功能尤为重要。在有限的资金投入下，要做到小投入大保障，即以买纯保障类的消费型保险为主，以买返还型、投资型保险为辅。

【案例7-9】

吴先生是普通工薪阶层，现年31岁，年收入为10万元，吴太太现年27岁，年收入为5万元，儿子现年2岁，吴先生家有房贷40万元，分20年偿还，家庭每月生活费为5 000元。吴先生夫妇主要的家庭责任在于小孩的养育和教育支出以及房贷的偿还，身故或疾病风险对家庭的经济打击较大，因此作为家庭经济支柱，吴先生夫妇有必要重点考虑意外伤害保险、定期人寿保险和医疗保险、重大疾病保险。

高收入家庭拥有相对雄厚的经济实力，抵御一般风险的能力相对较强。风险来临时，十几万元甚至几十万元的风险损失对于这样的家庭不会构成很大的威胁，因此投保时要在拥有保障的同时，更多从理财上考虑，选择适合的保险。

【案例7-10】
　　张先生是某公司老板，现年40岁，年收入为100万元，张太太现年30岁，是全职太太，儿子现年5岁，其家庭资产为500万元。这样高收入家庭的需求与工薪阶层不一样，他们关注的不是房贷、教育费，而是公司资金流、资产的风险、税务、财产继承、养老等问题。因此保险方案重点考虑保全资产的终身人寿保险和准备养老金的终身年金保险两方面。购买高额度的终身人寿保险，可以在孩子成长的责任期内，规避张先生发生身故或全残时给太太和孩子带来的风险；同时，张先生还可以利用保单现金价值的90%向保险公司贷款，以解决流动资金之急；老年时其可以领出部分资金自用或利用保单的高保额借款。购买终身年金保险，可以提高老年生活水准，补充养老金，专款专用保障老年生活，这样张先生可以更安心地生活，更大胆地开展自己的事业。

## 四、保险需求的估算

　　确定需要的保险产品后，就需要进一步分析保险保障额度。需要多高额度的保险对于财产保险而言是比较容易计算的。根据价值补偿原则，保险金额等于保险标的的价值就可以很好地对可能发生的损失进行补偿了。投保人可以根据自己的需要选择保险金额，而不一定是全额保险。因此财产保险的选择相对容易，只要保险金额不超过保险标的的现金价值，投保人就可以任意选择需要的保险金额。

　　由于人的价值是无法估量的，所以在人身保险上，对保险的需求必须依赖个人的实际需要和经济实力，纵使同一人，在不同时候，其保险需求也有所不同。

### （一）人寿保险的需求分析

　　人寿保险需求是以家庭风险为基础，基于稳健原则，一般以家庭成员的最大风险万一发生为条件。购买人寿保险的目的是通过身故保险金的给付使那些在经济上依赖被保险人的人，在被保险人身故之后的生活可以保持在与以前相仿的水平，因此，这也就是确定人寿保险保额的基本原则。在实际规划中，通常通过假定家庭经济支柱成员一旦死亡，家庭要维持原有的合理理财目标，来计算其人寿保险的缺口。

　　人寿保险的需求与人的生命价值相关。家庭成员的身故对家庭产生的经济影响取决于该成员所提供的家庭收入或服务的多少，人寿保险需求的计算方法通常包括生命价值法和遗属需求法。

　　1. 生命价值法。人的生命价值是指个人未来收入或个人服务价值扣除个人衣、食、住、行等生活费用后的资本化价值，此价值就是身故损失的估算值。生命价值法可以分成以下四步：估计被保险人以后的年均收入；确定工作年限；估算未来的年收入，并从中扣除税收和本人生活费等支出；选择合适的贴现率计算前项余额的现金价值，就是生命价值。在保险规划中，财务贴现率的选择一般不宜选取太高，应偏保守，因为一旦风险发生，留给家人的保险理赔金需要确保未来的生活所需及理财目标的实现,根据我国长期债券的收益率,贴现率取5%以下比较合适。

> 【案例 7-11】
> 王先生预计再工作20年才退休,当年年薪为10万元,个人消费支出为6万元,预计未来工作期间年收入及消费支出按3%递增。贴现率为4%,王先生40岁时的保险需求是多少?
> 王先生预期还能工作20年,第$t$年($t=1,\cdots,20$)对家庭的净贡献是
> $$(10-6) \times (1+3\%)^t$$
> 按4%折成现值是
> $$(10-6) \times [(1+3\%)^t/(1+4\%)^t] = 4 \div (1.04^t/1.03^t) = 4 \div (1+0.97\%)^t$$
> 王先生的保险需求 $= \sum_{t=1}^{20} \frac{4}{(1+0.97\%)^t} = 4 \times (P/A, 0.97\%, 20)$
> 用 EXCEL 软件可得结果为72.4万元。

2. 遗属需求法。遗属需求法是通过计算未来可预期的家庭成员支出的累计现值来估算保险需求的方法。使用遗属需求法,首先要确定家庭保障需求的类型和程度,一般保障需求有四大类,即个人身后费用、遗属生活费用、子女教育金和各类债务。其次要估计家庭可预期的财务来源,如存款与其他可变现资产、各类保险给付、其他收入等。当前的人寿保险需求是家庭保障需求总额与可预期财务来源总额的缺口,即人寿保险需求=家庭保障需求总额-财务来源总额。如果计算结果大于零,则意味着需要人寿保险,反之则不需要人寿保险(见表7-3)。

表7-3    人寿保险需求分析表

| 家庭保障需求 | 金额 |
| --- | --- |
| 1. 个人身后费用 | |
| 　个人身后费用总额 | |
| 2. 遗属生活费用 | |
| 　　配偶 | |
| 　　子女 | |
| 　　父母 | |
| 　　其他亲属 | |
| 　遗属生活费用现值 | |
| 3. 子女教育金 | |
| 　子女教育金现值 | |
| 4. 各类债务 | |
| 　房屋贷款 | |
| 　其他债务 | |
| 　各类债务总额 | |
| 家庭保障需求(1+2+3+4) | |

续表

| 家庭保障需求 | 金额 |
|---|---|
| 可预期财务来源 | |
| 5. 存款及其他可变现资产 | |
| 6. 保险给付 | |
| 　社会保障给付 | |
| 　商业保险给付 | |
| 保险给付总额 | |
| 7. 其他收入来源 | |
| 　其他收入来源现值 | |
| 可预期财务来源总额（5＋6＋7） | |
| 寿险需求＝家庭保障需求－可预期财务来源总额 | |

【案例 7－12】

### 王先生家庭的寿险需求分析

王先生现年 40 岁，是某民营企业经理，月税后收入为 10 000 元；王太太现年 35 岁，是另一私人企业员工，月税后收入为 4 000 元，他们均有三险一金。儿子现年 10 岁，读小学四年级。王先生一家三口每月生活费约为 6 000 元，王先生需约 3 000 元，王太太需约 2 000 元，儿子需约 1 000 元。小孩现在每年的教育费用支出约为 5 000 元。王先生希望儿子未来能在国内接受大学教育。现在初中每年的学费是 3 000 元，高中每年的学费是 7 000 元，大学每年的学费是 15 000 元。另外，王太太的父母现年 60 岁，无收入来源，王太太每月赡养父母的支出约为 1 000 元。在资产方面，王先生有自用住房和 10 万元的金融资产（存款和基金）；在负债方面，王先生尚有房屋贷款 30 万元未还。另外，王先生的个人社保账户金额为 12 万元，王太太的个人社保账户金额为 5 万元。从王先生所在城市的社保部门了解到，如果退休前死亡的，其个人社保账户可以由其直系亲属继承，供养的直系亲属享受丧葬补助费和一次性抚恤金。丧葬补助费支付标准为其死亡时当地上年度城镇职工月平均工资的 3 倍，约为 1 万元；可获得一次性抚恤金约 2 万元。王先生和王太太预测他们的工资增长率等于年平均通货膨胀率 3%，学费的增长率大约是 5%。财务贴现率取 4%。他们的预期寿命为 80 岁。一旦不幸身故，身后费用大约需要 3 万元。试分析王先生、王太太需不需要人寿保险。

假定王先生万一发生不幸，王先生的人寿保险需求分析如下。

在家庭保障方面，身故费用为 3 万元。家庭保障方面的遗属生活费用，包括王太太、儿子和岳父母的生活费用。因为王太太有收入，退休后也有退休养老金，考虑王太太生活保障年数比较灵活，如果王先生经济实力雄厚，生活保障期限到王太太身故（80 岁）也未尝不可，不过对于普通工薪族而言，仍需控制保费的支出，因此，就本案例而言,可以以儿子独立(大学毕业一般22岁)为限,即保障王太太生活至47岁,也可以保障王太太至退休前。待儿子独立后,可以帮助王太太分担经济压力。王太太36岁至47岁的生活费用现值约为27万元(见表7-4)。儿子生活费用仅需考虑到大学毕业,大学毕业后可以自食其力。因此,从11岁至22岁,儿子共需生活费用的现值约为13.5万元(见表7-5)。岳父母是王太太必须尽赡养责任的一方,所以也必须考虑在内。岳父母61岁至80岁的生活费用现值约为21.7万元(见表7-6)。如果想要降低人寿保险的保费,也可以仅考虑61岁至73岁的生活费。家庭保障方面的儿子教育费用现值大约为10.1万元,具体估算见表7-5。家庭保障方面的债务为房屋贷款30万元。

在可预期财务来源方面,首先是金融类资产10万元。其次是保险金给付,由于王先生之前没有商业保险,只有社会保险,因而如果不幸身故,可以得到12万元的个人社保账户积累额,同时获得丧葬补助费和一次性抚恤金3万元,社保给付共计15万元。

在其他收入方面,主要是配偶王太太的收入,因此在计算王先生的人寿保险需求时,王太太的生活费支出考虑至儿子毕业,收入也相应考虑至47岁。王太太36岁至47岁的收入现值约为54.1万元(见表7-4)。

编制王先生的人寿保险需求表(见表7-8),王先生的人寿保险需求大约为26.2万元。用同样的方法,可估算出王太太的无寿险需求。因此,王先生需够买一份定期人寿保险,保险金额大约为26万元,保险期限为15年即可。至于王太太,理论上不需要购买定期人寿保险,但是考虑到王太太需要赡养无收入来源的父母,如果王太太身故,王先生未必会尽相应的赡养责任,所以王太太依然需要购买一份定期人寿保险,保险金额为22万元,受益人为王太太父母,保险期限为20年。

表7-4　　　　　　　　　　王太太生活费和收入估算　　　　　　　单位:元

| 王太太的年龄 | 年支出 | 现值 | 年收入 | 现值 |
| --- | --- | --- | --- | --- |
| 35 | 24 000 | | 48 000 | |
| 36 | 24 720 | 23 769 | 49 440 | 47 538 |
| 37 | 25 462 | 23 541 | 50 923 | 47 081 |
| 38 | 26 225 | 23 314 | 52 451 | 46 629 |
| 39 | 27 012 | 23 090 | 54 024 | 46 180 |
| 40 | 27 823 | 22 868 | 55 645 | 45 736 |
| 41 | 28 657 | 22 648 | 57 315 | 45 296 |
| 42 | 29 517 | 22 430 | 59 034 | 44 861 |
| 43 | 30 402 | 22 215 | 60 805 | 44 430 |
| 44 | 31 315 | 22 001 | 62 629 | 44 002 |
| 45 | 32 254 | 21 790 | 64 508 | 43 579 |
| 46 | 33 222 | 21 580 | 66 443 | 43 160 |
| 47 | 34 218 | 21 373 | 68 437 | 42 745 |
| 现值合计(考虑36岁至47岁) | | 270 620 | | 541 239 |

注:年支出和年收入的增长率为3%,贴现率取值为4%。

表 7-5　　　　　　　　　儿子未来的生活费和学费估算　　　　　　单位：元

| 儿子的年龄 | 年支出 | 现值 | 教育阶段 | 未来学费 | 现值 | 备注 |
|---|---|---|---|---|---|---|
| 10 | 12 000 |  | 四年级 | 5 000 |  |  |
| 11 | 12 360 | 11 885 | 五年级 | 5 000 | 4 808 |  |
| 12 | 12 731 | 11 770 | 六年级 | 5 000 | 4 623 |  |
| 13 | 13 113 | 11 657 | 初一 | 3 473 | 3 087 |  |
| 14 | 13 506 | 11 545 | 初二 | 3 473 | 2 969 |  |
| 15 | 13 911 | 11 434 | 初三 | 3 473 | 2 854 | 每一阶段内的学费以第一年入学时为准，不会发生变化 |
| 16 | 14 329 | 11 324 | 高一 | 9 381 | 7 414 |  |
| 17 | 14 758 | 11 215 | 高二 | 9 381 | 7 129 |  |
| 18 | 15 201 | 11 107 | 高三 | 9 381 | 6 854 |  |
| 19 | 15 657 | 11 001 | 大一 | 23 270 | 16 349 |  |
| 20 | 16 127 | 10 895 | 大二 | 23 270 | 15 720 |  |
| 21 | 16 611 | 10 790 | 大三 | 23 270 | 15 116 |  |
| 22 | 17 109 | 10 686 | 大四 | 23 270 | 14 534 |  |
| 现值合计（仅考虑11岁至22岁） |  | 135 310 | 现值合计（仅考虑五年级至大四） |  | 101 457 |  |

注：年支出的增长率为3%，学费增长率为5%，贴现率取值为4%。

表 7-6　　　　　　　　　王太太父母生活费用估算　　　　　　单位：元

| 王太太父母的年龄 | 年支出 | 现值 |
|---|---|---|
| 60 | 12 000 |  |
| 61 | 12 360 | 11 885 |
| 62 | 12 731 | 11 770 |
| 63 | 13 113 | 11 657 |
| 64 | 13 506 | 11 545 |
| … | … | … |
| 79 | 21 042 | 9 987 |
| 80 | 21 673 | 9 891 |
| 现值合计（考虑61岁至80岁） |  | 217 183 |

注：年支出的增长率为3%，贴现率取值为4%。

表7-7  王先生的生活费和收入估算    单位：元

| 王先生的年龄 | 年支出 | 现值 | 年收入 | 现值 |
|---|---|---|---|---|
| 40 | 36 000 |  | 120 000 |  |
| 41 | 37 080 | 35 654 | 123 600 | 118 846 |
| 42 | 38 192 | 35 311 | 127 308 | 117 703 |
| 43 | 39 338 | 34 971 | 131 127 | 116 572 |
| 44 | 40 518 | 34 635 | 135 061 | 115 451 |
| 45 | 41 734 | 34 302 | 139 113 | 114 341 |
| 46 | 42 986 | 33 972 | 143 286 | 113 241 |
| 47 | 44 275 | 33 646 | 147 585 | 112 152 |
| 48 | 45 604 | 33 322 | 152 012 | 111 074 |
| 49 | 46 972 | 33 002 | 156 573 | 110 006 |
| 50 | 48 381 | 32 684 | 161 270 | 108 948 |
| 51 | 49 832 | 32 370 | 166 108 | 107 901 |
| 52 | 51 327 | 32 059 | 171 091 | 106 863 |
| 现值合计（考虑41岁至52岁） |  | 405 929 |  | 1 353 098 |

注：年支出和年收入的增长率为3%，贴现率取值为4%。

表7-8  王先生和王太太的寿险需求估算    单位：万元

| 项目 | 金额 | |
|---|---|---|
| 家庭保障需求 | 王先生 | 王太太 |
| 1. 个人身后费用 | 3 | 3 |
| 2. 遗属生活费用 |  |  |
| 　配偶 | 27 | 40.6 |
| 　子女 | 13.5 | 13.5 |
| 　父母 | 21.7 | 21.7 |
| 遗属生活费用现值 | 62.2 | 75.8 |
| 3. 子女教育费用现值 | 10.1 | 10.1 |
| 4. 房屋贷款 | 30 | 30 |
| 家庭保障需求（1+2+3+4） | 105.3 | 118.9 |
| 可预期财务来源 |  |  |
| 5. 存款及其他可变现资产 | 10 | 10 |
| 6. 保险给付 |  |  |
| 　社会保障给付 | 15 | 8 |
| 　商业保险给付 | 0 | 0 |
| 保险给付总额 | 15 | 8 |
| 7. 其他收入来源现值 | 54.1 | 135.3 |
| 可预期财务来源总额（5+6+7） | 79.1 | 153.3 |
| 寿险需求=家庭保障需求-可预期财务来源总额 | 26.2 | -34.4 |

## (二)残疾保险的需求分析

残疾也是人生面临的一大风险。一个人残疾后,不仅仅是高额的医疗、护理费,家庭收入也可能因残疾而下降或中断。图 7-2 直观显示了残疾对家庭财务的严重影响。

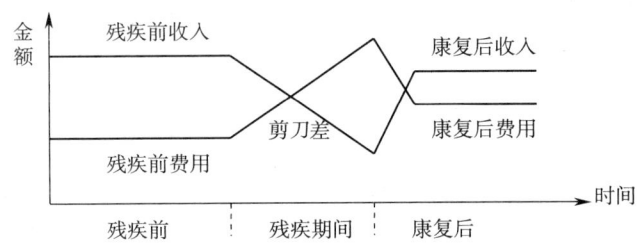

**图 7-2 残疾对家庭收入及费用的影响**

可见,为了自己和家人维持原有生活品质,保险规划要考虑残疾保险的现实需求。一方面,残疾风险发生后,可以从社会或公司享受一定福利,或获得已有商业保险的赔付;另一方面,残疾发生后会导致收入的减少和费用的增加。考虑这两方面的差额,可以计算出残疾保险需求。残疾保险需求见表 7-9。

表 7-9　　　　　　　　　　　　　残疾保险需求分析

| 家庭保障需求 | 金额 |
| --- | --- |
| 1. 预计残疾后收入的减少 | |
| 　正常情况下的工资收入 | |
| 　残疾后的预期工作收入 | |
| 　残疾后收入减少额的现值 | |
| 2. 预计残疾后费用的增加 | |
| 　正常情况下的费用支出 | |
| 　残疾后的费用支出 | |
| 　残疾后费用增加额的现值 | |
| 3. 预计残疾后可获得的残疾福利 | |
| 　社会福利支付 | |
| 　公司福利支付 | |
| 　残疾保单赔付 | |
| 　残疾福利总额的现值 | |
| 4. 残疾保险需求(1+2-3) | |

## (三)医疗保险的需求分析

医疗保险为被保险人因疾病而导致的财务损失风险提供保险保障。疾病产生的财务需求主要是指疾病发生时需要住院的花费以及因为住院而造成的损失。在计算医疗保险需求时,要考虑到社会保险提供的保障。医疗保险的需求可以依照人寿保险需求的设计思路来计算,见表7-10。

表7-10　　　　　　　　　　医疗保险需求分析

| 家庭保障需求 | 金额 |
| --- | --- |
| 1. 因疾病导致的医疗费用 | |
| 　医疗费用总额 | |
| 2. 已有医疗保障 | |
| 　社会医疗保障 | |
| 　公司福利 | |
| 　商业保险 | |
| 　已有医疗保障总额 | |
| 3. 医疗保险需求（1-2） | |

（四）养老保险的需求分析

根据养老目标,预测退休后所需的生活开支,进一步预测退休后可获得的基本养老金和其他收入,从而计算出养老金的缺口,考虑通货膨胀率、贴现率的影响,测算需要的养老保险保额。

（五）财产保险的需求分析

人们总是面临拥有和使用的财产受损、毁坏的风险。确定需要投保的风险之后,便需要估算财产保险的需求。对于一般财产,如家用电器、住宅等,其财产保险金额的估算可以由投保人根据可保财产的实际价值或重置价值确定。对于特殊财产,如古董、珍藏等,则要请专家评估确定。

## 五、保险规划可能存在的问题

理财规划师在进行保险规划的时候,会面临很多问题,这些问题可能来自客户提供资料的不全面或不准确,或可能来自对保险产品的不了解。保险规划可能存在的问题体现如下。

（一）保险保障不充分

这主要体现在对人身、财产等进行的保险不足额或保险期太短,保险事故一旦发生,不能获得较为充分的补偿。

（二）过分保险

这主要体现在超额保险和重复保险上。所谓超额保险,是指保险公司的赔偿是补偿性的,即根据实际损失程度进行赔偿,如果投保金额高于保险标的的价值,超出的部分不会得到赔偿。所谓重复保险,是指在某家保险公司投保了足额的保险,又在其他保险公司投保同样或相似的保险。重复保险在理赔时的处理与超额保险一样,各家保险公司会按照自己承包的份额对损失进行分摊赔偿。

（三）不必要的保险

并非所有风险都必须采用保险技术,有些风险可以通过自保或控制等方式来解决,

非保险管理方法比保险处理方法更方便简单，还可以节省费用。

## 第五节　保险规划案例分析

### 一、家庭相关信息

（一）家庭基本状况

张先生现年40岁，大学毕业，曾在某国有企业任职，后下海经商，从事该行业已有10年，近年来事业突飞猛进，现在税后年收入约有30万元。张先生工作繁忙，应酬多，生活作息无规律，因招揽业务需要经常出差。

张太太现年35岁，在某事业单位工作，月税后收入为3 000元，工作、生活很有规律。

独生儿子张强现年10岁，是某重点小学五年级学生，成绩优秀且活泼好动。

张先生的父母年过七旬，身体健康，与张先生同住，无退休金。而张太太的父母均已去世。

（二）资产状况

张先生家在3年前购买了一套100平方米的商品房，房款已付清，当前市值约为200万元。

去年购买自用汽车一辆，无贷款，当前市值约为30万元。

在金融资产中，现金及活期存款为10万元，定期存款为20万元，稳健型投资基金为30万元，股票为20万元。

（三）保险现状

张先生平时很少去医院看病，并认为自己身体状况良好，没有投保任何保险，只有在乘坐飞机时购买航空意外险。

张太太除政府强制的社会保险和单位提供的养老保险、医疗保险、工伤保险等外，没有其他任何保险。

张先生的父母、儿子均没有投保商业保险。

在财产方面，只有汽车保险，年缴保费为4 000元。其余家庭财产均未投保。

### 二、家庭风险分析及保障目标

（一）家庭成员风险分析

理财规划师了解了张先生的上述家庭情况后，向张先生阐述了其家庭面临的主要风险。

首先，张先生家庭在当地应该属于中高收入家庭，家境殷实。这主要归功于张先生的努力和付出。作为家庭经济顶梁柱的张先生应酬多，生活作息无规律，因招揽业务需要经常出差，这意味着张先生面临的首要风险是人身意外风险。意外事故一旦发生，最严重的情况莫过于死亡，这将导致其家庭收入永久性的大幅下降；意外伤残对张先生的影响也不小，将导致收入在未来一段时间大幅下降，同时还伴随医疗费用的增加。所以张先生首先应购买意外伤害保险。意外伤害保险保费低廉，保障较大，不应忽视。

张先生是家庭的经济支柱，再加上张先生儿子年幼、父母年迈，万一张先生遭遇意外或疾病身故，对张先生家人的经济打击是非常大的。因此，张先生还应考虑人寿保险产品的购买。

另外，人至中年，身体健康也开始走下坡路，医疗费用将逐渐增加，尤其是张先生应酬多，生活作息无规律，各种疾病的发生概率也较高。张先生收入较高，完全有能力承担普通医疗费用，但重大疾病一旦发生，对张先生及其家庭的经济打击也非常大。重大疾病不仅影响工作，导致收入的下降甚至中断，同时需要大笔医疗费用，所以重大疾病保险对张先生而言也是非常重要的保险。

另外，张先生没有社会保险。未来养老完全靠自己积累。由于社会保险能提供个人最基本的退休、医疗等保障，因此建议张先生首先应参加社会保险，对于不足的养老金，还可以通过购买年金保险和投资证券基金等方式进行补充。

至于张太太，她也是家庭的经济支柱，万一遭遇意外或疾病身故，对家庭的经济也有一定影响，首先应考虑是否需要购买人寿保险，其次还应考虑养老方面的保险是否足够。

由于张先生的父母年纪较大，适合他们的保险产品非常少，纵使有能购买的保险产品，保费也不便宜，再者他们并非家庭主要劳动力，其人身风险对家庭经济影响不大，张先生收入较高，应能承受父母的医疗费用，所以不需要考虑给父母购买保险。

张先生的儿子活泼好动，意外风险较高，可以考虑适当购买少儿意外保险。

（二）家庭保障目标

经过理财规划师对张先生家庭风险的细致分析后，张先生考虑到自己目前是家庭的经济支柱，万一自己遭遇各种意外或疾病，都应确保家人能得到必要的保障，因此他根据理财规划师的建议，将家庭保障目标设置如下。

1. 若张先生或太太任何一方死亡，遗属能维持原有生活水平。每月生活费情况如下：

张先生 8 000 元，张太太 2 000 元，张强 1 000 元，张先生父母 1 500 元。

2. 保证张强的教育费用。目前张强在教育方面的开支较少，这种状况可一直维持到小学毕业。张先生准备让儿子未来读教学质量较好的民办初中，但收费较高，当前学费需 5 万元/年。张先生所在城市的高中学费约为 8 000 元/年。张强 18 岁上大学，大学学费和住宿费目前大约需要 2 万元/年。大学的生活费估计需要 1 500 元/月。张先生希望张强大学毕业后能到美国或英国留学深造 2 年，留学费用折合人民币每年大约需要 24 万元。

3. 提供健康保障。张先生在健康方面主要是防范重大疾病产生的各种费用，他希望自己能有 30 万元的重大疾病保险。张太太的单位属于事业单位，单位对各项医疗费用均可提供较高额度的报销。因此，张先生拟为太太购买 15 万元的重大疾病保险。

4. 购买意外伤害保险。张先生一旦遭遇意外事故导致死亡或伤残，势必影响张先生的经营业务。考虑到意外风险发生的概率较大，可能带来的损失也不少，所以可以根据张先生的收入情况来购买意外伤害保险。张强年少好动，自我防范意识不高，可以为张强购买意外伤害保险。

5. 购买退休养老保险。张先生打算 60 岁时放弃事业，退休后生活费用降到每月 3 000 元的水平。张太太打算 55 岁退休，退休后维持现有生活水准。张先生没有任何养老金，而张太太每月有退休养老金，且由于张太太在事业单位，退休后收入估计能有 2 000 元/月。因此，张先生应考虑购买退休养老保险。

### 三、保险需求估算

在估算保险需求时，需要根据国民经济运行状况和未来发展趋势，对市场利率、通货膨胀率等经济变量进行假设，这些假设的合理性对分析结果非常重要。本案例假设年均通货膨胀率为 3%，工资增长率为 3%，教育费用增长率为 5%，财务贴现率取值为 4%，预期寿命为 85 岁。个人身后费用为 5 万元。

（一）个人寿险需求分析

考虑张先生和张太太是否需要寿险，如需要，应购买多少保额。

首先计算遗属生活费需求，见表 7-11。张太太的生活费考虑至退休前（54 岁），张强在大学前每月支出按 1 000 元估算，18 岁上大学后按每月 1 500 元估算，22 岁留学按每年 24 万元估算。

表 7-11　　　　　　　　　遗属生活费用估算　　　　　　　　　单位：元

| 张太太 | | | 张先生的父母 | | | 张强 | | |
| --- | --- | --- | --- | --- | --- | --- | --- | --- |
| 年龄 | 生活费 | 现值 | 年龄 | 生活费 | 现值 | 年龄 | 生活费 | 现值 |
| 35 | 24 000 | | 70 | 18 000 | | 10 | 12 000 | |
| 36 | 24 720 | 23 769 | 71 | 18 540 | 17 827 | 11 | 12 360 | 11 885 |
| 37 | 25 462 | 23 541 | 72 | 19 096 | 17 656 | 12 | 12 731 | 11 770 |
| 38 | 26 225 | 23 314 | 73 | 19 669 | 17 486 | 13 | 13 113 | 11 657 |
| 39 | 27 012 | 23 090 | 74 | 20 259 | 17 318 | 14 | 13 506 | 11 545 |
| 40 | 27 823 | 22 868 | 75 | 20 867 | 17 151 | 15 | 13 911 | 11 434 |
| 41 | 28 657 | 22 648 | 76 | 21 493 | 16 986 | 16 | 14 329 | 11 324 |
| 42 | 29 517 | 22 430 | 77 | 22 138 | 16 823 | 17 | 14 758 | 11 215 |
| 43 | 30 402 | 22 215 | 78 | 22 802 | 16 661 | 18 | 22 802 | 16 661 |
| 44 | 31 315 | 22 001 | 79 | 23 486 | 16 501 | 19 | 23 486 | 16 501 |
| 45 | 32 254 | 21 790 | 80 | 24 190 | 16 342 | 20 | 24 190 | 16 342 |
| 46 | 33 222 | 21 580 | 81 | 24 916 | 16 185 | 21 | 24 916 | 16 185 |

续表

| | 张太太 | | | 张先生的父母 | | | 张强 | |
|---|---|---|---|---|---|---|---|---|
| 年龄 | 生活费 | 现值 | 年龄 | 生活费 | 现值 | 年龄 | 生活费 | 现值 |
| 47 | 34 218 | 21 373 | 82 | 25 664 | 16 029 | 22 | 171 091 | 106 863 |
| 48 | 35 245 | 21 167 | 83 | 26 434 | 15 875 | 23 | 176 224 | 105 836 |
| 49 | 36 302 | 20 964 | 84 | 27 227 | 15 723 | | | |
| 50 | 37 391 | 20 762 | 85 | 28 043 | 15 572 | | | |
| 51 | 38 513 | 20 562 | | | | | | |
| 52 | 39 668 | 20 365 | | | | | | |
| 53 | 40 858 | 20 169 | | | | | | |
| 54 | 42 084 | 19 975 | | | | | | |
| 合计 | | 414 583 | 合计 | | 250 134 | 合计 | | 359 219 |

注：生活支出增长率为3%，贴现率取值为4%。

其次计算张强的教育费用需求，见表7-12。

表7-12    张强的教育费估算    单位：元

| 年龄 | 教育层次 | 当前学费 | 未来学费 | 现值 |
|---|---|---|---|---|
| 10 | 小学五年级 | 忽略 | | |
| 11 | 小学六年级 | 忽略 | | |
| 12 | 初一 | 50 000 | 55 125 | 50 966 |
| 13 | 初二 | 50 000 | 55 125 | 49 006 |
| 14 | 初三 | 50 000 | 55 125 | 47 121 |
| 15 | 高一 | 8 000 | 10 210 | 8 392 |
| 16 | 高二 | 8 000 | 10 210 | 8 069 |
| 17 | 高三 | 8 000 | 10 210 | 7 759 |
| 18 | 大一 | 20 000 | 29 549 | 21 591 |
| 19 | 大二 | 20 000 | 29 549 | 20 761 |
| 20 | 大三 | 20 000 | 29 549 | 19 962 |
| 21 | 大四 | 20 000 | 29 549 | 19 195 |
| 22 | 研究生一年级 | 240 000 | 431 006 | 269 205 |
| 23 | 研究生二年级 | 240 000 | 431 006 | 258 851 |
| 合计 | | | | 780 878 |

注：学费增长率为5%，贴现率取值为4%。

张太太收入考虑至退休前（54岁），其36岁至54岁收入的现值总计621 875元，见表7-13。

表7-13　　　　　　　　　　　张太太收入估算　　　　　　　　　　单位：元

| 年龄 | 收入 | 现值 |
|---|---|---|
| 35 | 36 000 | |
| 36 | 37 080 | 35 654 |
| 37 | 38 192 | 35 311 |
| … | … | … |
| 52 | 59 503 | 30 547 |
| 53 | 61 288 | 30 253 |
| 54 | 63 126 | 29 962 |
| 合计 | | 621 875 |

注：收入增长率为3%，贴现率取值为4%。

最后计算张先生的寿险需求（见表7-14），张先生的寿险需求大约为43万元。用同样的方法，可估算出张太太的无寿险需求。

表7-14　　　　　　　张先生和张太太的寿险需求估算

| 项目 | 金额（元） | |
|---|---|---|
| 家庭保障需求 | 张先生 | 张太太 |
| 1. 个人身后费用 | 50 000 | 50 000 |
| 2. 遗属生活费用 | | |
| 　配偶 | 414 583 | 1 658 333 |
| 　子女 | 359 219 | 359 219 |
| 　父母 | 250 134 | 250 134 |
| 　遗属生活费用的现值 | 1 023 936 | 2 267 686 |
| 3. 子女教育费用的现值 | 780 878 | 780 878 |
| 4. 房屋贷款 | 0 | 0 |
| 家庭保障需求（1+2+3+4） | 1 854 814 | 2 317 686 |
| 可预期财务来源 | | |
| 5. 存款及其他可变现资产 | 800 000 | 800 000 |
| 6. 保险给付 | | |
| 　社会保障给付 | 0 | 50 000 |
| 　商业保险给付 | 0 | 0 |
| 　保险给付总额 | 0 | 50 000 |
| 7. 其他收入来源的现值 | 621 875 | 5 182 290 |
| 可预期财务来源总额（5+6+7） | 1 421 875 | 6 032 290 |
| 寿险需求=家庭保障需求-可预期财务来源总额 | 432 939 | -3 714 604 |

## （二）意外伤害保险需求分析

张先生是家庭的经济支柱，而且面临的意外风险较高，因此意外风险保障额度应尽量高一些。张先生是需要经常外出的商务人士，发生交通意外事故的风险较大，因此应重点投保交通工具意外保险，保险期间可以自由选择，保额以他未来 10 年至 20 年的收入现值作为参考。如果选取 20 年，则大约需要 600 万元的意外伤害保险。

保险对于未成年人的身故保额有限定。未成年人不具有劳动能力且没有工资收入，因此未成年人的身故保额是按照一个人 10 年的基本生活标准确定的，多数地区的少儿身故保额不超过 5 万元。因此在为张强选择意外保险时，也以 5 万元保额为限。

## （三）养老保险需求分析

张先生在 60 岁退休前必须积累养老资金大约 150 万元（按当前生活支出为 3 000 元/月、通货膨胀率为 3% 计算，见表 7-15）。由于张先生没有购买社会养老保险，建议张先生首先购买社会养老保险。如果张先生从现在开始缴纳社会养老保险，并且缴纳至 59 岁，按当地职工平均工资水平 2 500 元/月缴纳，则预计退休后 60 岁至 85 岁可领取的退休养老金现值与 60 岁退休前的现值之和约为 40 万元。剩余 110 万元可通过自筹以及购买商业性养老保险方式构建完善的养老保障。

表 7-15　　　　　　　　　张先生退休后的生活费用估算　　　　　　　　　单位：元

| 年龄 | 年生活支出 | 现值 |
| --- | --- | --- |
| 60 | 65 020 | 65 020 |
| 61 | 66 971 | 64 395 |
| 62 | 68 980 | 63 776 |
| … | … | … |
| 83 | 128 323 | 52 064 |
| 84 | 132 172 | 51 563 |
| 85 | 136 137 | 51 067 |
| 合计 |  | 1 502 134 |

注：年生活支出的增长率为 3%，贴现率取值为 4%。

按当前情况看，张太太的退休养老金刚好能满足未来的退休支出，因此暂时不需要考虑购买养老保险。如果未来退休养老金支付发生变化，如事业单位养老制度改革，则需重新进行养老规划。

## 四、保险产品的选择

### （一）张先生的保险产品

1. 中国平安一年期意外保险（见表 7-16），保费为 802 元/年，保险期限为 1 年。

表 7–16　　　　　　　　　　中国平安一年期意外保险

| 基本保障 | 保险金额 |
|---|---|
| 意外身故、伤残 | 50 万元 |
| 意外医疗 | 10 万元 |
| 住院误工津贴 | 50 元/天 |
| 救护车费用报销 | 2 000 元 |
| 飞机意外身故、伤残 | 500 万元 |
| 火车意外身故、伤残 | 100 万元 |
| 轮船意外身故、伤残 | 100 万元 |
| 汽车意外身故、伤残 | 30 万元 |

2. 阳光人寿麦满分定期寿险（见表 7–17），保费为 834 元/年，交费期限为 20 年，保障期限为 20 年。

表 7–17　　　　　　　　　　阳光人寿麦满分定期寿险

| 基本保障 | 保险金额 |
|---|---|
| 身故保险金 | 40 万元 |
| 全残保险金 | 40 万元 |

3. 光大永明人寿达尔文超越者重疾险护心版，保费为 8 017 元/年，交费期限为 30 年，终身保障。如果罹患重疾，可一次性赔偿 30 万元。

4. 中国人寿国寿个人养老年金保险（分红型），保费为 20 000 元/年，交费期限为 20 年，60 岁开始领取养老保险金约 14 600 元/年（不考虑分红），直至身故。

（二）张太太保险产品

光大永明人寿达尔文超越者重疾险护心版，保费为 3 599 元/年，交费期限为 30 年，终身保障。如果罹患重疾，可一次性赔偿 15 万元。

（三）张强的保险产品

中国平安少儿综合保障计划（见表 7–18），保费为 100 元/年，保险期限为 1 年。

表 7–18　　　　　　　　　　中国平安少儿综合保障计划

| 基本保障 | 保险金额 |
|---|---|
| 意外伤害身故/残疾 | 5 万元 |
| 意外住院医疗（含垫付） | 5 万元 |
| 意外门诊医疗 | 0.5 万元 |
| 少儿重大疾病 | 1 万元 |

张先生家庭当前总收入为 336 000 元，保费年支出 33 352 元，保费支出占家庭总收入的 9.93%，在张先生经济承受能力范围内，这些保险产品的组合能给张先生家庭带来较高的保障（见表 7–19）。

表 7-19　　　　　　　　　　张先生家庭保险产品一览表

| 保险对象 | 保险产品 | 保险费用/年 | 总保费 | 保费占比 |
|---|---|---|---|---|
| 张先生 | 中国平安一年期意外保险 | 802 | 29 653 | 88.91% |
| | 阳光人寿麦满分定期寿险 | 834 | | |
| | 光大永明人寿达尔文超越者重疾险护心版 | 8 017 | | |
| | 国寿个人养老年金保险（分红型） | 20 000 | | |
| 张太太 | 光大永明人寿达尔文超越者重疾险护心版 | 3 599 | 3 599 | 10.79% |
| 张强 | 中国平安少儿综合保障计划 | 100 | 100 | 0.30% |
| 家庭保费合计 | | | 33 352 | 100.00% |

## 【本章小结】

人们可以向保险公司交纳一定的保险费转移纯粹风险。一旦预期风险发生并且造成了损失，则保险公司必须在合同规定的责任范围之内进行经济赔偿。通过保险来转移风险是最常见的风险管理方式。保险主要适用以下四种基本原则：最大诚信原则、可保利益原则、补偿原则和近因原则。保险合同的主体分为保险合同当事人、保险合同关系人。

个人或家庭面临的常见风险主要分成三类：人身风险、财产风险和责任风险。人身保险产品可以划分为人寿保险、人身意外伤害保险和健康保险，财产保险主要包括房屋保险、家财保险和机动车辆保险等，责任保险主要包括公众责任保险、雇主责任保险、产品责任保险和职业责任保险。

保险规划针对人生中的各种风险，主要包括死亡风险、伤残风险、医疗风险、养老风险以及财产、责任等风险，进行定量分析，并结合个人或家庭的经济实力，作出合理的保险安排，避免风险发生时给个人或家庭的生活带来太大的经济损失。保险规划的一般流程为：（1）确定保险标的；（2）选择保险产品；（3）确定保险金额；（4）明确保险期限；（5）选择保险公司。保险规划的目的在于通过对个人或家庭经济状况和保险需求进行深入分析，帮助他们选择合适的保险产品，确定合理的保险期限和保障金额，从而实现财务安全。

## 【重点概念】

风险　　保险　　保险合同主体　　人身保险　　财产保险　　责任保险
生命价值法　　遗属需求法

## 【思考与练习】

1. 常见的风险管理技术有哪些？
2. 什么是保险？保险的基本原则有哪些？保险合同的主体是什么？
3. 个人或家庭面临的常见风险有哪些？

4. 人身保险按照保障范围可以划分为哪些类型？
5. 人寿保险一般有哪些类型？各自的特点是什么？
6. 健康保险一般有哪些类型？各自的特点是什么？
7. 财产保险一般有哪些类型？各自的特点是什么？
8. 责任保险一般有哪些类型？各自的特点是什么？
9. 你的父母处于人生的哪一阶段？他们现在需要哪些保险？
10. 如果你已经工作且收入在当地处于中等收入水平。请结合你的家庭情况分析自己需要哪些类型的保险，保险额度大约是多少。
11. 李先生现年35岁，预计工作至60岁退休，当年年薪为15万元，个人消费支出为8万元，预计未来工作期间的年收入及消费支出按3%递增。李先生的年贴现率是5%，试用生命价值法分析李先生35岁时的寿险需求。
12. 王先生现年40岁，是某民营企业经理，月薪为10 000元，没有医疗和养老保险；王太太现年35岁，是另一家私人企业员工，月薪为5 000元，没有医疗和养老保险；儿子现年10岁，读小学四年级。王先生一家每月的生活费为4 000元，小孩现在每年的教育费用需要2 000元，王先生希望儿子能接受大学教育。现在初中每年的学费是3 000元，高中每年的学费是5 000元，大学每年的学费是12 000元。在资产方面，王先生有自用住房和20万元的金融资产（存款和基金）；在负债方面，王先生目前仍有房屋贷款15万元未还。王太太打算50岁退休，退休后的生活支出水平为退休前的70%。王先生和王太太预测他们的工资增长率等于年平均通货膨胀率3%，学费的增长率大约是4%，财务贴现率是5%。他们预计自己能活到85岁。王先生、王太太需不需要人寿保险？如果需要，需要多少？

# 第八章

# 退休规划

**【引子】**

健康长寿、颐养天年是所有人的梦想。安逸舒适的晚年生活已成为生命中辛苦几十年之后的第二次"金色年华",但是,这需要有足够的财富做后盾,如果没有足够的退休养老金准备,长寿就不是福气,而是惩罚。或许你可以坐在摇椅上悠闲地享受晚年的生活,或许你需要依靠亲人和政府的救济才能勉强度日,最终会以哪一种方式度过你的老年生活,往往不取决于你个人的意愿,而取决于你现在所做的努力。如何才能积累足够安享晚年的财富?如何做好晚年的财务安排?这就是退休规划要解决的问题。

## 第一节 退休规划概述

### 一、退休及退休规划的概念

退休是指员工在达到一定年龄或为企业服务一定年限的基础上,按照国家的有关法规和员工与企业的劳动合同而离开企业的行为。从狭义上来解释,退休就是离开工作场所、长期休息之意。广义而言,退休可界定为不再从事一项全职有薪的工作,而接受过去工作的退休金的状况。退休是原有工作的结束,是人生历程的一大转变,是另一种新生活的开始。从财务规划的角度而言,退休可以视为拥有足够的退休金之后的生活。

在大多数国家,人们一般在55~65岁退休,就目前人均寿命而言,一般人在退休后普遍拥有10~20年的退休生活。与在职不同的是,大多数人在退休之后就失去了正常的工资收入来源,为了使退休生活更有保障,人们必须提前制订退休计划,预先进行基于退休目的的财务策划,将年老时的各种不确定因素对生活的影响程度降到最低。对大多数工作的人来说,退休后能有舒适的生活是投资理财的一大目标,而详细的财务规划则可以帮助人们达成这个目标。

退休规划是为了保证个人在将来有一个自立、有尊严、高品质的退休生活,而从现在开始积极实施的理财方案。退休后能够享受自立、有尊严、高品质的生活是一个人一生中最重要的财务目标，因此退休规划是个人财务规划中不可或缺的一部分。合理而有效的退休规划不但可以满足退休后漫长生活的支出需要，保证自己的生活品质，抵御通货膨胀的影响，而且可以显著地提高个人的净财富。

### 二、退休规划的重要性

目前，随着我国社会养老保障体系的进一步改革与完善，大多数人不论是出于主动还是被动，已开始认识到，养老不能仅靠子女和社会福利，而应该在本人价值创造的旺盛时期实现积累，到年老时去享受，自己解决自己的养老问题。在国外，养老金被当作一种理智的债务，人们在退休以前处于养老债务的分摊期，而在退休后则进入养老金的消费期。及早建立退休规划可以用较长的在职期限来分摊退休生活的成本，且不会影响在职时期的生活水平，如果能选择合适的投资方式，退休规划的回报将会非常可观。因此，养老成为一种必须要规划的经济行为。其重要性体现在以下几个方面：

第一，退休后收入减少，无法保证支出。随着人均寿命的提高，社会平均退休后生活时间延长，如果用于退休养老的资金不变，就会出现养老金不足、退休后生活质量随之下降的现象。因此，退休规划的主要目标就是要为个人退休后的日常花销及医疗保健和护理费用开支准备充足的资金。

第二，传统养老方式的弊端显现，"养儿防老"不堪重负。在传统的自然经济下，子女理所当然地担当起了赡养老人的义务，通过家庭代际之间的承接实现养老保障。事实上，中国古老的"养儿防老"就是最原始的退休规划，但这一古老观念正随着我国社会形态的巨变，以及伦理价值观念的变化而逐渐淡化。随着我国工业化、城市化进程的加快和人口结构的变化，"421"式家庭逐渐增多，劳动人口对非劳动人口的赡养率不断提高[①]，在这种情况下，继续延续代际转移的养老方法将给下一代带来沉重的赡养压力，导致整个生活水平下降，甚至引发一些深层次的社会问题。

第三，社会养老保险及企业年金不能足够维持退休时的基本生活所需。由于我国目前实行的是"广覆盖、低保障"的社会养老保险制度，国家统一的养老政策只能给老年人提供最基本的生活保障，很难满足人们高品质的生活要求。而企业年金更大程度上是一种对未来预期的承诺，事实上，企业的发展状况处在不断的变化之中，一个企业很可能在个人退休时倒闭或者入不敷出了，那么之前的养老承诺就成为一句空话。因此，基本退休金远不能解决安度晚年的生活保障问题，迫切需要其他养老储蓄手段加以补充。

---

① 2000年第五次人口普查显示，中国60岁以上和65岁以上的人口比重已分别达到10.34%和7%，这标志着我国已进入了老龄化社会。其中，60岁以上人口超过了全球平均水平（10%）。预测表明，2035年，60岁和65岁以上人口比重将分别达到27%和20%，2045年则将达到30%和23%。我国特殊的人口结构及人口政策，使中国老龄化速度大大高于世界平均水平。

第四，老有所养、老有所终。现代人的退休规划针对的是自己生命最后的 20 年、30 年甚至 40 年，钱财无忧、身体健康的退休者才可能真正享受丰富多彩的退休生活。据统计，只有 10% 的老人能过上自己期望的退休生活，20% 的老人能够独立支撑退休生活，而 70% 的老人却必须依赖他人生活。因此，只有及早规划养老，留有余地，才能真正做到老有所养、老有所终。

第五，享受闲暇生活。传统的观念把退休当作是人生中的一个终点，而新的观念则是将退休生活当作人生后 1/3 路段的开始，只有做好充足的保障，才有可能尽情享受"银发族"的生活。

退休规划本质上是一种以筹集养老金为目的的综合性金融服务。理财规划师应通过分析和评估客户的财务状况，明确客户的退休生活目标，为客户制订合理的、可操作的退休规划。一份合格的退休规划应该具有多方面的功能，既可以为客户提供基本的生活保证，使其衣食无忧，安度晚年，同时又有利于增强客户对未来生活的信心，提高其在职工作的积极性。

### 三、退休规划的影响因素

任何规划都是在一定的前提条件下进行的，这些条件是不以个人意志为转移的。影响退休规划的因素非常多，归纳起来，主要有以下几个因素。

1. 负担与责任。退休后有无尚须偿付的贷款，有无需要抚养的亲属或子女等。

2. 退休时间及退休后的生活时间。一般而言，退休后的生活时间可以一国或一地区的人均寿命适当延长 5～10 岁作为规划的目标时间。退休后的生活费要靠退休前的工作时间来筹措，离退休日越短，则积累工作收入的期间越短，退休金筹备压力就越大。虽然，推迟退休时间可以积累更多的工作收入，缓解退休金的筹备压力，但推迟退休时间有可能会影响人生的其他规划，而且，客观上大多数人的退休时间是不能自主决定的。有些人还会因为种种原因而选择提早退休，如工作太过劳累、压力太大、健康状况不佳、对工作产生了厌烦情绪、家庭问题影响等，这些都会影响退休规划的目标及实施。另外，退休后的生活期间越长，则所需退休费用越高，退休金筹备压力就越大。

3. 退休后的生活费用。退休后生活费用的高低一般取决于个人或家庭的日常生活形态、消费习惯及所选择的退休生活所在地的消费水平。退休生活费用越高，退休金筹备的压力就越大。此外，健康状况的好坏会影响医疗费用的支出。

4. 退休保障及退休前的资产累积。退休前积累的资产是退休后主要的收入来源，退休前资产积累越多，则退休后生活越宽裕。若资产积累迅速或退休金优厚，则可以规划提早退休，趁年轻力壮，完成其他人生愿望。此外，是否享受退休养老保险给付或企业年金也是影响退休金筹备的重要因素之一。

5. 通货膨胀。通货膨胀率越高，退休金筹备压力越大。若通货膨胀率为 3%，则 15 年后购买力下降 45%；若通货膨胀率为 5%，则 15 年后购买力下降 75%；若通货膨

胀率为10%，则15年后购买力下降150%。

6. 是否需要为子女留遗产。这涉及遗产规划问题，为子女留的遗产越多，退休金筹备压力就越大。

### 四、退休规划的风险

退休是生命周期的必然过程，但是退休时的状况因人而异，有的人累积了丰厚的资产退休，有的人则到了要退休时才惊觉退休后的生活不知如何是好，此种差距，除了能力的因素之外，也与个人的风险意识、理财知识及退休规划的风险有关。退休规划的风险主要来自于以下几个方面。

1. 职业生涯规划的风险。例如，提前被公司解雇或所服务的企业倒闭，而未能提取退休金。

2. 投资风险。退休金运用不当，收益率低于预期。

3. 额外支出风险，包括子女婚嫁金、协助抚养孙子女费用、资助子女购房、解决子女债务纠纷、为子女提供创业资金、持续抚养失业子女、退休后医疗费用高于预期等。

4. 活的比退休规划设定的期限长的风险。现代医疗技术和药物使人的预期寿命延长了15~20年，因此，需要积攒更多的钱以负担比以前更长的生存期间所带来的生活费用。

5. 如果退休后不久身故，一些国家规定必须缴纳遗产税。

### 五、退休规划应遵循的重要原则

退休规划的总体原则是确保养老本金安全，有适度收益，能抵御生活费用增长和通货膨胀，并具有一定弹性。一般来说，退休规划的重点在于退休前应努力提高资产增值效率，以实现理想的退休生活品质。

#### （一）退休规划宜早不宜迟

多数人认为距离退休尚有数十年，不愿牺牲现有的生活品质去规划未来的退休生活。其实，退休规划的起步是越早越好。首先，我们必须清醒地认识到，未来的养老金收入将远不能满足自己的生活所需，退休后如果要维持个人目前的生活水平，在基本的社会保障之外，还需要自己筹备一大笔资金，而这需要从年轻时就开始进行个人的退休规划。其次，复利效应对财富积累具有重要影响，投资时间越长，复利效应的作用就越大。退休规划是一项长期规划，需要充分利用复利效应，越早开始，不仅有更长的时间为退休累积更多的资金，而且还可以享有更长时间的免税。最后，及早建立退休规划可以用较长的在职期限分摊养老成本，且不降低现有的生活水平。

假设30岁开始做准备，60岁退休，用30年的时间投资一种年收益率为8%的理财产品，目标金额要达到100万元，则每年需投资8 827元，或者一次性投资99 377

元。但如果 45 岁才做准备，同样的收益率，每年需要投资 36 830 元 或者一次性投资 315 242 元才能达到目标。可见，早做准备才能更轻松实现退休的生活目标。

### （二）注重安全，采取多样化的退休金储备方式

退休规划对资金的流动性要求并不高，但对安全性的要求却非常高。只有采取多样化的退休金储备方式，才可以使退休金不断积累并增值，从而减少养老负担。一般来说，如果距离退休时间较远，可选择收益和风险相对较高的产品，利用时间摊平风险；如果距离退休时间较近，则应选择储蓄和短期债券，以确保本金安全。

需要注意的是，如果客户仅以定期存储方式积累退休金，在正常经济环境下，考虑通货膨胀的影响后，大致只能提供 2% ~ 3% 的实际收益，因此，无论在什么年龄开始准备退休金，都要至少留下约一半以上的工作收入，而这势必大幅降低工作期的生活水平。而如果运用定期投资基金的方式积累养老金，假设投资收益率平均为 12%，以平均储蓄率为 20% ~ 30% 计算，则所积累的养老金大体可以满足晚年生活需求。因此，理财规划师应帮助客户结合其风险承受能力、财务现状和人生目标选择适当的投资工具。

### （三）以保证给付的社会养老保险或企业年金满足基本生活支出，以收益率较高的有价证券投资满足生活品质支出

若以保证给付的社会养老保险或企业年金来准备养老金，能够降低退休规划的不确定性，但收益率偏低，需要有较高的储蓄能力，才能满足退休养老需求。一般解决方法是将退休后的需求分为两部分，一部分是基本生活支出，另一部分是有品质的生活支出。一旦退休后的收入低于基本生活支出水平，就需依赖他人救济才能维持生活，因此满足基本生活支出的收入必须保证。而有品质的生活支出是实现退休后理想生活所需的额外支出，有较大的弹性。因此，对投资保守、安全需求较高的人来说，以保证给付的社会养老保险或企业年金来满足基本生活支出，另以股票或基金等高收益、高风险的投资工具来满足有品质的生活支出，是一种可以兼顾老年养老保障和充分发展退休后兴趣爱好的资产配置方式之一。

## 第二节　退休规划与养老保险

社会保障是个人退休收入的主要来源之一，是一个完整的退休规划必不可少的内容。个人是否拥有社会保障将决定其能否顺利地度过一生，本节将主要介绍社会保障保险对个人退休规划的影响。

### 一、养老保险体系概述

#### （一）养老保险的概念与特点

养老保险是社会保障制度的重要组成部分，是社会保险五大险种（即基本养老保险、失业保险、医疗保险、生育保险、工伤保险）中最重要的险种之一。所谓养老保

险（或养老保险制度）是国家和社会根据一定的法律和法规，为解决劳动者在达到国家规定的解除劳动义务的劳动年龄界限，或因年老丧失劳动能力退出劳动岗位后的基本生活而建立的一种社会保险制度。这一概念包含三层含义。

1. 养老保险是在法定范围内的老年人完全或基本退出社会劳动生活后才自动产生作用的。这里所说的"完全"，是以劳动者与生产资料的脱离为特征；所谓的"基本"，指的是参加生产活动已不成为主要社会生活内容。需强调说明的是，法定的年龄界限才是切实可行的衡量标准。

2. 养老保险的目的是为老年人提供保障其基本生活需求的稳定可靠的生活来源。

3. 养老保险是以社会保险为手段来达到保障的目的。养老保险制度既是一项重要的社会制度，也是一项十分重要的经济制度。养老保险的产生与发展，是与国家的政治、经济和社会文化紧密结合在一起的，它是社会化大生产的产物，也是社会进步的标志。现代养老保险制度首创于德国，1889年德意志帝国"铁血宰相"俾斯麦颁布《残疾和养老保险法》，成为社会保险的创始人。自设立伊始，养老保险制度就因其具有无可置疑和无可替代的积极作用在世界各国广泛而迅速地建立起来，养老保险制度不仅逐渐成为世界多数国家（地区）保障公民老年生活的重要政策选择，也成为社会福利制度的重要组成部分。

养老保险一般具有以下几个特点：（1）由国家立法强制实行，企业单位和个人都必须参加，符合养老条件的人可向社会保险部门领取养老金；（2）养老保险费用来源一般由国家、企业和个人三方或企业和个人双方共同负担，并实现广泛的社会互济；（3）养老保险具有社会性，影响很大，受众广且时间较长，费用支出庞大，因此，必须设置专门机构，对其实行现代化、专业化、社会化的统一规划和管理。

（二）养老保险的类型

世界各国采纳的养老保险制度差异很大。目前，世界上实行养老保险制度的国家主要有三种类型，即投保资助型（也叫传统型）养老保险、强制储蓄型养老保险和国家统筹型养老保险。

1. 投保资助型（也叫传统型）养老保险。该种养老保险制度是当代主要的养老保险制度，实施于世界上大多数国家。它是通过立法程序强制工资劳动者加入，强制雇主和劳动者分别按照规定的投保费率投保，并要求建立老年社会保险基金，实行多层次的退休金。国家是老年社会保险的后盾，在财政、税收和利息政策上给予资助。多层次的退休金一般有两层次与三层次之分。如果再加上个人自愿投保，退休金的层次更多。社会退休金的层次分为普遍退休金、雇员退休金与企业补充退休金。雇员退休金起主导作用，它又分为工资挂钩退休金、基础退休金和附加年金。为保障劳动者的晚年生活，退休金的给付贯彻奖励原则、分享经济成果原则和物价指数或工资增长指数挂钩原则。

这种制度所缴费用并不分配到个人的账户上，享受待遇的资格取决于是否缴纳费用。每个成员的缴费量与领取量不一定完全相等，因为这种模式在同一代人中分享风险与资源。大部分发展中国家采取的是部分积累基金的方法。积累起来的基金可用来投资获利以补充所缴费用。社会保险计划每隔3～5年需要进行一次精算预测,以对缴费比率的适当调整提出建议,同时还要考虑到计划中任何的重要修改。

这种养老保险制度的优点在于:它提供定期的待遇支付以确保整个退休期间得到保障,通过风险分担与资源分享,使投保人免遭通货膨胀与投资风险。该制度强调待遇与收入及缴费相联系,并有利于低收入者。当然,这种用建立社会保险基金来分享资源的制度也存在不足,即制度的透明度不高,由于缴费没有摊到个人账户上,因而政府承担的责任很大。

2. 强制储蓄型养老保险。该制度也称公积金模式,是一种固定缴费的模式,对缴费率有具体规定,待遇由所缴费用以及利息决定。缴费及利息积累在每个人的账户上。当投保人年老、伤残或死亡时,账户上的钱可一次或按月支付。缴费由雇员和雇主共同承担。某些公积金允许提前支付,如购买房屋、教育贷款等。

根据不完全统计,斐济、加纳、印度、印度尼西亚、马来西亚、肯尼亚、尼泊尔、尼日利亚、新加坡、斯里兰卡、坦桑尼亚、乌干达、赞比亚、所罗门群岛等19个国家实行一种名为"中央公积金制",其实为强制储蓄型养老保险。

该制度的优点是透明度较高,激励作用较强,强调个人的自我保障,因而政府的责任较小,负担较轻,同时对国家储蓄有利。但其存在的问题和不足之处也较为明显:(1)缺乏互助互济性。强制储蓄型养老保险突出的是多劳多得,少劳少得。(2)退休金比较单一。由于这种制度规定了高投保率,企业(雇主)的投保费很高,已无力再出资筹办企业补充养老保险,这样,雇员只能享受单一的基本养老金。退休后较高层次的需求,只能通过商业性人寿保险来获得。(3)该制度对年轻工人和低薪工人的老年生活保障不力。由于实行该制度的退休者的退休待遇主要由该职工在职时的工龄(缴费年限)、年薪等因素决定,缴费年限长、收入高者退休时个人账户的储存额就多,反之则少。这样,缴费年限短者或低收入者若丧失劳动能力就难以保证晚年的基本生活。(4)该制度还可能因为过高的缴费率导致企业产品的国际竞争能力下降,严重时还可能导致整个经济的滑坡。

鉴于强制储蓄型养老保险模式的缺点,一些国家如斯里兰卡、尼日利亚、坦桑尼亚正在考虑把公积金模式改为投保资助型养老保险模式。

3. 国家统筹型养老保险。该制度由国家(或国家和雇主)全部负担雇员的养老保险费,雇员个人不交费,是一种典型的福利型养老保险制度。瑞典、挪威、波兰等国家实行这一养老保险制度。该制度的缺点是资金来源渠道单一,政府和企业负担过重。事实上瑞典、挪威等福利国家正受着由该制度带来的一系列经济和社会问题的困扰,正在寻求解决和改革办法。我国在计划经济时期也采用了这种养老保险制度,这种养老保险制度在历史上曾经发挥了积极作用,但与市场经济不相适应,不利于企业参与市场竞争,不利于劳动力的流动,不利于培养劳动者个人的自我保障意识。目前已经或正在退出国际社会保障领域。

养老保险制度的其他分类标准如下：按管理主体的不同，可分为公共养老保险制度、私营养老保险制度和混合养老保险制度，其中，公共养老保险制度又可分为缴费型和非缴费型制度；按养老金给付方式的不同，可分为待遇确定型和缴费确定型养老保险制度；按基金筹集方式的不同，可分为现收现付制、完全积累制和部分积累制养老保险制度。

现收现付制这种筹资模式，要求以近期内横向收支平衡原则为指导筹集资金。方式为：先对一年内某项社会保障措施所需支出的费用进行测算，然后按一定的比例分摊到参加该保障措施的所有单位和个人，当年提取，当年支付。养老保险的负担在代际之间进行转移，即由在职职工一代人负担已退休职工一代人的养老费用，在职职工本人的养老费用则由下一代人负担。该模式的特点是在社会保障实施的初期，收费率较低，费率调整灵活，社会共济性强，可以避免通货膨胀的影响，易于操作，且费率将会随着人口老龄化的发展趋势而调整变化。

完全积累制也称完全基金式，是一种以远期收支平衡为原则的筹资模式，要求在预测未来时期社会保障支出需求的基础上，确定一个可以保证在相当长的时期内收支平衡的总平均收费率，将其分摊到保障对象的整个投保期。该模式的特点为初期的收费率较高，筹资见效快，在较长的时期内，收费率保持相对稳定。在社会保障收入大于支出时形成的储备基金，可以用来弥补以后年度的支出大于收入形成的差额。这种模式要求管理者不仅善于管理养老保险基金，还得善于运营投资该笔资金，力争有较好的回报，因此这种模式不再具有社会保险固有的公平原则，也无法体现按需分配的社会保障原则，各国对此模式持审慎态度。

部分积累制也称部分基金式，是一种把近期横向收支平衡原则与远期纵向收支平衡原则结合起来的筹资模式。在满足一定支出需要的前提下，留出一定的储备基金用于未来的支出需求。这种筹资模式保持几年不变，过几年调整一次。收入大于支出的部分，形成一定数量的基金。其特点是初期收费率较低，以后逐步提高，保持相对稳定。这种模式既有现收现付制的长处，管理费较低，容易操作，又有完全积累制的长处，能积累一笔雄厚的社会保险基金。

## 二、中国的养老保险制度

我国现代意义上的养老保险建立于20世纪50年代初期，比西方现代养老保险制度晚了半个多世纪。但实际上，我国养老安民的思想萌芽古已有之。2 500年前，孔子在《礼记·礼运篇》中提出："……人不独亲其亲，不独子其子，使老有所终，壮有所用，幼有所长，矜孤独废疾者皆有所养。"这是世界上有文字可查的最早表达的朴素的社会保障思想[①]。

我国自20世纪80年代中期开始对城镇养老保险制度实施改革。在世界银行的指

---

① 刘燕生. 社会保障的起源、发展和道路选择［M］. 北京：法律出版社，2001.

导下,经过不断的改革探索,目前城镇养老保险制度的新框架已基本确立,我国建立了国家基本养老保险、企业年金(企业补充养老保险)和个人储蓄养老保险相结合的三个支柱养老保险体系。其中,基本养老保险实行社会统筹和个人账户相结合,以收定支、略有结余、留有部分积累的部分积累模式,养老保险费用由国家、企业和职工个人三方共同负担。企业年金是企业在缴纳基本养老保险费后,根据自身的经济能力为本企业职工建立的补充性养老保险。个人储蓄养老保险则是完全自由的个人储蓄。此外,根据我国转轨经济的特点,我国还建立了城市最低生活保障(没有参加养老保险的困难群体)和农村建设养老保险两个救济层次。

其中,社会统筹与个人账户相结合的基本养老保险制度是中国在世界上首创的一种新型基本养老保险制度。该制度在基本养老保险基金的筹集上采取传统型基本养老保险费用的筹集模式,即由国家、企业和个人共同负担;基本养老保险基金实行社会共济;在基本养老金的计发上采用结构式的计发办法,强调个人账户养老金的激励因素和劳动贡献差别。因此,该制度既吸收了传统型基本养老保险制度的优点,又借鉴了个人账户模式的长处;既体现了传统意义上的社会保险的社会共济、分散风险、保障性强的特点,又强调了职工的自我保障意识和激励机制。我国的基本养老保险待遇结构如图8-1所示。

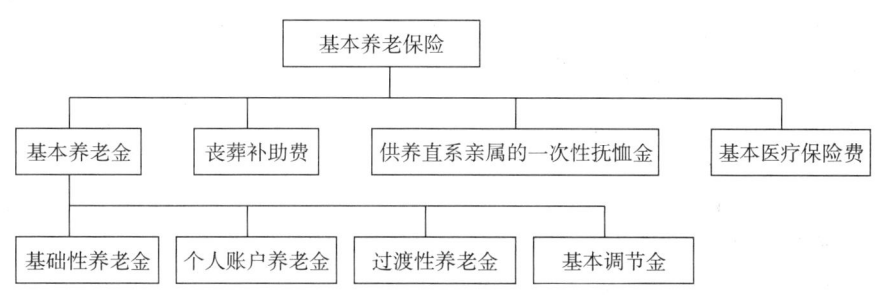

**图8-1 我国基本养老保险待遇结构**

(一) 中国养老保险制度改革的历史回顾

我国养老保险制度建立于新中国成立初期。根据不同时期养老保险制度的目标和内容,我国养老保险制度的发展可以分为三个历史阶段。

1. 初步发展阶段。从1951年到1984年,是我国养老保险制度的初步发展阶段。在该阶段,我国的养老保险又经历了三个不同的发展时期。第一个时期,初步建立社会化的养老保险制度。从1951年开始到"文革"前,我国初步建立了养老保险制度,不仅规定了统一的支付条件、待遇标准和缴费比例,而且规定劳动保险金的30%上缴全国总工会作为社会保险总基金,同时对各地和各企业进行调剂,实际上实行了全国统筹。第二个时期,"十年动乱"导致养老保险制度"沉降"。1969年2月,国家财政部发布《关于国营企业财务工作中几项制度的改革意见(草案)》,宣布"国营企业一律停止提取劳动保险金","企业的退休职工、长期病号工资和其他劳保开支,改在营业外列支",将养老保险制度由社会统筹变为由企业统筹。第三个时期,养老保险制度的整顿、规范和探索。"文革"结束后，在百废待兴的局面下，1978年6月，国务院颁布了《关于安置老弱病残干部的暂行办法》和《关于工人退休、退职的暂行办法》。1983年，针对城镇集体企业保障能力弱的问题，国务院又在《关于城镇集体所有制经济若干政策问题的暂行规定》中提出，集体企业要根据自身的经济条件，提取一定数额的社会保险金，逐步建立社会保险制度，解决职工年老退休、丧失劳动能力的生活保障问题。

2. 改革与深化发展阶段。从1985年到2000年，是我国养老保险制度进入改革与深化发展的阶段。在该阶段，我国养老保险制度建设主要可以概括为以下几点：

首先，重建了社会统筹制度。1991年国务院颁布《关于企业职工养老保险制度改革的决定》，在全国重新实行养老保险社会统筹制度。

其次，完善了养老保险制度。经过十多年改革，我国的养老保险制度出现了完全不同以往的崭新面貌：初步搭建了基本保险、补充保险（企业年金）、个人储蓄性保险的多层次体系框架，这与国际上流行的"三个支柱"保障理论相契合；实行了企业与职工个人共同缴费，国家财政补助的筹资政策；建立了社会统筹与个人账户相结合的制度模式，使公平与效率的原则得到更充分的体现；开始形成养老金的正常调整机制，使离退休人员能够分享经济和社会的发展成果。

最后，确保养老金发放。1998年，我国国有企业改革进入了攻坚阶段。为解决好下岗职工和离退休人员的生活保障问题，党中央、国务院提出了"两个确保"的方针，养老保险工作的目标集中在确保基本养老金的按时足额发放上。在随后的三年中，企业离退休人员基本生活保障状况发生了根本性转变：在企业自管退休时期，拖欠养老金的现象屡见不鲜，一部分退休人员生活窘迫，群体性突发事件不断；1998年以后，养老金基本做到了按时足额发放，100多亿元的历史拖欠款得到补发；到2000年年末，90%以上的企业离退休人员的基本养老金实行了社会化发放。

3. 进一步改革与完善阶段。2000年党的十五届五中全会提出了"完善的社会保障制度是社会主义市场经济体制的重要支柱。要逐步建立和完善城镇职工基本养老保险制度、基本医疗保险制度、失业保险制度和城市居民最低生活保障制度，加快形成资金来源多元化、保障制度规范化、管理服务社会化的社会保障体系"，拉开了中国养老保险制度进一步改革的序幕。中国的养老保险制度也进入了第三个发展阶段——进一步改革与完善阶段。根据党的十五届五中全会的精神，第三个阶段的养老保险制度改革表现为"四个完善"，即完善制度与法律结构、完善资金筹集与运用结构、完善组织管理结构和完善技术支持结构。

（二）中国养老保险制度的基本框架

我国现行的养老保险制度是公共选择与社会经济发展的结果，在提高制度效率和促进公平、保障离退休人员基本生活、促进经济发展、维护社会稳定中发挥了积极作用。在总结我国社会保障制度改革，特别是近年来"两个确保"工作实践经验的基础上，我国逐渐形成了比较完备的养老保险制度框架。

国务院 1997 年 7 月 16 日发布的《国务院关于建立统一的企业职工基本养老保险制度的决定》、2000 年出台的《关于完善城镇社会保障体系的试点方案》及 2005 年 12 月 13 日出台的《国务院关于完善企业职工基本养老保险制度的决定》等主要政策法规，确定了进一步调整和完善我国养老保险制度的主要政策。为了降低社会保险费率、减轻企业负担、优化营商环境、进一步完善社会保险制度，2019 年 4 月 1 日国务院发布《降低社会保险费率综合方案》，对养老保险单位缴费比例、就业人员平均工资计算口径、个体工商户和灵活就业人员缴费基数等进行调整。我国养老保险制度的基本框架主要包括以下内容。

1. 覆盖范围。2000 年出台的《关于完善城镇社会保障体系的试点方案》规定，基本养老保险制度的覆盖范围为城镇所有企业及其职工。自由职业人员、城镇个体工商户应参加基本养老保险，具体办法由各省（自治区、直辖市）人民政府规定。2005 年 12 月国务院出台的《国务院关于完善企业职工基本养老保险制度的决定》扩大了基本养老保险的覆盖范围，要求城镇各类企业职工、个体工商户和灵活就业人员都要参加企业职工基本养老保险。

2. 基本养老保险资金的筹集。坚持社会统筹与个人账户相结合的基本养老保险制度，基本养老保险费由企业和职工共同负担。企业依法缴纳基本养老保险费，根据《降低社会保险费率综合方案》，自 2019 年 5 月 1 日起，降低城镇职工基本养老保险（包括企业和机关事业单位基本养老保险，以下简称养老保险）单位缴费比例。各省（自治区、直辖市）养老保险单位缴费比例高于 16% 的，可降至 16%；目前低于 16% 的，要研究提出过渡办法。企业缴费部分不再全部纳入社会统筹基金，并以省（自治区、直辖市）为单位进行调剂。养老保险社会统筹基金纳入财政专户，实行收支两条线管理，不能占用个人账户基金，严禁截留、挤占、挪用基金。此外，中央及地方政府一直也在加大对社会保障的财力投入，并于 2004 年建立了全国社会保障基金。

企业员工必须依法参加社会养老保险计划，并依法缴纳养老保险费（薪酬代扣）。具体规定如下：员工个人缴费基数是经过核定的上年度本人月平均工资，费率是 8%，在缴纳个人所得税之前列支；所缴费用全部记入个人账户并归属个人所有。个体工商户和灵活就业人员参加企业职工基本养老保险，可以在本省全口径城镇单位就业人员平均工资的 60% 至 300% 之间选择适当的缴费基数。

对员工薪酬进行养老保险缴费扣除的基本方法如下：（1）核定个人缴费基数；（2）根据法律规定的费率计算缴费额；（3）从对员工当期支付的薪酬中减去养老保险缴费额，使部分当期收入变成延期支付。

根据《国务院关于完善企业职工基本养老保险制度的决定》规定，员工个人账户全部由 8% 的个人缴费形成。因此，个人缴费金额 = 经过核定的本人缴费基数 × 8%，个人养老保险账户积累 = 个人缴费积累数额 + 投资运营收益。

缴费基数最高为本省全口径城镇单位就业人员上年度月平均工资的 300%，最低为本省全口径城镇单位就业人员上年度月平均工资的 60%。无法确定月工资收入的，以本省全口径城镇单位就业人员上年度月平均工资为缴费基数。个体工商户和灵活就业人员参加基本养老保险，可以在本省全口径城镇单位就业人员平均工资的60%至300%之间选择适当的缴费基数，个人缴费比例为当地社会平均工资的20%，其中12%纳入社会统筹，8%进入本人个人账户，由本人直接向征缴部门缴纳。

个人账户储存额的多少，取决于个人缴费额和个人账户基金收益，并由社会保险经办机构定期公布。个人账户基金只用于职工养老，不得提前支取。职工跨统筹范围流动时，个人账户随同转移。职工或退休人员死亡，个人账户可以继承。养老基金实行中央集中运营、市场化投资运作，由省级政府将各地可投资的养老基金归集到省级社会保障专户，统一委托给国务院授权的养老基金管理机构进行投资运营。基金投资运营采取多元化方式，通过组合方案多元配置资产，保持合理投资结构，保证养老基金投资获取长期稳定的收益。

【案例8-1】

张先生上年度的月平均工资是20 000元，张太太上年度的月平均工资是8 000元。张先生的弟弟是一水果摊个体户，月收入约是10 000元，自行参加基本养老保险；张先生的妹妹上年度的月平均工资是3 000元。当地上年度职工月平均工资是6 000元。张先生夫妇、弟弟和妹妹本年度每月需缴纳多少养老金？

张先生上年度月平均工资是20 000元，超过当地上年度职工月平均工资的300%，因此张先生本年度的缴费基数是=18 000元（6 000×300%），其个人账户月缴费额是1 440元（18 000×8%）。

张太太上年度月平均工资是8 000元，未超过当地上年度职工月平均工资的300%，也不低于当地上年度职工月平均工资的60%，因此张太太本年度的缴费基数是8 000元，个人账户月缴费额是640元（8 000×8%）。

张先生的弟弟是水果摊个体户，自行参加社保，缴费基数可以在当地上年度职工平均工资的60%至300%之间选择适当的缴费基数，他选择按当地上年度职工平均工资的80%缴费，他需要缴纳养老金960元（6 000×80%×20%），其中576元（6 000×80%×12%）纳入社会统筹，384元（6 000×80%×8%）归个人养老保险账户。

张先生的妹妹上年度月平均工资是3 000元，低于当地上年度职工月平均工资的60%，因此张先生的妹妹本年度的缴费基数是3 600元（6 000×60%），个人账户月缴费额是288元（3 600×8%）。

（三）职工领取基本养老金的条件

职工按月领取基本养老金的条件：一是达到法定退休年龄，并已办理退休手续；二是所在单位和个人依法参加养老保险并履行了养老保险缴费义务；三是个人缴费至少满15年（过渡期内的缴费年限视同缴费年限）。符合上述条件的人员，按月领取基本养老金。我国企业职工法定退休年龄为男职工60岁,从事管理和科研工作的女职工55岁,从事生产和工勤辅助工作的女职工50岁。

(四)领取养老金的人群界定

按实施养老保险改革的时间来划分,领取养老金的人群可以分为"老人""中人"和"新人"。"老人"是指实行养老保险改革之前已退休或离休的人员。通常"老人"仍按国家原退休政策领取养老金。"中人"是指养老保险计划实施前参加工作、实施后退休的人群。对于中人,在养老政策上有所倾斜,增加过渡性养老金的计发。"新人"是指养老保险计划实施后参加工作的人群。"新人"的养老金计发则完全按照新的养老保险计划。

(五)基本养老保险支付

社会养老保险的基本养老金由基础养老金和个人账户养老金组成。

基础养老金来自社会统筹基金。具体支付条件是职工达到法定退休年龄且个人缴费累计15年以上(含15年)。个人缴费不满15年的,不发给基础养老金,将个人账户的全部储存额一次性支付给本人。根据《国务院关于完善企业职工基本养老保险制度的决定》,2006年1月以后基础养老金的支付标准为:以地方[省、自治区、直辖市或地(市)]当地上年度在岗职工月平均工资和本人指数化月平均缴费工资的平均值为基数,缴费每满1年发给1%。

个人账户养老金的月支付标准为个人账户储存额除以计发月数。计发月数根据职工退休时城镇人口平均预期寿命、本人退休年龄、利息等因素确定(见表8-1)。

表8-1　　　　　　　　　个人账户养老金的计发月数

| 退休年龄 | 计发月数 | 退休年龄 | 计发月数 | 退休年龄 | 计发月数 |
| --- | --- | --- | --- | --- | --- |
| 40 | 233 | 51 | 190 | 62 | 125 |
| 41 | 230 | 52 | 185 | 63 | 117 |
| 42 | 226 | 53 | 180 | 64 | 109 |
| 43 | 223 | 54 | 175 | 65 | 101 |
| 44 | 220 | 55 | 170 | 66 | 93 |
| 45 | 216 | 56 | 164 | 67 | 84 |
| 46 | 212 | 57 | 158 | 68 | 75 |
| 47 | 208 | 58 | 152 | 69 | 65 |
| 48 | 204 | 59 | 145 | 70 | 56 |
| 49 | 199 | 60 | 139 | | |
| 50 | 195 | 61 | 132 | | |

对于"新人",其基本养老金的计发方式为

$$基本养老金 = 基础养老金 + 个人账户养老金$$

$$基础养老金 = \frac{(当地上年度职工月平均工资 + 本人指数化月平均缴费工资)}{2} \times 缴费年限 \times 1\%$$

个人账户养老金 = 个人账户储存额/计发月数

对于"中人",其基本养老金的计发方式为

基本养老金 = 基础养老金 + 个人账户养老金 + 过渡性养老金

$$基础养老金 = \frac{(当地上年度职工月平均工资 + 本人指数化月平均缴费工资)}{2}$$
$$× 缴费年限(含视同缴费年限) × 1\%$$

个人账户养老金 = 个人账户储存额/计发月数

过渡性养老金的计算有系数法和年功法。

**【案例8-2】**

张女士1990年参加工作,其工作单位于1997年1月参加了社会养老保险。2020年1月张女士年满55岁办理了退休手续。张女士退休时其个人账户储存额是94 000元。2019年度当地上年度职工平均工资是6 000元。本人工资缴费指数是1.5。当地对"中人"的过渡性养老金发放采取参加社保前的"全部年功补偿法",即1年补偿15元。张女士退休后第一个月能拿到多少钱?

张女士属于"中人",基本养老金计算如下:

基础养老金 = [(6 000 + 6 000 × 2)] /2 × (2 020 - 1 990) × 1% = 2 700(元)

个人账户养老金 = 94 000/170 = 553(元)

过渡性养老金 = (1 997 - 1 990) × 15 = 105(元)

基本养老金 = 2 700 + 553 + 105 = 3 358(元)

所以张女士退休后第一个月能拿到3 358元。

**【案例8-3】**

马先生是个体工商户,现年45岁,他今年准备自行参加社会养老保险。按当地社保部门规定,自行参加社会养老保险计划应在每年年末一次性缴纳当年应缴养老保险费,费率是20%。上一年度职工月平均工资为6 000元,年平均工资为72 000元。职工年平均工资增长率约是3%,个人账户年投资收益率约是4%。马先生所在省规定个体工商户和灵活就业人员基本养老保险的缴费基数可按上一年度职工年平均工资的60%、70%、80%、90%、100%、150%、200%、250%、300%九个档次,由本人自行选定一档缴费。马先生选择最低档次60%。请问马先生年满60岁并办理了退休手续后第一个月能有多少退休养老金收入?

由于马先生是个体工商户,自行缴纳社保,缴费基础是当地上年度职工平均工资的60%,所以马先生的月平均缴费工资指数是0.6。马先生恰好交满15年养老金,符合退休金领取条件。马先生退休时养老金个人账户总金额是83 973元,退休前1年当地职工年月平均工资是9 348元[=FV(0.03,15,,-6 000)],具体估算详见表8-2。马先生退休后第一个月的基本养老金计算如下:

基础养老金=[(9 348+9 348×0.6)]/2×15×1%=1 121.8(元)

个人账户养老金=83 973/139=604.1(元)

基本养老金=1 121.8+604.1=1 725.9(元)

马先生退休后第一个月的基本养老金约为1 725.9元。

表8-2　　　　　　　　　　　马先生养老金个人账户金额估算

| 年龄 | 缴费工资(上一年度职工月平均工资×0.6) | 社会统筹(缴费工资×12%) | 个人账户(缴费工资×8%) | 养老金缴纳总和 | 退休时个人账户终值 |
|---|---|---|---|---|---|
| 45 | 43 200 | 5 184 | 3 456 | 8 640 | 5 985 |
| 46 | 44 496 | 5 340 | 3 560 | 8 899 | 5 927 |
| 47 | 45 831 | 5 500 | 3 666 | 9 166 | 5 870 |
| 48 | 47 206 | 5 665 | 3 776 | 9 441 | 5 814 |
| 49 | 48 622 | 5 835 | 3 890 | 9 724 | 5 758 |
| 50 | 50 081 | 6 010 | 4 006 | 10 016 | 5 702 |
| 51 | 51 583 | 6 190 | 4 127 | 10 317 | 5 648 |
| 52 | 53 131 | 6 376 | 4 250 | 10 626 | 5 593 |
| 53 | 54 724 | 6 567 | 4 378 | 10 945 | 5 540 |
| 54 | 56 366 | 6 764 | 4 509 | 11 273 | 5 486 |
| 55 | 58 057 | 6 967 | 4 645 | 11 611 | 5 433 |
| 56 | 59 799 | 7 176 | 4 784 | 11 960 | 5 381 |
| 57 | 61 593 | 7 391 | 4 927 | 12 319 | 5 330 |
| 58 | 63 441 | 7 613 | 5 075 | 12 688 | 5 278 |
| 59 | 65 344 | 7 841 | 5 228 | 13 069 | 5 228 |
| 退休时养老金个人账户终值总和 | | | | | 83 973 |

注:缴费工资增长率为3%;计算结果存在四舍五入,因此个别数字的加总数与总和数不一致。

### (六)建立多层次的养老保险体系

有条件的企业可为职工建立企业年金(补充养老保险),并对其实现市场化运营和管理。企业年金实行基金完全积累,采用个人账户方式管理,费用由企业和职工个人缴纳,企业缴费在工资总额4%以内的部分,可从成本中列支。同时,鼓励开展个人储蓄性养老保险。个人储蓄性养老保险是由职工自愿参加、自愿选择经办机构的一种补充保险形式。由社会保险机构经办的职工个人储蓄性养老保险,由社会保险主管部门制定具体办法,职工个人根据自己的工资收入情况,按规定缴纳个人储蓄性养老保险费,保险费记入当地社会保险机构在有关银行开设的养老保险个人账户,并应按不低于或高于同期城乡居民储蓄存款利率计息,所得利息记入个人账户,本息一并归职工个人所有。职工达到法定退休年龄经批准退休后，凭个人账户将储蓄性养老保险金一次性领取或分次领取。职工跨地区流动，个人账户的储蓄性养老保险金应随之转移。职工未到退休年龄而死亡，记入个人账户的储蓄性养老保险金应由其指定人或法定继承人继承。

### 三、企业年金计划

（一）企业年金的定义、类别和特征

企业年金，即由企业退休金计划提供的养老金，是企业及其员工在依法参加基本养老保险的基础上，自愿建立的补充养老保险制度。企业年金是指以员工薪酬为基础，个人和企业分别按比例提取一定金额统放在个人账户下，由金融机构托管，并指定专业投资机构管理的补充养老保险制度。企业年金作为由企业为雇员建立养老金的一种制度安排，是员工福利的重要组成部分，在吸引人才、留住人才和激励人才方面，有着不可替代的作用。企业年金的实质是延期支付员工劳动报酬和分享企业利润的一部分。世界各国与企业年金相似的养老金计划还有职业年金、雇主年金、私营年金等。

根据法律规范的程度来划分，企业年金可分为自愿性企业年金和强制性企业年金两类；根据待遇计发办法来划分，企业年金可分为缴费确定型企业年金和待遇确定型企业年金两类。

企业年金的一般特征是：（1）由企业自愿建立，国家不强制建立或直接干预；（2）年金缴费一般由企业和职工共同承担，或由企业全部承担；（3）缴费人可自主决定管理模式，如建立共同账户或为受益人建立个人账户；（4）按照确定缴费或确定待遇原则，采用多样的、非均等的支付方式，以定期支付为主；（5）年金管理主体多样化，企业、专业养老金管理公司、基金会等均可管理；（6）年金投资运营商业化、市场化。

企业年金与基本养老保险既有区别又有联系。其区别主要体现在两种养老保险的层次和功能不同，其联系主要体现在两种养老保险的政策和水平相互联系、密不可分。企业年金与国家养老保险的关系如下：（1）在没有建立国家基本养老保险制度的国家，企业年金是养老保障的主要支柱；在建立了国家基本养老保险制度的国家，企业年金是基本养老保险的补充。（2）企业年金是补充养老保险的主要运作形式。

（二）我国企业年金的发展概述

企业年金源自自由市场经济比较发达的国家。最早的企业年金计划是美国运通公司于1875年建立的企业补充养老保险计划。经过一百多年的发展，企业年金已经成为发达国家养老保险体系中的一个重要支柱。据统计，世界上167个实行养老保险制度的国家中，有1/3以上国家的企业年金制度覆盖了约1/3的劳动人口，丹麦、法国、瑞士的年金覆盖率几乎达到100%，英国、美国、加拿大等国在50%左右。

我国企业年金制度建设起步于20世纪90年代初，企业年金制度已成为我国基本养老保险的重要补充。企业年金制度在保障职工基本退休生活水平、支持企业战略目标实现、保持企业竞争力及应对中国人口老龄化危机等方面将发挥重要作用。目前，我国企业年金制度选择了DC型的信托模式，引入了受托机构、账户管理人、托管人、投资管理人等多个角色。

从发展规模来看，2000年我国企业年金规模仅为191亿元，而2018年第三季度末企业年金基金累计结存达到1.7万亿元，是2000年的89倍，显示出良好的发展势头。世界银行预测，至2030年中国企业年金规模将高达1.8万亿美元，中国将成为世界第三大企业年金市场。

从覆盖范围来看，2000年全国建立企业年金的企业约有1.6万个，参加职工人数为560万人。截至2018年末，全国已有8.74万户企业建立了企业年金，缴费职工人数达到2 388.17万人；2018年我国参加基本养老保险人数为94 293万人，企业年金覆盖职工人数占基本养老保险覆盖人数的2.53%。

从制度层面来看，我国企业年金作为养老体系三支柱中的第二支柱在20世纪90年初逐渐发展起来，它的发展可以归纳为四个阶段。

1. 企业年金制度探索阶段（1991—1999年）

中国企业年金制度的发展是基于基本养老保险制度的改革和完善。1991年国务院颁布《关于企业职工养老保险制度改革的决定》，支持企业根据自身情况建立补充养老保险制度。1994年颁布的《中华人民共和国劳动法》中的部分条例为建立企业补充养老保险制度提供了法律依据。随后1995年颁布的《国务院关于深化企业职工养老保险制度改革的通知》以及《关于印发〈关于建立企业补充养老保险制度的意见〉的通知》为企业补充保险的运行提出了具体的规定。但是在这一时期国家并没有对税收优惠作出明确规定，激励性不足；对投资渠道和方式等方面没有给出具体安排，基金保值、增值能力较差，并且对基本养老保险的补充作用发挥得不明显。

2. 企业年金制度试点阶段（2000—2003年）

国务院2000年12月颁布的《关于完善城镇社会保障体系的试点方案》，首次将企业补充养老保险正式更名为企业年金，同时确定了企业年金的缴费方式以及市场化运营和管理的原则性规定，但是对于基金的市场化投资并没有给出具体办法和相关细则。

3. 企业年金制度完善阶段（2004—2014年）

2004年《企业年金试行办法》的出台确定了中国企业年金发展的框架，对企业年金治理结构、管理及投资运营作出规定，同时废止了1995年劳动部发布的《关于印发〈关于建立企业补充养老保险制度的意见〉的通知》。2007年确立的《社会保险法》以及2011年修订的《企业年金基金管理办法》明确了企业年金的法律原则，为其提供了基本的法律保障。此后2013年颁布的《关于扩大企业年金基金投资范围的通知》和《关于企业年金养老金产品有关问题的通知》，进一步扩大了企业年金的投资范围。

4. 企业年金制度扩展阶段（2015年至今）

2015年国务院颁布的《国务院办公厅印发机关事业单位职业年金办法》要求为机关事业单位的职工建立职业年金并且规定了职业年金的缴费办法。2016年人力资源和社会保障部重新对《企业年金试行办法》进行了修订，起草了《企业年金规定（征求意见稿）》，同时对企业年金的缴费规则重新进行修改，与职业年金的规则趋于一致。

2016年12月20日人力资源和社会保障部、财政部通过《企业年金办法》,规定自2018年2月1日起施行。

(三)我国企业年金计划建立的原则、条件与程序

1. 我国发展企业年金的基本原则。我国发展企业年金的指导思想是：在政府建立基本养老保险保障退休人员基本生活的同时，通过发展企业年金提高职工退休后的养老待遇，激发职工的劳动积极性和创造性，提高职工的劳动生产率，增强企业凝聚力和竞争力。发展企业年金的基本原则如下。

(1) 自愿参与原则。在我国，是否建立企业年金计划是企业自愿行为，由企业和职工共同协商决定，这有利于推动职工参与企业效益分配与管理，使企业与职工的利益更加紧密地联系在一起，提高企业的凝聚力和竞争力。

(2) 个人账户原则。我国的企业年金计划统一实行个人账户管理方式，个人账户的企业年金缴费积累具有私人产权性质和继承性。一方面，企业年金个人账户基金积累属于个人产权，任何单位和个人不得以任何理由侵占、挪用职工企业年金的个人账户资产；另一方面，企业年金个人账户基金在退休前被依法"锁定"，职工未达到国家规定的退休年龄不得从个人账户中提前提取资金。

(3) 信托原则。企业和职工与计划受托人之间建立信托关系，依照《信托法》的有关规定执行；计划受托人与投资管理人、账户管理人、基金托管人和有关中介机构之间建立委托代理关系，按照《合同法》的有关规定执行。计划受托人可以是自然人组成的理事会，也可以是一个依法成立的法人机构。计划受托人承担最终责任，自己可以承担基金投资和账户管理等职责，如果受托人缺乏基本条件和管理能力，也可以将部分或全部职能委托管理服务机构承担，但是基金托管人职能必须对外委托。管理服务机构接受计划受托人要求，按合同约定内容提供基金托管、投资管理和账户管理服务。

(4) 市场化管理原则。市场化管理是指由政府制定企业年金法律法规和操作规范，并从外部实施监管，企业年金基金的运营管理包括基金筹集、投资、给付和账户管理等职能委托的外部管理服务机构。政府监管机构只负责企业年金计划的监管工作，不干预企业年金基金的经营过程。市场化管理的目的是充分发挥市场在竞争性领域的积极作用，提高企业年金基金的运营效率。

(5) 效率优先、兼顾公平原则。不同职工的企业年金待遇因劳动贡献不同而有所区别，对于贡献较大的或者特殊岗位的职工，企业可以提高其缴费标准。同时，不同职工或企业的企业年金待遇也因投资收益的不同而有所区别。企业年金与企业经济效益和个人劳动贡献挂钩，能够促进职工关心企业生产经营，提高劳动积极性。

2. 资格要求。符合下列条件的企业，可以建立企业年金：(1) 依法参加基本养老保险并履行缴费义务；(2) 具有相应的经济负担能力；(3) 已建立集体协商机制。

建立企业年金，应当由企业与工会或职工代表通过集体协商确定，并制订企业年金方案。国有及国有控股企业的企业年金方案草案应当提交职工大会或职工代表大会讨论通过。

3. 企业年金计划建立的程序。企业年金计划制订的依据是《劳动法》和《企业年金试行办法》。订立程序的依据是劳动和社会保障部颁布的《集体合同规定》。企业年金计划是企业与职工个人之间的民事协议，是企业与职工之间在劳动雇佣关系的基础上建立福利保障关系的文件，主要规定企业在为职工开立企业年金账户和企业为个人账户供款方面的义务以及职工可以享受与此有关的权利。企业年金计划按照其性质来说属于专项集体合同，是集体协商的结果，涉及企业人力资源、分配、劳动保障等各项政策。如果采用理事会受托模式，则在企业年金计划中要规定理事会的组成、职责、隶属关系等事项；如果采用法人受托模式，则需要在计划中约定受托人的选择、指定、监督关系等事项。企业年金计划合同的主要内容包括计划的实施范围、缴费、管理、投资、账户管理、给付、税收、修改等。

企业年金计划建立的程序如下。

(1) 企业与工会或职工代表通过集体协商确定建立企业年金计划。

(2) 企业根据国家的有关政策规定，制订具体的结合自身实际的企业年金方案，国有及国有控股企业的企业年金方案草案应提交职工大会或职工代表大会讨论通过。

(3) 企业年金方案报送所在地区县以上地方人民政府劳动保障行政部门，中央所属大型企业的企业年金方案报送人力资源和社会保障部。

(4) 劳动保障行政部门自收到企业年金方案文本之日起15日内未提出异议的，应予登记，企业年金方案即行生效。

(5) 企业和职工与受托人签订企业年金信托合同。

(6) 受托人根据自身资格和能力，遴选账户管理人、托管人或投资管理人，并签订账户管理合同、托管合同或投资管理合同。

## 第三节 退休规划实务

### 一、退休规划流程

在进行退休规划时，理财规划师应使客户明白退休规划与普通理财规划不同。首先，要使客户了解其退休前后的差异，如客户退休前有收入，有可持续投资，但退休后原来的收入没有了，仅剩下支出。所以退休规划应以能立即提供稳定、定期的现金收入为要求。其次，针对退休前是资产的累积期、退休后进入资产消耗期的特点，退休规划除了风险考虑的比重提高之外，对现金流量估算的重要性应该不低于对收益率的要求。

图8-2是一个完整的退休规划流程，包括个人职业生涯设计和收入分析、退休后生活设计与养老需求分析，以及自筹养老金部分的投资设计。通过个人职业生涯设计，可以估算出个人工作时的大体收入水平和在退休时可以领取的退休金水平；通过退休生活设计，可以推算出个人退休后的消费支出的大体数额；根据退休后消费支出额与可以领取的退休金的差额，可以估算出需要自筹的退休金数额，再结合个人工作时的

收入水平等指标所反映的个人养老储蓄能力，就可以制订出个人退休规划方案。其中，自筹退休金来源包括两部分，一是运用过去的积蓄进行投资所获取的收入，二是距离退休日的剩余工作期间的收入。在整个退休规划中，通货膨胀率、薪酬增长率、投资收益率是三项最主要的影响因素。

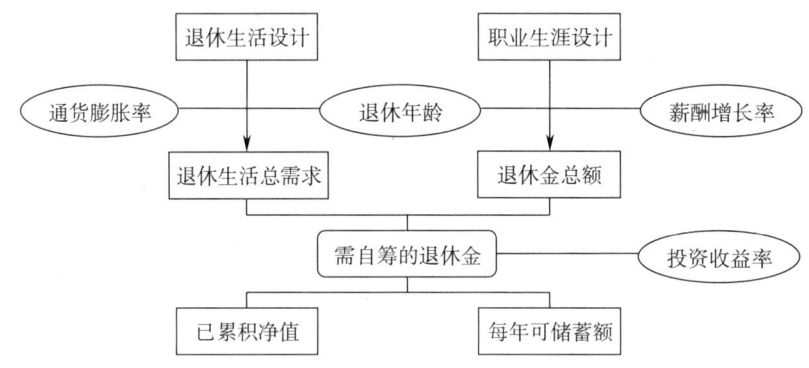

图 8-2　完整的退休规划流程

为了保证退休规划的准确性和有效性，退休规划的制订必须遵循一定的程序，具体步骤如图 8-3 所示。理财规划师在提供退休规划服务时，必须先考虑与财务目标有关的事项，包括经过合理设定的投资收益率与通货膨胀率以及与退休有关的法律规定，一般来说，合理可行的退休规划离不开对以下几个环节的考察。

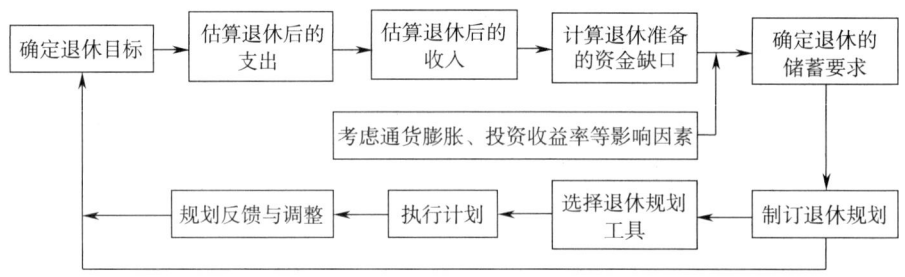

图 8-3　退休规划的制订步骤

1. 希望退休的年龄。
2. 退休生活年数（一般根据社会平均余命①适当增加 5～10 年）。
3. 退休之后的生活水平（预计退休后的每年消费）。
4. 个人预期每年投资收益率。
5. 投资期间合理的长期通货膨胀率（一般设定在 3%～5%）。
6. 依据所服务公司的退休章程，可能得到的退休金。
7. 来自社会保险的退休金或老年给付。

---

① 社会平均余命是指根据职工平均退休年龄和平均预期寿命计算出来的退休以后的平均存活时间，即职工退休后平均还能活多少年。它一般等于预期的平均寿命减去职工平均退休年龄。

## 二、确定退休目标

退休目标是指人们所追求的退休之后的生活状态,一般以当前的生活水平来估算,以不降低当前生活水平为目标,同时,可以合理增加老年阶段的开销。可以将退休目标分解成两个因素:退休时间和退休后的生活质量要求。

### (一) 退休时间

退休时间直接影响着退休规划的其他内容,希望退休的时间越早,需要积累的退休储备金就越大,也就意味着每年要为退休预留更多的钱,或者在投资中冒更高的风险来达成退休目标。近几十年来,世界各国普遍有一种推迟退休年龄的趋势,某些行业的员工可能工作到70岁甚至更久。此外,不同人群对退休时间的选择也不相同,一些个体从业人员对退休时间的选择具有更大的自主权,但是对于大多数人来说,退休年龄一般都在55~65岁。

### (二) 退休后的生活水平

退休后的生活水平的设定主要考虑两个方面的开支,即经常性开支和非经常性开支。经常性开支包括基本生活服务费开支、医疗费用开支;非经常性开支的确定比较困难,客户可以根据自己的情况进行评估,如退休生活所在地的生活水平、旅游计划、遗产计划等。退休生活水平的高低既取决于客户制订的退休规划,也受到客户职业特点和既往生活方式的约束。

## 三、估算退休后的支出

退休后选择不同的生活状态必然对应着不同的资金需求。确定了退休目标之后,就应当进一步预测退休后的资金需求。进行这一预测的简单方法就是以当前的支出水平和支出结构为依据,将通货膨胀等各种因素考虑进来之后分析退休后的支出水平和支出结构变化,进行差额调整后,就可以得到退休后大体上的资金需求。在预测资金需求时,因为许多不确定性因素的存在,不可能规划得非常准确,理财规划师应根据自己的专业知识进行大体估算。

理论上,退休支出的预测方法有两种,即以收入为标准的方法和以开支为标准的方法,这两种方法的计算结果是一致的,差别仅在于计算方法和所考虑对象的差异。

以收入为标准的方法是基于客户退休前收入的某一百分数进行计算。理财规划师一般将客户所需要的退休花费设定在最终退休前收入的60%~70%的水平,以维持相同的生活水准,这一比例被称为工资替换率(Wage Replacement Ratio,WRR)。该方法是基于客户的生活费用在退休后将有一定程度降低的假设,包括服装费、差旅费、交际费、房贷费、孩子的教育费用的降低等。

以开支为标准的方法是基于客户退休前支出的某一百分数进行计算,利用客户在当前或退休后的消费与开支替换率(Expenditure Replacement Ratio,ERR)来评估客户的退休消费支出。一般来说,退休之后人们日常的消费会相应减少。ERR 的标准范围在70%~80%。

## 四、估算退休后的收入

每个人的退休生活最终都要以一定的收入来源为基础。个人退休后的收入来源主要包括社会基本保险、企业年金、商业保险（养老保险或年金保险）、投资收益、退休时累积的生息资产、子女赡养费、遗产继承、兼职工作收入等，此外，还有固定资产变现、受赠、离婚剩余财产请求权等其他收入来源。与人生其他阶段的财务规划相比，稳定的现金流是维持退休后生活品质的重要手段。

通常来说，客户在向理财规划师求助之前已经有了一个初步的退休规划。此时，理财规划师应当对当前的方案进行全面的评估，并且根据具体的资产分配状况和预期的未来经济环境，对客户的退休收入进行大体测算。通常，客户与理财规划师对退休收入的估计会有一定差距。这一方面是因为客户对自己选择的退休规划方案往往相对乐观，另一方面则是因为客户在退休规划方面的经验和知识相对缺乏。事实上，由于退休规划往往涉及较长时期，不确定因素很多，理财规划师对客户退休收入的估计也难免会出现一定的偏差，从而影响到退休规划方案的准确性。因此，理财规划师在预测客户退休收入时不应过分强调准确，而应充分利用理财规划师的专业判断。

## 五、估算退休金缺口（退休金净值）

所有的退休规划都是平衡现在与未来的收入和支出。退休金资产高于退休金负债时，可以按照规划在预定退休年龄退休或提前退休；当退休金资产等于退休金负债时，就是可以退休的年龄。因此，在每月消费之前，应首先为养老做一些储蓄，在考虑其他财务目标前，应优先考虑养老。

对比前面所估算的退休后收入与支出差额，即退休金缺口，再结合客户的退休时间、通货膨胀率等指标，就可以计算客户所需要的退休储备金。一般来说，退休储备金的准备，主要包括两种方式：一是将目前储蓄中的一部分作为养老储备，二是将未来每年收支结余用于定期定额投资。由于退休规划以追求本金安全和适度收益、抵御通货膨胀、有一定强制性为原则，因此需将养老储蓄投资与其他投资分开。

【案例 8-4】

黄先生现年40岁，当前月平均支出为5 000元，达到法定退休年龄60岁即退休，希望退休后的生活水平能维持在退休前的80%。黄先生所在地职工上年度月平均工资为6 000元，当地工资年平均增长率为3%。黄先生上年度平均月收入为7 000元，收入增长率能达到当地工资年平均增长率水平3%，支出增长率约为3%。黄先生退休前的投资收益率高达8%，退休后应选择相对保守的投资方式，预计投资收益率为4%。黄先生预期寿命为85岁。黄先生22岁即参加工作，黄先生的养老金个人账户当前累积额已达到16.15万元，个人账户投资收益率约为4%。黄先生想知道自己退休后是否存在资金缺口。

1. 计算退休金需求。黄先生 60 岁退休,退休后享受 25 年退休生活。黄先生当前月平均支出为 5 000 元,年平均支出为 60 000 元,退休后生活水平维持在退休前的 80%,即年平均支出为 48 000 元的生活水平,支出增长率为 3%,可以估算出 60 岁时年平均支出是 86 693 元[ = $FV(0.03,20,,-5\,000\times12\times0.8)$]。退休后的支出估算见表 8-3,黄先生如果在 60 岁退休时拥有 200.28 万元,则能满足他的退休目标。

表 8-3 　　　　　　　　黄先生退休后的支出估算　　　　　　　　单位:元

| 年龄 | 支出 | 折现至 60 岁时的现值 |
|---|---|---|
| 60 | 86 693 | 86 693 |
| 61 | 89 294 | 85 860 |
| 62 | 91 973 | 85 034 |
| … | … | … |
| 83 | 171 097 | 69 418 |
| 84 | 176 230 | 68 751 |
| 85 | 181 517 | 68 090 |
| 合计 | | 2 002 845 |

注:支出增长率为 3%,贴现率取值为 4%,支出一般假定发生在期初。

2. 计算退休后领取的社保养老金。黄先生上一年月平均收入约为 7 000 元,由于当地职工上年度月平均工资为 6 000 元,黄先生上年度月收入介于当地职工上年度月平均工资 60%~300% 之间,所以黄先生当前的缴费工资是 7 000 元,又因为黄先生收入能一直维持 3% 的增长,因此可以估算黄先生缴费工资约为当地平均水平的 1.17 倍,即可以推算出黄先生的缴费工资指数约为 1.17。

黄先生的养老金个人账户当前累积额已达到 16.15 万元,个人账户投资收益率约为 4%,因此当前个人账户金额投资至退休,将达到 35.39 万元[ = $FV(0.04,20,,-16.15)$]。未来年份缴纳的养老金个人账户额度估算见表 8-4,养老金个人账户至退休时的额度估算为 25.87 万元。因此,退休时,黄先生的养老金个人账户总额度约为 61.26 万元。

表 8-4 　　　　　　　黄先生退休前养老金个人账户缴费情况　　　　　　　单位:元

| 年龄 | 缴费工资 | 个人账户(缴费工资×8%) | 退休时个人账户终值 |
|---|---|---|---|
| 40 | 84 000 | 6 720 | 14 158 |
| 41 | 86 520 | 6 922 | 14 022 |
| 42 | 89 116 | 7 129 | 13 887 |
| 43 | 91 789 | 7 343 | 13 754 |
| 44 | 94 543 | 7 563 | 13 621 |
| 45 | 97 379 | 7 790 | 13 490 |
| 46 | 100 300 | 8 024 | 13 361 |
| 47 | 103 309 | 8 265 | 13 232 |
| 48 | 106 409 | 8 513 | 13 105 |
| 49 | 109 601 | 8 768 | 12 979 |
| 50 | 112 889 | 9 031 | 12 854 |

续表

| 年龄 | 缴费工资 | 个人账户（缴费工资×8%） | 退休时个人账户终值 |
|---|---|---|---|
| 51 | 116 276 | 9 302 | 12 730 |
| 52 | 119 764 | 9 581 | 12 608 |
| 53 | 123 357 | 9 869 | 12 487 |
| 54 | 127 058 | 10 165 | 12 367 |
| 55 | 130 869 | 10 470 | 12 248 |
| 56 | 134 795 | 10 784 | 12 130 |
| 57 | 138 839 | 11 107 | 12 013 |
| 58 | 143 004 | 11 440 | 11 898 |
| 59 | 147 295 | 11 784 | 11 784 |
| 退休时养老金个人账户总额 | | | 258 728 |

注：缴费工资增长率为3%，个人账户投资收益率为4%。

黄先生退休后领取的养老金还包括基础养老金。60岁退休时当地职工上年度平均工资是130 040元 [ = $FV(0.03, 20, , -6\ 000 \times 12)$ ]，根据基础养老金的计发公式，可以估算出黄先生60岁时可以领取的基础养老金按年估算是53 615元 [（130 040 + 130 040 × 1.17）/2 ×（60 - 22）× 1%]。同理，可以进一步推算60岁以后的基础养老金，黄先生退休后领取的基础养老金估算见表8-5，退休后60岁至85岁的基础养老金折现至60岁时的现值之和是119.1万元。

表8-5　　　　　　　　　　黄先生退休后领取的基础养老金

| 年龄 | 上一年度当地职工年平均工资 | 黄先生可领取的基础养老金（按年估算） | 基础养老金折现至60岁时的现值 |
|---|---|---|---|
| 60 | 130 040 | 53 615 | 51 553 |
| 61 | 133 941 | 55 224 | 51 058 |
| 62 | 137 959 | 56 881 | 50 567 |
| 63 | 142 098 | 58 587 | 50 080 |
| 64 | 146 361 | 60 345 | 49 599 |
| 65 | 150 752 | 62 155 | 49 122 |
| … | … | … | … |
| 82 | 249 170 | 102 733 | 41 681 |
| 83 | 256 645 | 105 815 | 41 281 |
| 84 | 264 345 | 108 989 | 40 884 |
| 85 | 272 275 | 112 259 | 40 491 |
| 退休时基础养老金现值之和 | | | 119 019 |

注：工资增长率为3%，贴现率取值为4%；工资或养老金领取一般假定发生在期末。

因此，黄先生退休后领取的基本养老金，即基础养老金和个人账户返还之和折算至60岁时的总额是180.35万元（61.25 + 119.1）。

3. 计算退休准备金缺口额度。由前面可得，退休金缺口是19.93万元（200.28 -

180.35）。社会养老保险金无法满足养老生活需求，但缺口不大。黄先生如果从现在开始准备不足的退休金，可以选择现在一次性投资4.28万元［$=PV(0.08,20,,19.93)$］，或者在未来20年每年投资0.44万元［$=PMT(0.08,20,,19.93)$］于某个稳健型投资基金，20年后将积累约19.93万元的资金供退休养老使用。

### 六、制订退休规划

前述步骤中，理财规划师已经确定了客户退休后的资金需求，并且对客户退休后的收入进行了预测。通常客户退休后的资金需求与预测的客户退休收入会有一定差异，这往往表现为预测的退休收入达不到退休后的资金需求。这就要求理财规划师对客户的资金差额部分进行详细规划，以达到弥补资金缺口的目的。客户退休金差额的弥补可以通过提高储蓄比例、降低退休后开销、延长工作年限、提高投资收益、参加额外的商业保险计划等方式来实现。同时，理财规划师在制订出退休规划之后，还应根据客户及市场的变化情况进行及时修订和动态管理，以满足客户的实际需求。

根据退休后的生活需求、身体状况等的不同，一般又可将退休生活划分为以下三个阶段，并分段进行规划。

1. 退休前期（65岁以前）。这一阶段尚有工作能力，为了进一步发挥余热或想获得一些额外收入以补贴退休生活，可视工作意愿选择兼职工作，以兼职收入维持基本开销，同时保证有充分的时间享受退休生活。

2. 退休中期（65～75岁）。本阶段具备较好的生活能力，为退休生活支出的高峰期，若无年金规划，可能需要变现资产，这一阶段应保证留有1/3的退休金总额供退休后期使用。

3. 退休后期（75岁以后）。此阶段，个人身体健康不容乐观，活动减少，以居家为主，腿脚可能不太灵便，日常生活需要他人照顾，医疗开支增加，这个阶段的花费比前两个阶段要多，需要年金及终生医疗保险来保障。

此外，理财规划师在制订退休规划时，还需要注意以下事项：

（1）充分了解国家有关法规政策，依法行事。

（2）让客户参与退休规划的讨论和制订，使其充分了解退休规划的具体内容。

（3）除了退休金等经济方面的内容外，还应充分考虑退休客户的心理需求，制定一些切实可行的措施，为退休客户提供情感支持与劳力支持，使他们不仅老有所养，而且老有所为、老有所乐。

理财规划师还应找出目前规划中不合理的部分，并加以修改。在修改过程中，理财规划师应主动邀请客户讨论，并鼓励客户提出意见。

### 七、选择退休规划工具（退休收入计划）

养老金投资原则是对安全性、收益性、流动性、多样性的组合运用。从科学理财的角度来讲，养老资金的准备一般遵循这样一个安排次序：先做好基本社会保障和个人商业养老保险，再去追求资金的投资收益，这样即使投资出现风险也不致影响基本生活质量。

从世界范围来看，当今的养老金投资几乎涉及所有的投资工具，如国家基本养老保险、企业年金、个人商业养老保险、银行存款、债券、基金、股票、黄金、外汇、房产等。以欧美经验而论，安排退休规划所使用的投资工具，以购买递延年金保险和共同基金两种方式最为常见。两者都是在年轻时逐年缴纳保险费或以定期定额方式投资，积累退休金。年金保险金可以在预计的退休年龄之后逐年领取，使老年生活得到保障，再加上基本养老保障，这样老年时不会发生收入欠缺的经济问题，共同基金则是在退休之前以投资方式逐渐积累资金，作为退休生活费用，两者都是安全有效的投资工具。

下面介绍几种常用的养老投资工具。其中，银行存款、债券、基金、股票、信托等投资工具详见第四章，基本养老保险、企业年金详见本章第二节。

（一）个人商业养老保险

商业养老保险实质上是兼有生死两全保险和年金保险特色的一种特殊形式，是从年轻时开始定期缴纳保险费，从合同约定年龄开始持续、定期地领取养老金的人寿保险。投资商业养老保险应注意以下几点。

1. 把握额度。一般来说，投资商业养老保险所获得的补充养老金占未来所需养老金数量的25%~40%为宜。

2. 缴费方式。目前的养老年金险缴费方式有趸缴（一次性付清）和期缴两种方式，期缴又分为固定年限缴费和缴费至领取日两种。趸缴的总体缴纳数额略低，但缴纳时资金压力较大，适合那些年纪较大、投资方式较少、有相当储蓄、希望尽快享受保险权益的人；而年纪较轻、投资品种多元化、积蓄不多的人，则可以考虑期缴。相比趸缴，期缴具有强制储蓄的作用，相当于为自己再开设一个养老金账户。以太平人寿的"一诺千金"成长型年金险为例，如果一名30岁的白领女性希望在55岁以后可以享受到10万元保额、领取年限为45年的年金，又怕一次支出太多会打乱自己的股市投资计划，那么，她可以选择20年的期缴，每月缴纳350元即可。

3. 领取年限。养老年金险的给付方式分为固定年限给付和终身给付两种。前者约定退休后给付的年限，以给付至80岁左右为多，如信诚人寿的"福享未来"养老年金险就是一款最长给付30年的年金；而另一些则强调终身给付的功能，如太平洋安泰人寿的"万代福"终身年金保险。相比固定年限给付，终身给付的自然保障期更长，即便预期寿命大大延长，也无须为此担心。

4. 回报方式。大部分养老年金险为了吸引投资者参保，都将给付期内的回报分为定额和附加不定额两部分。如信诚人寿的"福享未来"，如果每年缴纳7 788元、共计缴纳25年的话，给付期内每年可领取1.2万元再加上其他的与保险公司经营业绩有关的各种红利。还有一些保险公司推出了保证回报递增的产品。例如，平安的"长青终身"养老年金险把给付期分为3个10年，第2个10年的给付额比第1个高出5%；太平人寿的"一诺千金"成长型年金险，除了保证资金安全增值，还保证年金给付节节攀高，即保证客户每年领取的年金不会低于前一年。

5. 身故权益。身故一般分为缴费期内和缴费期外。在缴费期内，保险公司通常会返还投保人所缴纳的保费，并给予一定的增值收益，但相关合同随即终止。以平安的"长青终身"养老年金险为例，一旦被保险人在缴费期内身故，则可领取所缴主险合同的保险费并按10%的年增长率单利增值，主险合同终止。太平洋安泰人寿的"万代福"终身年金险则返还保单的保险费净额或账户余额（以较高者为准）。如果被保险人在缴费期结束后身故，各保险公司的做法差别很大。平安的"长青终身"养老年金险采取的是返还制，即无息返还投保人所缴保险费，主险合同终止；信诚人寿的"福享未来"养老年金险采取继续给付制，即保单受益人可以每年领取1.2万元直至保单终止，并可领取相关红利；而太平人寿的"一诺千金"成长型年金险采用了赔付制，即给付身故保险金。

6. 注重保障功能。将投资收益和人身、重大疾病保障搭配设计，这样既不会因为意外和疾病的发生减少退休时养老金的水平，又可以利用保险公司的投资收益抵免保险保障消费的支出，这称为"对冲式保险"。

7. 尽早投保，强制储蓄，利用时间为自己赚钱。年龄越小，投保价格越低。一旦超过50岁，保险费将相当昂贵。

（二）养老储蓄产品

养老储蓄产品包括银行存款、金融机构推出的各种境内外个人理财产品等。银行存款风险小，但收益低，在养老金刚进入资本市场时一般占较大比重，但随着投资工具选择的多样化，银行存款比重会逐渐降低，它仅作为短期投资工具满足流动性需要。

（三）国债

国债由中央政府发行，其收益的稳定性和安全性使其成为养老金最重要的投资工具。特别是在资本市场波动较大时，政府债券是理想的避险工具。

（四）证券投资基金

证券投资基金是一种大众化的信托投资工具，是一种风险共担、收益共享的集合投资方式。通过购买封闭式基金或开放式基金，由专家进行投资运作，可以更大程度地规避养老金风险，取得较好收益。特别是开放式基金，由于其规模、存续时间不受限制，交易价格依据基金净值计算，对投资管理人有更好的激励、约束和监督机制，更加适合养老金投资。此外，也可以通过委托理财的方式，由基金管理公司等专业投资机构量身定做养老金产品。

（五）股票及衍生工具

股票具有高收益、高风险的特点。根据国外经验，谨慎地放宽养老金的股票投资限制是提高养老金投资收益、保证其增值的重要途径。其投资比例主要取决于资本市场的成熟度和政府监管水平。

（六）实物工具

在国外，养老金还投资于房地产、基础设施等实业。实业投资具有投资期长、流动性差的特点，但可在一定程度上防范通货膨胀。

## 八、执行规划

理财规划师制订好客户的退休规划,并充分比较选择了适合的养老投资工具之后,就进入规划的执行过程。

## 九、退休规划的反馈与调整

在执行过程中,如果每年法律法规没有重大改变,则仅需要检查每一年的进度,以确保退休规划符合进度。如果发生重大改变,则需要对退休规划进行调整。整个退休规划的执行与监控应是一个动态管理的过程。

### 【本章小结】

退休规划是为了保证个人在将来有一个自立、有尊严、高品质的退休生活,而从现在开始积极实施的理财方案。退休后能够享受自立、有尊严、高品质的生活是一个人一生中最重要的财务目标,因此退休规划是个人财务规划中不可或缺的一部分。合理而有效的退休规划不但可以满足退休后漫长生活的支出需要,保证自己的生活品质,抵御通货膨胀的影响,而且可以显著地提高个人的财富水平。

我国已建立国家基本养老保险、企业年金(企业补充养老保险)和个人储蓄养老保险相结合的三个支柱养老保险体系。其中,基本养老保险实行社会统筹和个人账户相结合、以收定支、略有结余、留有部分积累的部分积累模式,养老保险费用由国家、企业和职工个人三方共同负担。企业年金是企业在缴纳基本养老保险费后,根据自身的经济能力为本企业职工建立的补充性养老保险。个人储蓄养老保险则是完全自由的个人储蓄。

退休规划的一般流程为:(1)确定退休目标;(2)估算退休后的支出;(3)估算退休后的收入;(4)估算退休金缺口;(5)制订退休规划;(6)选择退休规划工具;(7)执行规划;(8)退休规划反馈与调整。

### 【重点概念】

退休规划　　基本养老保险　　缴费基数　　基础账户　　个人账户
企业年金

### 【思考与练习】

1. 退休规划为什么重要?
2. 退休规划一般遵循哪些原则?
3. 当前养老保险制度主要有哪些类型?各自有什么特点?
4. 我国基本养老保险制度有什么特点?
5. 我国社会基本养老金是如何发放的?
6. 什么是企业年金?

7. 怎样进行退休规划？

8. 李先生上年度的月平均工资是25 000元，李太太上年度的月平均工资是9 000元。李先生的妹妹是自由职业者，月收入约10 000元，自行参保基本养老保险，按上年度月平均工资的100%缴费；李太太的弟弟上年度的月平均工资是4 000元。当地上年度的职工月平均工资是6 000元。李先生夫妇、李先生的妹妹以及李太太的弟弟本年度每月需缴纳多少养老金？

9. 李先生现年40岁，上年度的月平均工资是8 000元，李先生所在城市的职工上年度月平均工资为6 000元。当地工资年平均增长率为3%，李先生的收入增长率能达到当地工资年平均增长水平，且李先生自25岁参加工作以来，其工资一直高于当地职工平均工资水平的3倍。目前李先生的养老金个人账户累积额已达到20万元，个人账户投资收益率约为3%。如果李先生达到法定退休年龄60岁退休，李先生退休后第一个月能拿到多少基本养老金？

10. 林先生是个体工商户，今年准备参加了社会养老保险，每年年末一次性缴纳当年应缴养老保险费，费率是20%。他拟按上年度月平均工资的80%缴费，并打算缴满15年就停止缴纳养老保险。已知去年该地区在岗职工的年平均工资为60 000元。该地职工的年平均工资增长率约为3%，个人账户年投资收益率约为4%。预计20年后林先生年满60岁即可办理退休手续。林先生退休后第1个月的基本养老金是多少？

11. 小杨现年40岁，每年工作结余2.5万元用于投资，假设年投资收益率为5%。小杨希望退休时至少累积50万元以上供退休后生活使用，则小杨最早能于多少岁时退休？

12. 李先生现年40岁，希望60岁退休，退休后继续生活20年，届时每年有现值4万元的生活费可用。假设退休后的投资收益率与通货膨胀率均为3%。李先生现在每年的可投资金额为2万元，李先生退休前年均收益率应达到多少才能达成退休目标？

13. 王先生的当前的退休规划是：用20万元，投资20年积累100万元，收益率8.4%即可达到目标。若一年后不但没有按照计划达到8.4%的收益率，反而因整体市场价格下跌而使资产价值减少15%，要达到原定退休目标，在收益率不变的条件下，每年应增加多少投资额？

14. 陈女士现年40岁，当前月平均支出为4 500元，达到法定退休年龄55岁即退休，她希望退休后生活水平能维持在退休前的80%，陈女士的支出增长率约为3%。陈女士所在地职工上年度平均月工资为5 000元，当地工资年平均增长率为3%；陈女士上年度的月平均工资为6 000元，且陈女士自参加工作以来，收入增长率与当地工资年平均增长水平基本一致。陈女士退休前的投资收益率约为6%，退休后应选择相对保守的投资方式，预计投资收益率为3%。陈女士预期寿命为85岁。陈女士25岁参加工作，养老金个人账户当前累积额已达到10万元，个人账户投资收益率约为3%。陈女士想知道自己退休后是否存在退休金缺口，如果存在退休金缺口，陈女士希望从现在开始采取每年年末定期定额方式进行投资，则每年大约需要投资多少资金？并进一步分析选择何种投资工具进行投资比较合适。

# 第九章 税务筹划

## 【引子】

税务筹划又称合理避税。它来源于1935年英国的"税务局长诉温斯特大公"案。当时参与此案的英国上议院议员汤姆林爵士对税务筹划做了这样的表述:"任何一个人都有权安排自己的事业。如果依据法律所做的某些安排可以少缴税,那就不能强迫他多缴税收。"这一观点得到了法律界的认同。经过半个多世纪的发展,税务筹划的规范化定义得以逐步形成,即在法律规定许可的范围内,通过对经营、投资、理财活动的事先筹划和安排,尽可能取得节税的经济利益。

## 第一节 个人税务筹划的重要性

### 一、为什么要进行个人税务筹划

随着我国经济的快速发展,个人收入的来源和形式日趋多样化,越来越多的人成为纳税人。个人收入急剧增加,随之而来的个人税收负担也明显加重。有关个人的税务筹划就引起了人们的广泛关注。财政收入中来源于个人纳税的比重也呈逐年上升的趋势,从维护切身利益、减轻税收负担的角度出发,个人税收筹划对纳税人有重要的实质作用。那么如何使纳税人在不违法的前提下,尽可能地减轻税负,就成了众多纳税人关心的内容,个人税务筹划也显得越来越重要。

(一)税务筹划可以减少纳税人税务负担,实现纳税人财务利益的最大化

美国著名文学家、政治家富兰克林有一句名言:人的一生有两件事情是不可避免的,一是死亡,二是纳税。税收是人们无法抗拒的事实,而纳税确使得人们财产缩水。在经济活动中,人们的涉税事项越来越多。在投资、从事生产和经营活动、取得工资薪金或者劳务报酬、参与分配、偶然获奖甚至是消费时,人们都可能成为纳税人。积极进行税务筹划,人们就可能找到适用于自己的税收政策规定,从而节约税收成本。科学进行税收筹划,人们可找到一个合法并且合理支付税收金额的平衡点,找到最有利于纳税人的纳税方法。

**（二）税务筹划有助于提高纳税人的纳税意识，抑制偷逃税等违法行为**

纳税人进行税务筹划的初衷是为了少缴或缓缴税款，但纳税人采取的是合法或不违法的形式进行避税。此外，为了进一步提高税务筹划的效果，纳税人还会自觉不自觉地进一步钻研财税政策、法规，从而进一步激励纳税人提高政策水平，增强纳税意识，自觉抑制偷逃税等违法行为。

税务筹划还可以防止纳税人陷入税法陷阱。税法陷阱也称税法漏洞。税法漏洞的存在，给纳税人提供了避税的机会；而税法陷阱的存在，又让纳税人不得不小心，否则会落入税务当局设置的看似漏洞、实为陷阱的圈套（这也是政府反避税的措施之一）。纳税人一旦落入税法陷阱，就要缴纳更多的税款，影响纳税人正常的收益。税务筹划可防止纳税人陷入税法陷阱，缴纳不该缴付的税款。

## 二、个人税务筹划应遵循的原则

税务筹划是指在纳税行为发生之前，在不违反法律法规（税法及其他相关法律、法规）的前提下，通过对纳税主体（法人或自然人）的经营活动或投资行为等涉税事项做出事先安排，以达到少缴税和递延纳税目标的一系列谋划活动。税务筹划需要遵循以下几项原则。

（一）合法性原则

税收是政府凭借国家政治权力，按照税收法律规定，强制地、无偿地取得财政收入的一种形式。税收法律是国家以征税的方式取得财政收入的法律规范，用以界定税收征纳双方的权利、义务关系，因而征纳双方都必须遵守。纳税人必须严格按照税法规定，尽其义务，享有权利。税务筹划必须在不违反法律的原则下来寻求少缴纳税款或延迟缴纳税款的种种方式。

（二）规范性原则

税务筹划不但涉及税务方面，还涉及财务、会计、实体经济活动等方面。税务筹划要遵守各领域、各行业、各地区约定俗成或明文规定的各种制度和标准，以规范的行为方式和方法来制订相应的节税方案。

（三）财务利益最大化原则

税务筹划的最终目的在于最大化纳税人的可支配财务利益。不仅要考虑节税收益，还要考虑节税成本；不仅要考虑纳税人当前的、短期的财务利益，还要考虑其未来的、长期的财务利益；不仅要考虑纳税人的所得增加，还要考虑纳税人的资本增值等诸多方面。

（四）稳健性原则

一般来说，纳税人的节税利益越大，风险也越大。各种节减税收的预期方案都有一定的风险，如税制变化风险、市场风险、利率风险、债务风险、汇率风险、通货膨胀风险等。税务筹划要尽量使风险最小化，要在节税收益与节税风险之间进行必要的权衡，以保证能够真正取得财务利益。

（五）综合性原则

通过税务筹划，必须使纳税人的整体税负水平降低。为纳税人进行税务筹划不能只以短期税负轻重作为选择纳税方案的唯一标准，而应着眼于实现纳税人的综合利益目标。另外，在进行一种税的税务筹划时，还要考虑与之有关的其他税种的税负效应，进行整体筹划，综合衡量，力求整体税负和长期税负最轻，防止顾此失彼、前轻后重。

（六）便利性原则

纳税人可选择的节税方式和方法很多，选择的方案越容易操作越好，越简单越好。

（七）节约性原则

税务筹划可以使纳税人获得利益，但无论由自己内部筹划，还是由外部筹划，都要耗费一定的人力、物力和财力。税务筹划要尽量使筹划成本降到最低限度，使筹划效益最大。

## 第二节　个人所得税基础知识

无论在哪个国家，依法纳税都是每个公民应尽的义务。对于个人或家庭而言，个人所得税是最为主要的税种，个人税务筹划主要针对个人所得税。个人所得税是以个人（自然人）取得的应税所得为征税对象所征收的一种税。它自1799年诞生于英国以来，在200多年的时间内迅速发展，目前已成为世界各国普遍开征的一个税种，在许多国家尤其是发达国家已确立了主体税种的地位，成为财政收入的主要来源。

### 一、纳税人

个人所得税的纳税义务人，包括中国公民，个体工商业户，个人独资企业、合伙企业投资者，在中国有所得的外籍人员（包括无国籍人员，下同）和中国香港、澳门、台湾同胞。上述纳税人依据住所和居住时间标准，区分为居民个人和非居民个人，分别承担不同的纳税义务。

（一）居民个人

居民个人负有无限纳税义务。其所取得的应纳税所得，无论是来源于中国境内还是中国境外任何地方，都要在中国缴纳个人所得税。根据《个人所得税法》规定，居民个人是指在中国境内有住所，或者无住所而一个纳税年度在中国境内居住累计满183天的个人。

在中国境内有住所的个人，是指因户籍、家庭、经济利益关系，而在中国境内习惯性居住的个人。这里所说的习惯性居住，是指判定纳税义务人属于居民个人还是非居民个人的一个重要依据。它是指个人因学习、工作、探亲等原因消除之后，没有理由在其他地方继续居留时，所要回到的地方，而不是指实际居住或在某一个特定时期内的居住地。一个纳税人因学习、工作、探亲、旅游等原因，原来是在中国境外居住，但是在这些原因消除之后，如果必须回到中国境内居住的，则中国为该人的习惯性居住地。尽管该纳税义务人在一个纳税年度内,甚至连续几个纳税年度,都未在中国境内居住过 1 天,他仍然是中国的居民个人,应就其来自全球的应纳税所得,向中国缴纳个人所得税。

一个纳税年度在境内居住累计满 183 天,是指在一个纳税年度(即公历 1 月 1 日起至 12 月 31 日止,下同)内,在中国境内居住累计满 183 日。在计算居住天数时,按其一个纳税年度内在境内的实际居住时间确定,取消了原有的临时离境规定,即境内无住所的某人在一个纳税年度内无论出境多少次,只要在我国境内累计住满 183 天,就可判定为我国的居民个人。综上可知,个人所得税的居民个人包括以下两类:

1. 在中国境内定居的中国公民和外国侨民。但不包括虽具有中国国籍,却并没有在中国大陆定居,而是侨居海外的华侨和居住在香港、澳门、台湾地区的同胞。

2. 从公历 1 月 1 日起至 12 月 31 日止,在中国境内累计居住满 183 天的外国人、海外侨胞和香港、澳门、台湾同胞。

(二)非居民个人

非居民个人是指不符合居民个人判定标准(条件)的纳税义务人,非居民个人承担有限纳税义务,即仅就其来源于中国境内的所得,向中国缴纳个人所得税。《个人所得税法》规定,非居民个人是"在中国境内无住所又不居住,或者无住所而一个纳税年度内在境内居住累计不满 183 天的个人",即在一个纳税年度中,没有在中国境内居住,或者在中国境内居住天数累计不满 183 天的外籍人员、华侨或中国香港、澳门、台湾同胞。

自 2004 年 7 月 1 日起,对境内居住的天数和境内实际工作期间按以下规定为准:

1. 判定纳税义务时如何计算在中国境内居住的天数。对在中国境内无住所的个人,需要计算确定其在中国境内实际累计居住天数,以便依照税法的协定或安排的规定判定其在华负有何种纳税义务时,均应以该个人实际在华逗留天数计算。上述个人入境、离境、往返或多次往返境内外的当日,均按 1 天计算其在华逗留天数。

2. 个人入境、离境当日及在中国境内实际工作期间的判定。对在中国境内、境外机构同时担任职务或仅在境外机构任职的境内无住所个人,在按《国家税务总局关于在中国境内无住所的个人计算缴纳个人所得税若干具体问题的通知》(国税函发〔1995〕125 号)第一条的规定计算其境内工作期间时,对其入境、离境、往返或多次往返境内外的当日,均按半天计算为在华实际工作天数。

综上所述,由于居民个人和非居民个人所承担的纳税义务不同,所以,对不同的纳税人来讲,判定其是否来源于中国境内和境外的所得,对其承担的纳税义务具有十分重要的意义。所谓来源于中国境内的所得,是指纳税人从中国境内取得的所得;来源于中国境外的所得,是指纳税人从中国境外取得的所得。除国务院财政、税务主管部门另有规定外,下列所得无论支付地点是否在中国境内,均为来源于中国境内的所得:

1. 因任职、受雇、履约等由在中国境内提供劳务取得的所得。

2. 将财产出租给承租人而在中国境内取得的所得。

3. 转让中国境内的建筑物、土地使用权等财产或者在中国境内转让其他财产取得的所得。

4. 许可各种特许权在中国境内使用而取得的所得。

5. 从中国境内的公司、企业以及其他经济组织或者个人取得的利息、股息、红利所得。

在中国境内无住所的个人，在中国境内居住累计满183天的年度连续不满6年的，经向主管税务机关备案，其来源于中国境外且由境外单位或者个人支付的所得，免予缴纳个人所得税；在中国境内居住累计满183天的任一年度中有一次离境超过30天的，其在中国境内居住累计满183天的年度的连续年限重新起算。

## 二、征税范围

我国的个人所得税采取分类列举的办法确定个人所得税的征税范围。其中列举征税的范围包括以下几类。

1. 工资、薪金所得，是指个人因任职或者受雇而取得的工资、薪金、奖金、年终加薪、劳动分红、津贴、补贴以及与任职或者受雇有关的其他所得。

2. 个体工商户的生产、经营所得。包括：

（1）个体工商户从事工业、手工业、建筑业、交通运输业、商业、饮食业、服务业、修理业以及其他行业生产、经营取得的所得。

（2）个人经政府有关部门批准，取得执照，从事办学、医疗、咨询以及其他有偿服务活动取得的所得。

（3）其他从事个体工商业生产、经营取得的所得。

（4）上述个体工商户和个人取得的与生产、经营有关的各项应纳税所得。

3. 对企事业单位的承包经营、承租经营以及转包、转租取得的所得，包括个人按月或者按次取得的工资、薪金性质的所得。

4. 劳务报酬所得，是指个人从事设计、装潢、安装、制图、化验、测试、医疗、法律、会计、咨询、讲学、新闻、广播、翻译、审稿、书画、雕刻、影视、录音、录像、演出、表演、广告、展览、技术、服务、介绍服务、经纪服务、代办服务以及其他劳务取得的所得。

5. 稿酬所得，是指个人因其作品以图书、报刊形式出版、发表而取得的所得。

6. 特许权使用费所得，是指个人提供专利权、商标权、著作权、非专利技术以及其他特许权的使用权取得的所得。其中，提供著作权的使用权取得的所得不包括稿酬所得。

7. 利息、股息、红利所得，是指个人拥有债权、股权而取得的利息、股息、红利所得。

8. 财产租赁所得，是指个人出租建筑物、土地使用权、机器设备、车船以及其他财产取得的所得。

9. 财产转让所得，是指个人转让有价证券、股权、建筑物、土地使用权、机器设备、车船以及其他财产取得的所得。

10. 偶然所得，是指个人得奖、中奖、中彩以及其他偶然性质的所得。

### 三、计税依据

计税依据即纳税人的应纳税所得额。纳税人取得的应纳税所得包括现金、实物和有价证券。所得为实物的，应当按照取得实物的凭证上所注明的价格计算应纳税所得额；无凭证的实物或者凭证上所注明的价格明显偏低的，由主管税务机关参照当地的市场价格核定应纳税所得额；所得为有价证券的，由主管税务机关根据票面价格和市场价格核定应纳税所得额。对纳税人各项应纳税所得额的计算，《中华人民共和国个人所得税法》及其实施条例分别规定如下。

1. 工资、薪金所得，是以每月收入额减除费用起征点后的余额为应纳税所得额。这也就是说个人所得税是对个人工资、薪金所得的课税，只要纳税人每月收入不超过起征点，则不需要缴纳个人所得税。2018年10月1日我国将个税起征点从3 500元上调至5 000元。

2. 个体工商户的生产、经营所得，是以每一纳税年度的收入总额减除成本、费用以及损失后的余额为应纳税所得额。其中，成本、费用是指纳税人从事生产、经营所发生的各项直接支出和分配计入成本的间接费用以及销售费用、管理费用、财务费用，损失是指纳税人在生产、经营过程中发生的各项营业外支出。另外，个体工商户从事生产、经营活动未提供完整、准确的纳税资料，不能正确计算应纳税所得额的，由主管税务机关核定其应纳税所得额。

3. 对企事业单位的承包经营、承租经营所得，是以每一纳税年度的收入总额减除必要费用后的余额为应纳税所得额。其中，纳税人每一纳税年度的收入总额是指纳税人按照承包经营、承租经营合同规定分得的经营利润和工资、薪金性质的所得，减除必要的费用是指每年减除6 000元。

4. 劳务报酬所得、稿酬所得、特许权使用费所得，是以收入减除20%的费用后的余额为收入额。稿酬所得的收入额减按70%计算，个人兼有不同的劳务报酬所得，应当分别减除费用，计算缴纳个人所得税。其中，劳务报酬所得属于一次性收入的，以取得该项收入为一次，属于同一项目连续性收入的，以一个月内取得的收入为一次；稿酬所得以每次出版、发表取得的收入为一次；特许权使用费所得以一项特许权的一次许可使用所取得的收入为一次。

5. 财产租赁所得。每次收入不超过4 000元的，减除费用800元；4 000元以上的，减除20%的费用，其余额为应纳税所得额。以1个月内取得的收入为一次。

6. 财产转让所得，是以转让财产的收入额减除财产原值和合理费用后的余额为应纳税所得额。其中，财产原值是指：（1）有价证券，为买入价以及买入时按照规定交纳的有关费用；（2）建筑物，为建造费或者购进价格以及其他有关费用；（3）土地使用权，为取得土地使用权所支付的金额、开发土地的费用以及其他有关费用；（4）机器设备、车船，为购进价格、运输费、安装费以及其他有关费用；（5）其他财产，参照以上方法确定。另外，纳税人未提供完整、准确的财产原值凭证，不能正确计算财产原值的，由主管税务机关核定其财产原值。合理费用是指卖出财产时按规定支付的有关费用。

7. 利息、股息、红利所得，偶然所得和其他所得，是以每次收入额为应纳税所得额，即此类所得在计算应纳税所得额时不扣减任何费用。其中，利息、股息、红利所得以支付利息、股息、红利时取得的收入为一次，偶然所得以每次取得该项收入为一次。

8. 个人将其所得通过中国境内的社会团体、国家机关向教育事业和其他社会公益事业以及遭受严重自然灾害地区、贫困地区的捐赠，其捐赠额未超过其申报的应纳税所得额30%的部分，可以从其应纳税所得额中扣除。

9. 专项附加扣除标准。专项附加扣除是2018年《中华人民共和国个人所得税法》（以下简称《个人所得税法》）修订引入的新费用扣除标准，遵循公平合理、利于民生、简便易行的原则，目前包含子女教育、继续教育、大病医疗、住房贷款利息或者住房租金、赡养老人6项支出，并将根据教育、医疗、住房、养老等民生支出变化情况，适时调整专项附加扣除的范围和标准。取得综合所得和经营所得的居民个人可以享受专项附加扣除。

（1）子女教育。纳税人年满3岁的子女接受学前教育和学历教育的相关支出，按照每个子女每月1 000元（每年12 000元）的标准定额扣除。父母可以选择由其中一方按扣除标准的100%扣除，也可以选择由双方分别按扣除标准的50%扣除，具体扣除方式在一个纳税年度内不能变更。

（2）继续教育。纳税人在中国境内接受学历（学位）继续教育的支出，在学历（学位）教育期间按照每月400元（每年4 800元）定额扣除。同一学历（学位）继续教育的扣除期限不能超过48个月（4年）。纳税人接受技能人员职业资格继续教育、专业技术人员职业资格继续教育支出，在取得相关证书的当年，按照3 600元的定额扣除。个人接受本科及以下学历（学位）继续教育，符合税法规定扣除条件的，可以选择由其父母扣除，也可以选择由本人扣除。

（3）大病医疗。在一个纳税年度内，纳税人发生的与基本医保相关的医药费用支出，扣除医保报销后个人负担（指医保目录范围内的自付部分）累计超过15 000元的部分，由纳税人在办理年度汇算清缴时，在80 000元限额内据实扣除。纳税人发生的医疗费用支出可以选择由本人或者其配偶扣除；未成年子女发生的医药费用支出可以选择由其父母一方扣除。纳税人及其配偶、未成年子女发生的医药费用支出，应按前述规定分别计算扣除额。

（4）住房贷款利息。纳税人本人或配偶，单独或共同使用商业银行或者住房公积金个人住房贷款,为本人或其配偶购买中国境内住房,发生的首套住房贷款利息支出,在实际发生贷款利息的年度,按照每月1 000元(每年12 000元)的标准定额扣除,扣除期限最长不超过240个月(20年)。纳税人只能享受一套首套住房贷款利息扣除。

(5)住房租金。纳税人在主要工作城市没有自有住房而发生的住房租金支出,可以按照以下标准定额扣除:直辖市、省会(首府)城市、计划单列市以及国务院确定的其他城市,扣除标准为每月1 500元(每年18 000元)。除上述所列城市外,市辖区户籍人口超过100万的城市,扣除标准为每月1 100元(每年13 200元);市辖区户籍人口不超过100万的城市,扣除标准为每月800元(每年9 600元)。

(6)赡养老人。纳税人赡养一位及以上被赡养人的支出,统一按以下标准等额扣除:纳税人为独生子女的,按每月2 000元(每年24 000元)的标准定额扣除;纳税人为非独生子女的,由其兄弟姐妹分摊每月2 000元(每年24 000元)的扣除额度,每人分摊的额度最高不得超过每月1 000元(每年12 000元)。可以由赡养人均摊或者约定分摊,也可以由被赡养人指定分摊。

### 四、个人所得税的计算

(一)工资、薪金的个人所得税计算

1. 工资、薪金的个人所得税税率。工资、薪金的个人所得税税率使用7级超额累进税率,最低税率为3%,最高税率为45%(见表9-1)。其中全月应纳税所得额是指按照《个人所得税法》的有关规定,以每月收入额减除费用5 000元后的余额,或者减除附加减除费用后的余额。

表9-1　　　　　　　　工资、薪金的个人所得税税率表

| 级数 | 全月应纳税所得额(含税) | 税率(%) | 速算扣除数(元) |
| --- | --- | --- | --- |
| 1 | 不超过3 000元的部分 | 3 | 0 |
| 2 | 超过3 000元至12 000元的部分 | 10 | 210 |
| 3 | 超过12 000元至25 000元的部分 | 20 | 1 410 |
| 4 | 超过25 000元至35 000元的部分 | 25 | 2 660 |
| 5 | 超过35 000元至55 000元的部分 | 30 | 4 410 |
| 6 | 超过55 000元至80 000元的部分 | 35 | 7 160 |
| 7 | 超过80 000元的部分 | 45 | 15 160 |

2. 应纳税额的计算

对普通纳税人来讲,由于税法中所规定的每月费用扣除标准为5 000元,所以,其应纳税额的计算公式为

应纳税额=[工资薪金所得-起征点-专项扣除("三险一金")等]×适用税率-速算扣除数

其中,"三险一金"为养老保险、医疗保险、失业保险、住房公积金(工伤保险和生育保险不算在这里)。

> **【案例 9-1】**
> 　　王先生的月工资为 8 000 元，工作地点是广州。广州的"三险一金"标准是养老保险 8%、医疗保险 2%、失业保险 1%、住房公积金 8%。
> 　　应纳税所得额 = 8 000 - 8 000 × (8% + 2% + 1% + 8%) - 5 000 = 1 480 (元)
> 　　查表 9-1 可知，与 1 480 元对应的税率和速算扣除数分别为 3% 和 0，因此：
> 　　个人所得税应纳税额 = 1 480 × 3% - 0 = 44.4 (元)

（二）个体工商户的生产、经营所得的个人所得税计算

1. 个体工商户的生产、经营所得的个人所得税税率。个体工商户的生产、经营所得的个人所得税适用 5 级超额累进税率，最低税率为 5%，最高税率为 35%（见表 9-2）。其中全年应纳税所得额是指按照《个人所得税法》的有关规定，以每一纳税年度的收入总额减除成本、费用以及损失后的余额。个体工商户业主、个人独资企业和合伙企业自然人投资者本人的费用扣除标准统一确定为 60 000 元/年（5 000 元/月）。

表 9-2　　　　　　　个体工商户的生产、经营所得的个人所得税税率表

| 级数 | 全年应纳税所得额（含税） | 税率（%） | 速算扣除数（元） |
| --- | --- | --- | --- |
| 1 | 不超过 30 000 元的部分 | 5 | 0 |
| 2 | 超过 30 000 元至 90 000 元的部分 | 10 | 1 500 |
| 3 | 超过 90 000 元至 300 000 元的部分 | 20 | 10 500 |
| 4 | 超过 300 000 元至 500 000 元的部分 | 30 | 40 500 |
| 5 | 超过 500 000 元的部分 | 35 | 65 500 |

2. 应纳税额的计算

应纳税所得额 = 收入总额（含业主工资）-（成本 + 费用 + 损失 + 准予扣除的税金）- 规定的费用扣除

全年应纳税额 = 全年应纳税所得额 × 适用税率 - 速算扣除数

主要扣除项目规定如下：

（1）个体工商户实际支付给从业人员合理的工资薪金支出，准予扣除。个体工商户业主的费用扣除标准确定为 60 000 元/年。个体工商户业主的工资薪金支出不得税前扣除。

（2）个体工商户按照国务院有关主管部门或者省级人民政府规定的范围和标准为其业主和从业人员缴纳的基本养老保险费、基本医疗保险费、失业保险费、生育保险费、工伤保险费和住房公积金，准予扣除。

（3）个体工商户在生产经营活动中发生的合理的不需要资本化的借款费用，准予扣除。

（4）个体工商户在生产经营活动中发生的下列利息支出，准予扣除：向金融企业借款的利息支出；向非金融企业和个人借款的利息支出，不超过按照金融企业同期同

类贷款利率计算的数额部分。

（5）个体工商户按规定缴纳的工商管理费、个体劳动者协会会费、摊位费，按实际发生数扣除。

（6）个体工商户向当地工会组织拨缴的工会经费、实际发生的职工福利费支出、职工教育经费支出分别在工资薪金总额的2%、14%、2.5%的标准内据实扣除。

（7）个体工商户发生的与生产经营活动有关的业务招待费，按照实际发生额的60%扣除，但最高不得超过当年销售（营业）收入的5‰。

（8）个体工商户每一纳税年度发生的与其生产经营活动直接相关的广告费和业务宣传费不超过当年销售（营业）收入15%的部分，可以据实扣除；超出部分，准予在以后纳税年度结转扣除。

（9）个体工商户通过公益性社会团体或者县级以上人民政府及其部门，用于《中华人民共和国公益事业捐赠法》规定的公益事业的捐赠，捐赠额不超过其应纳税所得额30%的部分可以据实扣除。

【案例9-2】

李先生是一名经营海产品的个体工商户，除此之外，没有其他收入。2019年李先的全年营业收入为270 000元，与经营有关的可在税前扣除的有成本60 000元、费用20 000元、营业外支出5 000元，本年度已预缴个人所得税35 000元。则2019年终了，李先生年个人所得税的计算方法如下：

按照规定，纳税人取得应纳税所得，因没有扣缴义务人的，应当向税务机关自行申报纳税。同时，个体工商户的生产、经营所得应纳的税款，应按年计算，分月预缴，年度终了后3个月内汇算清缴，多退少补。因此，年度终了后，李先生应将全年收入汇算清缴。

全年应纳税所得额＝收入－（成本＋费用＋支出）－5 000×12＝270 000－（60 000＋20 000＋5 000）－5 000×12＝125 000（元）

全年应纳税额＝应纳税所得额×税率－速算扣除数＝125 000×20%－10 500＝14 500（元）

应补缴税额＝14 500－35 000＝－20 500（元）

李先生应向实际经营所在地主管税务机关申报，即向海产品店所在地的主管税务机关进行申报，同时税务机关应退还李先生个人所得税20 500元。

另外，纳税人还应当计算自己的年所得，看看是否符合年所得12万元以上自行纳税申报的条件。对李先生而言，他的收入来源比较单一，全年仅有个体工商户的生产、经营所得。根据《自行申报办法》的规定，个体工商户的生产、经营所得项目的年所得计算口径按照应纳税所得额计算。2019年李先生年所得等于全年应纳税所得额，即125 000元，大于120 000元，因此，李先生应在年终后3月底前向经营所在地税务机关办理年所得12万元以上的自行纳税申报。

(三) 对企事业单位的承包经营、承租经营所得的个人所得税计算

1. 对企事业单位的承包经营、承租经营所得的个人所得税税率。对企事业单位的承包经营、承租经营所得的个人所得税适用五级超额累进税率，最低税率为5%，最高税率为35%（见表9-3）。

表9-3　　　　对企事业单位的承包经营、承租经营所得的个人所得税税率表

| 级数 | 全年应纳税所得额（含税） | 税率（%） | 速算扣除数（元） |
| --- | --- | --- | --- |
| 1 | 不超过30 000元的部分 | 5 | 0 |
| 2 | 超过30 000元至90 000元的部分 | 10 | 1 500 |
| 3 | 超过90 000元至300 000元的部分 | 20 | 10 500 |
| 4 | 超过300 000元至500 000元的部分 | 30 | 40 500 |
| 5 | 超过500 000元的部分 | 35 | 65 500 |

2. 应纳税额的计算

（1）对企事业单位承包经营、承租经营所得，是以每一纳税年度的收入总额减除必要费用后的余额为应纳税所得额。其中，收入总额是指纳税人按照承包经营、承租经营合同规定分得的经营利润和工资、薪金性质的所得。个人的承包、承租经营所得既有工资、薪金性质，又含生产、经营性质，但考虑到个人按承包、承租经营合同规定分到的是经营利润，涉及的生产、经营成本费用扣除所得税法规定的"减除必要费用"是指按月减除5 000元。计算公式为

应纳税所得额 = 个人承包、承租经营收入总额
　　　　　　－每月费用扣除标准 × 实际承包或承租月数

（2）对企事业单位承包经营、承租经营所得适用五级超额累进税率，以其应纳税所得额按适用税率计算应纳税额。计算公式为

应纳税额 = 应纳税所得额 × 适用税率 － 速算扣除数

【案例9-3】

张先生2019年承包某商店，承包期限为1年，取得承包经营所得80 000元。此外，张先生还按月从商店领取工资，每月3 000元。计算张先生全年应缴纳的个人所得税。

张先生全年应纳税所得额 = （80 000 + 12 × 3 000）－ 12 × 6 000 = 56 000（元）

全年应缴纳个人所得税 = 56 000 × 10% － 1 500 = 4 100（元）

实行承包、承租经营的纳税人，应以每一纳税年度的承包、承租经营所得计算纳税。纳税人在一个年度内分次取得承包、承租经营所得的，应在每次取得承包、承租经营所得后预缴税款，年终汇算清缴，多退少补。如果纳税人的承包、承租期在一个纳税年度内，经营不足12个月，应以其实际承包、承租经营的期限为一个纳税年度计算纳税。计算公式为

应纳税所得额 = 该年度承包、承租经营收入额 －（5 000 × 该年度实际承包、承

租经营月份数）

应纳税额＝应纳税所得额×适用税率－速算扣除数

张先生自2019年5月1日起，承包一个单位的门市部，经营5个月后，取得经营收入总额200 000元，准许扣除的与经营收入相关的支出总额100 000元。计算该个人承包经营所得应缴纳的个人所得税。

承包经营所得＝200 000－100 000＝100 000（元）

承包经营的应纳税所得额＝100 000－5 000×5＝75 000（元）

承包经营所得应缴纳的个人所得税＝75 000×10%－1 500＝6 000（元）

（四）劳务报酬所得的个人所得税计算

1. 适用税率。劳务报酬所得的个人所得税适用比例税率，税率为20%。对一次劳务报酬所得收入畸高，即个人一次取得劳务报酬的应纳税所得额超过20 000元的，实行加成征收（见表9－4）。

表9－4　　　　　　　　　劳务报酬所得的个人所得税税率表

| 级数 | 每次应纳税所得额 | 税率（%） | 速算扣除数（元） |
| --- | --- | --- | --- |
| 1 | 不超过20 000元的部分 | 20 | 0 |
| 2 | 超过20 000元至50 000元的部分 | 30 | 2 000 |
| 3 | 超过50 000元的部分 | 40 | 7 000 |

2. 应纳税所得额的计算

（1）费用扣除。每次收入不超过4 000元的，应纳税所得额＝每次收入额－800元。每次收入在4 000元以上的，应纳税所得额＝每次收入额×（1－20%）。

（2）关于"次"的规定。属于一次性收入的，以取得该项收入为一次，按次确定应纳税所得额。属于同一项目连续性收入的，以一个月内取得的收入为一次，据此确定应纳税所得额。统一规定以县（含县级市、区）为一地，其管辖内的一个月内同一项目的劳务服务为一次；当月跨县地域的，则应分别计算。

（3）中介人员报酬。获得劳务报酬所得的纳税人从其收入中支付给中介人和相关人员的报酬，除另有规定者外，在定率扣除20%的费用后，一律不再扣除。

3. 应纳税额的计算。如果纳税人的每次劳务报酬的应纳税所得额超过20 000元，应实行加成征税，其应纳税总额应依据相应税率和速算扣除数计算。计算公式为

应纳税额＝应纳税所得额×适用税率－速算扣除数

【案例9－4】

李先生于2019年5月外出参加私人演出，一次取得劳务报酬60 000元。计算其应缴纳的个人所得税（不考虑其他税费）。

应纳税所得额＝60 000×（1－20%）＝48 000（元）

应纳税额＝48 000×30%－2 000＝12 400（元）

### (五)稿酬所得的个人所得税计算

1. 适用税率。稿酬所得的个人所得税适用20%的比例税率,并按应纳税额减征30%,故其实际适用税率为14%(20% - 20% × 30%)。

2. 应纳税所得额的计算

(1) 应纳税所得额的确定。每次收入不超过4 000元的,应纳税所得额 = 每次收入额 - 800 元;每次收入在4 000 元以上的,应纳税所得额 = 每次收入额 × (1 - 20%)。

(2) 关于"次"的规定。同一作品再版取得的所得,应视为另一次稿酬所得计征个人所得税。

在两处或两处以上出版、发表同一作品而取得的稿酬,可以各处分别取得的所得分次征税。个人的同一作品在报刊上连载,应合并其因连载而取得的所得为一次。连载之后又出书取得稿酬的,或先出书后连载取得稿酬的,应视同再版稿酬分次征税。同一作品在出版和发表时,以预付稿酬或分次支付稿酬等形式取得的稿酬收入,应合并计算为一次。同一作品出版、发表后,因添加印数而追加稿酬的,应与以前出版、发表时取得的稿酬合并为一次,计征个人所得税。作者去世后,对取得其遗作稿酬,按稿酬所得征税。关于合作出书问题,应该先分钱,后扣费用,再缴税。

3. 应纳税额计算公式

(1) 每次收入不超过4 000元的,实际应纳税额 = (每次收入额 - 800) × 20% × (1 - 30%)。

(2) 每次收入在4 000 元以上的,实际应纳税额 = 每次收入额 × (1 - 20%) × 20% × (1 - 30%)。

【案例9-5】

2019年某作家出版一部长篇小说,1月取得预付稿酬20 000元,4月小说正式出版,取得稿酬20 000元,同年该小说在一家晚报连载100次,每次稿酬为420元。该作家2019年应缴纳多少个人所得税?

首先稿酬不论是预付还是分笔支付,均应合并为一次征税:

出版的稿酬所得应纳的个人所得税 = (20 000 + 20 000) × (1 - 20%) × 20% × (1 - 30%) = 4 480 (元)

个人的同一作品在报刊上连载,应合并其因连载而取得的所得为一次:

连载的稿酬所得应纳的个人所得税 = 100 × 420 × (1 - 20%) × 20% × (1 - 30%) = 4 704 (元)

该作家2019年应纳的个人所得税 = 4 480 + 4 704 = 9 184 (元)

（六）特许权使用费所得的个人所得税计算

1. 适用税率。特许权使用费所得的个人所得税适用20%的比例税率。

2. 应纳税所得额的确定

（1）每次收入不超过4 000元的，应纳税所得额＝每次收入额－800元；每次收入在4 000元以上的，应纳税所得额＝每次收入额×（1－20%）。

（2）对个人从事技术转让所支付的中介费，若能提供有效合法凭证，允许将其从所得中扣除，而且是先按规定标准扣除费用后，再扣除中介费。

（3）特许权使用费所得以某项使用权的一次转让所取得的收入为一次。如果该次转让取得的收入是分笔支付的，则应将各笔收入相加为一次，计征个人所得税。

3. 应纳税额计算

（1）每次收入不超过4 000元的，应纳税额＝应纳税所得额×适用税率＝（每次收入额－800）×20%。

（2）每次收入在4 000元以上的，应纳税额＝应纳税所得额×适用税率＝每次收入额×（1－20%）×20%。

【案例9-6】

大学教授陈先生2019年10月在本职工作之余为A单位提供咨询服务取得收入5 000元，并支付给中介人费用500元，取得对方开具的合法票据；同月为A单位提供某项技术使用权取得收入3 000元，然后支付给中介人费用500元，取得对方开具的合法票据。则陈教授就上述收入在10月应缴纳多少个人所得税？

陈教授的咨询收入属于劳务报酬所得，应纳税额＝5 000×（1－20%）×20%＝800（元）

陈教授的技术使用权收入属于特许权使用费所得，应纳税额＝（3 000－800－500）×20%＝340（元）

陈教授10月应纳的个人所得税＝800＋340＝1 140（元）

（七）利息、股息、红利所得的个人所得税的计算

1. 适用税率。利息、股息、红利所得的个人所得税适用20%的比例税率。

2. 应纳税所得额的确定。

（1）股份制企业以股票形式向股东个人支付应得的股息、红利时，应以派发红利的股票票面金额为所得额，计算征收个人所得税。

（2）对个人投资者从上市公司取得的股息红利所得，自2005年6月13日起暂减按50%计入个人应纳税所得额。

（3）对个人购买的证券投资基金从上市公司分配取得的股息红利所得，在代扣代缴个人所得税时，也暂减按50%计入个人应纳税所得额。

（4）个人投资者取得的非上市公司股息红利所得，全额缴纳个人所得税。

（5）国债利息所得、金融债券利息所得、教育储蓄存款利息所得，免征个人所得税。自 2008 年 10 月 9 日（含）起，暂免征收储蓄存款利息所得的个人所得税。按照国家或省级地方政府规定的比例缴付的住房公积金、医疗保险金、基本养老保险金、失业保险金存入银行个人账户所取得的利息所得，免予征收个人所得税。

3. 应纳税额的计算

应纳税额＝应纳税所得额（每次收入额）×适用税率（20%）

【案例 9-7】

张先生 2019 年 4 月取得如下所得：从 A 上市公司取得股息所得 16 000 元，从 B 非上市公司取得股息所得 7 000 元，取得 4 月 14 日到期的一年期银行储蓄存款利息所得 1 500 元。张先生应缴纳多少个人所得税？

张先生取得的上市公司的股息所得减半征收个人所得税。

股息所得应纳的个人所得税＝16 000×50%×20%＝1 600（元）

张先生取得的非上市公司股息应纳的个人所得税＝7 000×20%＝1 400（元）

张先生取得的一年期银行储蓄存款利息所得 1 500 元暂免征收个人所得税。

张先生应纳的个人所得税＝1 600+1 400＝3 000（元）

（八）财产租赁所得的个人所得税的计算

1. 适用税率。财产租赁所得的个人所得税适用 20% 的比例税率。但对个人按市场价格出租的居民住房取得的所得，自 2001 年 1 月 1 日起暂减按 10% 的税率征收个人所得税。

2. 应纳税所得额的确定。财产租赁所得一般以个人每次取得的收入，定额或定率减除规定费用后的余额为应纳税所得额。每次收入不超过 4 000 元的，定额减除 800 元的费用；每次收入在 4 000 元以上的，定率减除 20% 的费用。财产租赁所得以 1 个月内取得的收入为一次。

在确定财产租赁的应纳税所得额时，纳税人在出租财产过程中缴纳的税金和教育费附加，可持完（缴款）凭证，从其财产租赁收入中扣除，扣除的项目除了包括规定的费用和有关税费外，还包括能够提供有效、准确凭证，证明由纳税人负担的该出租财产实际开支的修缮费用。允许扣除的修缮费用以每次 800 元为限。一次扣除不完的，准予在下一次继续扣除，直到扣完为止。

个人出租财产取得的财产租赁收入，在计算应纳的个人所得税时，应依次扣除以下费用：（1）财产租赁过程中缴纳的税费；（2）由纳税人负担的该出租财产实际开支的修缮费用；（3）税法规定的费用扣除标准。

应纳税所得额的计算公式如下。

（1）每次（月）收入不超过 4 000 元的。

应纳税所得额＝每次（月）收入额－准予扣除项目－修缮费用（以 800 元为限）－

800元

（2）每次（月）收入超过4 000元的。

应纳税所得额 = [每次（月）收入额 - 准予扣除项目 - 修缮费用（以800元为限）] × (1 - 20%)

3. 应纳税额的计算

应纳税额 = 应纳税所得额 × 适用税率

【案例9-8】

王先生于2019年1月将其自有房屋出租给他人居住，租期为5年，王先生每月取得租金收入2 500元，可提供实际缴纳的出租营业税等税金的完税凭证每月150元。当年2月因下水道堵塞找人修理，发生修理费用500元，有维修部门的正式收据。计算王先生2月和3月的租金收入应缴纳的个人所得税。

王先生2月应纳税额 = (2 500 - 150 - 500 - 800) × 10% = 105（元）

王先生3月应纳税额 = (2 500 - 150 - 800) × 10% = 155（元）

（九）财产转让所得的个人所得税的计算

1. 适用税率。财产转让所得的个人所得税适用20%的比例税率。

2. 应纳税所得额的确定。财产转让所得以转让财产的收入额减除财产原值和合理费用后的余额为应纳税所得额。合理费用是指卖出财产时按照规定支付的有关税费，合理费用经税务机关认定后方可减除。

财产转让所得在教材中主要涉及五个方面，即股票转让所得、量化资产股份转让所得、个人住房转让所得、购买和处置债权所得、个人拍卖其他财产所得。

（1）股票转让所得的应纳税所得额。我国境内上市公司股票转让所得暂不征收个人所得税，但是上市公司限售股转让要征收个人所得税。自2010年1月1日起，对个人转让限售股取得的所得，按照财产转让所得，适用20%的比例税率征收个人所得税。

个人转让限售股以每次限售股转让收入减除股票原值和合理税费后的余额为应纳税所得额，即应纳税所得额 = 限售股转让收入 - （限售股原值 + 合理税费）。其中，限售股转让收入是指转让限售股股票实际取得的收入。限售股原值是指限售股买入时的买入价及按照规定缴纳的有关费用。合理税费是指转让限售股过程中发生的印花税、佣金、过户费等与交易相关的税费。纳税人未能提供完整、真实的限售股原值凭证，不能准确计算限售股原值的，主管税务机关一律按限售股转让收入的15%核定限售股原值及合理税费。

（2）量化资产股份转让所得的应纳税所得额。量化资产，是指如果所在的企业原来是集体所有制，后来进行股份制改造，作为企业的一员，自然会得到一些企业的股份，然而这些股份不能以现金的方式发给企业员工，而是把企业的所得资产，如地皮、厂房、设备等，划分成股份，然后分配给每名职工的资产。

对职工个人以股份形式取得的量化资产，暂缓征收个人所得税。只有在股份转让出去后，才以其转让收入额减除个人取得该股份时实际支出的费用和合理转让费用后的余额，按财产转让所得计征个人所得税。

对职工个人以股份形式取得的企业量化资产参与企业分配而获得的股息、红利，应按利息、股息、红利所得计征个人所得税。

（3）个人住房转让所得的应纳税所得额。个人住房转让应以实际成交价格为转让收入。纳税人申报的住房成交价格明显低于市场价格且无正当理由的，税务机关有权依法根据有关信息核定其转让收入，但必须保证各税种的计税价格一致。

计算个人住房转让所得的应纳税所得额时，纳税人可凭经税务机关审核后的原购房合同、发票等有效凭证，将房屋原值、转让住房过程中缴纳的税金及有关合理费用从转让收入中减除。

*应纳税所得额＝收入总额－取得该房屋的实际购置成本－赠与和转让过程中的合理税费*

二手房交易中缴纳个人所得税的优惠政策是：对个人转让自用5年以上并且是家庭唯一生活用房取得的所得，免征个人所得税。

（4）个人购买和处置债权所得的应纳税所得额。个人通过招标、竞拍或其他方式购买债权以后，通过相关司法或行政程序主张债权而取得的所得，应按照财产转让所得缴纳个人所得税。

个人通过上述方式取得"打包"债权，只处置部分债权的，其应纳税所得额按以下方式确定：以每次处置部分债权的所得作为一次财产转让所得征税，其应纳税所得额按照个人取得的货币资产和非货币资产的评估价值或市场价值的合计数确定。

所处置债权的成本费用（即财产原值），按下列公式计算：

*当次处置债权的成本费用＝个人购置"打包"债权的实际支出×当次处置债权的账面价值（或拍卖机构公布的价值）／"打包"债权的账面价值（或拍卖机构公布的价值）*

个人购买和处置债权过程中发生的拍卖招标手续费、诉讼费、审计评估费以及缴纳的税金等合理税费，在计算个人所得税时允许扣除。

（5）个人拍卖其他财产所得的应纳税所得额。个人拍卖除文字作品原稿及复印件外的其他财产，应以其转让收入额减除财产原值和合理费用后的余额为应纳税所得额，按照财产转让所得适用的20%的税率缴纳个人所得税。

纳税人如不能提供合法、完整、准确的财产原值凭证，不能正确计算财产原值的，按转让收入额的3%缴纳个人所得税；拍卖品为经文物部门认定是海外回流文物的，按转让收入额的2%缴纳个人所得税。

3. 应纳税额的计算

*应纳税额＝应纳税所得额×适用税率*

## 【案例 9-9】

李小姐 2019 年 2 月初购入债券 1 000 份,每份的买入价为 10 元,支付购买债券的税费共计 150 元。2019 年 2 月末李小姐将买入的债券一次卖出 600 份,每份的卖出价为 12 元,支付卖出债券的税费共计 110 元。12 月末债券到期,李小姐取得债券利息收入 2 500 元。计算李小姐应缴纳的个人所得税。

一次卖出债券应扣除的买价及费用 = (1 000 × 10 + 150) ÷ 1 000 × 600 + 110 = 6 200(元)

卖出债券所得应缴纳的个人所得税 = (600 × 12 − 6 200) × 20% = 200(元)

债券利息收入应缴纳的个人所得税 = 2 500 × 20% = 500(元)

李小姐应缴纳的个人所得税 = 200 + 500 = 700(元)

(十) 偶然所得和其他所得的个人所得税计算

偶然所得以每次收入额为应纳税所得额,适用 20% 的比例税率。

## 【案例 9-10】

王女士参加商场的有奖销售,幸运中奖 20 000 元。王女士领奖时告知商场,将从收入中拿出 4 000 元通过教育部门向某希望小学捐赠。商场代扣代缴个人所得税后,王女士实际可得的中奖金额是多少?

根据税法的有关规定,王女士的捐赠额可以全部从应纳税所得额中扣除(4 000 ÷ 20 000 = 20%,小于捐赠扣除比例 30%)。

王女士的应纳税所得额 = 偶然所得 − 捐赠额 = 20 000 − 4 000 = 16 000(元)

应纳税额(即商场代扣代缴税款) = 应纳税所得额 × 适用税率 = 16 000 × 20% = 3 200(元)

王女士实际可得金额 = 20 000 − 4 000 − 3 200 = 12 800(元)

(十一) 扣除捐赠款的计税方法

一般捐赠额的扣除以不超过纳税人申报应纳税所得额的 30% 为限。

捐赠扣除限额 = 申报的应纳税所得额 × 30%

应纳税额 = (应纳税所得额 − 允许扣除的捐赠额) × 适用税率 − 速算扣除数

## 【案例 9-11】

李先生 2019 年 3 月取得工资收入 6 000 元,将其中 200 元直接捐赠给某贫困山区失学儿童,同时通过该区民政局将其中 1 000 元捐赠给贫困地区;李先生同月取得劳务报酬所得 8 000 元,并将其中 2 000 元通过非营利社会团体捐赠给中国红十字会;李先生当月应缴纳的个人所得税为多少?

李先生本月工资收入应纳税所得额 = 6 000 − 5 000 = 1 000 元,可扣除捐赠限额 = 1 000 × 30% = 300 元。

当月工资收入应纳个税 = (6 000 - 5 000 - 300) × 3% = 21 (元)

李先生对红十字会的捐赠可全额在应纳税所得额中扣除。劳务报酬应纳税所得额 = 8 000 × (1 - 20%) = 6 400 (元)

当月劳务报酬所得个人所得税 = (6 400 - 2 000) × 20% = 880 (元)

李先生当月共应缴纳个人所得税 = 21 + 880 = 901 (元)

(十二) 纳税人来源于中国境外所得的个人所得税的计算

根据《个人所得税法》的规定，对居民纳税人来讲，其来源于中国境内、境外的所得均应依法向中国政府缴纳个人所得税。如果其所得尚未在中国境外缴纳个人所得税，则其应纳税额的计算比照上述的十一类计算方法来计算；如果其所得已在中国境外缴纳了个人所得税，可以在计算应纳税额时扣除其已在境外缴纳的个人所得税税额，但扣除额不得超过该纳税人的境外所得按照我国《个人所得税法》规定计算的应纳税额。

【案例 9-12】

王女士 2019 年 10 月取得新加坡一家公司支付的劳务报酬 10 000 元 (折合成人民币，下同)，被扣缴个人所得税 1 000 元；王女士在新加坡出版一部小说，获得稿酬 20 000 元，被扣缴个人所得税 2 000 元。同月王女士还从美国取得利息收入 1 000 元，被扣缴个人所得税 300 元；她提供咨询劳务，获得报酬 20 000 元，被扣缴个人所得税 1 500 元。经核查，境外完税凭证无误。王女士 2019 年 10 月取得的境外所得在我国境内应补缴的个人所得税是多少？(上述所得均为税前所得)

1. 来自新加坡的所得的应纳税额计算

来自新加坡的劳务报酬所得按我国《个人所得税法》计算的应纳税额 = 10 000 × (1 - 20%) × 20% = 1 600 (元)

来自新加坡的稿酬所得按我国《个人所得税法》计算的应纳税额 = 20 000 × (1 - 20%) × 20% × (1 - 30%) = 2 240 (元)

来自新加坡的所得的已纳税额 = 1 000 + 2 000 = 3 000 (元) < 1 600 + 2 240 = 3 840 元

来自新加坡的所得在我国应补缴的个人所得税 = 3 840 - 3 000 = 840 (元)

2. 来自美国的所得的应纳税额计算

来自美国的劳务报酬所得按我国《个人所得税法》计算的应纳税额 = 20 000 × (1 - 20%) × 20% = 3 200 (元)

来自美国的利息收入按我国《个人所得税法》计算的应纳税额 = 1 000 × 20% = 200 (元)

来自美国的所得的已纳税额 = 1 500 + 300 = 1 800 (元) < 3 200 + 200 = 3 400 (元)

来自美国的所得在我国应补缴的个人所得税 = 3 400 - 1 800 = 1 600 (元)

3. 2019 年 10 月取得的境外所得的应纳税额计算

境外所得应在我国补缴的个人所得税 = 840 + 1 600 = 2 440 (元)

(十三)在中国境内无住所的个人取得工资薪金计税方法

依照《个人所得税法》及其实施条例和我国对外签订的避免双重征税协定(以下简称税收协定)的有关规定,对在中国境内无住所的个人由于在中国境内公司、企业、经济组织(以下简称中国境内企业)或外国企业在中国境内设立的机构、场所以及税收协定所说常设机构(以下简称中国境内机构)担任职务,或者由于受雇或履行合同而在中国境内从事工作,取得的工资、薪金所得应分别按不同情况确定。

1. 关于工资、薪金所得来源地的确定。根据规定,属于来源于中国境内的工资薪金所得应为个人实际在中国境内工作期间取得的工资、薪金,即个人实际在中国境内工作期间取得的工资、薪金,无论是由中国境内还是境外企业或个人雇主支付,均属来源于中国境内的取得;个人实际在中国境外工作期间取得的工资、薪金,无论是由中国境内还是境外企业或个人雇主支付,均属于来源于中国境外的所得。

2. 关于在中国境内无住所而在一个纳税年度中在中国境内连续或累计居住不超过90日,或在税收协定规定的期间在中国境内连续或累计居住不超过183日的个人纳税义务的确定。

根据有关规定,在中国境内无住所而在一个纳税年度中在中国境内连续或累计居住不超过90日,或在税收协定规定的期间在中国境内连续或累计居住不超过183日的个人,由中国境外雇主支付并且不是由该雇主的中国境内机构负担的工资、薪金,免予申报缴纳个人所得税。对前述个人应仅就其实际在中国境内工作期间由中国境内企业或个人雇主支付或者由中国境内机构负担的工资、薪金所得申报纳税。凡是该中国境内企业、机构属于采取核定利润方法计征企业所得税或没有营业收入而不征收企业所得税的,在该中国境内企业、机构任职、受雇的个人实际在中国境内工作期间取得的工资、薪金,无论是否在该中国境内企业、机构会计账簿中有记载,均应视为该中国境内企业支付或由该中国境内机构负担的工资、薪金。应适用下述公式:

应纳税额=(当月境内外工资、薪金应纳税所得额×适用税率-速算扣除数)×当月境内支付工资/当月境内外支付工资总额×当月境内工作天数/当月天数

上述个人每月应纳的税款应按《个人所得税法》规定的期限申报缴纳。

3. 关于在中国境内无住所而在一个纳税年度中在中国境内连续或累计居住超过90日,或在税收协定规定的期间在中国境内连续或累计居住超过183日但不满1年的个人纳税义务的确定。

根据有关规定,在中国境内无住所而在一个纳税年度中在中国境内连续或累计居住超过90日,或在税收协定规定的期间在中国境内连续或累计居住超过183日但不满1年的个人,其实际在中国境内工作期间取得的由中国境内企业或个人雇主支付和由中国境外企业或个人雇主支付的工资薪金所得,均应申报缴纳个人所得税;其在中国境外工作期间取得的工资、薪金所得,除担任中国境内企业董事或高层管理人员的个人外,不予征收个人所得税。应适用下述公式:

应纳税额＝（当月境内外工资、薪金应纳税所得额×适用税率－速算扣除数）× 当月境内工作天数/当月天数

4. 自2019年1月1日起，在中国境内无住所但在境内累计居住满183天的年度连续不满6年的个人，其在中国境内工作期间取得的由中国境内企业或个人雇主支付和由中国境外企业或个人雇主支付的工资、薪金，均应申报缴纳个人所得税。负有纳税义务的应适用下述公式：

应纳税额＝（当月境内外工资、薪金应纳税所得额×适用税率－速算扣除数）×（1－当月境外支付工资/当月境内外支付工资总额×当月境外工作天数/当月天数）

如果上面所述各类个人取得的日工资、薪金或者不满1个月工资、薪金，仍应以日工资、薪金乘以当月天数换算成月工资、薪金后，按照上述公式计算其应纳税额。

5. 中国境内企业董事、高层管理人员纳税义务的确定。担任中国境内企业董事或高层管理职务的个人①，其取得的由该中国境内企业支付的董事费或工资薪金，不适用前述的规定，而应自其担任该中国境内董事或高层管理职务起，至其解除上述职务止的期间，无论其是否在中国境内履行职务，均应申报缴纳个人所得税；其取得的由中国境外企业支付的工资、薪金，应依照前述规定确定纳税义务。

6. 不满1个月的工资、薪金所得应纳税款的计算。属于前述情况中的个人，就不满1个月期间的工资、薪金所得申报纳税的，均应按全月工资、薪金所得计算实际应纳税额。其计算公式如下：

应纳税额＝（当月工资、薪金应纳税所得额×适用税率－速算扣除数）×当月实际在中国天数/当月天数

7. 在中国境内无住所，但在境内居住累计满183天的年度连续满6年的个人，从第7年起，应当就其来源于中国境外的全部所得缴纳个人所得税。

（1）关于6年期限的具体计算。个人在中国境内居住累计满183天的年度连续满6年，是指个人在中国境内连续6年每年居住满183天，即在连续6年中的每一纳税年度内均居住满183天；且这连续的6年中，每一年均没有一次离境超过30天的情形。

（2）关于个人在华居住累计183天的年度连续满6年以后纳税义务的确定。个人在中国境内居住累计183天的年度连续满6年后，从第7年起的以后各年度中，凡一个纳税年度内在境内累计居住满183天的，应当就其来源于境内、境外的所得申报纳税；凡一个纳税年度在境内累计居住不满183天的，则仅就该年内来源于境内的所得申报纳税。如该个人在第7年起以后的某一纳税年度内在境内居住不足90天，可以按"来源于中国境内的所得，由境外雇主支付并且不由该雇主在中国境内的机构、场所负担的部分，免予缴纳个人所得税"。规定确定纳税义务，并从再次在境内居住累计满183天的年度起重新计算6年期限。

---

① 指公司正、副（总）经理、各职能技师、总监及其他类似公司管理层的职务。

## 【案例 9-13】

某外籍个人(其所属国与中国签订有税收协定)在 2019 年 1 月 1 日起担任中国境内某外商投资企业的副总经理,由该企业每月支付其工资 20 000 元,同时该企业外方的境外总机构每月也支付其工资 4 000 美元。其大部分时间是在境外履行职务,2019 年来华工作时间累计 180 天。根据规定,其 2019 年度在我国的纳税义务确定为:

(1) 由于该个人属于企业的高层管理人员,因此,该人员与 2019 年度在华任职期间,由该企业支付的 20 000 元属于工资、薪金所得,应申报缴纳个人所得税。

(2) 由于该人员来华时间未超过 183 天,故其境外雇主支付的工资、薪金所得在我国可免予申报纳税。

在中国境内无住所的个人取得工资薪金纳税义务总结如表 9-5 所示。

表 9-5　　　　　　在中国境内无住所的个人取得工资薪金纳税义务总结

| 项目 | 来源于境外所得 | | 来源于境内所得 | |
| --- | --- | --- | --- | --- |
| | 境外单位支付 | 境内单位支付 | 境外单位支付 | 境内单位支付 |
| 居住未满 90 天 | 免征 | 免征 | 免征 | 征收 |
| 居住未满 183 天 | 免征 | 免征 | 征收 | 征收 |
| 居住超过 183 天未满 6 年 | 免征 | 征收 | 征收 | 征收 |
| 居住满 6 年及以上 | 征收 | 征收 | 征收 | 征收 |

# 第三节　税收筹划实务

## 一、税收筹划的方法

税收筹划的基本方法主要包括利用税收优惠政策、递延纳税时间、缩小计税依据及利用避税地等降低纳税人的税收负担。

### (一) 利用税收优惠政策

税收优惠政策是国家税制的组成部分,是政府为了达到一定的政治、社会和经济目的,而对纳税人实行的税收鼓励。税收鼓励反映了政府行为,它通过政策导向影响人们的生产与消费偏好,所以也是国家调控经济的重要杠杆。

1. 最大化减免税收。税收减免是对某些纳税人或课税对象的鼓励或照顾。减税是从应征税款中减征部分税款,免税是免征全部税款。世界各国的税收法规中都有减免税的规定,我国的税收法规中也有诸多减免税的规定,例如困难性减免、鼓励性减免、投资性减免等。关于减免税的具体规定,有些是在税法、税收条例或者实施细则中规定的,有些则是后来所作的补充规定。税收筹划中应充分利用税收减免政策,以最大

化客户的财务利益。

2. 选择合适的扣除时机。选择合适的费用扣除时机,在累进税率下及减免税优惠期可以实现降低税率及最大化减免税的税收利益。

提前确认扣除项目。在正常纳税年度,提前确认扣除项目,使前期所得减少,进而使应纳税款减少,合理利用货币的时间价值,以实现递延纳税的税收收益。

选择合适的扣除时机。在累进税率下,尽量把费用安排在税率较高的时期进行扣除,以达到费用抵税的最大化。即如果预计未来收入会增加,可能带来边际税率的上升,在这种情况下应尽量推迟费用的扣除时间。在纳税人享受减免税期间,应尽量把费用安排在正常纳税年度进行扣除,以使正常纳税年度的应纳税所得额减少,从而实现少纳税款的税收收益。

3. 选择最小化的税率。税率与应纳税额成正比,因此在税收筹划时,应充分利用税法规定的各种优惠政策,降低纳税人所适用的税率,以减少应纳税额。

(二)递延纳税时间

1. 递延收入的实现时间,包括收入实现时机的选择和尽量推迟收入的实现时间。

2. 加速费用摊销。在正常纳税年度,对于固定资产折旧、无形资产摊销等,在不违背税法规定的前提下,应尽量采用加速摊销的方式,加大前期费用扣除金额,减少前期应纳税额,以实现递延纳税的税收利益。

3. 选择合理的预缴方式。对于采用分期预缴、年终汇算清缴方式的,应尽量避免形成多预缴的情况。

(三)缩小计税依据

1. 最小化不可抵扣的费用、支出。各国税法明确规定了不得在税前列支的项目,如有关法律规定明确指出个体工商户缴纳的个人所得税、税收滞纳金、罚款、被没收的财物、各种赞助支出、用于个人和家庭的支出、个体工商户业主的工资支出等不得在税前扣除。因此在进行税收筹划之前,应充分了解税法的相关规定,尽量减少不得税前扣除的项目和金额。

2. 扩大税前可扣除范围。在税前扣除项目中,应严格区分全额扣除、按标准扣除以及不能扣除的项目界限。例如,对于个人公益性捐赠支出,如果是直接对受益人的捐赠,其捐赠支出不得在税前扣除;如果是通过中国境内的社会团体、国家机关向教育事业的捐赠可全额扣除;如果是通过中国境内的社会团体、国家机关向遭受严重自然灾害的地区、贫困地区的捐赠,捐赠额不超过其应纳税所得额的30%的部分可以据实扣除。因此对于有标准、有限额的扣除项目应尽量控制在限额以内,尽量把有标准、有限额的扣除项目或不能扣除的项目转化为无扣除标准及扣除限额的项目。由此通过直接缩小计税依据来减少应纳税额。

(四)利用避税地降低税负

1. 避税地。在国际经济竞争日益激烈的现代社会,许多国家或地区为吸引外国资本流入,以繁荣本国或本地区经济、弥补资金不足和改善国际收支状况,或为引进外国的先进技术，提高本国或本地区的技术装备水平，在本国或本地区划出部分甚至全部区域和范围，允许并鼓励外国政府和民间资本在此投资及从事各种经济、贸易等活动，投资者和从事经营活动的企业可以享受不纳税或少纳税的优惠待遇。这种区域和范围在国际上一般被称为避税地。避税地大多是港口、岛屿、沿海地区或交通方便的城市，因而它也被称为"避税港"。由于在这种地方投资或从事各种经营活动不用纳税或只需缴纳一小部分税，税负轻，收益高，因此这种地方往往又被跨国投资者和经营者称为"税收天堂""避税乐园""税收避难所"等。

2. 虚构避税地营业。通过总公司或母公司将销售给其他国家和地区的商品、技术和提供的各项劳务，虚构为设在避税地受控公司的转手交易，从而将所得的全部或一部分滞留在避税地，或者通过贷款和投资方式再重新回流，以躲避原应承担的高税率国家的税收负担。

3. 虚设避税地信托财产。信托的存在通常有一定的时间限制，但在避税地，由于允许建立信托而又无信托法规约束，因而信托实际上可以无限期地存在下去。建立信托有许多好处，诸如为继承财产提供条件、为财产保密、便利投资和从事有经营风险的活动、免除或降低财产和所得的税收负担等。虚设避税地信托财产的基本途径就是纳税人通过在避税地确立一家信托公司，把在高税率国家的财产委托给它，从而将财产从名义上转移到避税地，借以躲避有关税收。例如，高税率国家甲国的纳税人在避税地乙国设立一家信托子公司，然后把自己远离避税地的所得和财产委托给这家子公司，并通过契约或合同使受托人按自己的旨意行事。这样，信托财产和委托人的分离就成为一种纯属的虚构，而受托人与信托财产又常常是相互分离的，委托人和受益人也不是避税地的居民，但信托财产的经营所得却归入避税地乙国的信托子公司的名下，从而可以免予纳税或减少纳税。虚设避税地信托财产的方法主要有设立个人持股信托公司、设立受控信托公司和订立信托合同等。

## 二、纳税人身份筹划

世界各国对个人所得税纳税义务人的界定大多遵循住所和时间两个判定标准，因此，在税收筹划中可以通过对住所和居住时间的合理筹划，尽量避免成为居民纳税义务人，以实现少缴税款的目的。

（一）居民纳税义务人与非居民纳税义务人的转换

1. 转移住所。通过个人住所或居住地跨越税境的迁移，以实现减轻税负的目的。通过转移住所免除纳税义务，即纳税人把自己的居所迁出某一国，但又不在任何地方取得住所，从而躲过所在国对其纳税身份的确认，进而免除个人所得税的纳税义务。通过转移住所减轻纳税义务，即纳税人把自己的居住地由高税率国家向低税率国家转移，以躲避高税率国家对其行使居民管辖权。具体方法是：将个人住所真正迁出高税率国家，或者利用有关国家居民身份界限的不同规定或规定的模糊不清实现虚假迁出，即仅在法律上不再成为高税率国家的居民，或者通过短暂迁出和成为别国临时居民的办法，以求得对方国家的特殊税收优惠。

国际上出于节税目的的移居者往往被视为"纯粹"的移民。通常采用住所迁移的人多是已离退休的纳税人和在一国居住而在另一国工作的纳税人。前者从高税率国家的居住地搬迁至低税率国家的居住地，以便在支付退休金和财产、遗产税收方面获得好处，如将住所迁移到避税地或自由贸易区、经济开发区等；后者以躲避高额税负为目的。以住所转移或移民方式实现节税的纳税人必须使自己成为"真正"的移民，避免给政府一个虚假移民或部分迁移的印象。

2. "税收流亡"。对个人居民身份的确立，除了采用上述的住所标准外，不少国家还采用时间标准，即以在一国境内连续或累计停留时间达到一定标准为界限。这就给纳税人进行税收筹划提供了可以利用的机会。纳税人可以不停地从这个国家向另一个国家流动，确定自己不成为任何一个国家的居民，既能从这些国家取得收入，又可以避免承担其中任何一个国家的居民纳税义务。上述行为在国家税收领域里通常被称为"税收流亡"或"税收难民"。

例如，甲国规定凡在该国连续或累计逗留时间达一年以上者为其居民，而乙国对这一居住时间的规定也为一年，丙国则规定为半年。这样，纳税人就可以通过在这些国家之间调整居住时间，即把在这些国家停留的时间压缩到短于征税规定的天数，在甲国居住10个月，在乙国居住9个月，然后再到丙国逗留5个月或更短的时间，从而可以合法地避免成为这些国家的居民。甚至有些纳税人根本不购置住所，而通过旅游的方式，如在旅馆、船舶、游艇等场所，以躲避成为有关国家的居民。

3. 合理安排居住时间。在实行收入来源地管辖权的国家，对临时入境者和非居民大多提供税收优惠。临时性和非居住性的确定多以人员在这些国家逗留时间的长短为标准。如中国规定，外国人在中国境内居住时间连续或累计不超过90日，或者在税收协定规定的期间内连续或累计居住不超过183日的个人，其来源于中国境内的所得，由中国境外雇主支付并且不是由该雇主设在中国境内机构负担的工资、薪金所得免予缴纳个人所得税。

此外，通过流动来降低税负还有一种方式，就是在取得适当的收入之后，将财产或收入留在低税负地区，人则到高税负但生活费用较低的地方生活，以取得低税负、低费用的双重好处。如香港的收入高，税收负担低，生活费用高，于是有的香港人在取得收入后，就到内地来消费，既不承担内地的高税收负担，又躲避了香港的高消费负担。

【案例9-14】
美国公民约翰先生从2019年1月起在中国境内的合资企业甲担任技术工程师。2019年他在中国境内停留了310天，2019年4月和12月在美国的家中休假两次共25天，他于3月1日到3月21日和10月1日到10月11日分别到合资企业甲的中国香港分公司和日本分公司提供技术支持。在以下两种情况下，分析约翰先生的纳税义务。

1. 由美国总部支付约翰先生的工薪，中国合资企业甲不负担任何费用。

2. 由美国总部支付约翰先生的工薪，其报酬成本最终由中国合资企业甲负担。

对于由中国境内企业或机构雇佣的个人来说，其在中国境内的实际工作期间包括了其在中国境内工作期间所度过的法定公共假期、在中国境内或境外度过的年度休假或是培训的时间。因此，约翰先生2019年在中国的实际工作时间是335天（即310+25）。在按照一年居住时间标准计算时，约翰先生在一个日历年度内累计少于90天的临时离境被忽略不计。因此，在计算约翰先生2019年在中国境内的居住时间时，其在日本和中国香港度过的30天时间被忽略不计，即2019年整个年度约翰先生都被视为在中国居住。

在第一种情况下，他应就其在中国境内的实际工作期间（即335天）内所获得的工资、薪金所得向中国缴纳个人所得税。其临时离境期间在中国境外提供劳务而获得的收入无须向中国缴纳个人所得税。

在第二种情况下，他应就所有的工资、薪金所得（即在中国境内实际工作期间及临时离境期间所获得的收入）向中国缴纳个人所得税。

（二）针对经营所得的纳税人身份筹划

随着经济发展，个人收入水平不断提高，个人实业投资也越来越多。作为个人投资者，在进行投资前必须对不同的投资方式进行比较，以选择最佳方式进行投资。

1. 企业组织形式的选择。目前，个人可以选择的投资方式主要有作为个体工商户从事生产经营或从事承包承租业务成立个人独资企业，组建合伙企业，设立有限责任公司等。在对这些投资方式进行比较选择时，投资者应承担的税收尤其是所得税便成为影响投资决策的关键因素。

2000年1月1日起，中国对个人独资企业、合伙制企业停止征收企业所得税，比照个体工商户的生产、经营所得征收个人所得税。一般来讲，同等收入水平下，有限责任制企业的税负最重，投资经营者只承担有限责任，风险相对较小；个人独资企业、合伙制企业、有限责任企业是法人单位，在发票领购、纳税人认定等方面占有优势，比较容易开展业务，经营的业务范围较广，并且可以享受国家的一些税收优惠政策；个体工商户和合伙制企业由于要承担无限责任，风险较大。这些在筹划中都必须考虑。

2. 企业承包、租赁方式的选择。个人对企事业单位的承包、租赁经营形式较多，分配方案也不尽相同。《国家税务总局关于个人对企事业单位实行承包经营、租赁经营取得所得征税问题的通知》（国税发〔1994〕179号）对此做了适当分类并规定了相应的税务处理方法。

（1）个人对企事业单位实行承包、承租经营后，工商登记改为个体工商户的，应按个体工商户的生产经营所得计征个人所得税，不再征收企业所得税。这意味着纳税人在承包、承租经营中是否变更营业执照将直接决定其税负轻重，若使用原企业的营业执照，则要多征收企业所得税，如果变更为个体经营执照，则只征收个人所得税。

（2）个人对企事业单位实行承包、承租经营后，工商登记仍为企业的，不论其分配方式如何，均应按照有关规定缴纳企业所得税，对承包、承租人按合同规定取得的所得，依照《个人所得税法》的有关规定缴纳个人所得税。

①承包、承租人对企业经营成果不拥有所有权，仅按合同规定取得一定所得的，应按工资、薪金所得征收个人所得税。

②承包、承租人按合同规定向发包方、出租人缴纳一定的费用后，经营成果归承包、承租人所有的，其所得按企事业单位承包经营、承租经营所得征收个人所得税。

【案例 9-15】

张先生现欲承包一企业（属小型微利企业），承包期为 2019 年 1 月 1 日至 2019 年 12 月 31 日。2019 年 1 月 1 日至 2019 年 12 月 31 日期间，企业固定资产折旧为 5 000 元，上交租赁费 50 000 元，预计实现会计利润 100 000 元（已扣除租赁费，未扣除折旧费），张先生不领取工资。已知该地区规定的业主费用扣除标准为每月 5 000 元。这里有两个方案可供选择：方案一，将原企业的工商登记改为个体工商户；方案二，仍用原有企业的营业执照。

**方案一：** 张先生将原来企业的工商登记改为个体工商户。这样，其经营所得就按个体工商户的生产经营所得计算缴纳个人所得税。按照规定，个体工商户在生产经营过程中以经营租赁方式租入固定资产的租赁费，可以据实扣除。该地区规定的业主费用扣除标准为每月 5 000 元。

全年应纳税所得额 = 100 000 - 5 000 × 12 = 40 000（元）

按全年所得计算的应纳税额 = 40 000 × 10% - 1 500 = 2 500（元）

张先生实际取得的税后利润 = 100 000 - 2 500 - 5 000（折旧）= 92 500（元）

**方案二：** 如果张先生仍使用原企业的营业执照，则按规定在缴纳企业所得税后，还要就其税后所得再按承包、承租经营所得缴纳个人所得税。在这种情况下，原企业的固定资产仍属该企业持有，按规定可提取折旧，但上缴的租赁费不得在企业所得税前扣除，也不得把租赁费当作管理费用进行扣除。小型微利企业所得税的税率为 20%。

该企业应纳税所得额 = 100 000 - 5 000（折旧）+ 50 000（租赁费）= 145 000（元）

应纳企业所得税 = 145 000 × 20% = 29 000（元）

张先生实际取得的承包、租赁收入 = 100 000 - 5 000 - 29 000 = 66 000（元）

应纳个人所得税 = （66 000 - 5 000 × 12）× 3% = 180（元）

张先生实际取得的税后利润 = 100 000 - 29 000 - 180 - 5 000（折旧）= 65 820（元）

通过比较，方案一比方案二多获得利润 26 680 元（92 500 - 65 820），可见将原来企业的工商登记改为个体工商户，税收负担更轻。

### 三、从征税范围角度筹划

个人所得税的征收范围几乎包括了所有的个人收入项目。因此,选择合理的收入支出方式,把部分收入项目通过提供福利设施、报销费用的形式予以提供,将其排除在个人所得税的征收范围之外,以减少收入总额,取得减轻赋税的税收利益。尤其在工资、薪金所得及个体工商户生产、经营所得适用超额累进税率的情况下,还能起到降低税率的作用。

(一) 收入项目福利化

由于工资、薪金实行累进税制,对个人的支出只确定一个固定的扣除额,因而收入越高支付的税金越多。因此,如果企业将带有普遍性的职工福利以现金的形式直接支付给个人,将增加个人的税收负担,如果企业提供各种福利设施,不将福利转化为现金,则福利不会被视为工资收入,也就不必计算个人所得税,从而可以减轻个人税负。

【案例 9-16】

北京某公司职员张先生税前月薪为 8 000 元 (扣除了三险一金),由于租住一套两居室住房,每月需支付房租 2 000 元。如何规划才能降低税负?

张先生应纳个人所得税的税额 = (8 000 - 5 000 - 1 500) × 3% = 45 (元)

若公司为张先生提供免费住房,工资下调到每月 6 000 元,则个人收入减少,个人应纳税款也会降低,而雇主的费用负担不变。

张先生收入为 6 000 元时的应纳税额 = (6 000 - 5 000) × 3% = 30 (元)

经过筹划,张先生可节税 15 元 (45 - 30)。

(二) 收入项目费用化

它是指通过报销费用支出的方法降低个人收入总额,以达到减轻税负的目的。如纳税人可以通过报销职工医药费、旅游费用及资料费、交通费等形式使收入支付形式费用化,以减少应纳税所得额。

【案例 9-17】

某作家欲创作一本小说,需要到外地去体验生活。预计全部稿费收入为 20 万元,体验生活等的费用支出为 5 万元。

**方案一**:该作家自己负担费用。

应纳税额为 = 20 0000 × (1 - 20%) × 20% × (1 - 30%) = 22 400 (元)

实际税后收入 = 200 000 - 22 400 - 50 000 = 127 600 (元)

**方案二**:改由出版社支付体验生活费用,实际支付给该作家的稿酬为 15 万元。

应纳税额 = 150 000 × (1 - 20%) × 20% × (1 - 30%) = 16 800 (元)

实际税后收入 = 150 000 - 16 800 = 133 200 (元)

通过以上计算得知,方案二节税 5 600 元 (133 200 - 127 600)。

## 四、从计税依据角度的筹划

### (一) 奖金所得的税收筹划

根据《国家税务总局关于调整个人取得全年一次性奖金等计算征收个人所得税方法问题的通知》(国税发〔2005〕9号)的规定,纳税人取得全年一次性奖金,单独作为一个月工资、薪金所得计算纳税,税款由扣缴义务人发放时代扣代缴。

年终奖所得是将年终奖金额除以12个月,以每月平均收入金额确定税率和速算扣除数。年终奖所得税率表与工资、薪金所得的税率表相同,只是它们的计算方式不同。年终奖所得税的计算方式是将当月取得的全年一次性奖金,除以12个月,按其商数确定适用税率和速算扣除数。如果在发放年终一次性奖金的当月,雇员当月工资薪金所得低于税法规定的费用扣除额,应将全年一次性奖金减除雇员当月工资薪金所得与费用扣除额的差额后的余额,按上述办法确定全年一次性奖金的适用税率和速算扣除数。

年终奖所得税计算公式如下:

如果雇员当月工资、薪金所得高于(或等于)税法规定的费用扣除额的,适用公式为

应纳税额 = 雇员当月取得全年一次性奖金 × 适用税率 - 速算扣除数

如果雇员当月工资、薪金所得低于税法规定的费用扣除额的,适用公式为

应纳税额 = (雇员当月取得全年一次性奖金 - 雇员当月工资、薪金所得与费用扣除额的差额) × 适用税率 - 速算扣除数

【案例 9-18】

某企业业务员王先生2019年在我国境内1—12月每月的工资均为5 001元,12月31日会计发放其一次性年终奖金36 001元。请计算王某取得该笔年终奖金应缴纳的个人所得税。

按12个月分摊后,每月的奖金 = 36 001 ÷ 12 = 3 000.08(元)>3 000(元),根据工资、薪金所得超额累进税率规定,适用税率为10%,应缴纳的个人所得税 = 36 001 × 10% - 210 = 3 390.1(元)。全年工资及奖金之和 = 5 001 × 12 + (36 001 - 3 390.1) = 92 622.9(元)。

如果王先生所在企业将2019年其在我国境内1—12月每月的工资改为4 998元,当年12月31日发放一次性年终奖金36 001元。则王先生取得该笔年终奖金应缴纳的个人所得税会发生如下变化:按12个月分摊后,每月奖金 = [36 001 - (5 000 - 4 998)] ÷ 12 = 2 999.92(元)<3 000(元),根据工资、薪金所得超额累进税率的规定,适用的税率为3%。应缴纳的个人所得税 = [36 001 - (5 000 - 4 998)] × 3% = 1 079.97(元)。全年工资及奖金之和为 = 4 998 × 12 + (36 001 - 1 079.97) = 94 897.03(元)。

可见,适当降低月度工资,反而提高了全年工资。

(二) 个体工商户生产、经营所得的税务筹划

1. 增加费用支出。个体工商户、合伙企业以及个人独资企业的应纳税所得额为收入减去发生的成本、费用，因此，在收入总额既定的前提下，尽可能增加准予扣除项目的金额，合理扩大成本、费用开支，就可以减少应纳税所得额，从而减少企业所得税。

2. 合理选择费用摊销方法。由于个体工商户（合伙企业、个人独资企业）使用五级超额累进税率，每一纳税年度的收入总额减除成本、费用以及损失后的余额为应纳税所得额，因此筹划的总体思路是在可以预见的若干年内合理安排有关费用，以平均分摊为原则，在利润较多的年份做一些技术改造之类的投资，防止利润进入较高税率档次而增加纳税人的税收负担，也可以采用提前确定费用、推后确定收益的方法，以推迟收益的实现时间，从而达到递延纳税的目的。

(1) 选择合理的折旧方法和折旧年限。

① 合理选择折旧方法。折旧方法的选择应立足于使折旧费用的抵税效应得到最充分或最快的发挥。不同企业应选择不同的折旧方法，以使企业的所得税税负降低。

② 合理确定折旧年限。对于折旧年限，税法和会计法规都赋予了较大的弹性空间，税法只规定了各类固定资产的最低折旧年限，这为企业通过选择折旧年限，达到最大限度地列支折旧费用、充分发挥折旧费用的抵税作用提供了可能。

不同企业应选择不同的折旧年限。盈利企业选择最低的折旧年限有利于加速固定资产投资的回收，使计入成本的折旧费用前移、应纳税所得额尽可能地后移，这相当于从国家取得一笔无息贷款，从而相对降低了纳税人的所得税税负。享受所得税税收优惠政策的企业选择较长的折旧年限有利于企业充分享受税收优惠，把税收优惠政策对折旧费用抵税效应的抵消作用降到最低限度。亏损企业确定最佳折旧年限必须充分考虑企业亏损的税前弥补规定。如果某一纳税年度的亏损额不能在今后的纳税年度中得到税前弥补或不能全部得到税前弥补，则该纳税年度折旧费用的抵税效应就不能发挥或不能完全发挥作用。在这种情况下，纳税人可以通过选择合理的折旧年限，充分发挥折旧费用的抵税效应，从而降低所得税税负。

【案例9－19】

某公司一台机器设备的原值为20 000元，残值按原值的5%估计，在一般的情况下应该5年提完折旧，每年应提折旧3 800元，如果公司将折旧期延长为8年，则每年应提折旧2 375元，这样在开始的五年中，每年将少提折旧1 425元，五年共计7 125元。以后三年每年各提2 375元，共计也是7 125元。总的来说，并不影响公司8年的利润总额，公司也未因此而多缴或少缴所得税。但考虑到资金的时间价值，公司前期多缴税款就不合算了。若公司是一新办公司，前两年处于免税期，情况就大不一样了。公司延长折旧期会少缴税712.5元［(1 425×2)×25%］。公司可以利用延长折旧期引起的时间价值差减轻税负。延长的折旧期越长，节税额也越大。

（2）选择合理的存货计价方法。从税务筹划的角度来看，由于原材料存货的价格一般总是上升的，因此，纳税人采用后进先出法比较好。存货计价方法的选择应有利于本期多结转成本，以便使成本上升，从而冲减利润，减少计税依据，减轻所得税税负。

（3）选择合理的费用分摊方法。企业在生产、经营中发生的主要费用包括财务费用、管理费用和产品销售费用。这些费用的多少将会直接影响成本的大小。当企业发生成本费用的支付期与归属期不一致时，就必须按照权责发生制原则加以确认，并采用一定的分摊方法进行分摊。

（4）选择合理的筹资方法。企业的筹资渠道主要有财政资金筹资、金融机构信贷资金筹资、企业自有资金筹资、企业之间相互拆借筹资、企业内部集资、发行债券或股票筹资、商业信用筹资、租赁筹资等。从纳税的角度看，这些筹资渠道产生的纳税效果有很大差别，对某些筹资渠道的利用可以有效地帮助企业减轻税负，获得税收上的好处。

（三）劳务报酬所得的税务筹划

虽然劳务报酬统一使用20%的比例税率，但对一次性收入畸高实行加成征收，这实际上相当于适用三级超额累进税率。所以劳务报酬所得的筹划方法的一般思路是，尽量通过增加费用开支减少应纳税所得额，或者通过延迟收入的方法，将每一次的劳务报酬所得安排在较低税率的范围内。

1. 分项计算。劳务报酬所得以每次收入额减除一定费用后的余额作为应纳税所得额。《个人所得税法实施条例》中列举了27种形式的劳务报酬所得，对于这些所得属于一次性收入的，以取得该项收入为一次，属于同一项目连续性收入的，以一个月内取得的收入为一次。这里的同一项目是指劳务报酬所得列举的具体劳务项目中的某一单项。个人兼有不同劳务报酬所得的，应当分别减除费用，计算缴纳个人所得税。

2. 合理安排支付次数。在现实生活中，由于种种原因，某些行业的收入获得具有阶段性，在某些时期收入可能较多，而在另一些时期收入可能较少甚至没有。这样就有可能在收入较多时适用较高税率，而在收入较少时免予征税，造成总体税负较高。因此可通过合理安排，增加支付次数，并且使每次支付金额比较平均，从而适用较低税率。

3. 费用转移。为他人提供劳务以取得报酬的个人可以考虑由对方提供一定的福利，将本应由自己承担的费用改由对方承担，以达到规避个人所得税的目的。如由对方提供餐饮服务、报销交通费、提供办公用品、安排实验设备等，扩大费用开支范围，相应减少自己的劳务报酬总额，从而使该项劳务报酬所得适用较低税率。

（四）稿酬所得的税务筹划

1. 系列丛书稿酬所得的税务筹划。根据《个人所得税法》的有关规定，个人以图书、报刊方式出版、发表同一作品，不论出版单位是预约还是分笔支付稿酬，或者加印该作品再付稿酬,均应合并稿酬所得,以一次计征个人所得税。如果一本书可以分成几个部分,以一系列丛书的形式出现,该作品可以被认定为几个单位独立的作品,单独计算纳税,从而扩大免征金额,降低应纳税额。

2. 合理分摊稿酬。根据《个人所得税法》的有关规定,两个或两个以上的个人共同取得同一项目收入的,应当对每个人取得的收入分别按照税法规定减除费用后计算纳税,即实行"先分、后扣、再税"的办法。因此在分摊稿酬时应最大限度利用费用扣除政策,扩大免征额。

3. 增加前期写作费用。根据税法有关规定,个人取得的稿酬所得只能在一定限额内扣除费用。稿酬所得应纳税款的计算是用应纳税所得额乘以税率,税率固定不变,应纳税所得额越大,应纳税额越大。如果能在现有扣除标准下,再多扣除一定的费用,减少名义稿酬所得,就可以减少应纳税额。一般做法是通过与出版社协商,让其提供尽可能多的设备或服务,将费用转移给出版社,降低自己的名义稿酬所得,如可考虑由出版社负担资料费、书写工具、交通费、住宿费等。

### 五、税率筹划

利用税率进行筹划,通过将高税率所得项目转换成低税率所得项目的方法,实现少纳税款、减轻税负的目的。

(一) 合理安排应税所得

在个人所得税中,工资、薪金所得和个体工商户生产和经营所得,以及承包、承租经营所得和劳务报酬所得实行超额累进税率,因此可通过改变支付次数、均衡支付收入等方法,以降低每次的应纳税所得额,避免一次收入过高而适用高税率的情况。

【案例 9-20】

王某开设了一个经营水暖器材的企业,由其妻负责经营管理。王某同时也承接一些安装维修工程。预计其每年销售水暖器材的应纳税所得额为 40 000 元,承接安装维修工程的应纳税所得额为 20 000 元。试作出降低税负的筹划方案。

按税法规定,王某的经营所得属于个体工商户生产、经营所得,全年应纳所得税为 4 500 元(60 000 × 10% − 1 500)。

如果王某和妻子分别成立两个个人独资企业,王某的企业专门承接安装维修工程,其妻的企业只售水暖器材,则他们的应纳税额情况如下。

王某的企业应纳所得税 = 20 000 × 5% = 1 000(元)

其妻的企业应纳所得税 = 40 000 × 10% − 1 500 = 2 500(元)

两人合计的纳税额 = 1 000 + 2 500 = 3 500(元)

可实现节税额 = 4 500 − 3 500 = 1 000(元)

## （二）高税率项目转换为低税率项目

工资、薪金所得适用的是3%～45%的七级超额累进税率，劳务报酬所得适用的是三级超额累进税率，稿酬所得适用的是14%的比例税率，其他所得适用的是20%的比例税率。由于相同数额的工资、薪金所得与劳务报酬所得适用的税率不同，因此利用税率的差异进行纳税筹划是节税的一个重要方法。

1. 劳务报酬所得转化为工资、薪金所得。在某些情况下，工资、薪金所得适用的税率比劳务报酬所得适用的税率低，因此可将劳务报酬所得转化为工资、薪金所得，以便节省税款。

### 【案例9－21】

王先生在A公司兼职，收入为每月7 000元。试作出降低税负的筹划方案。

如果王先生与A公司没有固定的雇佣关系，则按照税法规定，其收入应按劳务报酬所得征税。

其应纳税额＝7 000×（1－20%）×20%＝1 120（元）

如果王先生与A公司建立起合同制雇佣关系，其来源于A公司的所得则可作为工资、薪金所得计算缴纳个人所得税。

其应纳税额＝（7 000－5 000）×3%＝60（元）

因此王先生应与A公司签订聘用合同，这样每月可节税1 060元（1 120－60）。

2. 工资、薪金所得转化为劳务报酬的所得。在纳税人工资、薪金较高，适用的边际税率高的情况下，将工资、薪金所得转化为劳务报酬所得更有利于节省税款。

### 【案例9－22】

刘某是一高级软件工程师，2019年10月获得某公司支付的工资类收入50 000元。试作出降低税负的筹划方案。

如果刘某和该公司存在稳定的雇佣关系，则应按工资、薪金所得缴纳个人所得税。

其应纳税额＝（50 000－5 000）×30%－4 410＝9 090（元）

如果刘某和该公司不存在稳定的雇佣关系，则该项所得应按劳务报酬所得缴纳个人所得税。

其应纳税额＝50 000×（1－20%）×20%＝8 000（元）

因此可考虑刘某以劳务报酬的形式取得这笔收入，这样可节省税款1 090元（9 090－8 000）。

3. 股息所得转化为工资、薪金所得。股息所得适用20%的比例税率，而工资、薪金所得适用3%～45%的七级超额累进税率，在某些情况下，把股息所得转化为工资、薪金所得会减轻税负。

## 【案例 9-23】

某有限责任公司由甲、乙、丙三个自然人投资组建,投资比例各占1/3。甲、乙、丙各月的工资均为4 000元,年底每人应分股利24 000元。请作出相应的筹划方案。

(1) 转换前的应纳税款情况。各月的工资所得为4 000元,未超过免征额,不用缴纳个人所得税。

每人年股息所得的应纳税额 = 24 000 × 20% = 4 800(元)

三人合计的年应纳税额 = 4 800 × 3 = 14 400(元)

(2) 股息所得转化为工资、薪金所得的应纳税款情况。每人每月增加工资、薪金所得2 000元(即24 000÷12),每人每月应纳税额为30元[(4 000 + 2 000 - 5 000) × 3%]

三人合计的年应纳税额 = 30 × 12 × 3 = 1 080(元)

通过以上计算可知,转换后比转换前税负减轻13 320元(14 400 - 1 080)。

4. 合理安排公益性捐赠支出。税法规定,个人将所得通过中国境内的社会团体、国家机关向教育和其他社会公益事业以及遭受严重自然灾害地区、贫困地区捐赠的,允许从其应纳税所得额中扣除捐赠额,其扣除标准一般以不超过纳税人申报的应纳税所得额的30%为限。上述捐赠必须得到社会公认。

$$捐赠扣除限额 = 申报的应纳税所得额 \times 30\%$$

实际捐赠额≤捐赠限额时,允许扣除的捐赠额等于实际捐赠额;实际捐赠额大于捐赠限额时,只能按捐赠限额扣除。

$$应纳税额 = (应纳税所得额 - 允许扣除的捐赠额) \times 适用税率 - 速算扣除数$$

## 【案例 9-24】

某演员参加某单位举办的演唱会,取得演出收入80 000元,将其中30 000元通过民政部门捐赠给某贫困山区。计算该演员取得的演出收入应缴纳的个人所得税。

未扣除捐赠的应纳税所得额 = 80 000 × (1 - 20%) = 64 000(元)

捐赠扣除限额 = 64 000 × 30% = 19 200(元)

由于实际捐赠额大于扣除限额,只能按限额扣除。

应缴纳的个人所得税 = (64 000 - 19 200) × 30% - 2 000 = 11 440(元)

根据以上规定,纳税人在进行捐赠时应注意以下几点。

(1) 避免直接捐赠。根据税法的规定,纳税人直接对受益人的捐赠不得在税前扣除。因此纳税人应尽量避免直接捐赠,可选择通过中国境内的社会团体、国家机关等进行捐赠。

（2）合理选择捐赠对象。税法规定一般公益性捐赠的扣除限额为30%，但下列捐赠允许在计算个人所得税时全额扣除：个人通过非营利的社会团体和国家机关向教育事业的捐赠，个人通过非营利性社会团体和国家机关向红十字事业的捐赠，个人通过非营利的社会团体和国家机关对公益性青少年活动场所的捐赠，个人向慈善机构、基金会等非营利机构的公益性、救济性捐赠。纳税人在进行捐赠时，可通过选择以上几项可以税前全额扣除的捐赠项目进行捐赠。

（3）选择适当的捐赠时期。纳税人对外捐赠是出于自愿，捐多少、何时捐都由纳税人自己决定。允许按应纳税所得额的一定比例进行扣除，其前提必须是取得一定的收入，也就是说，如果纳税人本期未取得收入，而是用自己过去的积蓄进行捐赠，则不能得到税收抵免。因此应尽量选择在自己收入较多（适用税率较高）的时期进行捐赠，以获得较大的税收抵免好处。

## 六、税收优惠的利用

（一）充分利用国家税收优惠政策

根据个人所得税减免税的有关规定，个人取得国债和国家发行的金融债券的利息、教育储蓄存款利息所得免税。国家发行的金融债券是指经国务院批准发行的金融债券。教育储蓄是指个人按照国家有关规定在指定银行开户、存入规定数额资金、用于教育的专项储蓄。同时为保证和支持社会保障制度及住房制度改革的顺利实施，对明确按照国家或各级地方政府规定的比例交付的下列专项基金或基金存入个人账户所取得的利息收入免征个人所得税：住房公积金、医疗保险金、基本养老保险金、失业保险基金。另外，根据财税字〔1998〕55号文件规定，对个人投资者买卖基金单位获得的差价收入、个人买卖股票的差价收入暂不征收个人所得税。利用这些优惠政策进行纳税筹划，将个人的存款以教育基金或其他免税基金的形式存入金融机构，可以减轻自己的税收负担。纳税人可以利用税法的优惠政策，合理安排子女的教育资金、家庭的住房公积金、医疗保险金等支出。

（二）免征额的安排

中国个人所得税规定的免征额是月收入5 000元，在具体的征管过程中各地根据当地的经济情况，对所属地区的个人所得税的免征额也有具体的规定。另外，税法规定个人所得税实行代扣代缴、代征代缴，即实行源泉扣缴的管理办法。因此，可以通过合理安排收入渠道，充分利用免征额的规定，使免征额达到最大化，以减少应纳税款，从而降低税负。

（三）境外已纳税额的扣除

在对纳税人的境外所得征税时，会存在其境外所得已在来源国缴税的情况。税法规定，纳税人从中国境外取得的所得，准予其在应纳税额中扣除已在境外实缴的个人所得税税款，但扣除额不得超过该纳税人境外所得依照中国税法规定的应纳税额。中国个人所得税的抵免限额采用分国不分项限额法。具体规定及计税方法如下。

1. 实缴境外税款。它是指纳税人从中国境外取得的所得，依照所得来源国或地区的法律应当缴纳并且实际已经缴纳的税额。

2. 抵免限额。中国个人所得税的抵免限额采用分国限额法，即来自不同国家和地区的不同应税项目，分别依照税法规定的费用减除标准和适用的税率计算抵免限额。对于同一国家和地区的不同应税项目，以其各项抵免限额之和作为来自该国或地区所得的抵免限额。其计算公式为

$$来自某国或地区的抵免限额 = \sum（来自某国或地区的某一应税项目的所得 - 费用扣除标准）\times 适用税率 - 速算扣除数$$

$$= \sum（来自某国或地区的某一应税项目的净所得 + 境外实缴税款 - 费用减除标准）\times 适用税率 - 速算扣除数$$

上式中的费用减除标准和适用税率均指中国的《个人所得税法》及其实施细则规定的有关费用减除标准和适用税率。不同的应税项目减除不同的费用标准计算出的单项抵免限额相加后，可求得来自一国或地区所得的抵免限额，即分国的抵免限额。不同的抵免限额不能相加。

3. 允许抵免额。允许抵免额要分国确定，即将计算出的来自一国或地区所得的抵免限额与该国或地区的实缴税款相比较，以数额较小者作为允许抵免额。纳税人在境外实缴的个人所得税税款小于抵免额的，据实扣除，即扣除在境外实缴的税款。在某一纳税年度如果发生境外实缴税款大于抵免限额，即发生超限额的，超限额部分不允许在应纳税额中抵扣，但可以在以后纳税年度仍来自该国或地区的不足限额（境外实缴税款低于抵免限额的部分）中补扣。下一年度结转后仍有超限额的，可继续结转，但每年发生的超限额结转期最长不得超过5年。

4. 境外缴纳税款的抵免必须由纳税人提出申请，并提供境外税务机构填发的完税凭证原件。

5. 在计算出抵免限额和确定了允许抵免额之后，便可对纳税人的境外所得计算应纳税额。其计算公式为

$$应纳税额 = \sum（来自某国或地区的所得额 - 费用扣除标准）\times 适用税率 - 速算扣除数 - 允许抵免额$$

【案例 9 – 25】

某中国居民纳税人在同一纳税年度从 A、B 两国取得应税收入。其中：在 A 国一公司任职，取得工资、薪金收入 72 000 元（平均每月 6 000 元），因提供一项专利技术使用权，一次性取得特许权使用费收入 30 000 元，该两项收入在 A 国缴纳个人所得税 5 000 元；因在 B 国出版著作，获得稿酬收入 15 000 元，并在 B 国缴纳该项收入的个人所得税 1 720 元。计算其应缴纳的个人所得税。

1. 对在 A 国所缴纳的个人所得税的抵免

按照中国税法的费用减除标准和税率,计算该纳税义务人从 A 国取得的应纳税额,该应纳税额即为抵免限额。

(1) 工资、薪金所得。该纳税义务人从 A 国取得的工资、薪金收入,应每月减除费用 5 000 元,其余额按七级超额累进税率表的适用税率计算应纳税额。

每月应纳税额 = (6 000 - 5 000) ×3% = 30 (元)

全年应纳税额 = 30×12 = 360 (元)

(2) 特许权使用费所得。该纳税义务人从 A 国取得的特许权使用费收入,应减除 20% 的费用,其余额按 20% 的比例税率计算应纳税额。

应纳税额 = 30 000×(1-20%)×20% = 4 800 (元)

根据计算结果,该纳税义务人从 A 国取得的应税所得的税收抵免限额为 5 160 元 (360 + 4 800)。其在 A 国实际缴纳的个人所得税为 5 000 元,低于抵免限额,可以全额抵扣,并需在中国补缴差额税款 160 元 (5 160 - 5 000)。

2. 对在 B 国所缴纳的个人所得税的抵免

按照中国税法的规定,该纳税义务人从 B 国取得的稿酬收入,应减除 20% 的费用后,就其余额按 20% 的税率计算应纳税额并减征 30%,即 [15 000×(1-20%)×20%×(1-30%)],其抵免限额为 1 680 元。该纳税义务人的稿酬所得在 B 国实际缴纳的个人所得税为 1 720 元,超出抵免限额 40 元,超出部分不能在本年度扣除,但可以在以后 5 个纳税年度的该国抵免限额的余额中补减。

综合上述计算结果,该纳税义务人在本年度总的境外所得应在中国补缴个人所得税 160 元。其中 B 国缴纳的个人所得税未抵免的 40 元,可在中国税法规定的前提条件下补减。根据中国个人所得税确定的抵免方法,其筹划思路是如何才能让"超过抵免限额的部分"在 5 年内获得抵免,以充分削减在中国境外缴纳的超过抵免限额的税负。

### 七、合理安排预缴税款

由于个体工商户、个人独资企业、合伙企业及分次取得承包、租赁经营所得的纳税人,实行分月(次)预缴、年终汇算清缴的税款缴纳制度,因此可以通过合理安排预缴税款,以取得递延纳税的税收好处。这种安排的关键在于做到合法地在预缴税款期间尽可能少缴,特别是不要在年终形成多预缴需退税的结果。

(一) 费用提前列支

纳税人应合理安排年度内的费用支出,一些大型支出尽量安排在年度前期,尤其是按税法规定标准列支的项目支出,如工资、业务招待费、广告费等费用支出,由于其限额是按年度核算的,前期超标的费用支出要到汇算清缴时进行纳税调整,因此可以在年度前期尽量多列支,从而减少应纳税所得额,获得递延缴纳税款的税收收益。

（二）收入滞后确认

收入的实现尽量滞后，使前期收入减少，进而降低前期所预缴的税款，尤其在适用超额累进税率的情况下，前期应纳税所得额的降低还可以带来降低税率的好处。在分次获得承包经营所得时，可增加支付次数，尽量减少前期所得金额。

### 【本章小结】

税务筹划不仅可以减少纳税人的税务负担，实现纳税人财务利益的最大化，还有助于提高纳税人的纳税意识，抑制偷逃税等违法行为。

对于个人或家庭而言，个人所得税是最为主要的税种，个人税务筹划主要针对个人所得税。个人所得税是以个人（自然人）取得的应税所得为征税对象所征收的一种税。我国的个人所得税一般采取分类列举的办法确定征税范围：（1）工资、薪金所得；（2）个体工商户的生产、经营所得；（3）对企事业单位的承包经营、承租经营以及转包、转租取得的所得；（4）劳务报酬所得；（5）稿酬所得；（6）特许权使用费所得；（7）利息、股息、红利所得；（8）财产租赁所得；（9）财产转让所得；（10）偶然所得，它是指个人得奖、中奖、中彩以及其他偶然性质的所得。

税收筹划的基本方法主要包括：（1）利用税收优惠政策；（2）递延纳税时间；（3）缩小计税依据；（4）利用避税地等降低纳税人的税收负担。

### 【重点概念】

税务筹划　　纳税人　　个人所得税　　应纳税所得额　　应纳税额　　税率

### 【思考与练习】

1. A国公民罗伯特在中国境内无住所，于2019年2—11月在中国工作，每月取得中国境内企业支付的工资2.4万元。2019年2—11月罗伯特在中国应缴纳的个人所得税为多少元？

2. 王芳每月从北京的单位获取薪金10 000元，但是单位目前不提供住房，她每月需花费2 000元在单位附近租房居住。据了解，单位有不少像王芳这样的年轻人。单位可以采用何种方式降低员工的个人所得税负担？

3. 李老师在某大学任教，月工资收入为6 200元，同时应某公司邀请，每月为该公司员工进行一次讲课，每次收入为6 000元。李老师如何筹划可降低应缴纳的个人所得税？

4. 王教授到外地某企业讲课，讲课的劳务报酬为5万元，往返交通费、住宿费、伙食费等为5 000元。请为王教授筹划一种方案使其实际收益最大化。

5. 杜先生应某咨询公司之邀，每月均为该公司提供一次技术服务，每次收入为6 000元。杜先生可以通过何种方式减轻自己的税负？

6. 工程师孙先生本月完成了一项设计任务，按奖励办法，应取得工资、奖金31 600元，按照工资、薪金缴税目前的扣税标准，应缴3 990元［（31 600 − 5 000）×

25%-2 660］，孙先生实际取得收入 27 610 元。孙先生向理财规划师进行了咨询，理财规划师了解到孙先生为了完成该项设计任务，不仅自己查阅了大量的文献资料，还请了单位朋友帮忙，向朋友咨询，和朋友讨论，朋友还绘制了部分图纸……孙先生说："我领了这笔奖金，无论如何要给朋友表示表示，按照朋友的工作量，怎么也得给个 10 000 元。"孙先生通过何种方式可以尽可能减少税负？

7. 作家王某欲创作一本小说，需要到外地去体验生活。预计全部稿费收入为 20 万元，体验生活等费用支出为 2 万元。试作出降低税负的筹划方案。

8. 某纳税人进行不动产投资，花了 40 万元买了一处房屋，现将该房屋出租，每月收取租金 5 000 元（忽略印花税）。计算该项投资的回报，同时假定银行一年期的定期年存款利率为 3%，比较两种投资工具的收益。

9. 李先生通过竞投获得某街道办集体企业的经营权，租期为两年，从 2019 年 1 月 1 日至 2020 年 12 月 31 日。租赁后，该企业主管部门不再为该企业提供管理方面的服务，其经营成果全部归李先生个人所有。2019 年在未扣除上缴的租赁费和折旧的情况下，取得利润 20 万元。李先生每年应上交租赁费 6 万元，固定资产折旧为 1.2 万元。根据李先生的资料，如何进行税收筹划才能使纳税最低？

10. 某教授出版一本著作，将获得稿酬所得 12 000 元。此书的写作过程实际上是教授与他的 14 个学生共同参与的，教授准备支付学生稿费。现有两种方案：第一种是教授领取稿费，然后再分给学生；第二种是教授和学生各自到出版社领取自己的那份稿费。请对两种方案作出最优选择。

11. 某科研人员发明了一种新技术，该技术获得了国家专利，专利权属于个人所有。如果单纯将其转让，可获得转让收入 80 万元；如果将该专利折合股份投资，让其拥有相同价款的股权，当年可获取股息收入 8 万元。该科研人员应采取哪种方式？

# 第十章

# 理财规划综合应用

【引子】

理财规划本身是一个综合服务的过程,理财规划师要对客户的财务状况进行分析、评价,对客户在不同时期的理财目标进行科学统筹,进而对客户理财规划提出方案和建议的书面报告。合格的理财规划师必须具备综合运用理财工具针对不同客户制订不同理财规划方案的能力。

## 第一节 个人理财规划流程

为了保证理财规划师服务的质量和专业性,国际 CFP 理事会制定了一个规范个人理财从业者服务的执业标准流程,要求所有获得 CFP 证书的从业者严格遵守。个人理财规划的标准流程分为六个步骤,如图 10-1 所示。

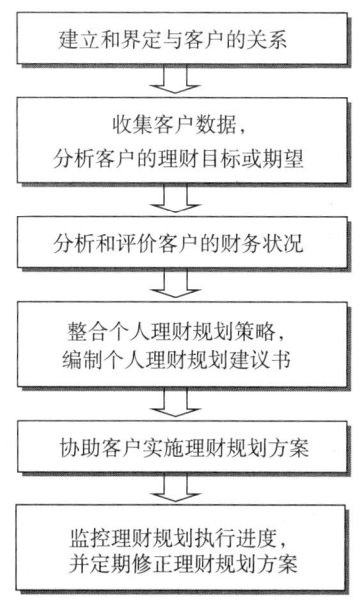

图 10-1 个人理财规划的标准流程

## 一、建立和界定与客户的关系

个人理财规划作为金融服务行业的子行业。理财规划师在为客户提供任何理财规划服务以前,首先应该界定清晰与客户的关系,与客户共同确定服务的范围。

(一)理财规划师的功能定位

理财规划师是从事个人理财工作的专业人士,他应把客户的利益和需要放在第一位,为客户实现其生活、财务目标提供专业咨询服务,并通过规范的个人理财服务流程实施理财规划。

理财规划师的功能定位如图 10-2 所示。

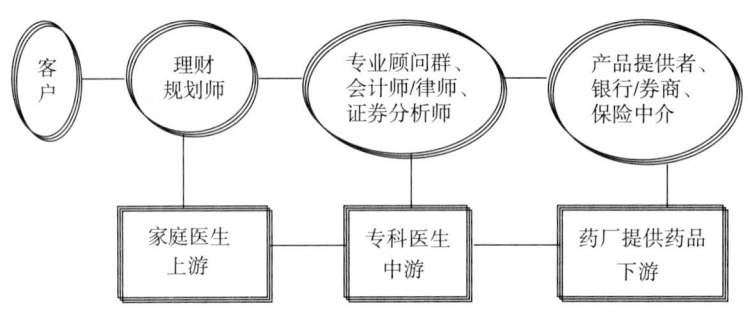

图 10-2 理财规划师的功能定位

理财规划师的职业定位如同家庭保健医生,其功能如下:为客户找到资金最佳配置方案;

为客户提供投资前的各项投资评估方案;

站在中间立场为客户提供专业咨询;

协助客户操作理财方案;

追踪并管理客户理财规划的进度;

协助客户处理突发的理财问题。

并不是所有人都是理财规划师的服务对象。理财规划师的服务对象应该是有理财需要并能接受理财规划师服务的群体。服务对象包括:

有钱但没有时间去规划及管理资产的人;

目前虽然不是高资产阶层,但愿意积极规划未来的人;

家庭责任感强,对子女也有很高的期望的人;

家庭或居住环境面临较大变迁,需要做特殊调整安排的人。

理财规划师应通过各种渠道,发现这些有潜在需求的客户,并激发他们对理财的兴趣,让其意识到理财的意义和重要作用。

(二)联系客户,建立客户关系

理财规划师与客户建立联系的方法有多种,例如面谈、电话交谈、网络联系等,其中与客户面谈是最重要的方法。初次面谈尽管不一定能建立稳定的客户关系,但可以使理财规划师全面了解客户，判断双方合作的可能性，同时使客户对个人理财有深入的认识。

与客户初次面见面，理财规划师应当做好以下充足准备：

明确与客户谈话的目的，确定谈话的内容；

准备好所有的关于自己及过去客户评价等的背景资料；

选择合适的见面时间和地点；

确认客户是否有财务决定权，是否清楚自身的财务状况；

通知客户需要携带的个人资料。

通常，客户比较信任形象较为职业化的理财规划师，职业化的形象通常代表丰富的专业经验和严格的职业操守。理财规划师的衣着、语言、行为，以及会面的地点都会影响其形象。因此，理财规划师在会见客户时要十分注重这方面的细节，根据客户的偏好来安排会面和谈话，树立自身职业化的形象，以提高与客户合作的可能性。

理财规划师与客户会面后，应注意为客户创造一个良好的谈话氛围，并给予客户较多的发表意见的机会，让客户切身感受到理财规划师是真正关心自己，站在自己的立场看待问题，而不是推销产品或收取佣金。

与客户进入正式谈话环节后，理财规划师应将沟通的重点转移到与个人理财规划有关的方面，保证在适当的时间获取所需要的信息。理财规划师获取客户信息的方式，除了使用专业的问卷之外，还需要采用直接提问的方式。适当的、有针对性的提问不仅可以引导客户提供准确和全面的信息，还有助于拉近与客户的距离，提高合作的可能性。

在初步共识达成后，就可以结束与客户的初次面谈了。这时，理财规划师应对客户的咨询目的、财务目标、基本信息和投资偏好有一个初步了解，并向客户再次确认有关信息，以避免误解。

如果客户决定请理财规划师为其提供理财服务，则可以让其填写理财建议要求书，同时，交给客户一些初步的表格，让其填写。

(三) 理财规划师应该向客户披露的信息

在理财规划过程中，理财规划师有义务向客户解释理财有关的基本知识和背景，并帮助其了解理财的作用和风险。理财规划师应该向客户说明的信息包括：理财规划师的行业经验和资格，提供个人理财规划服务的费用及计算方式，个人理财规划过程和实施中涉及的人员，个人理财规划的后续服务和评估。

## 二、收集客户数据，分析客户的理财目标或期望

(一) 收集和整理客户信息资料

没有准确的财务信息，理财规划师就无法了解客户的财务状况，也无法与客户共同确定合理的财务目标，进而不能对客户提出切实可行的理财方案。理财规划师在收集信息的过程中，必须让客户了解信息的准确性、可靠性和完整性的重要。

理财规划师需要了解的信息主要包括两方面，即客户的个人信息和宏观经济信息。客户的个人信息又可以分为财务信息和非财务信息。财务信息包括客户当前的收支状况、财务安排及其预测，是制订理财规划的基础和根据。非财务信息是指其他相关的信息，如客户的社会地位、年龄、投资偏好和风险承受能力等，它有助于理财规划师进一步了解客户。大部分客户信息都可以通过数据调查表获取。对于一些连客户也难以确认的信息，则可以通过交谈、测试问卷等方式做出判断。

宏观经济信息是指经济环境数据。理财规划师提供的理财建议与客户所处的宏观经济环境有着密切的联系。一般来说，理财规划师需要掌握的信息如下：

宏观经济状况，如经济周期、景气指数、通货膨胀、就业状况等；

宏观经济政策，如国家货币政策、财政政策等；

金融市场，如货币市场、资本市场、保险市场、黄金市场、金融监管等；

制度安排及改革，如个人税收制度、社会保障制度，以及教育、住房、医疗制度及其改革等。

（二）协助客户制定理财目标

制定客户理财目标是为客户进行理财规划最关键的一步。要进行理财规划，需要理财规划师深入了解客户的具体目标和期望。合理、可行的理财目标的确认为理财规划指明了方向。

理财规划师应先通过各种方式和客户进行沟通，并指导和帮助客户确定理财目标。理财规划师一方面要协助客户了解自己的需求和期望，另一方面也要指出客户某些目标的不合理性，从而帮助客户制定出具体的、可以量化并且合理的、可实现的目标。

按实现时间的长短区分，客户的理财目标可以分为短期目标、中期目标和长期目标。短期目标是指那些需要客户每年制定和修改，并在较短时期内（一般在5年以内）实现的目标，如日常生活开支、购买汽车、旅游等。中期目标是指制定后在必要时仍可调整，在一定时期内（一般是6~10年）实现的目标，如购房、子女教育投资等。长期目标是指一经确定，就需要客户通过长时期（一般在10年以上）的计划和努力才能实现的目标。最典型的长期目标就是退休养老目标。

当然，客户的长短期目标是相对的，随着时间的推移，长期目标将逐渐转变为短期目标。表10-1是处于不同生命时期的客户的常见目标。

表10-1　　　　　　　　　　　　不同生命时期的客户的常见目标

| 人生阶段 | 短期目标 | 中长期目标 |
|---|---|---|
| 单身期<br>（参加工作至结婚） | 自身教育投资、建立备用金、购买汽车、旅游、储蓄 | 购买房屋、投资、创业 |
| 家庭建立期<br>（结婚至小孩出生） | 育儿计划、购买房屋、投资创业、购买保险 | 子女教育投资、换房计划 |
| 家庭成长期<br>（小孩出生至上大学） | 子女基础教育投资、投资计划、购买保险、换房规划 | 子女大学教育投资、退休养老 |

续表

| 人生阶段 | 短期目标 | 中长期目标 |
|---|---|---|
| 家庭成熟期<br>(子女上大学至自己退休) | 子女教育投资、保险计划、退休规划 | 退休养老、财产传承 |
| 养老期<br>(退休之后) | 固定收益投资、医疗保健、财产传承 | 制定遗嘱 |

理财规划师可以采用表格的方式来分析和制定客户的理财目标，见表10-2。在与客户沟通时，应对客户提出的目标加以细化，最好是能够量化。客户的目标往往不止一个，而且目标不可能一蹴而就，因此应将客户的所有目标按照重要程度列出优先次序，并加以时间区分，标明目标拟实现的时间。

表 10-2　　　　　　　　　　　　客户目标一览表

| 目标类型 | 具体描述 | 优先程度 | 开始计划时间 | 希望实现时间 | 实现成本 |
|---|---|---|---|---|---|
| 短期目标 | 1.<br>2.<br>3.<br>…… | | | | |
| 中期目标 | 1.<br>2.<br>3.<br>…… | | | | |
| 长期目标 | 1.<br>2.<br>3.<br>…… | | | | |

## 三、分析和评价客户的财务状况

理财规划师在提出具体的理财规划方案之前必须对客户的财务状况有全面和深入的了解。对客户财务状况的分析包括对客户资产负债表、现金流量表及财务比率的分析。其中对资产负债表的分析是对客户目前已有的资源和存在负债情况的分析，对现金流量表的分析是对客户在一定期间内的收支状况进行分析。对财务比率的分析则是建立在对资产负债表和现金流量表的分析的基础上，以比率的形式反映客户现行的财务状况。在财务分析基础上，理财规划师还要根据前面掌握的客户的信息、理财目标，预测客户未来的现金流量表。

分析和评价客户财务状况的具体方法参见本书第三章。

## 四、整合个人理财规划策略,编制个人理财规划建议书

(一)理财目标规划分析

经过前面的工作,理财规划师就可以提出理财规划策略来满足客户的理财目标了。

理财规划师首先要针对客户具体的规划和目标进行需求分析(如图10-3所示),如子女教育投资规划是规划子女未来教育资金的需求,保险规划则要分析客户保险需求的缺口。

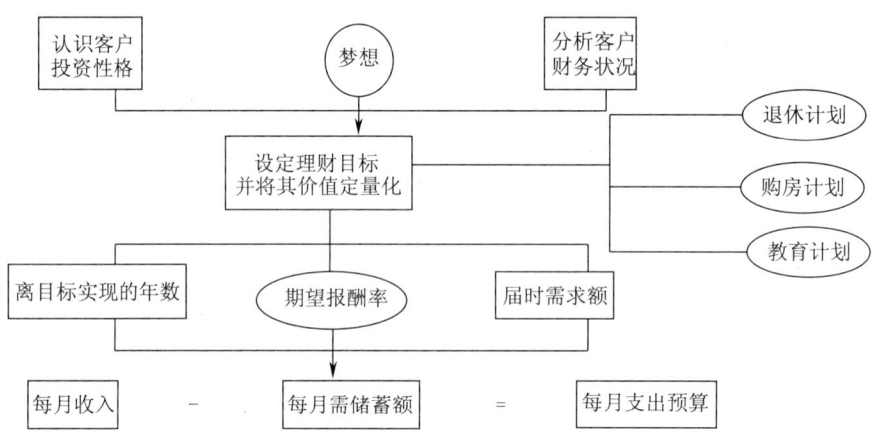

图10-3 理财目标需求分析

1. 供需现值法

客户所拥有的财务资源有限,而目标却有多个。考察客户现有的投资和未来的储蓄资源是否能满足一生的多个目标,可以采用现值法进行测算。

【案例10-1】

**供需现值法计算的李先生所需的储蓄额度**

李先生打算5年内准备购房资金50万元,10年内准备子女教育金20万元,20年内准备退休金100万元,他的投资收益率约为5%,现有资产10万元,他应储蓄多少年?如果他的年收入为10万元,年支出为6万元,理财目标的供需缺口是多少?

购房资金现值 = $50 \times (P/F, 5\%, 5)$ = 39.2(万元)

子女教育金现值 = $20 \times (P/F, 5\%, 10)$ = 12.3(万元)

退休金现值 = $100 \times (P/F, 5\%, 20)$ = 37.7(万元)

20年支出现值 = $6 \times (P/A, 5\%, 20)$ = 74.8(万元)

20年收入现值 = $10 \times (P/A, 5\%, 20)$ = 124.6(万元)

总需求现值 = 39.2 + 12.3 + 37.7 + 74.8 = 164(万元)

总供给现值 = 124.6 + 10 = 134.6(万元)

总需求现值 > 总供给现值

所以，客户必须增加收入或提高储蓄率，或提高投资收益率才能实现所有理财目标。

2. 目标并进法

对于重要性和紧迫性都相同的理财目标，可以采用目标并进法，即用各目标还原现值后占目标总额的比例来分配现有投资及未来的储蓄资源。

【案例 10-2】

**目标并进法计算的王先生各阶段所需储蓄额**

王先生打算 5 年内准备购房资金 50 万元，10 年内准备子女教育金 20 万元，20 年内准备退休金 100 万元，他的投资收益率为 5%，现有资产 10 万元。若想以目标并进法完成目标，各阶段需储蓄多少？

购房资金现值 = 50 × (P/F,5%,5) = 39.2(万元)

子女教育金现值 = 20 × (P/F,5%,10) = 12.3(万元)

退休金现值 = 100 × (P/F,5%,20) = 37.7(万元)

理财目标总需求 = 39.2 + 12.3 + 37.7 = 89.2(万元)

购房资金现值/理财目标总需求 = 39.2/89.2 = 44%

子女教育金现值/理财目标总需求 = 12.3/89.2 = 14%

退休金现值/理财目标总需求 = 37.7/89.2 = 42%

10 万元资产的分配如下。

购房资金 = 10 × 44% = 4.4(万元)

子女教育金 = 10 × 14% = 1.4(万元)

退休金 = 10 × 42% = 4.2(万元)

客户未来储蓄分配如下。

购房资金 = (39.2 - 4.4) × (A/P,5%,5) = 8.04(万元)

子女教育金 = (12.3 - 1.4) × (A/P,5%,10) = 1.41(万元)

退休金 = (37.7 - 4.2) × (A/P,5%,20) = 2.69(万元)

所以，客户的所有目标要同时推进，则需做出如下安排：前 5 年每年需储蓄 12.14 万元(8.04 + 1.41 + 2.69)，6~10 年每年需储蓄 4.1 万元(1.41 + 2.69)，11~20 年每年需储蓄 = 2.69 万元。

3. 目标顺序法

对于重要性虽然相同，而实现时间不同的目标，如果前期压力过大，可以采用目标顺序法，即先实现最紧迫的理财目标，再考虑规划时间较长的其他目标。

> 【案例 10-3】
> **目标顺序法计算的王先生各阶段所需储蓄额**
>
> 按上例,如果王先生采用目标顺序法完成理财目标,各阶段所需储蓄是多少?
> 前 5 年准备购房资金,每年需储蓄 6.74(万元)
> $[(39.2-10)\times(A/P,5\%,5)]$,
> 6~10 年准备子女教育金,每年需储蓄 3.62(万元)
> $[20\times(A/F,5\%,5)]$,
> 11~20 年准备退休金,每年需储蓄 7.95(万元)
> $[100\times(A/F,5\%,10)]$。

计算出达成各项理财目标的具体需求,接下来是给出具体的理财规划,理财规划包括两大部分:一是理财建议,即分析制定的理财目标及给出达成目标的具体建议;二是执行方案,即实现理财计划的具体措施,包括时间、具体步骤、根据理财需求确定匹配资金来源、推荐使用金融产品。

理财规划的结果必须与客户的能力匹配。如果所有的理财目标均能如期达成,客户财务资源仍有剩余,则可以考虑提高目前生活水准、用更保守的投资方式实现理财目标、增加理财目标标准;如果有遗产规划的要求,则有必要采用分年赠与或投保终身寿险的方式,事先做好遗产节税规划;如果算出的应有储蓄额超过目前收入能力下的可负担额,则可采用如下方法进行调整:

(1) 调整目标达成期间,如延后购房年限、延后退休等。

(2) 调整届时目标额,如降低购房总价、降低退休后的生活水准、以国内深造代替留学。

(3) 提高投资收益率,前两项调整仍不够时再考虑调整投资收益率,但调整仍应考虑其合理上限。

(4) 如果以上调整均无法达到要求,则根据理财目标的优先次序,舍弃最不重要的理财目标,保证重要目标的实现。

(二) 制定理财规划建议书

将各种策略整合成一系列的理财建议之后,理财规划师需要将这些建议形成一份书面形式的个人理财报告递交给客户。理财规划建议书必须是合理的、可以被执行的具体方案。由于理财规划师提出的综合理财建议不一定能令客户满意,因而理财规划师需要通过面谈的方式将理财规划建议书呈递给客户,确保客户能理解综合理财建议,并征求其意见后,再确定是否对理财规划建议书予以修改。

## 五、协助客户实施理财规划方案

一份书面的理财规划报告是没有任何意义的,只有通过执行该规划才能让客户的理财目标变为现实。理财规划师在协助客户执行理财规划时，应遵循三个原则，即准确性、有效性和及时性。

个人理财规划要真正得到顺利执行还需要理财规划师制订一个详细的实施计划。在这个实施计划中，理财规划师首先要确定该规划的实施步骤，其次根据规划的要求确定匹配资金的来源，最后还需要列出规划实施的时间表。

执行理财规划时，理财规划师应注意以下方面：（1）在实施理财规划时，应积极主动地与客户进行沟通和交流，让客户亲自参与到实施计划的制订和修改过程中来；（2）执行理财规划应得到客户的授权；（3）应妥善保管理财规划的执行记录。

### 六、监控理财规划执行进度，并定期修正理财规划方案

理财规划是一个随着环境变化不断修正调整的过程。理财规划注重的是长期的策略性安排，任何宏观或微观环境的变化都会对理财规划的执行效果造成影响。因此，理财规划师必须定期对理财规划的执行情况进行监控、检查，并就实施结果及时与客户沟通，必要时做出适当的调整。

如果在理财规划制订和执行过程中，理财规划师与客户发生争端，理财规划师应主动与客户进行沟通，争取问题得到妥善解决。如果双方协商后仍无法解决，则可以通过提交仲裁机构或交由法院裁决。一般来说，理财规划师要尽可能地采用第一种方式解决争端，避免后两种解决方式。

## 第二节　理财规划建议书的撰写

### 一、理财规划建议书的撰写要求

理财规划建议书是理财规划师为客户提供的"有形产品"。它是在客户所提供的基本资料的基础上，综合考虑客户的现金流量、资产状况、理财目标和合理的经济预期而得出的，可以为客户提供一般性的理财指导。

一份好的理财规划建议书应符合以下三大要求。

（一）可读性强，容易被客户阅读和理解

理财规划建议书的阅读对象是客户，如果建议书用词过于专业，不仅难以被一般客户理解，更谈不上后面的执行了。因此，理财规划建议书的表达应做到语言亲切友好、结构合理、思路严谨清晰、图表简洁易懂，使客户容易阅读和理解。

（二）合乎客户理财要求和目标

理财规划师和客户进行充分沟通，了解客户的生活目标和财务目标后，应在建议书中明确理财目标的实现时间、实际金额和顺序。建议书应围绕理财目标来展开。客户的理财目标，必须运用理财规划的基本理论和技术方法来进行需求分析。

（三）可以被执行

一份好的理财规划建议书并非只是纸上谈兵，而应该是以客户需求为导向。理财

规划建议书应思路清晰具体，有操作性，易于监控和执行。

## 二、理财规划建议书的参考格式

封面
声明及风险提示
致客户函
第一部分　客户的基本资料
　　基本信息
　　财务现状
第二部分　客户的财务状况分析与诊断
　　资产与负债状况分析
　　收入与支出状况分析
　　财务比率分析
　　财务诊断结论
第三部分　前提假设
第四部分　客户的理财目标规划
　　现金规划
　　投资规划
　　保险规划
　　教育规划
　　房产规划
　　退休规划
　　税收规划
　　财产传承
　　其他规划
　　理财目标规划结论
第五部分　持续的理财服务

# 第三节　理财规划综合案例分析

## 一、案例背景

李华现年35岁，是某市一家知名企业的IT工程师，他的妻子现年30岁，是一国有企业会计，夫妻俩的工作都比较稳定。他们有一个儿子李晨，现年6岁，9月将上小学一年级。李先生希望儿子高中毕业后能直接申请美国的大学就读。李华家庭在当地属于中等收入家庭，但这个家庭对理财方面并不在行，他们不知该如何设定理财目标，又该如何实现理财目标。因此，他来到诚信理财顾问有限公司，希望理财专家能给他做一份理财规划，以便现在就能行动起来，做到未雨绸缪，尽可能实现他的理财目标。

刘利，诚信理财顾问有限公司资深理财专家，有10年专业理财经验，擅长家庭综合理财规划和投资，并组建有自己的投资理财团队。他在办公室接待了李华，通过初步接触和了解，刘利对李华的咨询目的、理财目标、基本信息和投资偏好有了一个大致的了解，双方初步达成共识，李华决定请刘利为其提供个人理财服务。在刘利的指导下，李华填写了理财相关问卷，并最终确定了双方的合作关系。

### 二、个人/家庭理财规划问卷

个人和家庭理财规划问卷共设计为7个表格，详见表10-3至表10-9。

表10-3　　　　　　　　　　　　客户基本资料

| 客户姓名 | 李华 | 公司电话 | ×××××× |
|---|---|---|---|
| 性　别 | 男 | 住家电话 | ×××××× |
| 出生年月 | ×××年××月 | 移动电话 | 13×××××××× |
| 教育程度 | 博士研究生 | 传　真 | ×××××× |
| 工作单位 | ×××××公司 | 电子邮件 | ×××××××@×××.com |
| 职　位 | IT工程师 | 通信地址 | ×××××× |
| 配偶姓名 | 张玲 | 公司电话 | ×××××× |
| 性　别 | 女 | 住家电话 | ×××××× |
| 出生年月 | ×××年××月 | 移动电话 | 13×××××××× |
| 教育程度 | 硕士研究生 | 传　真 | ×××××× |
| 工作单位 | ××××有限责任公司 | 电子邮件 | ×××××××@×××.com |
| 职　位 | 会计 | 通信地址 | ×××××× |
| 子女姓名 | 李晨 | 公司电话 | |
| 性　别 | 男 | 住家电话 | |
| 出生年月 | ×××年××月 | 移动电话 | |
| 教育程度 | 幼儿园大班 | 传　真 | |
| 工作单位 | | 电子邮件 | |
| 职　位 | | 通信地址 | |

**表 10 – 4　客户状况描述与生活目标**

| 客户状况描述 | 身体健康，热爱运动，有稳定的工作和收入，工作压力不大；<br>家庭和睦，无须赡养双方父母；<br>两人刚结婚时购买了两室一厅的住房，70 平方米，略显窄小；<br>贷款刚还清；<br>李华及张玲均参加了社会基础保险，比较担心重大疾病及死亡风险。 |
|---|---|
| 生活目标 | （1）有较高的生活质量；<br>（2）家庭遭遇各种风险时，生活能得到有效保障；<br>（3）小孩能接受较好的教育；<br>（4）安享晚年。 |

**表 10 – 5　理财需求资料**

| 退休规划 | | 购房规划 | |
|---|---|---|---|
| 预计退休年龄 | 法定退休年龄退休，男 60 岁，女 55 岁 | 预计几年内购房 | 3 年 |
| 享受几年退休生活 | 25 年 | 预计购房所需资金 | 大约 200 万元 |
| 退休期间每月生活费 | 目前支出的 100% | 预计投资收益率 | |
| 退休期间的投资收益率 | | 购车规划 | |
| 预计留给子女多少遗产 | | 预计购车年龄 | |
| 预计通货膨胀率 | | 预计购车所需资金 | |
| 子女教育规划 | 李晨 | 预计投资收益率 | |
| 子女出生时的客户年龄 | 29 岁 | 其他规划 | |
| 预计提供子女教育至什么时候 | 美国的大学（4 年） | 预计年龄 | |
| 预期投资收益率 | | 预计所需资金 | |
| 预期学费调整率 | | 预计投资收益率 | |
| 理财目标说明 | 1. 教育目标：儿子在小学、中学的基础教育费较低，教育费用准备主要是出国的留学教育费用，李华希望儿子高中毕业后直接申请美国的大学就读。<br>2. 购房目标：在附近买到 200 平方米左右的三居室住房。房价可根据实际情况做出相应调整。原有住房出售。<br>3. 退休目标：考虑到退休后医疗费用会有所增加，另外夫妇俩希望生活上不依赖儿子，而是聘请钟点工，退休后生活支出维持当前水平。 | | |

表 10–6　　　　　　　　　　　　资产负债状况

资产负债表　　2019 年 12 月 31 日

| 资产 | 金额（元） | 负债 | 金额（元） |
|---|---|---|---|
| 1. 现金类资产 |  | 1. 短期负债 |  |
| 现金 |  | 信用卡 | 2 000 |
| 　手头现金 | 4 000 | 分期付款 |  |
| 　活期存款 | 10 000 | 消费性贷款 |  |
| 　支票存款 |  | 其他 |  |
| 短期投资 |  |  |  |
| 　短期票据 |  |  |  |
| 　货币市场基金 |  |  |  |
| 　人寿保单现值 |  |  |  |
|  |  |  |  |
| 2. 投资性资产 |  | 2. 长期贷款 |  |
| 　定期存款 | 50 000 | 房屋贷款，剩＿＿＿年，贷款金额 |  |
| 　股票 |  |  |  |
| 　债券 | 50 000 | 汽车贷款，剩＿＿＿年，贷款金额 |  |
| 　基金 |  |  |  |
| 　投资型寿险 |  | 其他贷款 |  |
| 　不动产 |  | 剩＿＿＿年，贷款金额 |  |
| 　黄金 |  | 剩＿＿＿年，贷款金额 |  |
| 　其他 |  | 剩＿＿＿年，贷款金额 |  |
|  |  |  |  |
| 3. 自用资产 |  |  |  |
| 　自用住宅 | 1 000 000 |  |  |
| 　家电用品 | 30 000 |  |  |
| 　休闲娱乐设施 | 5 000 |  |  |
| 　家具 | 20 000 |  |  |
| 　珠宝及艺术收藏品 | 30 000 |  |  |
| 　汽车 | 150 000 |  |  |
| 　其他 |  |  |  |
| 资产总计 | 1 349 000 | 负债总计 | 2 000 |

| 其他资产 | 李华 | 张玲 |
|---|---|---|
| 退休金个人账户 | 100 000 | 60 000 |
| 住房公积金 | 0 | 0 |

注：住房公积金已经全部提取出来偿还房贷。

表10-7　　家庭收支表（2019年1月1日至2019年12月31日）

| 收入 | 金额（元） | 支出 | 金额（元） |
| --- | --- | --- | --- |
| 1. 工作收入 | | 1. 基本支出 | |
| 　薪金收入 | 287 742 | 　衣 | 20 000 |
| 　　李华薪金 | 190 500 | 　食 | 20 000 |
| 　　张玲薪金 | 97 242 | 　住 | |
| 　年终奖金 | 30 000 | 　　分期付款/房租 | |
| 　　李华奖金 | 20 000 | 　　房地产税 | |
| 　　张玲奖金 | 10 000 | 　　水电/煤气 | 10 000 |
| 　佣金收入 | | 　　物业管理 | 2 000 |
| 　创业收入 | | 　　维修费用 | |
| | | 　　网络费和通信费等 | 5 000 |
| 2. 投资收入 | | 　　其他 | |
| 　利息（税后） | 4 000 | 　行 | |
| 　股利 | | 　　汽车分期付款 | |
| 　资本利得 | | 　　保险 | 4 000 |
| 　租金收入 | | 　　油费 | 6 000 |
| | | 　　保养修理 | 2 000 |
| 3. 其他收入 | | 　　税收 | 200 |
| | | 　　过桥过路费 | 1 500 |
| | | 　　其他交通费 | 1 000 |
| | | 　　停车费 | 5 000 |
| | | | |
| | | 2. 不定期支出 | |
| | | 　娱乐休闲 | 10 000 |
| | | 　旅游及相关费用 | 20 000 |
| | | 　餐馆用餐及宴客 | 10 000 |
| | | 　嗜好收集 | 5 000 |
| | | 　礼物 | 5 000 |
| | | 　子女费用 | |
| | | 　　幼儿园学费 | 20 000 |
| | | 　　才艺班 | 20 000 |
| | | 　医疗费用 | 2 000 |
| | | 　捐赠 | 2 000 |
| | | 　其他支出 | 0 |
| 收入总计 | | 支出总计 | |

表 10-8　　　　　　　　　　2019 年各月"三险一金"缴纳情况

| 姓名 | 应发工资 | 缴费工资 | 养老险 | 医疗险 | 失业险 | 公积金 | 税前工资 | 所得税 | 实发工资 |
|---|---|---|---|---|---|---|---|---|---|
| 李华 | 20 000 | 15 000 | 1 200 | 300 | 150 | 1 500 | 16 850 | 975 | 15 875 |
| 张玲 | 10 000 | 8 500 | 680 | 170 | 85 | 850 | 8 215 | 111.5 | 8 103.5 |

注：2019 年度当地职工月平均工资为 5 000 元。

表 10-9　　　　　　　　　　客户风险属性分析

| 风险承受能力评分表 | | | | | | |
|---|---|---|---|---|---|---|
| 项目 | 10 分 | 8 分 | 6 分 | 4 分 | 2 分 | 客户得分 |
| 35 岁 | 总分 50 分，25 岁及以下者 50 分，每多一岁少 1 分，75 岁以上者 0 分 | | | | | 40 |
| 就业状况 | 公教人员 | 上班族 | 佣金收入者 | 自营事业者 | 失业人员 | 8 |
| 家庭负担 | 未婚 | 双薪无子女 | 双薪有子女 | 单薪有子女 | 单薪养三代 | 6 |
| 置产状况 | 投资不动产 | 自宅无房贷 | 房贷 <50% | 房贷 >50% | 无自宅 | 8 |
| 投资经验 | 10 年以上 | 6~10 年 | 2~5 年 | 1 年以内 | 无 | 2 |
| 投资知识 | 有专业证书 | 财经专业毕业 | 自修有心得 | 懂一些 | 一片空白 | 2 |
| 总分 | | | | | | 66 |
| 风险承受态度评分表 | | | | | | |
| 项目 | 10 分 | 8 分 | 6 分 | 4 分 | 2 分 | 客户得分 |
| 容忍亏损（%） | 不能容忍任何损失 0 分，每增加 1% 加 2 分，可容忍 >25% 得 50 分 | | | | | 10 |
| 投资目标 | 赚短期差价 | 长期利得 | 每年现金收益 | 抗通胀保值 | 保本保息 | 8 |
| 认赔行为 | 默认停损点 | 事后停损 | 部分认赔 | 持有待回升 | 加码摊平 | 4 |
| 赔钱心理 | 学习经验 | 照常过日子 | 影响情绪小 | 影响情绪大 | 难以入眠 | 4 |
| 关心行情 | 几乎不看 | 每月看月报 | 每周看一次 | 每天看收盘价 | 实时看盘 | 6 |
| 投资成败 | 可完全掌控 | 可部分掌控 | 依赖专家 | 随机靠运气 | 无横财运 | 6 |
| 总分 | | | | | | 38 |

## 三、理财规划建议书

根据上述问卷和相关调查，可编制李华家庭的理财规划建议书。

# 理财规划建议书
## 致李华先生

**诚信理财顾问有限公司**
**理财经理：刘利**
电话：×××－××××××××

地址：××市××区××国际广场南塔35-36楼
Fax：×××－××××××××
Email：services@cxpl.com

# 第十章　理财规划综合应用

## 声明及风险提示

尊敬的李华先生：

您好！

感谢您选择诚信理财顾问有限公司为您提供理财规划服务。诚信理财顾问有限公司是一家专业的第三方理财服务机构，不隶属于任何金融机构，坚持独立性和公正性是本公司的一贯宗旨。我们拥有国内金融领域的众多资深专业人士和国内一流的理财规划师团队与顾问团队。非常荣幸能为您和您的家庭设计一套家庭理财规划方案。非常感谢您给予我们的信任和支持，并衷心希望我们能保持良好的长期合作关系。

### 一、本理财方案的由来

本理财方案是根据您 2020 年 1 月所填写的资料，接受您的委托，由我公司为您量身定制的理财规划建议书。

作为专业的第三方理财服务机构，我们的职责是根据您的财务特点以及理财目标，为您提供专业的理财规划建议，并提供长期的理财服务。通过理财规划建议书，您可以全面了解自己的财务状况，明确理财目标的实施策略。希望本建议书能帮助实现您的理财目标。

### 二、关于本理财方案的保密声明

根据诚信理财顾问有限公司的保密规定，您提供的一切资料及相关表格均仅供为您专属定制理财方案之用，同时由本公司专门存档保管。

若涉及其他专业服务，需要将您的资料介绍给其他专业人士，本公司将取得您书面授权后才会介绍给其他专业人士。

### 三、关于本理财方案的注意事项

1. 本理财方案基于您提供的各类资料，并与您进一步沟通后制订而成。我们根据您所提供的家庭基本情况、财务状况和理财目标，进行了相应规划。信息的完整、真实将有利于我们为您更好地量身定制个人理财规划方案，提供更好的个人理财服务，请您尽可能保证数据的准确完整。由于本理财规划建议书必须进行合理的假设和估计，预算出的结果可能与您的真实情况存有一定的差距。

2. 本公司为独立的第三方理财机构，除了提供信息咨询服务外，理财规划方案中投资工具的推荐，仅供参考。本方案中涉及的投资工具，由提供产品的金融机构提供最终解释。本理财方案对您的理财活动有指导作用,但不保证规划过程中采用的投资工具的收益率,也不能保证理财目标的完全实现。

3. 若您的财务状况、理财目标等发生重大变化,应及时告知为您直接服务的理财经理;若宏观经济环境发生了重大变化,我们也有义务向您及时反馈,以便我们调整理财方案,尽可能确保您达成理财目标。

**诚信理财顾问有限公司理财经理　刘利**
**2020 年 1 月 15 日**

# 致客户函

李华先生,您的财务非常安全,储蓄能力较强,作为白领阶层,您的收入状况较为不错。但是您的财务也存在不足之处,体现在如下方面:(1)您家庭的收入来源单一;(2)资产配置不合理;(3)家庭风险保障不足。

经过对您家庭财务状况的分析,结合您所提出的理财目标,我们综合考虑您家庭的财务状况、生活品质的需要,以及理财目标的轻重缓急,修正了您的理财目标,并给出以下建议:

1. 子女教育规划。你主要是考虑为孩子准备到美国就读大学的学费及生活费,建议您建立教育投资账户,从现在起每年年末投资约 13.83 万元至此账户,对教育投资工具的选择可以分阶段进行:第一阶段为 0~5 年,即前 5 年,可选择股债混合型基金作为教育金的投资方式;第二阶段为 6~10 年,选择债券型基金作为教育金的投资方式;最后 2 年,选择定期存款作为教育金的投资方式。

2. 保险规划。您家庭的主要保障对象为您和您太太,保障内容主要在死亡风险、意外伤害风险及重大疾病风险方面。建议您选择我公司代理的××定期寿险,保费为 996 元/年,缴费期限为 10 年,保障期限为 20 年;您和太太选择我公司代理的××长期意外伤害保险,缴费期限为 30 年,保障终身,您的保费 575 元/年,您太太保费 620 元/年,每年一共缴费 1 195 元;您和太太选择我公司代理的××重大疾病保险,缴费期限为 30 年,保障终身,如果罹患重疾,保险公司将给付重大疾病保险金 30 万元,您的保费是 5 052 元/年,您太太保费是 4 530 元/年,每年一共缴费 9 582 元。您年缴保费总额大约为 11 773 元,占您年收入的 3.66%。

3. 换房规划。建议您选择现在换房,新房房价为 200 万元,首付款为 80 万元,向银行申请贷款 120 万元,选择 30 年还清贷款,每年偿还银行约 8.3 万元。如果您选择现在换房,不仅不会影响其他理财目标的实现,而且随着未来收入的增长,结余资金逐渐增加,还贷压力会逐渐下降。

4. 退休规划。由于您当前的理财目标主要是教育和换房,同时实施教育投资规划和换房规划,您的家庭财务已经比较紧张,能进行退休养老投资准备的资金并不多。因此,建议您从 42 岁起开始实施退休养老规划。如果按年均投资收益率 6% 计算,42 岁后您每年投入退休养老账户 5.8 万元就可以实现您的退休养老目标。

# 第一部分　您的基本资料

本部分整理了您的家庭基本信息、财务信息，展示了您家庭目前的财务全貌。

## 1. 您的家庭基本信息（见表1-1）

**表1-1　您的家庭基本信息**

| 信息栏 | 本人 | 太太 | 子女 |
|---|---|---|---|
| 姓名 | 李华 | 张玲 | 李晨 |
| 性别 | 男 | 女 | 男 |
| 年龄 | 35 | 30 | 6 |
| 职位 | IT工程师 | 会计 | 学生 |
| 工作单位 | ××IT公司 | ××公司 | 幼儿园 |
| 工作稳定度 | 高 | 高 | — |
| 健康状况 | 良好 | 良好 | 良好 |
| 拟退休年龄 | 60 | 55 | — |
| 拟完成教育 | — | — | 到美国读大学 |

## 2. 您的财务现状（见表1-2、表1-3）

**表1-2　资产负债表（2019年12月31日）**

| 资产 | 金额（元） | 负债 | 金额（元） |
|---|---|---|---|
| 一、生息资产 | | 一、短期负债 | |
| 1. 现金类资产 | | 信用卡 | 2 000 |
| 现金 | 4 000 | 短期负债合计 | 2 000 |
| 活期存款 | 10 000 | 二、长期负债 | |
| 现金类资产合计 | 14 000 | 长期负债合计 | 0 |
| 2. 投资资产 | | 三、负债总计 | 2 000 |
| 定期存款 | 50 000 | | |
| 债券 | 50 000 | | |
| 投资资产合计 | 100 000 | | |
| 生息资产合计 | 114 000 | | |
| 二、自用资产 | | | |
| 自用住宅 | 1 000 000 | | |
| 家电用品 | 30 000 | | |
| 休闲娱乐设施 | 5 000 | | |
| 家具 | 20 000 | | |
| 珠宝及艺术收藏品 | 30 000 | | |
| 汽车 | 150 000 | | |
| 自用资产合计 | 1 235 000 | | |
| 三、资产总计 | 1 349 000 | 净资产 | 1 347 000 |

表1-3　　　　　收支表（2019年1月1日至2019年12月31日）

| 收入 | 金额（元） | 支出 | 金额（元） |
|---|---|---|---|
| 一、工作收入 | | 一、基本支出 | |
| 薪金收入 | 287 742 | 衣 | 20 000 |
| 年终奖金 | 30 000 | 食 | 20 000 |
| 工作收入合计 | 317 742 | 住 | 17 000 |
| 二、理财收入 | | 行 | 19 700 |
| 利息收入 | 4 000 | 基本支出合计 | 76 700 |
| 理财收入合计 | 4 000 | 二、不定期支出 | |
| | | 娱乐休闲 | 10 000 |
| | | 旅游及相关费用 | 20 000 |
| | | 餐馆用餐及宴客 | 10 000 |
| | | 嗜好收集 | 5 000 |
| | | 礼物 | 5 000 |
| | | 子女教育费用 | 40 000 |
| | | 医疗费用 | 2 000 |
| | | 捐赠 | 2 000 |
| | | 不定期支出合计 | 94 000 |
| | | 三、支出总计 | 170 700 |
| 三、收入总计 | 321 742 | 年储蓄 | 151 024 |

# 第二部分 您的财务现状分析和诊断

财务分析是检查家庭财务状况是否健康的主要手段。本部分将对您家庭的资产负债和收支等财务信息进行详细分析,从而找出改善财务状况的方法和措施,以期更好地实现您的理财目标。

1. 家庭资产和负债结构分析

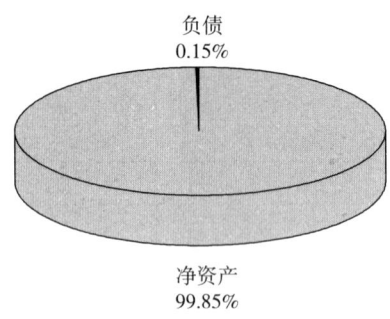

图 2-1 资产负债结构

资产等于负债与净资产之和,一般来说负债占总资产的比率应该在0.5以下。您的家庭负债比例仅占总资产的0.15%(见图2-1),净资产比例高达99.85%,您的家庭在偿债方面没有压力和负担。就偿债能力来说,您家庭的财务状况是非常健康的,同时您具备适当负债的能力,如可通过向银行申请贷款的方式进行换房规划。

在您的资产中占最大比例的是自用资产,占比为91.55%。生息资产占比仅为8.45%。生息资产占总资产比重的高低反映了一个家庭通过投资增加财富以实现理财

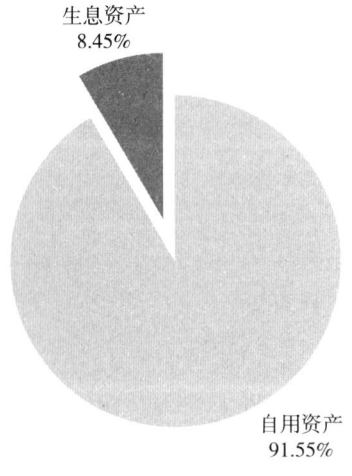

图 2-2 资产构成

目标的能力，一般来讲，比率在0.5以上比较好。您的指标值仅为8.45%，低于建议指标值，这在一定程度上影响了您通过投资实现资产增值的能力，因此，未来应注重提高生息资产占总资产的比率。

流动性比较好的现金类资产占总资产的比重是1.04%。这部分资产使用方便，但几乎没有任何收益。一般现金类资产的合理额度是满足家庭3个月开支，您的家庭3个月开支大约为4.3万元，因此，应增加现金类资产的持有。

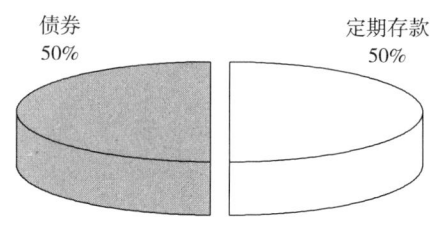

图2-3 投资资产结构

您的投资资产由债券和定期存款构成（见图2-3）。这两类资产的最大特点是安全性高、收益稳定，不足是收益较少。您选择这两类资产的原因主要是您缺乏投资方面的知识和经验，以及您的投资性格相对保守。

从风险问卷中发现，您有一定的风险承受能力，因此，应当适当增加收益较高的证券投资，如稳健型投资基金的投资，在分散风险的同时尽可能地获取较高的收益。

自用资产一般不考虑变现。在自用资产中，自用住宅和珠宝、艺术品有保值增值的可能，这类资产应有一定比重。

您的自用住宅占自用资产的比重高达80.97%，珠宝及艺术收藏品占自用资产的比重达到2.43%，这两项资产占总资产的比重高达83.40%，说明您的资产具

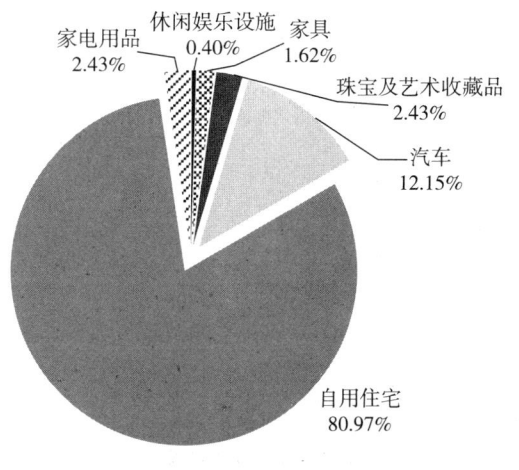

图2-4 自用资产

备较高的保值能力。

2. 家庭收入支出分析

年储蓄反映了客户开源节流的能力。一般年储蓄占年收入的40%以上表明家庭积累财富的能力是比较强的。您的家庭2019年的税后收入是32.17万元,在您所在地方属于中等收入水平。2019年支出是17.07万元,年储蓄为15.10万元。2019年支出占收入的比重是53.05%,可将46.94%的收入用于增加储蓄(见图2-5)。

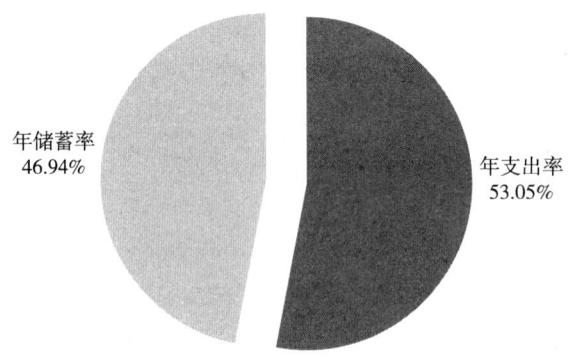

**图2-5 年度支出及储蓄结构**

您家庭2019年的工作收入为32.17万元,占总收入的98.76%,理财收入为0.4万元,仅占总收入的1.24%,从图2-6可见,您家庭的收入主要来自工作收入,工作对您的家庭非常重要。您的理财收入比重过低,未来应注重投资资产的积累,还要尽可能提高投资收益率,从而提高理财收入的比重。

在您的支出中,2019年的基本日常支出(衣食住行支出)为7.67万元,占

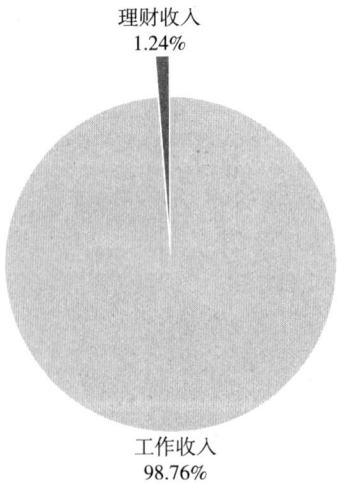

**图2-6 收入结构**

总支出的 44.93%，子女教育支出为 4 万元，占总支出的 23.43%，医疗支出为 2 000 元，占总支出的 1.17%，这三部分支出属于您的必要开支，共占年总支出的 67.58%。剩下的娱乐、社交、旅游等支出属于非必要支出，共计 5.2 万元，共占年总支出的 30.46%，这部分支出弹性较大，必要时可进行压缩。

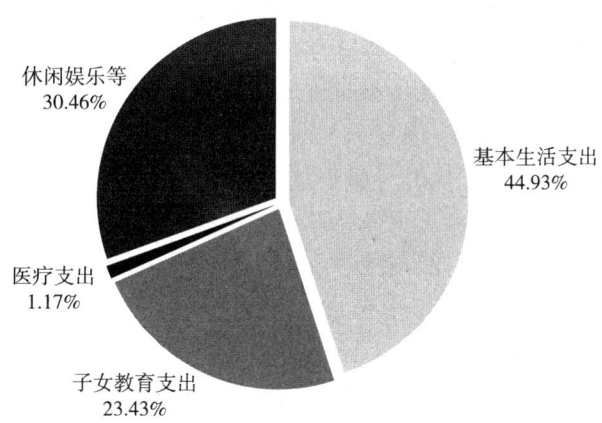

图 2-7　支出结构

3. 财务比率分析

财务比率分析可以用来简明地衡量家庭的财务安全性、流动性、盈利状况，反映家庭的风险偏好、生活方式和价值取向，以进一步诊断财务问题。

（1）总资产负债比率 =（负债/总资产）×100% = 0.15%，净资产比率 =（净资产/总资产）×100% = 99.85%，说明您的负债率很低，财务非常安全。

（2）收入负债比率 =（当期应偿本息/当期收入）×100% =（2 000/214 000）×100% = 0.62%，一般收入负债比率在 0.4 以下说明财务状况正常，您的收入负债比率为 0.62%，说明您的偿债压力很小。

（3）支出保障方面情况如下。

流动资产保障率 = 现金类资产/月均支出 = 14 000/（170 700÷12）= 0.98，一般流动资产保障率应保持 3 以上，即现金资产应至少能满足 3 个月的家庭开支，您的流动资产保障率仅为 0.98，有必要增加现金类资产，持有 2.87 万元现金类资产是比较合适的。

生息资产保障率 = 生息资产/月均支出 = 114 000/（170 700÷12）= 8.01，生息资产一般应至少能保障 6 个月的家庭支出需要，因此从保障短期生活角度而言，生息资产额度不能太低。

净资产保障率 = 净资产/月均支出 = 1 347 000/（170 700÷12）= 94.69，一般净资产应至少能保障 1 年的家庭支出需要。您的净资产能保障 3 年以上的家庭支出需要，说明保障力度较高。

您的孩子尚幼，且您和太太是家庭的主要劳动力，因此您和太太的人身风险对家庭财务的影响较大，如果人身风险一旦发生，按保障5年家庭必要支出计算，您的家庭灾变保障率 =（114 000 - 2 000）/ [5 ×（76 700 + 40 000 + 2 000）] = 0.19，说明您家庭的灾变承受能力较低，要提高灾变保障率至1。一般的做法是购买寿险，提高保险理赔金。您有必要购买一定额度的寿险，这样才能给予家庭一定程度的有效保障。您家庭的保险分析将在保险规划部分详细说明。

（4）储蓄比率 =（年储蓄/年收入）× 100% =（151 024/321 742）× 100% = 46.94%，您的储蓄能力较强，由于您希望从现在起准备小孩的教育金，在未来3年内还需购置住房，建议您应至少保持此储蓄比率。

（5）净资产投资比率 =（投资资产/净资产）× 100% =（100 000/1 347 000）× 100% = 7.42%，比率较低，您未来应注重投资资产的积累，这样才能更快增加财富并实现各种理财目标。

（6）投资收益率 =（理财收入/投资资产）× 100% =（4 000/100 000）× 100% = 4%，投资收益率较低。您的家庭属于成长性家庭，从投资风险测评来看，您具有一定的风险承受能力，再者您的一些理财目标，如教育投资，属于较长阶段的投资，能够冒一定的风险，因此建议您可以结合自身的风险承受能力及理财目标的特点，重新进行投资配置，提高投资的效率。

4. 家庭财务状况结论

从以上的分析可以看出，您的财务非常安全，储蓄能力较强，从2019年的财务报表来看，您的净资产规模达到134.7万元，加之年储蓄15.10万元，作为白领阶层，您的收入状况较为不错。

但是您家庭的财务也存在不足之处，体现如下。

（1）您家庭的收入来源单一。收入来源主要来自工作收入，其他的收入来源很少，这样存在很大的危险性。一旦夫妻一方的工作，尤其是您的工作发生任何变故，将对家庭产生相当大的影响，所以建议开辟新的收入来源途径，如加大投资的力度，增加理财收入。

（2）资产配置不合理。首先，应增加现金或活期存款，这部分流动性较好的资产应至少能满足3个月的家庭开支。其次，您的投资资产配置方式过于单一和保守，不利于财富的增长及理财目标的实现，建议您可以结合风险承受能力以及理财目标重新配置投资资产，适当进行多元化的资产配置，分散风险的同时获得较高的投资收益。

（3）家庭风险保障不足。除社会基本保险外，您及您的家庭没有投过任何的商业保险。这种做法显然不太合理。作为家庭的顶梁柱，应考虑给自身进行一些保障型的保险安排，从而使这个家庭的经济保障更为牢固。

# 第三部分 前提假设

为了使这份理财规划建议书能提供与实际相符的理财建议,同时能更清晰准确地将理财规划结果呈现给您,我们根据实际的经济运行环境,对本理财规划建议书中涉及的经济参数进行合理的预测和估算。

1. 通货膨胀率

通货膨胀率一般用居民消费价格指数(CPI)来衡量。国际上通常把CPI涨幅达到3%作为警戒线,一般CPI超过3%,政府会采取相应的调控措施。近10年我国CPI的平均水平为2.23%,因此我们将以2.23%作为您家庭支出的年均增长率。

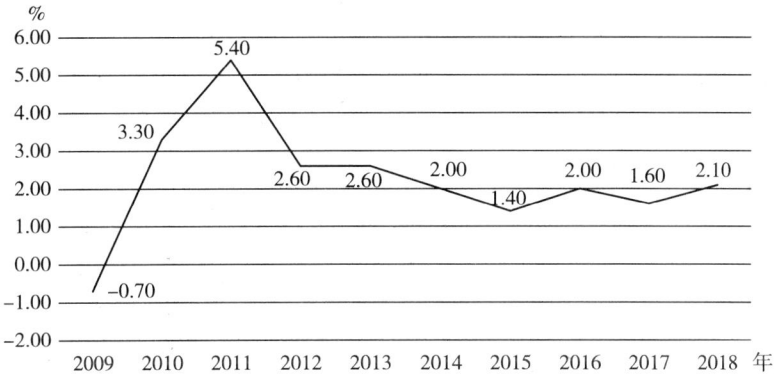

**图3-1 我国2009—2018年的CPI数据**

美国2009—2018年的CPI见图3-2,近10年美国CPI的平均水平为1.78%。

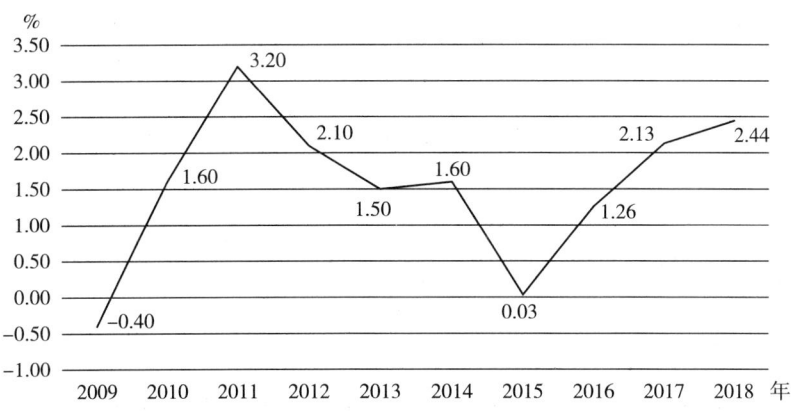

**图3-2 美国2009—2018年的CPI数据**

## 2. 收入增长率

您是IT工程师，收入在45岁之前都具有较高的成长性，45岁之后则比较难以估计。根据您所在城市GDP的增长趋势、政府颁布的居民收入政策，以及您从事的工作综合考虑，假定您的工作收入在45岁前的年均增长率为5%，45岁至退休保持3%的增长率。假定您太太的收入保持3%的年均增长水平。

## 3. 金融资产的投资收益率

根据金融市场上的一般收益率水平，一年期的定期存款利率为1.75%（央行现行基准利率），两年期的定期存款利率为2.25%，货币型基金的预期收益率为4%，债券型基金的预期收益率为6%，股票或股票型基金的预期收益率为10%。

## 4. 学费增长率

美国2008年至2019年四年制大学的学费情况见图3-3[①]。美国公立大学学费较低，但近年来涨幅较快，根据数据可以估算出美国公立大学州内学生的学费平均增长率达到6.23%，美国公立大学州外学生的学费平均增长率约为4.51%；而私立大学学费较高，但涨幅较小，历年学费的平均增长率约为4.2%。

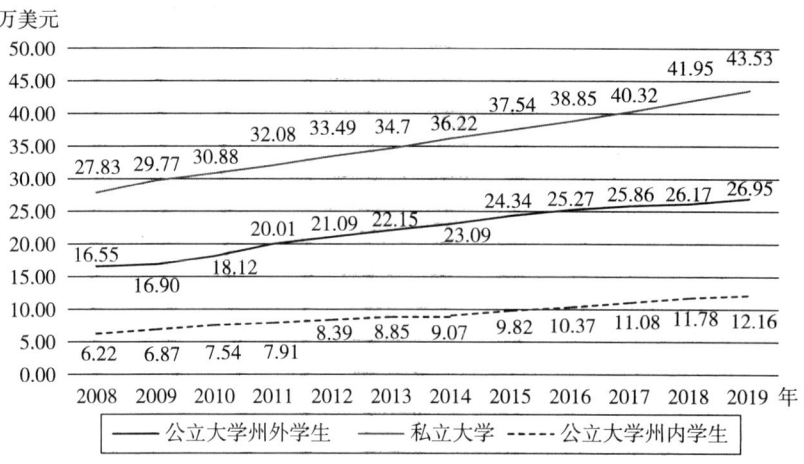

**图3-3 美国2008年至2019年四年制大学的学费**

## 5. 房价上涨率

受房地产调控政策的影响，近年来您所在城市的房产价格比较稳定。您所在城市交通便利，新兴产业占比较大，我们认为今后房产价格会保持温和小幅的上涨态势。假定房产价格的年均增长率为3%。

## 6. 住房按揭贷款利率

根据实际房贷利率情况，我们采用人民银行公布的贷款期限在5年以上的贷

---

① 数据来自美国大学理事会网站（http://www.collegeboard.org/）。

款年利率5.53%。

7. 汇率

我国人民币兑美元汇率为1美元＝6.86元人民币[①]。

8. 预期寿命

中国目前人均寿命为77岁。而根据2007年2月11日正式出版的《中国可持续发展总纲（国家卷）》的预测，至2050年，中国人口的平均预期寿命可以达到85岁。

9. 社保养老金

根据我国社保养老金管理的相关规定，个人社保养老金的缴费比例为缴费工资的8%，全部纳入个人账户。假设养老金个人账户的平均收益率为4%。

---

① 时点约为2019年12月。

# 第四部分 您的理财目标规划

本部分属于理财规划建议书的核心部分,根据您的财务状况,提出具体合理的理财规划方案。

## 1. 您的理财目标

根据您的描述,您的理财目标整理如下,见表4-1。

表4-1 理财目标

| 目标类型 | | 目标实现离现在的时间 | 优先程度 | 具体描述 |
| --- | --- | --- | --- | --- |
| 短期目标 | 保险保障 | 0年 | 1 | 主要防范重大疾病、死亡风险 |
| | 换房规划 | 3年 | 2 | 100平方米左右,原住宅所在区位 |
| 中期目标 | 儿子大学教育规划 | 12年 | 1 | 到美国读大学的学费和生活费 |
| 长期目标 | 退休养老规划 | 25年 | 3 | 退休后生活支出维持当前水平 |

## 2. 教育投资规划

(1) 美国大学学费和生活费估算

您的教育投资规划主要是为儿子李晨准备足够的大学教育费用和生活费用。美国当前的大学收费标准差别比较大。学费方面,2019年度美国私立大学学费平均为4.36万美元/年,公立大学本州学生学费平均为1.22万美元/年;公立大学州外学生学费平均为2.7万美元/年;其他费用包括住宿费、书本费、伙食费、健康保险费用、交通费等按中等水平估算大约为1.1万美元/年。

您希望未来您的儿子能接受良好的教育,而教育规划一般遵循宁多毋少、资金充裕原则。因此建议您选取私立大学学费4.36万美元/年作为目标金额,生活费则选取1.1万美元/年作为目标金额进行准备。这样完成4年大学教育,您共需准备留学的学费17.44万美元,折合人民币约119.64万元,生活费4.4万美元,折合人民币约30.18万元。考虑私立大学学费的增长率为4.2%,美国通货膨胀率为1.78%,12年后,在您儿子上大学前夕,您应准备约196万元的大学学费,37.3万元的生活费,共需准备233.3万元,见表4-2。

表4-2 美国大学四年学费和生活费估算

| 当前学费/年 | 四年学费合计 | 折合人民币 | 学费增长率 | 12年后共需准备的大学学费 |
| --- | --- | --- | --- | --- |
| 4.36万美元 | 17.44万美元 | 119.64万元 | 4.2% | 196万元 |
| 当前生活费/年 | 四年生活费合计 | 折合人民币 | 通货膨胀率 | 12年后共需准备的生活费 |
| 1.1万美元 | 4.4万美元 | 30.18万元 | 1.78% | 37.3万元 |

注:汇率为1美元=6.86元人民币,最后数值取整数。

(2) 教育投资规划

教育投资是一项非常重要的投资规划，教育的重要性决定了您在教育投资中不能进行过高风险的投资。不过这笔教育金的准备时间长达12年，如果一味保守投资，则资金积累的效率太低。因此建议您对教育投资工具的选择可以分阶段进行：第一阶段为0～5年，即前5年，可选择股债混合型基金作为教育金的投资方式；第二阶段为6～10年，选择债券型基金作为教育金的投资方式；最后2年，选择定期存款作为教育金的投资方式，考虑汇率风险，最后也可将教育金投资于美元存款。

如果将6%（债券型基金的平均收益率）作为财务贴现率，则从现在起每年年末需投资13.83万元［PMT（0.06，12，0，233.3，0）］。您2019年的收支结余为15.10万元，且您目前的年收入增长较快，因此，每年从收支结余中拿出13.83万元进行投资还是可行的。

在投资工具的选择上，建议您选择我们公司代理的混合型基金，下面三个产品近年来收益较好，风险较小，可供投资参考，见表4-3。

表4-3　　　　　　　　　　　　　　推荐产品

| 混合型基金名称 | 年化收益率（%） | | | | | 晨星风险系数评价 | |
| --- | --- | --- | --- | --- | --- | --- | --- |
| | 1年 | 2年 | 3年 | 5年 | 10年 | 3年 | 5年 |
| ××回报混合 | 8.67 | 7.52 | 6.34 | 10.29 | 11.41 | 低 | 低 |
| ××成长收益混合 | 6.05 | 6.63 | 5.67 | 11.84 | | 低 | 低 |
| ××股债混合 | 8.02 | 9.84 | 6.22 | 10.51 | | 低 | 低 |

3. 保险规划

(1) 家庭成员的风险分析。您的家庭处于家庭成长期初期，虽然在当地属于中等收入家庭，但储蓄并不多。您和太太是家庭经济的顶梁柱，您的儿子年幼，您和您太太的人身风险对家庭的财务影响是比较大的。

万一您或太太遭遇意外或疾病身故，对家人的经济打击是非常大的。意外事故非常常见，风险一旦发生，最严重的情况莫过于死亡，这将导致家庭收入永久性的大幅度下降，由于意外伤害类保险保费低廉，保障较大，所以首先应购买意外伤害类保险。但从全面保障出发，还应重点考虑是否应该购买寿险类产品。

在健康方面，目前重大疾病对家庭的危害不容忽视，它不仅会导致医疗费用的增加，同时也会影响收入。经济实力许可下，应考虑购买重大疾病保险。

(2) 保险需求分析

① 寿险需求分析。在家庭保障方面，您主要需要考虑保障家人的基本生活支出需要以及儿子的教育费用。在确保财务来源方面，主要可以考虑您现有的金融资产、您和太太任何一方的未来收入，以及保险赔付。

根据您提供的信息，您和太太2019年的生活基本支出大约需要3万元/人，儿子大约需要1.6万元。如果将保障年度考虑至儿子21岁大学毕业，则共需考虑16年。从表4-4可见，您在儿子大学毕业前的基本生活支出现值约为42.3万元，您太太的基本生活支出现值约为42.3万元，您儿子的基本生活支出现值约为40.1万元。

表4-4　　　　　　　　　　家庭成员未来16年生活费估算　　　　　　　　单位：元

| 李先生 | | | 李太太 | | | 儿子 | | |
| --- | --- | --- | --- | --- | --- | --- | --- | --- |
| 年龄 | 生活费 | 现值 | 年龄 | 生活费 | 现值 | 年龄 | 生活费 | 现值 |
| 35 | 30 000 | 30 000 | 30 | 30 000 | 30 000 | 6 | 16 000 | 16 000 |
| 36 | 30 669 | 29 489 | 31 | 30 669 | 29 489 | 7 | 16 357 | 15 728 |
| 37 | 31 353 | 28 988 | 32 | 31 353 | 28 988 | 8 | 16 722 | 15 460 |
| 38 | 32 052 | 28 494 | 33 | 32 052 | 28 494 | 9 | 17 094 | 15 197 |
| 39 | 32 767 | 28 009 | 34 | 32 767 | 28 009 | 10 | 17 476 | 14 938 |
| 40 | 33 498 | 27 533 | 35 | 33 498 | 27 533 | 11 | 17 865 | 14 684 |
| 41 | 34 245 | 27 064 | 36 | 34 245 | 27 064 | 12 | 18 264 | 14 434 |
| 42 | 35 008 | 26 603 | 37 | 35 008 | 26 603 | 13 | 18 671 | 14 188 |
| 43 | 35 789 | 26 151 | 38 | 35 789 | 26 151 | 14 | 19 087 | 13 947 |
| 44 | 36 587 | 25 706 | 39 | 36 587 | 25 706 | 15 | 19 513 | 13 710 |
| 45 | 37 403 | 25 268 | 40 | 37 403 | 25 268 | 16 | 19 948 | 13 476 |
| 46 | 38 237 | 24 838 | 41 | 38 237 | 24 838 | 17 | 20 393 | 13 247 |
| 47 | 39 090 | 24 415 | 42 | 39 090 | 24 415 | 18 | 93 254 | 58 246 |
| 48 | 39 961 | 24 000 | 43 | 39 961 | 24 000 | 19 | 94 914 | 57 003 |
| 49 | 40 852 | 23 591 | 44 | 40 852 | 23 591 | 20 | 96 603 | 55 786 |
| 50 | 41 763 | 23 190 | 45 | 41 763 | 23 190 | 21 | 98 323 | 54 595 |
| 合计 | | 423 338 | | | 423 338 | 合计 | | 400 639 |

注：保险规划中的财务贴现率一般较低，在此取值4%。

儿子李晨的教育费用也是重点要考虑的保障内容。在教育支出方面，当前我国中小学义务教育阶段学费已经全免。您在儿子教育方面的支出主要体现在才艺及外语科目等方面的支出,根据您的考察,这些方面的年支出估计为4万元,因此假定此项支出一直维持到高中毕业(您所在城市的高中学杂费大约为5 000元/年),支出增长率按通货膨胀率2.23%计算。大学方面的教育费用则主要体现为留学学费。从表4-5可见,李晨未来教育费用现值大约为159.3万元。

表4-5　　　　　　　　　李晨教育费用现值　　　　　　　　　单位:元

| 年龄 | 学费 | 现值 |
| --- | --- | --- |
| 6 | 40 000 | 40 000 |
| 7 | 40 892 | 39 319 |
| 8 | 41 804 | 38 650 |
| 9 | 42 736 | 37 992 |
| 10 | 43 689 | 37 346 |
| 11 | 44 663 | 36 710 |
| 12 | 45 659 | 36 085 |
| 13 | 46 678 | 35 471 |
| 14 | 47 719 | 34 867 |
| 15 | 48 783 | 34 274 |
| 16 | 49 870 | 33 691 |
| 17 | 50 983 | 33 117 |
| 18 | 490 000 | 306 053 |
| 19 | 490 000 | 294 281 |
| 20 | 490 000 | 282 963 |
| 21 | 490 000 | 272 080 |
| 合计 |  | 1 592 899 |

注:保险规划中的财务贴现率一般较低,在此取值4%。

在收入方面,李先生在儿子大学毕业前的收入现值之和约为355.5万元,太太收入现值之和约为159.8万元,见表4-6。

表4-6　　　　　　李先生夫妇在儿子大学毕业前的收入情况　　　　　　单位:元

| 李先生年龄 | 李先生收入 | 现值 | 李太太年龄 | 李太太收入 | 现值 |
| --- | --- | --- | --- | --- | --- |
| 35 | 210 500 | 210 500 | 30 | 107 242 | 107 242 |
| 36 | 221 025 | 212 524 | 31 | 110 459 | 106 211 |
| 37 | 232 076 | 214 568 | 32 | 113 773 | 105 190 |
| 38 | 243 680 | 216 631 | 33 | 117 186 | 104 178 |
| 39 | 255 864 | 218 714 | 34 | 120 702 | 103 176 |
| 40 | 268 657 | 220 817 | 35 | 124 323 | 102 184 |

续表

| 李先生年龄 | 李先生收入 | 现值 | 李太太年龄 | 李太太收入 | 现值 |
|---|---|---|---|---|---|
| 41 | 282 090 | 222 940 | 36 | 128 053 | 101 202 |
| 42 | 296 195 | 225 084 | 37 | 131 894 | 100 229 |
| 43 | 311 004 | 227 248 | 38 | 135 851 | 99 265 |
| 44 | 326 555 | 229 433 | 39 | 139 926 | 98 310 |
| 45 | 342 882 | 231 639 | 40 | 144 124 | 97 365 |
| 46 | 353 169 | 229 412 | 41 | 148 448 | 96 429 |
| 47 | 363 764 | 227 206 | 42 | 152 901 | 95 502 |
| 48 | 374 677 | 225 021 | 43 | 157 488 | 94 584 |
| 49 | 385 917 | 222 857 | 44 | 162 213 | 93 674 |
| 50 | 397 495 | 220 715 | 45 | 167 080 | 92 773 |
| 合计 |  | 3 555 307 | 合计 |  | 1 597 514 |

注：李先生2019年的工作收入为21.1万元，45岁前收入按5%增长，之后按3%增长；李太太2019年工作收入为10.7万元，收入按3%增长；财务贴现率为4%；合计数由原始数据四舍五入得出。

在保险金给付方面，由于你们没有商业保险，只有社会保险，如果不幸身故，可以得到社保个人账户积累额，丧葬补助费和一次性抚恤金一般有3万元。

表4-7　　　　　　　　　李先生及太太的寿险需求分析　　　　　　单位：万元

| 项目 | 金额 | |
|---|---|---|
| 家庭保障需求 | 李先生 | 李太太 |
| 1. 个人身后费用 | 3 | 3 |
| 2. 遗属生活费用 | | |
| 配偶 | 42.3 | 42.3 |
| 子女 | 40.1 | 40.1 |
| 遗属生活费用现值 | 82.4 | 82.4 |
| 3. 子女教育费用现值 | 159.3 | 159.3 |
| 4. 贷款 | 0.2 | 0.2 |
| 家庭保障需求（1+2+3+4） | 244.9 | 244.9 |
| 可预期财务来源 | | |
| 5. 存款及其他可变现资产 | 11.4 | 11.4 |
| 6. 保险给付 | | |
| 社会保障给付 | 13 | 9 |
| 商业保险给付 | 0 | 0 |
| 保险给付总额 | 13 | 9 |
| 7. 配偶收入现值 | 159.8 | 355.5 |
| 可预期财务来源总额（5+6+7） | 184.2 | 376.3 |
| 寿险需求=家庭保障需求-可预期财务来源总额 | 60.7 | -131.4 |

从表4-7可见,您的寿险需求大约为61万元,您太太的寿险需求为0。

②意外伤害险需求分析。意外伤害风险是一种常见风险,如果您和太太不幸遭遇意外,尤其是同时发生意外身亡,对孩子的经济影响是非常大的,因此意外风险也应该重点考虑。如果从保障孩子的生活及教育角度出发,建议你们每年各自至少投50万元的意外险。

③重大疾病保险需求分析。近年来,重大疾病治疗费用逐年攀升,医疗支出水涨船高,成为人生生命中不可承受之重。而且,重大疾病除了直接的治疗费用外,还会引发看护费、营养费、恢复费、后续治疗费等巨额开支,以及长时期的收入损失。一旦家庭成员罹患重大疾病,就将给家庭经济带来巨大的财务危机,使家庭因病致贫或因病返贫。常见的重大疾病医疗费用见表4-8。重大疾病保险是按合同约定全额赔付,鉴于人均重大疾病医疗费用高昂,建议你们各自购买的重大疾病保险的保额为30万元。

表4-8 常见重大疾病的医疗费用

| 疾病种类 | 治疗康复费用 | 备注 |
| --- | --- | --- |
| 恶性肿瘤 | 12万~50万元 | CT、伽马刀、核磁共振等治疗项目为社保不报销或部分报销项目,同时80%以上的进口特效药不在社保医疗报销范围内 |
| 急性心肌梗死 | 10万~30万元 | 需要长期的药物治疗和康复治疗 |
| 脑中风后遗症 | 10万~40万元 | 需要长期护理和药物治疗 |
| 重大器官移植术或造血干细胞移植术 | 20万~50万元 | 心脏移植、肺脏移植不属于社保报销项目,器官移植后均需终身服用抗排斥药物 |
| 冠状动脉搭桥术 | 10万~30万元 | 冠状动脉造影属于社保部分费用报销项目,搭桥每条桥4万元,需长期药物治疗和康复治疗 |
| 终末期肾病 | 10万元/年 | 换肾或长期依赖透析疗法,透析属于社保部分报销项目 |
| 良性脑肿瘤 | 5万~25万元 | 需要长期的诊疗及药物治疗 |
| 重型再生障碍性贫血 | 15万~40万元 | 需骨髓移植及长期药物治疗 |

(3) 保险产品推荐

①寿险产品推荐。建议您选择我公司代理的××定期寿险,保费为996元/年,交费期限为10年,保障期限为20年。

表 4-9　　　　　　　　　　××定期寿险

| 基本保障 | 保险金额 |
| --- | --- |
| 身故保险金 | 60 万元 |
| 全残保险金 | 60 万元 |

②意外伤害险推荐。建议您选择我公司代理的××长期意外伤害保险，交费期限为 30 年，保障终身。您的保费为 575 元/年，您太太的保费为 620 元/年，每年一共交费 1 195 元。

表 4-10　　　　　　　　××长期意外伤害保险

| 基本保障 | 保险金额 |
| --- | --- |
| 一般意外伤残/身故 | 50 万元 |
| 乘用车意外伤残/身故 | 25 万元 |
| 水运及轨道公共交通意外伤残/身故 | 50 万元 |
| 航空意外伤残/身故 | 150 万元 |
| 猝死 | 25 万元 |

③重大疾病保险推荐。建议您选择我公司代理的××重大疾病保险，交费期限为 30 年，保障终身。如果罹患重疾，给付重大疾病保险金 30 万元，您的保费是 5 052 元/年，您太太的保费为 4 530 元/年，每年一共交费 9 582 元。

（4）保险规划结论。综合上述内容，您家庭主要的保障对象为您和太太，保障内容主要在死亡风险、意外伤害风险及重大疾病风险方面。您年交保费大约 11 773 元，占您年收入的 3.66%，占比并不高。但如果您的家庭发生了一些重大经济事项，如贷款买房、收支变动等，都应重新分析和计算以上保险需求。

4. 购房规划

（1）换房时点。您希望三年内换一个更大的住房，目标面积为 100 平方米，现有住房将出售。

如果您选择现在换房，则旧房出售可得 100 万元，其中 80 万元作为新房的首付款，另外预留 20 万元作为新房的税费及入住费等支出。新房房价为 200 万元，因此购买新房仍需贷款 120 万元。银行贷款的年利率为 5.53%。选择 30 年还清贷款，每年需偿还银行约 8.3 万元。

如果您选择三年后换房，房价年增长率为 3%。三年后旧房出售可得 109.3 万元，其中 89.3 万元作为新房的首付款，另外预留 20 万元作为新房的税费及入住费等支出。3 年后新房房价约 218.5 万元，首付 89.3 万元，仍需贷款 129.2 万元。选择 30 年还清贷款，每年需偿还银行约 8.9 万元。

可见，您现在换房，不仅可以提高生活质量，而且向银行申请贷款的额度相对较少，建议现在只要有合适的新房，您就可以考虑换房。

（2）还款资金来源。如果选择现在换房，新房房价为 200 万元，首付款为 80 万元，向银行申请贷款 120 万元。选择 30 年还清贷款，每年需偿还银行约 8.3 万元，贷款偿还首先考虑公积金，剩余贷款用税后可支配收入偿还。其中，从您和太太的工资情况来看，你们每月住房公积金共缴存 2 350 元，单位按 1∶1 缴存，你们的住房公积金每月有 4 700 元，每年有 5.64 万元，未来随着工资的上涨，公积金收入也会相应上涨。从表 4 – 11 可见，如果您选择现在换房，虽然前 3 年年度结余不足以支付教育金投资，但您可以变现您的部分存款和债券来满足教育金投资不足。可见，现在买房不仅不会影响教育投资目标的实现，而且随着未来收入的增长，结余资金逐渐增加，还贷压力逐渐下降的时候，还可以考虑提前还贷。

表 4 – 11    还款能力分析    单位：元

| 李先生年龄 | 工作收入 | | 公积金收入 | 生活支出 | 保费支出 | 房贷支出 | 年度结余 | 教育投资 | 其他投资 |
| --- | --- | --- | --- | --- | --- | --- | --- | --- | --- |
| | 李先生 | 李太太 | | | | | | | |
| 35 | 210 500 | 107 242 | 56 400 | 170 700 | 13 357 | 82 840 | 107 245 | 138 293 | -31 048 |
| 36 | 221 025 | 110 459 | 58 092 | 174 507 | 13 357 | 82 840 | 118 872 | 138 293 | -19 421 |
| 37 | 232 076 | 113 773 | 59 835 | 178 398 | 13 357 | 82 840 | 131 089 | 138 293 | -7 204 |
| 38 | 243 680 | 117 186 | 61 630 | 182 376 | 13 357 | 82 840 | 143 922 | 138 293 | 5 629 |
| 39 | 255 864 | 120 702 | 63 479 | 186 443 | 13 357 | 82 840 | 157 404 | 138 293 | 19 111 |
| 40 | 268 657 | 124 323 | 65 383 | 190 601 | 13 357 | 82 840 | 171 565 | 138 293 | 33 272 |
| 41 | 282 090 | 128 053 | 67 345 | 194 851 | 13 357 | 82 840 | 186 439 | 138 293 | 48 146 |
| 42 | 296 195 | 131 894 | 69 365 | 199 197 | 13 357 | 82 840 | 202 060 | 138 293 | 63 767 |
| 43 | 311 004 | 135 851 | 71 446 | 203 639 | 13 357 | 82 840 | 218 465 | 138 293 | 80 172 |
| 44 | 326 555 | 139 926 | 73 589 | 208 180 | 13 357 | 82 840 | 235 693 | 138 293 | 97 400 |
| 45 | 342 882 | 144 124 | 75 797 | 212 822 | 13 357 | 82 840 | 253 784 | 138 293 | 115 491 |
| 46 | 353 169 | 148 448 | 78 071 | 217 568 | 13 357 | 82 840 | 265 922 | 138 293 | 127 629 |
| 47 | 363 764 | 152 901 | 80 413 | 222 420 | 13 357 | 82 840 | 278 461 | 138 293 | 140 168 |
| 48 | 374 677 | 157 488 | 82 825 | 227 380 | 13 357 | 82 840 | 291 413 | 138 293 | 153 120 |
| 49 | 385 917 | 162 213 | 85 310 | 232 451 | 13 357 | 82 840 | 304 793 | 138 293 | 166 500 |
| 50 | 397 495 | 167 080 | 87 869 | 237 634 | 13 357 | 82 840 | 318 612 | 138 293 | 180 319 |

注：如果换房，负债增加 120 万元，则李先生的寿险需求增加 120 万元，每年需增加 1 584 元的定期寿险费用，交费期限和保障期限都是至 60 岁，因此年缴保费调整为 13 357 元。

5. 退休规划分析

（1）退休后的生活支出需求。您希望退休后能维持当前生活水平，2019 年您家庭的支出为 170 700 元，考虑通货膨胀因素，您 60 岁退休时的生活支出应为 296 273 元［FV（2.23%，25，0，-170 700）］，依此类推，60 岁至 85 岁的生活支出见表 4 – 12。退休后每年生活支出折现至 60 岁的总现值为 6 725 332 元，即如果您退休时大约拥有 672.53 万元，则能实现您的退休生活要求。

表 4-12　　　　　　　　　　　退休后生活支出估算　　　　　　　　　　单位：元

| 年龄 | 生活支出 | 折现至60岁 | 年龄 | 生活支出 | 折现至60岁 |
|---|---|---|---|---|---|
| 60 | 296 273 | 296 273 | 76 | 421 644 | 225 119 |
| 61 | 302 880 | 291 231 | 77 | 431 047 | 221 288 |
| 62 | 309 634 | 286 274 | 78 | 440 659 | 217 522 |
| 63 | 316 539 | 281 402 | 79 | 450 486 | 213 820 |
| 64 | 323 598 | 276 613 | 80 | 460 531 | 210 181 |
| 65 | 330 814 | 271 905 | 81 | 470 801 | 206 603 |
| 66 | 338 191 | 267 277 | 82 | 481 300 | 203 087 |
| 67 | 345 733 | 262 729 | 83 | 492 033 | 199 631 |
| 68 | 353 443 | 258 257 | 84 | 503 006 | 196 233 |
| 69 | 361 324 | 253 862 | 85 | 514 223 | 192 894 |
| 70 | 369 382 | 249 541 | 86 | 262 845 | 94 805 |
| 71 | 377 619 | 245 294 | 87 | 268 706 | 93 192 |
| 72 | 386 040 | 241 119 | 88 | 274 698 | 91 606 |
| 73 | 394 649 | 237 016 | 89 | 280 824 | 90 047 |
| 74 | 403 449 | 232 982 | 90 | 287 087 | 88 514 |
| 75 | 412 446 | 229 017 | 合计 |  | 6 725 332 |

注：李先生85岁时太太才80岁，生活支出应考虑至太太85岁，生活费用假定两人平均。退休后一般应保守投资，因此财务贴现率假设为4%。

（2）退休养老金估算。您和太太退休后领取的退休养老金由基础养老金和个人账户养老金构成。

①基础养老金的估算

基础养老金的计算公式为

$$基础养老金 = \frac{(当地上年度职工月平均工资 + 本人指数化月平均缴费工资)}{2} \times 缴费年限 \times 1\%$$

您所在城市职工上年度月平均工资为5 000元，年平均工资为60 000元。您和太太都是参加工作已有6年，如果你们一直工作到退休，则退休金的缴费年度共有31年。您的缴费工资是当地上年度职工平均工资的3倍，您太太的是1.7倍，因此您的缴费工资指数是3，您太太的是1.7。按照基础养老金的计算公式，可以推算出你们退休后的基础养老金收入，见表4-13。您和太太退休后可领取的基础养老金全部折现至刚退休时点，你们可领取的基础养老金总和为3 214 639元（1 799 435 + 1 415 204）。

表 4-13　　　　　　　　　　　基础养老金估算　　　　　　　　　单位：元

| 李先生年龄 | 基础养老金领取 | 折现至60岁现值 | 李太太年龄 | 基础养老金领取 | 折现至55岁现值 | 本地职工上年度平均工资 |
|---|---|---|---|---|---|---|
| 60 | 77 889 | 77 889 | 55 | 52 575 | 52 575 | 125 627 |
| 61 | 80 225 | 77 140 | 56 | 54 152 | 52 069 | 129 395 |
| 62 | 82 632 | 76 398 | 57 | 55 777 | 51 569 | 133 277 |
| 63 | 85 111 | 75 663 | 58 | 57 450 | 51 073 | 137 276 |
| 64 | 87 664 | 74 936 | 59 | 59 174 | 50 582 | 141 394 |
| 65 | 90 294 | 74 215 | 60 | 60 949 | 50 095 | 145 636 |
| 66 | 93 003 | 73 502 | 61 | 62 777 | 49 614 | 150 005 |
| 67 | 95 793 | 72 795 | 62 | 64 660 | 49 137 | 154 505 |
| 68 | 98 667 | 72 095 | 63 | 66 600 | 48 664 | 159 140 |
| 69 | 101 627 | 71 402 | 64 | 68 598 | 48 196 | 163 914 |
| 70 | 104 676 | 70 715 | 65 | 70 656 | 47 733 | 168 832 |
| 71 | 107 816 | 70 035 | 66 | 72 776 | 47 274 | 173 897 |
| 72 | 111 051 | 69 362 | 67 | 74 959 | 46 819 | 179 114 |
| 73 | 114 382 | 68 695 | 68 | 77 208 | 46 369 | 184 487 |
| 74 | 117 814 | 68 034 | 69 | 79 524 | 45 923 | 190 022 |
| 75 | 121 348 | 67 380 | 70 | 81 910 | 45 482 | 195 722 |
| 76 | 124 989 | 66 732 | 71 | 84 367 | 45 044 | 201 594 |
| 77 | 128 738 | 66 091 | 72 | 86 898 | 44 611 | 207 642 |
| 78 | 132 600 | 65 455 | 73 | 89 505 | 44 182 | 213 871 |
| 79 | 136 578 | 64 826 | 74 | 92 190 | 43 757 | 220 287 |
| 80 | 140 676 | 64 203 | 75 | 94 956 | 43 337 | 226 896 |
| 81 | 144 896 | 63 585 | 76 | 97 805 | 42 920 | 233 703 |
| 82 | 149 243 | 62 974 | 77 | 100 739 | 42 507 | 240 714 |
| 83 | 153 720 | 62 368 | 78 | 103 761 | 42 099 | 247 935 |
| 84 | 158 332 | 61 769 | 79 | 106 874 | 41 694 | 255 373 |
| 85 | 163 082 | 61 175 | 80 | 110 080 | 41 293 | 263 034 |
|  |  |  | 81 | 113 383 | 40 896 | 270 925 |
|  |  |  | 82 | 116 784 | 40 503 | 279 053 |
|  |  |  | 83 | 120 288 | 40 113 | 287 425 |
|  |  |  | 84 | 123 896 | 39 727 | 296 047 |
|  |  |  | 85 | 127 613 | 39 345 | 304 929 |
| 合计 |  | 1 799 435 |  |  | 1 415 204 |  |

注：本地职工年平均工资增长率假定为3%（略高于通货膨胀水平），财务贴现率为4%。

②个人账户养老金估算。您的养老金个人账户当前累积额已达到10万元,您太太的养老金个人账户当前累积额为6万元,个人账户投资收益率约为4%,因此你们当前个人账户的16万元投资至退休,将达到42.65万元[FV(0.04,25,0,−160 000)]。未来年份缴纳的养老金个人账户额度估算见表4−14,你们养老金个人账户至退休时的总额估算为1 290 564元(823 764+466 800)。因此,退休时,你们养老金个人账户总额约为171.71万元。

表4−14　　　　　　　　　　个人账户养老金估算　　　　　　　　单位:元

| 李先生年龄 | 缴费工资 | 个人账户 | 退休时个人账户终值 | 李太太年龄 | 缴费工资 | 个人账户 | 退休时个人账户终值 |
|---|---|---|---|---|---|---|---|
| 35 | 180 000 | 14 400 | 36 912 | 30 | 102 000 | 8 160 | 20 917 |
| 36 | 185 400 | 14 832 | 36 557 | 31 | 105 060 | 8 405 | 20 715 |
| 37 | 190 962 | 15 277 | 36 205 | 32 | 108 212 | 8 657 | 20 516 |
| 38 | 196 691 | 15 735 | 35 857 | 33 | 111 458 | 8 917 | 20 319 |
| 39 | 202 592 | 16 207 | 35 512 | 34 | 114 802 | 9 184 | 20 124 |
| 40 | 208 669 | 16 694 | 35 171 | 35 | 118 246 | 9 460 | 19 930 |
| 41 | 214 929 | 17 194 | 34 833 | 36 | 121 793 | 9 743 | 19 738 |
| 42 | 221 377 | 17 710 | 34 498 | 37 | 125 447 | 10 036 | 19 549 |
| 43 | 228 019 | 18 241 | 34 166 | 38 | 129 211 | 10 337 | 19 361 |
| 44 | 234 859 | 18 789 | 33 837 | 39 | 133 087 | 10 647 | 19 175 |
| 45 | 241 905 | 19 352 | 33 512 | 40 | 137 079 | 10 966 | 18 990 |
| 46 | 249 162 | 19 933 | 33 190 | 41 | 141 192 | 11 295 | 18 808 |
| 47 | 256 637 | 20 531 | 32 871 | 42 | 145 428 | 11 634 | 18 627 |
| 48 | 264 336 | 21 147 | 32 555 | 43 | 149 790 | 11 983 | 18 448 |
| 49 | 272 266 | 21 781 | 32 242 | 44 | 154 284 | 12 343 | 18 270 |
| 50 | 280 434 | 22 435 | 31 932 | 45 | 158 913 | 12 713 | 18 095 |
| 51 | 288 847 | 23 108 | 31 625 | 46 | 163 680 | 13 094 | 17 921 |
| 52 | 297 513 | 23 801 | 31 321 | 47 | 168 590 | 13 487 | 17 748 |
| 53 | 306 438 | 24 515 | 31 019 | 48 | 173 648 | 13 892 | 17 578 |
| 54 | 315 631 | 25 250 | 30 721 | 49 | 178 858 | 14 309 | 17 409 |
| 55 | 325 100 | 26 008 | 30 426 | 50 | 184 223 | 14 738 | 17 241 |
| 56 | 334 853 | 26 788 | 30 133 | 51 | 189 750 | 15 180 | 17 075 |
| 57 | 344 899 | 27 592 | 29 843 | 52 | 195 443 | 15 635 | 16 911 |
| 58 | 355 246 | 28 420 | 29 556 | 53 | 201 306 | 16 104 | 16 749 |
| 59 | 365 903 | 29 272 | 29 272 | 54 | 207 345 | 16 588 | 16 588 |
| 合计 |  |  | 823 764 |  |  |  | 466 800 |

注:个人账户投资收益率为4%,缴费工资增长率为3%,个人账户额度=缴费工资×8%。

③养老金缺口。你们退休后可领取的基础养老金折现至退休时的总额约为321.46万元，个人账户资金至退休时总额约为171.71万元，因此基本养老金的总金额在退休时约为493.17万元。而您需要退休养老金672.53万元，才能满足您的退休生活要求。因此，您存在养老金缺口约179.36万元。

④退休规划建议。由于您当前主要考虑教育和换房，同时实施这两大理财目标，您的家庭财务已经比较紧张，能进行退休养老投资准备的资金并不多（见表4-11）。因此，建议您从42岁起开始实施退休养老规划。如果按年均投资收益率6%计算，42岁后您每年应投入退休养老账户5.8万元［PMT（0.06，18，0，-179.36）］。从表4-11可见，您42岁开始每年投资5.8万元至退休养老账户是可行的。

50岁前您可以选择混合型基金作为退休养老规划的投资工具。50岁以后应逐渐降低混合型基金的比重，增加债券型基金比重。55岁后至退休则应以债券型基金为主要投资工具。退休后应将储备的退休养老金投资在更为安全的国债或银行存款上。

## 第五部分 持续理财服务

以上理财规划建议是建立在您提供的个人信息、历史数据和一定假设的基础之上的。而您的理财目标、财务收支状况和国家相关法规以及金融市场都会随着时间的推移而发生变化,我们无法精确地预测不确定因素,所以理财规划是一个持续的动态过程,需要结合实际定期调整。您需要注意以下内容。

1. 方案要定期审视并做出评估和调整,以便使理财方案更加符合实际。

2. 若您的家庭在财务或非财务方面发生了重大变化,应当及时通知理财规划师,由我们对理财方案及时做出调整。

3. 金融市场或理财方面若有重大变化,理财规划师将及时通知、建议您调整理财方案。

另外,您目前得到的是方案制订的服务,对于方案的执行,如理财产品的具体购买,以及未来方案的调整,是我们提供的执行服务的内容。以下是服务内容和收费情况。

表 5-1　　　　　　　　　服务内容和收费情况

| 服务项目及收费 | 服务内容 |
| --- | --- |
| 理财方案执行:<br>第一年:规划资产5‰<br>第二年起:规划资产2‰ | 1. 诚信理财规划师团队在理财方案制订服务的基础上,依据理财方案,为客户配置理财产品并跟踪执行进度。<br>2. 客户可享受理财专家一对一的理财咨询服务。<br>3. 客户可选择会员在线查询或邮寄方式每季度获得理财规划师团队制作提供的理财方案执行监控报告一份,诚信理财规划师团队根据经济形势和市场行情,将对产品配置做出阶段性调整。 |

## 【本章小结】

个人理财规划的一般流程是:(1)建立和界定与客户的关系;(2)收集客户数据,分析客户的理财目标或期望;(3)分析和评价客户的财务状况;(4)整合个人理财规划策略,编制理财规划建议书;(5)协助客户实施理财规划方案;(6)监控理财规划执行进度,并定期修正理财规划方案。

一份好的理财规划建议书应符合以下三大要求:(1)可读性强,容易被客户阅读和理解;(2)合乎客户理财要求和目标;(3)可以被执行。

## 【重点概念】

理财规划流程　　理财规划建议书　　供需现值法　　目标并进法　　目标顺序法

## 第十章 理财规划综合应用

**【思考与练习】**

1. 你如何理解理财规划师的角色?
2. 哪些人需要理财规划师提供理财服务?
3. 理财规划建议书一般包含哪些主体部分?
4. 案例分析

(1) 家庭成员背景资料

张先生现年45岁,是某私企高管,离异后房产归前妻,有一初中毕业的女儿,现年15岁,每年需负担女儿学费及生活费5万元,直至大学毕业。王女士现年25岁,二人经朋友介绍交往一年后结婚,婚后在深圳租房居住。二人于今年年初生了一个儿子,为了照顾小孩王女士辞职专心照顾家庭。

(2) 家庭收支资料(收入均为税前收入)

张先生税后月薪为5万元,年终奖金为10万元。夫妻均按照国家规定参加了"三险一金"(王女士自行缴纳养老保险)。家庭日常生活开支为2万元/月,房租为1万元/月,儿子出生后每年增加2万元支出(奶粉、尿布等),张先生父母退休无养老保险,由张先生支付每月2 000元的生活费。

(3) 家庭资产负债资料

张先生生性节俭保守,目前有银行存款50万元、债券型投资基金50万元。张先生在浙江老家还有一处房产,市价为100万元,无贷款。

(4) 理财目标(均为现值)

张先生目前正四处看房子,打算3年内在深圳郊区买一栋价值600万元的房子。

张先生计划在大女儿大学四年毕业后再资助她出国(美国或英国)深造,攻读硕士。而小儿子则希望为其准备从幼儿园开始到大学的所有学费,并希望他未来能到美国就读大学。

张先生打算在60岁退休,王女士若再就业则55岁退休。退休后年支出约为10万元(现值)。张先生目前的社保个人账户总额为15万元。王女士的社保个人账户总额为1万元。

由于儿子年幼,张先生希望买一些合适的保险,给予娇妻弱儿比较全面的保障。

王女士担心未来小孩教育和购房使先生压力太大,她是否需考虑小孩上幼儿园后自行创业或再找工作?如需要的话应该获得多少税后收入才能支持未来的理财目标?

根据案例,请你撰写包括财务诊断、方案分析、投资与保险规划内容的理财规划建议书,并附上你认为必要的基本假设与参考资料。

# 资金时间价值系数表

| 附表1 | | | | 1元复利终值表 | | | | | |
|---|---|---|---|---|---|---|---|---|---|
| 期数 | 1% | 2% | 3% | 4% | 5% | 6% | 7% | 8% | 9% | 10% |
| 1 | 1.0100 | 1.0200 | 1.0300 | 1.0400 | 1.0500 | 1.0600 | 1.0700 | 1.0800 | 1.0900 | 1.1000 |
| 2 | 1.0201 | 1.0404 | 1.0609 | 1.0816 | 1.1025 | 1.1236 | 1.1449 | 1.1664 | 1.1881 | 1.2100 |
| 3 | 1.0303 | 1.0612 | 1.0927 | 1.1249 | 1.1576 | 1.1910 | 1.2250 | 1.2597 | 1.2950 | 1.3310 |
| 4 | 1.0406 | 1.0824 | 1.1255 | 1.1699 | 1.2155 | 1.2625 | 1.3108 | 1.3605 | 1.4116 | 1.4641 |
| 5 | 1.0510 | 1.1041 | 1.1593 | 1.2167 | 1.2763 | 1.3382 | 1.4026 | 1.4693 | 1.5386 | 1.6105 |
| 6 | 1.0615 | 1.1262 | 1.1941 | 1.2653 | 1.3401 | 1.4185 | 1.5007 | 1.5809 | 1.6771 | 1.7716 |
| 7 | 1.0721 | 1.1487 | 1.2299 | 1.3159 | 1.4071 | 1.5036 | 1.6058 | 1.7138 | 1.8280 | 1.9487 |
| 8 | 1.0829 | 1.1717 | 1.2668 | 1.3686 | 1.4775 | 1.5938 | 1.7182 | 1.8509 | 1.9926 | 2.1436 |
| 9 | 1.0937 | 1.1951 | 1.3048 | 1.4233 | 1.5513 | 1.6895 | 1.8385 | 1.9990 | 2.1719 | 2.3579 |
| 10 | 1.1046 | 1.2190 | 1.3439 | 1.4802 | 1.6289 | 1.7908 | 1.9672 | 2.1589 | 2.3674 | 2.5937 |
| 11 | 1.1157 | 1.2434 | 1.3842 | 1.5395 | 1.7103 | 1.8983 | 2.1049 | 2.3316 | 2.5804 | 2.8531 |
| 12 | 1.1268 | 1.2682 | 1.4258 | 1.6010 | 1.7959 | 2.0122 | 2.2522 | 2.5182 | 2.8127 | 3.1384 |
| 13 | 1.1381 | 1.2936 | 1.4685 | 1.6651 | 1.8856 | 2.1329 | 2.4098 | 2.7196 | 3.0658 | 3.4523 |
| 14 | 1.1495 | 1.3195 | 1.5126 | 1.7317 | 1.9799 | 2.2609 | 2.5785 | 1.9372 | 3.3417 | 3.7975 |
| 15 | 1.1610 | 1.3459 | 1.5580 | 1.8009 | 2.0789 | 2.3966 | 2.7590 | 3.1722 | 3.6425 | 4.1772 |
| 16 | 1.1726 | 1.3728 | 1.6047 | 1.8730 | 2.1829 | 2.5404 | 2.9522 | 3.4259 | 3.9703 | 4.5950 |
| 17 | 1.1843 | 1.4002 | 1.6528 | 1.9479 | 2.2920 | 2.6928 | 3.1588 | 3.7000 | 4.3276 | 5.0545 |
| 18 | 1.1961 | 1.4282 | 1.7024 | 2.0258 | 2.4066 | 2.8543 | 3.3799 | 3.9960 | 4.7171 | 5.5599 |
| 19 | 1.2081 | 1.4568 | 1.7535 | 2.1068 | 2.5270 | 3.0256 | 3.6156 | 4.3157 | 5.1417 | 6.1159 |
| 20 | 1.2202 | 1.4859 | 1.8061 | 2.1911 | 2.6533 | 3.2071 | 3.8697 | 4.6610 | 5.6044 | 6.7275 |

续表

| 期数 | 1% | 2% | 3% | 4% | 5% | 6% | 7% | 8% | 9% | 10% |
|---|---|---|---|---|---|---|---|---|---|---|
| 21 | 1.2324 | 1.5157 | 1.8603 | 2.2788 | 2.7860 | 3.3996 | 4.1406 | 5.0338 | 6.1088 | 7.4002 |
| 22 | 1.2447 | 1.5460 | 1.9161 | 2.3699 | 2.9253 | 3.6035 | 4.4304 | 5.4365 | 6.6586 | 8.1403 |
| 23 | 1.2572 | 1.5769 | 1.9736 | 2.4647 | 3.0715 | 3.8197 | 4.7405 | 5.8715 | 7.2576 | 8.2543 |
| 24 | 1.2697 | 1.6084 | 2.0328 | 2.5633 | 3.2251 | 4.0489 | 5.0724 | 6.3412 | 7.9111 | 9.8497 |
| 25 | 1.2824 | 1.6406 | 2.0938 | 2.6658 | 3.3864 | 4.2919 | 5.4274 | 6.8485 | 8.6231 | 10.835 |
| 26 | 1.2953 | 1.6734 | 2.1566 | 2.7725 | 3.5557 | 4.5494 | 5.8074 | 7.3964 | 9.3992 | 11.918 |
| 27 | 1.3082 | 1.7069 | 2.2213 | 2.8834 | 3.7335 | 4.8823 | 6.2139 | 7.9881 | 10.245 | 13.110 |
| 28 | 1.3213 | 1.7410 | 2.2879 | 2.9987 | 3.9201 | 5.1117 | 6.6488 | 8.6271 | 11.167 | 14.421 |
| 29 | 1.3345 | 1.7758 | 2.3566 | 3.1187 | 4.1161 | 5.4184 | 7.1143 | 9.3173 | 12.172 | 15.863 |
| 30 | 1.3478 | 1.8114 | 2.4273 | 3.2434 | 4.3219 | 5.7435 | 7.6123 | 10.063 | 13.268 | 17.449 |
| 40 | 1.4889 | 2.2080 | 3.2620 | 4.8010 | 7.0400 | 10.286 | 14.794 | 21.725 | 31.408 | 45.259 |
| 50 | 1.6446 | 2.6916 | 4.3839 | 7.1067 | 11.467 | 18.420 | 29.457 | 46.902 | 74.358 | 117.39 |
| 60 | 1.8167 | 3.2810 | 5.8916 | 10.520 | 18.679 | 32.988 | 57.946 | 101.26 | 176.03 | 304.48 |

附表 2    1 元复利现值表

| 期数 | 1% | 2% | 3% | 4% | 5% | 6% | 7% | 8% | 9% | 10% |
|---|---|---|---|---|---|---|---|---|---|---|
| 1 | 0.9901 | 0.9804 | 0.9709 | 0.9615 | 0.9524 | 0.9434 | 0.9346 | 0.9259 | 0.9174 | 0.9091 |
| 2 | 0.9803 | 0.9712 | 0.9426 | 0.9246 | 0.9070 | 0.8900 | 0.8734 | 0.8573 | 0.8417 | 0.8264 |
| 3 | 0.9706 | 0.9423 | 0.9151 | 0.8890 | 0.8638 | 0.8396 | 0.8163 | 0.7938 | 0.7722 | 0.7513 |
| 4 | 0.9610 | 0.9238 | 0.8885 | 0.8548 | 0.8227 | 0.7921 | 0.7629 | 0.7350 | 0.7084 | 0.6830 |
| 5 | 0.9515 | 0.9057 | 0.8626 | 0.8219 | 0.7835 | 0.7473 | 0.7130 | 0.6806 | 0.6499 | 0.6209 |
| 6 | 0.9420 | 0.8880 | 0.8375 | 0.7903 | 0.7462 | 0.7050 | 0.6663 | 0.6302 | 0.5963 | 0.5645 |
| 7 | 0.9327 | 0.8606 | 0.8131 | 0.7599 | 0.7107 | 0.6651 | 0.6227 | 0.5835 | 0.5470 | 0.5132 |
| 8 | 0.9235 | 0.8535 | 0.7874 | 0.7307 | 0.6768 | 0.6274 | 0.5820 | 0.5403 | 0.5019 | 0.4665 |
| 9 | 0.9143 | 0.8368 | 0.7664 | 0.7026 | 0.6446 | 0.5919 | 0.5439 | 0.5002 | 0.4604 | 0.4241 |
| 10 | 0.9053 | 0.8203 | 0.7441 | 0.6756 | 0.6139 | 0.5584 | 0.5083 | 0.4632 | 0.4224 | 0.3855 |
| 11 | 0.8963 | 0.8043 | 0.7224 | 0.6496 | 0.5847 | 0.5268 | 0.4751 | 0.4289 | 0.3875 | 0.3505 |
| 12 | 0.8874 | 0.7885 | 0.7014 | 0.6246 | 0.5568 | 0.4970 | 0.4440 | 0.3971 | 0.3555 | 0.3186 |
| 13 | 0.8787 | 0.7730 | 0.6810 | 0.6006 | 0.5303 | 0.4688 | 0.4150 | 0.3677 | 0.3262 | 0.2897 |
| 14 | 0.8700 | 0.7579 | 0.6611 | 0.5775 | 0.5051 | 0.4423 | 0.3878 | 0.3405 | 0.2992 | 0.2633 |

续表

| 期数 | 1% | 2% | 3% | 4% | 5% | 6% | 7% | 8% | 9% | 10% |
|---|---|---|---|---|---|---|---|---|---|---|
| 15 | 0.8613 | 0.7430 | 0.6419 | 0.5553 | 0.4810 | 0.4173 | 0.3624 | 0.3152 | 0.2745 | 0.2394 |
| 16 | 0.8528 | 0.7284 | 0.6232 | 0.5339 | 0.4581 | 0.3936 | 0.3387 | 0.2919 | 0.2519 | 0.2176 |
| 17 | 0.8444 | 0.7142 | 0.6050 | 0.5134 | 0.4363 | 0.3714 | 0.3166 | 0.2703 | 0.2311 | 0.1978 |
| 18 | 0.8360 | 0.7002 | 0.5874 | 0.4639 | 0.4155 | 0.3503 | 0.2959 | 0.2502 | 0.2120 | 0.1799 |
| 19 | 0.8277 | 0.6864 | 0.5703 | 0.4746 | 0.3957 | 0.3305 | 0.2765 | 0.2317 | 0.1945 | 0.1635 |
| 20 | 0.8195 | 0.6730 | 0.5537 | 0.4564 | 0.3769 | 0.3118 | 0.2584 | 0.2145 | 0.1784 | 0.1486 |
| 21 | 0.8114 | 0.6598 | 0.5375 | 0.4388 | 0.3589 | 0.2942 | 0.2415 | 0.1987 | 0.1637 | 0.1351 |
| 22 | 0.8034 | 0.6468 | 0.5219 | 0.4220 | 0.3418 | 0.2775 | 0.2257 | 0.1839 | 0.1502 | 0.1228 |
| 23 | 0.7954 | 0.6342 | 0.5067 | 0.4057 | 0.3256 | 0.2618 | 0.2109 | 0.1703 | 0.1378 | 0.1117 |
| 24 | 0.7876 | 0.6217 | 0.4919 | 0.3901 | 0.3101 | 0.2470 | 0.1971 | 0.1577 | 0.1264 | 0.1015 |
| 25 | 0.7798 | 0.6095 | 0.4776 | 0.3751 | 0.2953 | 0.2330 | 0.1842 | 0.1460 | 0.1160 | 0.0923 |
| 26 | 0.7720 | 0.5976 | 0.4637 | 0.3604 | 0.2812 | 0.2198 | 0.1722 | 0.1352 | 0.1064 | 0.0839 |
| 27 | 0.7644 | 0.5859 | 0.4502 | 0.3468 | 0.2678 | 0.2074 | 0.1609 | 0.1252 | 0.0976 | 0.0763 |
| 28 | 0.7568 | 0.5744 | 0.4371 | 0.3335 | 0.2551 | 0.1956 | 0.1504 | 0.1159 | 0.0895 | 0.0693 |
| 29 | 0.7493 | 0.5631 | 0.4243 | 0.3207 | 0.2429 | 0.1846 | 0.1406 | 0.1073 | 0.0822 | 0.0630 |
| 30 | 0.7419 | 0.5521 | 0.4120 | 0.3083 | 0.2314 | 0.1741 | 0.1314 | 0.0994 | 0.0754 | 0.0573 |
| 35 | 0.7059 | 0.5000 | 0.3554 | 0.2534 | 0.1813 | 0.1301 | 0.0937 | 0.0676 | 0.0490 | 0.0356 |
| 40 | 0.6717 | 0.4529 | 0.3066 | 0.2083 | 0.1420 | 0.0972 | 0.0668 | 0.0460 | 0.0318 | 0.0221 |
| 45 | 0.6491 | 0.4102 | 0.2644 | 0.1712 | 0.1113 | 0.0727 | 0.0476 | 0.0313 | 0.0207 | 0.0137 |
| 50 | 0.6080 | 0.3715 | 0.2281 | 0.1407 | 0.0872 | 0.0543 | 0.0339 | 0.0213 | 0.0134 | 0.0085 |
| 55 | 0.5785 | 0.3365 | 0.1968 | 0.1157 | 0.0683 | 0.0406 | 0.0242 | 0.0145 | 0.0087 | 0.0053 |

**附表3　　　　　　　　　　1元年金终值表**

| 期数 | 1% | 2% | 3% | 4% | 5% | 6% | 7% | 8% | 9% | 10% |
|---|---|---|---|---|---|---|---|---|---|---|
| 1 | 1.0000 | 1.0000 | 1.0000 | 1.0000 | 1.0000 | 1.0000 | 1.0000 | 1.0000 | 1.0000 | 1.0000 |
| 2 | 2.0100 | 2.0200 | 2.0300 | 2.0400 | 2.0500 | 2.0600 | 2.0700 | 2.0800 | 2.0900 | 2.1000 |
| 3 | 3.0301 | 3.0604 | 3.0909 | 3.1216 | 3.1525 | 3.1836 | 3.2149 | 3.2464 | 3.2781 | 3.3100 |
| 4 | 4.0604 | 4.1216 | 4.1836 | 4.2465 | 4.3101 | 4.3746 | 4.4399 | 4.5061 | 4.5731 | 4.6410 |
| 5 | 5.1010 | 5.2040 | 5.3091 | 5.4163 | 5.5256 | 5.6371 | 5.7507 | 5.8666 | 5.9847 | 6.1051 |
| 6 | 6.1520 | 6.3081 | 6.4684 | 6.6330 | 6.8019 | 6.9753 | 7.1533 | 7.3359 | 7.5233 | 7.7156 |

续表

| 期数 | 1% | 2% | 3% | 4% | 5% | 6% | 7% | 8% | 9% | 10% |
|---|---|---|---|---|---|---|---|---|---|---|
| 7 | 7.2135 | 7.4343 | 7.6625 | 7.8983 | 8.1420 | 8.3938 | 8.6540 | 8.9228 | 9.2004 | 9.4872 |
| 8 | 8.2857 | 8.5830 | 8.8923 | 9.2142 | 9.5491 | 9.8975 | 10.260 | 10.637 | 11.028 | 11.436 |
| 9 | 9.3685 | 9.7546 | 10.159 | 10.583 | 11.027 | 11.491 | 11.978 | 12.488 | 13.021 | 13.579 |
| 10 | 10.462 | 10.950 | 11.464 | 12.006 | 12.578 | 13.181 | 13.816 | 14.487 | 15.193 | 15.937 |
| 11 | 11.567 | 12.169 | 12.808 | 13.486 | 14.207 | 14.972 | 15.784 | 16.645 | 17.560 | 18.531 |
| 12 | 12.683 | 13.412 | 14.192 | 15.026 | 15.917 | 16.870 | 17.888 | 18.977 | 20.141 | 21.384 |
| 13 | 13.809 | 14.680 | 15.618 | 16.627 | 17.713 | 18.882 | 20.141 | 21.495 | 22.953 | 24.523 |
| 14 | 14.947 | 15.974 | 17.086 | 18.292 | 19.599 | 21.015 | 22.550 | 24.214 | 26.019 | 27.975 |
| 15 | 16.097 | 17.293 | 18.599 | 20.024 | 21.579 | 23.276 | 25.129 | 27.152 | 29.361 | 31.772 |
| 16 | 17.258 | 18.639 | 20.157 | 21.825 | 23.657 | 25.673 | 27.888 | 30.324 | 33.003 | 35.950 |
| 17 | 18.430 | 20.012 | 21.762 | 23.698 | 25.840 | 28.213 | 30.840 | 33.750 | 36.974 | 40.545 |
| 18 | 19.615 | 21.412 | 23.414 | 25.645 | 28.132 | 30.906 | 33.999 | 37.450 | 41.301 | 45.599 |
| 19 | 20.811 | 22.841 | 25.117 | 27.671 | 30.539 | 33.760 | 37.379 | 41.446 | 46.018 | 51.159 |
| 20 | 22.019 | 24.297 | 26.870 | 29.779 | 33.066 | 36.786 | 40.995 | 45.752 | 51.160 | 57.275 |
| 21 | 23.239 | 25.783 | 28.676 | 31.969 | 35.719 | 39.993 | 44.865 | 50.423 | 56.765 | 64.002 |
| 22 | 24.472 | 27.299 | 30.537 | 34.248 | 38.505 | 43.392 | 49.006 | 55.457 | 62.873 | 71.403 |
| 23 | 25.716 | 28.845 | 32.453 | 36.618 | 41.430 | 46.996 | 53.436 | 60.883 | 69.532 | 79.543 |
| 24 | 26.973 | 30.422 | 34.426 | 39.083 | 44.502 | 50.816 | 58.177 | 66.765 | 76.790 | 88.497 |
| 25 | 28.243 | 32.030 | 36.459 | 41.646 | 47.727 | 54.863 | 63.249 | 73.106 | 84.701 | 98.347 |
| 26 | 29.526 | 33.671 | 38.553 | 44.312 | 51.113 | 59.156 | 68.676 | 79.954 | 93.324 | 109.18 |
| 27 | 30.821 | 35.344 | 40.710 | 47.084 | 54.669 | 63.706 | 74.484 | 87.351 | 102.72 | 121.10 |
| 28 | 32.129 | 37.051 | 42.931 | 49.968 | 58.403 | 68.528 | 80.698 | 95.339 | 112.97 | 134.21 |
| 29 | 33.450 | 38.792 | 45.219 | 52.966 | 62.323 | 73.640 | 87.347 | 103.97 | 124.14 | 148.63 |
| 30 | 34.785 | 40.568 | 47.575 | 56.085 | 66.439 | 79.058 | 94.461 | 113.28 | 136.31 | 164.49 |
| 40 | 48.886 | 60.402 | 75.401 | 95.026 | 120.80 | 154.76 | 199.64 | 259.06 | 337.88 | 442.59 |
| 50 | 64.463 | 84.579 | 112.80 | 152.67 | 209.35 | 290.34 | 406.53 | 573.77 | 815.08 | 1163.9 |
| 60 | 81.670 | 114.05 | 163.05 | 237.99 | 353.58 | 533.13 | 813.52 | 1253.2 | 1944.8 | 3034.8 |

附表4　　　　　　　　　　　1元年金现值表

| 期数 | 1% | 2% | 3% | 4% | 5% | 6% | 7% | 8% | 9% |
|---|---|---|---|---|---|---|---|---|---|
| 1 | 0.9901 | 0.9804 | 0.97079 | 0.9615 | 0.9524 | 0.9434 | 0.9346 | 0.9259 | 0.9174 |
| 2 | 1.9704 | 1.9416 | 1.9135 | 1.8861 | 1.8594 | 1.8334 | 1.8080 | 1.7833 | 1.7591 |
| 3 | 2.9410 | 2.8839 | 2.8286 | 2.7751 | 2.7232 | 2.6730 | 2.6243 | 2.5771 | 2.5313 |
| 4 | 3.9020 | 3.8077 | 3.7171 | 3.6299 | 3.5460 | 3.4651 | 3.3872 | 3.3121 | 3.2397 |
| 5 | 4.8534 | 4.7135 | 4.5797 | 4.4518 | 4.3295 | 4.2124 | 4.1002 | 3.9927 | 3.8897 |
| 6 | 5.7955 | 5.6014 | 5.4172 | 5.2421 | 5.0757 | 4.9173 | 4.7665 | 4.6229 | 4.4859 |
| 7 | 6.7282 | 6.4720 | 6.2303 | 6.0021 | 5.7864 | 5.5824 | 5.3893 | 5.2064 | 5.0330 |
| 8 | 7.6517 | 7.3255 | 7.0197 | 6.7327 | 6.4632 | 6.2098 | 5.9713 | 5.7466 | 5.5348 |
| 9 | 8.5660 | 8.1622 | 7.7861 | 7.4353 | 7.1078 | 6.8017 | 6.5152 | 6.2469 | 5.9952 |
| 10 | 9.4713 | 8.9826 | 8.5302 | 8.1109 | 7.7217 | 7.3601 | 7.0236 | 6.7101 | 6.4177 |
| 11 | 10.3676 | 9.7868 | 9.2526 | 8.7605 | 8.3064 | 7.8869 | 7.4987 | 7.1390 | 6.8052 |
| 12 | 11.2551 | 10.5753 | 9.9540 | 9.3851 | 8.8633 | 8.3838 | 7.9427 | 7.5361 | 7.1607 |
| 13 | 12.1337 | 11.3484 | 10.6350 | 9.9856 | 9.3936 | 8.8527 | 8.3577 | 7.9038 | 7.4869 |
| 14 | 13.0037 | 12.1062 | 11.2961 | 10.5631 | 9.8986 | 9.2950 | 8.7455 | 8.2442 | 7.7862 |
| 15 | 13.8651 | 12.8493 | 11.9379 | 11.1184 | 10.3797 | 9.7122 | 9.1079 | 8.5595 | 8.0607 |
| 16 | 14.7179 | 13.5777 | 12.5611 | 11.6523 | 10.8378 | 10.1059 | 9.4466 | 8.8514 | 8.3126 |
| 17 | 15.5623 | 14.2919 | 13.1661 | 12.1657 | 11.2741 | 10.4773 | 9.7632 | 9.1216 | 8.5436 |
| 18 | 16.3983 | 14.9920 | 13.7535 | 12.6896 | 11.6896 | 10.8276 | 10.0591 | 9.3719 | 8.7556 |
| 19 | 17.2260 | 15.6785 | 14.3238 | 13.1339 | 12.0853 | 11.1581 | 10.3356 | 9.6036 | 8.9601 |
| 20 | 18.0456 | 16.3514 | 14.8775 | 13.5903 | 12.4622 | 11.4699 | 10.5940 | 9.8181 | 9.1285 |
| 21 | 18.8570 | 17.0112 | 15.4150 | 14.0292 | 12.8212 | 11.7641 | 10.8355 | 10.0168 | 9.02922 |
| 22 | 19.6604 | 17.6580 | 15.9369 | 14.4511 | 13.4886 | 12.3034 | 11.0612 | 10.2007 | 9.4424 |
| 23 | 20.4558 | 18.2922 | 16.4436 | 14.8568 | 13.4886 | 12.3034 | 11.2722 | 10.3711 | 9.5802 |
| 24 | 21.2434 | 18.9139 | 16.9355 | 15.2470 | 13.7986 | 12.5504 | 11.4693 | 10.5288 | 9.7066 |
| 25 | 22.0232 | 19.5235 | 17.4131 | 15.6221 | 14.0939 | 12.7834 | 11.6536 | 10.6748 | 9.8226 |
| 26 | 22.7952 | 20.1210 | 17.8768 | 15.9828 | 14.3752 | 13.0032 | 11.8258 | 10.8100 | 9.9290 |
| 27 | 23.5596 | 20.7059 | 18.3270 | 16.3296 | 14.6430 | 13.2105 | 11.9867 | 10.9352 | 10.0266 |
| 28 | 24.3164 | 21.2813 | 18.7641 | 16.6631 | 14.8981 | 13.4062 | 12.1371 | 11.0511 | 10.1161 |
| 29 | 25.0658 | 21.8444 | 19.1885 | 16.9837 | 15.1411 | 13.5907 | 12.2777 | 11.1584 | 10.1983 |
| 30 | 25.8077 | 22.3965 | 19.6004 | 17.2920 | 15.3725 | 13.7648 | 12.4090 | 11.2578 | 10.2737 |
| 35 | 29.4086 | 24.9986 | 21.4872 | 18.6646 | 16.3742 | 14.4982 | 12.9477 | 11.6546 | 10.5668 |
| 40 | 32.8347 | 27.3555 | 23.1148 | 19.7928 | 17.1591 | 15.0463 | 13.3317 | 11.9246 | 10.7574 |
| 45 | 36.0945 | 29.4902 | 24.5187 | 20.7200 | 17.7741 | 15.4558 | 13.6055 | 12.1084 | 10.8812 |
| 50 | 39.1961 | 31.4236 | 25.7298 | 21.4822 | 18.2559 | 15.7619 | 13.8007 | 12.2335 | 10.9617 |
| 55 | 42.1472 | 33.1748 | 26.7744 | 22.1086 | 18.6335 | 15.9905 | 12.9399 | 12.3186 | 11.0140 |

# 参考文献

［1］北京当代金融培训有限公司．金融理财原理（上、下）［M］．北京：中国人民大学出版社，2019．

［2］北京当代金融培训有限公司．投资规划［M］．北京：中国人民大学出版社，2019．

［3］北京当代金融培训有限公司．个人风险管理与保险规划［M］．北京：中国人民大学出版社，2019．

［4］北京当代金融培训有限公司．员工福利与退休规划［M］．北京：中国人民大学出版社，2019．

［5］北京当代金融培训有限公司．个人税务与遗产筹划［M］．北京：中国人民大学出版社，2019．

［6］北京当代金融培训有限公司．金融理财综合规划案例［M］．北京：中国人民大学出版社，2019．

［7］［美］杰夫·马杜拉．个人理财（原书第6版）［M］．北京：机械工业出版社，2018．

［8］［美］阿瑟·J. 基翁．个人理财（第6版）［M］．北京：中国人民大学出版社，2016．

［9］［美］兹维·博迪．投资学精要（第10版）［M］．北京：清华大学出版社，2017．

［10］李善民，毛丹萍．个人理财规划：理论与实践［M］．北京：中国财政经济出版社，2004．